리셋 대한민국

일러두기

1. 책·신문·잡지명은 『 』, 영화·연극·TV·라디오 프로그램명은 「 」, 시·곡명은 〈 〉,
   음반·오페라·뮤지컬명은 《 》로 묶어 표기했다.
2. 대담 이후 사실관계가 달라진 내용에는 각주를 달았다.

리 셋 RESET
대·한·민·국

우석훈 박용진 김세연의 대한민국 미래대담

우석훈 박용진 김세연 지음

공희준 정리

오픈하우스

정치의 미래를 말한다

박용진

학생운동을 하다가 감옥에 갔다. 이렇게 저렇게 하면 군대에 안 갈 수 있다는 '안내'를 받았지만 "제발 숨 좀 쉬고 살자"며 아들 등 떠밀어 군대로 보내시는 어머니에게 효도하는 심정으로 입대했다. 동지들, 친구들의 원망과 아쉬운 소리는 지금도 생생하다.

해안레이더 부대에 배치된 덕에 하염없이 바다를 보며 살았다. 운동권 조직이든 군대 조직이든 조직 생활에 잘 적응하는 체질인 모양이다. 논산훈련소 우수 훈련병, 육군통신학교 우수 교육병으로 두 개의 표창과 휴가증을 받았다. 그러나 대한민국 육군은 이 기막힌 우수 병력을 그다지 반기지 않았다. 해안레이더 부대에서 편제에도 없는 취사병과 행정병으로 맴돌았다. 빨간 줄 그어진 위험한 사병은 감시의 대상이었을 뿐이다. 그 덕에 혼자 사색하고 혼자 글 쓸 시간이 많았다. 독서가 불가했던 운동권 서적이 아닌 평범하고 광범한 책들을 읽었다. 엄청난 양의 편지를 써서 밖으로 내보냈다. 그곳에서 구체적으로 생각했다. 세상을 바꾸려면 정치를 하자. 그때 구체적으로 결심했다. 정당과 출마. 사람들을 설득하고 선택을 받는 일을 하기로 했다.

군을 제대하고 1997년 대통령 선거를 치르고, 진보정당을 만들고, 선거에 출마하면서 세상 사람들과 호흡했다. 두 차례 감옥에 더 다녀오고, 진보의 한계에 좌절하고, 통합정치의 길을 시작해 첫 출마로부터 16년 만인 2016년에 국회의원이 되었다. 재벌 개혁에 앞장서고, 유치원 3법을 통과시키고, 온갖 험한 일을 겪으면서 집권여당의 재선 국회의원이 되었다. 그 과정에서 세상 사람들과 생각을 맞춰보고, 가다듬어 보았다. 이제 제법 정치를 통해 사람들을 설득하고 변화를 만들어가는 일이 익숙해졌다고 생각했다. 그런데, 그게 아니었다.

우석훈 박사와 김세연 전 의원과 함께 미래에 대한 이야기를 나눠보자는 제안에 별생각 없이 덜컥 좋다고 하고 나니 겁이 났던 것이다. 두 멋진 사람과 멋진 이야기를 나눌 멋진 기회를 누릴 생각만 했던 게 사실이었다. 막상 제대로 할 수 있을지 걱정되고 은근히 후회도 생겼다. 미래에 대한 이야기는 오늘에 대한 이야기에서 시작하는 것이어서 다행이었다. 그나마 오늘을 이야기할 수 있으니 작게나마 내일에 대해 꿈을 꿀 수 있었다. 사법 권력이 어제 일을 판정하고, 행정 권력이 오늘의 일을 집행할 때, 입법 권력인 정치만이 오늘의 판단으로 내일의 제도를 설계한다. 현실을 가다듬어 미래를 빚어내는 일을 하는 것이다. 그 일을 하는 사람들은 비루하다 욕을 먹지만 정치 그 자체는 근사한 일이다. 정치를 하는 사람으로서, 대한민국의 미래를 책임지겠다고 생각하는 젊은 국회의원으로서 정치가 해야 하는 미래에 대한 이야기를 나누는 일은 즐거웠다.

늘 신선한 이야기를 내놓는 우석훈 박사 덕분에 내 생각은 빈 공간을 채울 수 있었다. 우석훈 박사를 알고 지낸 것은 오래된 일이다. 진보정당 시절에 알았고, 그는 그때부터 눈부셨다. 지적으로 화려했고, 새로운 자극을 사람들에게 던졌다. 주위 사람들에게 지적 좌절감을 주면서도 분발을 촉구하는 사람이었다. 새로운 시선은 이번 대담에서도 나를 채찍질했다. 같은 좌파이지만, 그의 지적 활동 반경은 나보다 더 왼쪽에서 시작해 나보다 더 멀리 나아간다. 요즘 말로 넘사벽이다. 늘 한 수 배우길 청할 생각이다.

절제된 언어로 단호한 이야기를 이어가던 김세연 전 의원과의 시간은 겸손하고 세련된 보수와의 산뜻한 만남을 제공했다. 그에게서 '강철버들'이라는 표현이 생각났다. 유려하되 단단했다. 조용하면서도 힘이 넘쳤다. 보수세

력이 김세연처럼 태도를 가졌더라면 대한민국은 더 멋있어졌을 것이고 진보
세력은 더 바짝 긴장하며 살아야 했을 것이다. 그와 더 깊이 교유할 생각이다.

지난봄, 고창 선운사 도솔암에 다녀왔다. 120년 전 동학농민전쟁 때 농
민군들이 모여 새 세상을 기원했다던 미륵불 앞에서 몇몇 벗들과 세상의 변화
를 마음속 깊이 서원했다. 이번 겨울에는 조선시대 백성들의 고통을 덜어주고
삶을 변화시킨 대동법을 완성한 김육 선생 공덕비를 만나볼 생각이다. 세상
을 바꾸고 국민의 삶을 변화시키는 일, 정치가 해야 할 일을 다시 다짐하고 각
오를 세울 생각이다. 이번 대담을 통해 정치가 해야 할 일의 줄기를 가다듬을
수 있어서 감사하고 좋았다. 자리를 마련해준 오픈하우스 정상우 대표님과
마구 섞이던 말의 흩어짐을 가지런히 잡아준 공희준 님에게 감사드린다.

미래의 정치를 말한다

김세연

주제는 무거웠지만, 마음은 가벼운 시간이었다. 지혜롭고 용기 있는 분들과 함께 대화를 하며 그래도 희망이 남아 있음을 확인할 수 있었기 때문이다. 출발점은 달라도 도착점은 같을 수 있다는 가능성을 확인할 수 있었기 때문이다.

有朋自遠方來, 不亦樂乎 (유붕자원방래, 불역락호)?
벗이 있어 먼 곳에서 오면, 또한 즐겁지 아니한가?

이번에 처음 뵙게 된 우석훈 교수님과 국회에서 가끔 마주쳤던 박용진 의원님, 두 분 다 물리적으로는 멀지 않은 곳에 계셨지만, 꽤 긴 시간 동안 밀도 높게 이어진 대담을 마치고 나니 왠지 모르게 논어의 두 번째 문장이 떠올랐다. 마음을 열고 나누는 대화는 그 자체만으로도 충분히 소중하다. 비록 모든 생각이 다 같지는 않을지라도 서로 인정하고 존중할 수 있는 대화의 파트너들을 만나게 된 것은 큰 행운이고 감사할 일이다. 코로나 19 사태를 겪으며 달라져버린 세상에 적응하면서 모두가 비슷한 체험을 하고 계시겠지만, 이 세계에 대해서, 그리고 나 자신에 대해서 많은 생각과 새로운 발견을 할 계기들이 있었다. 그중에서도 이번 대화는 그 고민과 성찰의 정점을 찍은 시간이었다.

요즘 많이 드는 생각 중에, '어떻게 하면 국민의 삶에 해악을 끼치는 정치로부터 우리 스스로를 지킬 수 있을까?' 하는 것이 있다. 과거에 파묻혀 서로를 향해 독설을 내뱉으며 이전투구하는 것을 스스로의 사명으로 삼은 듯한 집단들의 행태를 보며 역겨움과 환멸을 느끼지 않는 것이 오히려 이상할 일이다. 이렇게 정치 때문에 국민들이 만성적으로 고통받아서야 선진국은 고사하고 정상적인 나라라고 할 수 있겠는가. 그래서 생각해보았다. 어떻게 우리는 미래의 발목을 잡는 과거의 정치로부터 벗어남으로써 우리 스스로를 보호할 것인가? 다행히 하나의 답은 찾은 것 같다. 정치나 행정이 미처 미래의 발목을 잡을 시간조차 허용하지 말고 공동체 전체가 변화를 더 빠르게 감지하고 수용하고 적응하는 것이다.

그렇다고 정치 혐오증에 빠져버려 비관적, 회의적 전망으로만 정치를 바라봐서도 안 될 일이다. 그렇게 하는 것은 공동체의 주인인 시민으로서 직무유기를 하는 것이기 때문이다. 그래서 우리에게는 해야 할 또 한 가지 일이 추가된다. 그것은 바로 '깨어 있는 시민'이 되어 스스로 정치의 주체가 되는 것이다. '정치에 참여하기를 거부함으로써 치러야 하는 대가 중의 하나는, 결국 자신보다 열등한 사람들에 의해 지배당하는 것'이라고 이미 2,400년 전에 플라톤이 일갈했던 바 있다. 작은 참여가 큰 변화를 만들 것이다. 소수자, 약자가 목소리를 제대로 낼 수 있으려면 확성기 역할을 할 수 있는 플랫폼이 필요하다. 요즘 같은 시대에 예전의 플랫폼이 제대로 작동하지 않고, 이를 대체할 수 있는 제대로 된 플랫폼이 아직 없다면 곧 출현하기를 바란다. 그렇게 기다려도 나타나지 않으면 우리 스스로 만들지 못하라는 법도 없을 것이다.

대화할 줄 모르고, 양보할 줄 모르고, 타협할 줄 모르는 공동체 구성원들은 반목과 대립의 구조 속에서 스스로의 미래를 짓밟고 있는 것을 깨닫지 못할 것이다. 비록 작은 시도였지만 우리의 노력이 이와 비슷한 다른 시도들의 마중물 역할을 할 수 있다면 더없는 보람이 될 것 같다.

누구를 벗으로 사귀느냐에 따라 그 인생이 달라질 수도 있는데, 이번에 대화를 나눈 우석훈 박사님과 박용진 의원님, 두 분의 넓은 안목, 깊은 식견과 강인한 실천 의지를 접하면서 대화 시간 내내 깊은 울림을 느꼈다. 이번 대

　　　　　　　　　　　　　　　　　　　들어가는 말

담의 또 한 분의 주인공이시자 파트너이신 공희준 작가님으로부터 도대체 '촌철살인'이란 어떤 것인지를 제대로 배울 수 있었기에 특히 감사드린다. 생각지 못했던 기획을 하시고 이렇게 좋은 만남을 성사시켜주신 오픈하우스 출판사의 정상우 대표님께도 깊이 감사드린다.

들어가는 말

1장   청년세대의 지체현상

4장 환경을 잃으면 미래도 없다

5장   자본과 노동의 새로운 관계

맺음말

청년세대의 지체현상

#세대전환
#인구감소
#연금종말론
#청년일자리
#최저임금

21세기 버전의 '경부고속도로'는 무엇인가

우석훈(이하 '우') 제가 박용진 의원님, 김세연 전 의원님(이하 '김세연 의원') 두 분과 대담집을 만들게 되었다고 하니까 유력 언론사 기자도 그렇고 제 주변 사람들이 다 "오, 빅카드다!" 하면서 당연히 미래에 관한 이야기를 나누겠구나 하는 반응을 보였습니다. 박용진과 김세연, 김세연과 박용진의 조합은 누가 봐도 대단히 미래지향적인 인적 구성이니까요.

미래라고 해서 다 똑같은 미래는 아닙니다. 먼 미래일 수도 있고, 가까운 미래일 수도 있고, 다음번 대선 공약일 수도 있고, 정치공학과 전혀 상관없는, 10년 이상을 바라보며 만들어야 하는 정책이나 기획일 수도 있습니다. 미래를 주제로 다루면 커다란 장점이 있더라고요. 우선은 누가 옳고 누가 그른지 소모적으로 시시비비를 가리는 짓을 피할 수 있습니다. "저놈 죽여라!"라는 식의 저열한 인신공격에 매몰되지 않아도 되고요.

박용진 의원님과 김세연 의원님은 각자의 소속 정당을 대표하는 소장파이고 소신파이십니다. 대한민국의 장기적 발전 방향과 미래세대를 위한 청사진을 그리는 데 제격인 인물들이죠. 이는 단지 제 개인만의 의견이 아니라 많은 사람이 공유하는 중론이기도 합니다.

국회의원을 욕하고 정치인들을 조롱하는 행동은 우리나라에서 거의 국민오락이 된 느낌입니다. 하지만 코로나바이러스 감염증(이하 '코로나 19')의 발생과 확산은 국가의 역할과 기능을 시민들에게 다시 환기시키는 결정적 계기가 됐어요. 코로나 19가 정치에 대한 대중의 관심을 다시금 급격히 고조시켰거든요. 저는 2020년에 치러진 우리나라 총선과 이번 미국 대통령 선서에 유권자들의 참여 열기가 뜨거워진 이유가 정치의 역할과 국가의 기능이 그 어느 때보다 크고 막중해진 데 있다고 봐요. 코로나 방역 성패의 열쇠는 국가와, 결국에는 그 국가를 움직이는 정치인들이 쥐고 있기 때문이지요. 그리고 정치와 국가의 중요성이 부각되면서 지역(local)이 갖는 가치와 위상도 재조명을 받는 분위기더라고요. 중앙정부에서 설정한 틀과 방향을 현장에서 실제로 집행하고 구현하는 작업은 결국에는 지역의 몫이니까요.

　미래의 이야기는 청년들에 관한 얘기입니다. 동시에 아직 태어나지 않은 세대에 관계된 이야기고요. 그런데 저는 우리 대한민국에 과연 미래라는 게 존재할지 솔직히 의구심이 짙게 듭니다. 미래의 주인공인 청년세대가 사회에 정상적으로 진출하지 못하는 지체현상이 청년들에게 대규모로 벌어지고 있습니다. 예전 같으면 서른 살 먹은 사람들이 할 일을 지금은 서른다섯 살 먹은 사람이 합니다. 그러니 서른 살 먹은 사람들은 결국 스물다섯 살이 해야 할 일을 할 수밖에 없어요. 위에서부터 밀려오는 거죠. 이와 같은 세대의 교통체증 현상이 현재 우리 사회 곳곳에 만연해 있습니다. 제때 대학을 졸업하는 게 불안해서 휴학이 필수가 되었고요. 출발선상에서부터 정체 사태가 빚어지니 취업은 물론이고 내 집 마련도 과거와 비교해 훨씬 더 늦은 나이에 이뤄집니다. 우리 사회를 총체적인 교통체증에 밀어 넣고 있는 지체현상의 원인과 해법에 관해 이야기 나누되 너무 무겁지 않게 시작하면 좋겠습니다. 먼저 박용진 의원님께서 말씀해주시겠습니까?

박용진(이하 '박')　너무 큰 주제라 좀 막연하지만 일단 시작해보겠습니다. 제가 얼마 전에 연세대학교에서 강연을 하고 왔는데 가기 전에 두 가지 생각을 했었습니다. 하나는, 제가 1971년생이니 이제 만 50세가 되었는데, 20대 초반의 대학생들 앞에 강연자 자격으로 서게 된다고 생각하니 제 대학생 시절에 저희 세대에게 강의를 하던 교수님이나 특강을 나왔던 저명인사들이 했던 이야기가 머릿속에 떠오르더라고요. 그분들이 저희에게는 요즘의 '라떼'였습니다. "내가 4·19 때는 말이야…", "이승만은 말이지…"로 이야기를 시작하는 경우가 너무나 흔했거든요. '나는 라떼는 될 수 없다!' 단단히 결심하고서 강연장으로 향했습니다.

또 하나는, 제가 할 교양강의가 보통 500명 정도가 듣는 대규모 강연이고, 반기문 전 유엔사무총장을 비롯한 쟁쟁한 인물들이 연사로 섰었다고 들었기 때문에, 저도 정치인인지라 큰 기대를 품었었습니다. 그런데 막상 가보니 코로나 때문에 카메라 앞에서 저 혼자 원맨쇼를 하는 자리였습니다. 저는 내용상 라떼가 되지 않으면서, 형식상으로는 언택트(Untact) 시대에 적응해야 하는 이중적 부담을 안게 됐어요. 달라진 기술적 환경과 변화된 청년들의 눈높이에 동시에 적응해야만 하는 상황이었습니다. 그러면서 저는 지금의 청년 세대는 저희 세대와는 완전히 다른 세대라는 사실을 뚜렷이 실감하게 됐어요.

저희 아버지는 41년생이신데 이제 여든이 넘으셨어요. 그러니까 일제 강점기에 태어나서 20대 초반에 한국전쟁 거치셨고 지긋지긋한 군사독재, 가난 이런 것들과 싸우면서 한국 현대사를 관통해오셨죠. 그리고 오늘의 대한민국을 지켜보고 계십니다. 저는 저대로 어릴 때 박정희 대통령 서거, 전두환 대통령 집권 그리고 87년 6월 항쟁을 고등학생의 눈으로 지켜보면서 여기까지 왔는데 지금의 20대는 우리와는 전혀 다른 세계를 살아가고 있잖습니까? 이를테면 BTS와 블랙핑크가 그 엄청난 빌보드 차트를 오독오독 씹어 먹는 놀라운 광경을 그들은 당연한 일상으로 받아들이거든요.

지금의 20대에게 대한민국은 월드컵 본선 정도는 무조건 진출하는 나라예요. 월드클래스 축구선수인 '손흥민 보유국'이고요. 수출대국에 문화강국인 나라에서 나고 자란 청년들이 어떻게 기성세대와 같을 수가 있겠어요? 그래서 이 친구들은 우리 세대와 대한민국의 미래를 바라보는 눈도 다르고 현재에 대한 진단도 전혀 다를 것이라 생각합니다. 그런데도 우리가 이 친구들을 걱정하는 게, 부모세대보다 못살 것 같다는 것과 좀 힘들게 살 것 같다는 거예요. 사실 저는 그렇게만 보지는 않습니다.

저는 지금의 20대 청년들이 30대가 되어 만들어나갈 대한민국의 미래는 굉장히 밝고 아름다울 것이라고 확신합니다. 그런데 문제는 정치고 정부입니다. 저는 정치인이니까 이 지점에서 정치와 정치인이 할 일은 청년들이 지금보다 더 나은 미래를 열 수 있도록 길을 내고 다리를 놓는 데 있다고 생각합니다. 한국전쟁의 과거와 민주화 투쟁의 추억은 우리 세대에서 끝내고 젊은 친구들이 그들의 에너지와 열정으로 멋있는 미래를 열어가도록 길을 닦아줘야죠. 그러나 지금 우리 정치나 대한민국 정부는 그런 면에서 별로 미래지향적이지 않다, 미래를 열기 위한 제도 개선이라든지 멀리 바라보기 위한 노력을 못하고 있다, 이런 생각입니다.

박정희 전 대통령이 경부고속도로를 구상했을 때 대한민국 정부의 예산이 2,200억 원 정도인데 그 1/4인 430억 정도를 투입해서 경부고속도로를 깔았어요. 당시에는 한국에서 장거리 고속도로를 놓는다는 건 다들 말도 안 된다고 할 때입니다. 다닐 자동차 숫자도 많지 않고 당장에 먹고살기조차 힘든 판국이라고 말이죠. 그런데 박 전 대통령이 430억을 투입해서 서울과 부산을 잇는 고속도로를 깔았습니다. 박정희 전 대통령이 산업화의 초석을 놓았다고 지금까지도 평가받는 이유죠.

IMF 관리체제에 들어선 1998년도의 우리나라 1년 정부 예산이 70조 2천억 원쯤 됐습니다. 이때 김대중 전 대통령이 향후 10년 동안 무려 80조 원의 천문학적 자금을 투입해 전국에 인터넷 고속도로인 초고속망을 구축하겠다고 발표해요. 그러자 경부고속도로를 건설할 때 못지않게 반대가 격심했습니다. "돈이 없어 나라가 거덜나게 생겼는데 저 양반이 지금 애들 게임하라고 저러나?" 이러면서 반발이 있었지만, 그때 결단을 내리고 미래의 구상을 못했으면 지금처럼 5G, IT 강국으로서 세계를 선도하는 국가로 올라서기 어려웠을 거라고 생각합니다. 그런데 그때 김대중 대통령에게 탁월한 영도력이라고 이야기한 사람 아무도 없었습니다. 다 반발했고 반대했고 욕하는 와중에 길을 뚫어주기 위한 노력을 한 건데 지금 우리는 어떤 혁신의 고속도로를 깔고 있느냐? 이 점에서 보면, 혁신의 고속도로는커녕 눈앞의 숙제도 제대로 못하고 있는 게 현실입니다.

　인구 감소, 노동 개혁, 연금 개혁, 기후 변화와 에너지 전환 모두가 더 이상 손 놓고 있어서는 안 되는 절체절명의 과제들입니다. 그러나 말만 번지르르하게 할 뿐 임기 5년 지나면 그냥 넘어가버리고 마는 정권이 반복해서 나타나고 있는 이런 정치, 지체와 정체만 거듭하는 정치가 청년들이 미래로 가는 길을 가로막고 서 있는 장애물로 작용하고 있어요. 저의 근본적 문제의식은 정치가 청년들의 발목을 잡고, 미래의 훼방꾼이 되는 현실에 대한 자기반성에서 출발하고 있습니다. 그래서 저는 21세기 버전의 경부고속도로는 어떤 것일지, 제2의 초고속 인터넷망 역할을 해줄 수 있는 이 시대의 혁신 고속도로는 무엇일지를 늘 심각하게 고민하는 중이에요.

공희준(이하 '공')　제가 대담집의 정식 출연자는 아닌데, 궁금한 부분이 있어서 우정출연 역할로 잠깐 끼어보겠습니다. 박근혜 정부부터 시작해 지금의 문재인 정부에 이르기까지 국가에서 하는 일들을 보면 혁신과 창의의 고속도로를 까는 모습은 별로 보이지 않습니다. 그 대신 흘러간 과거와 관련된 각종 기념비들을 만들고 세우는 데만 열중하고 있어요. 자기 진영의 정파적 이익과, 선거운동에 유리한 과거사와 관련된 각종 유무형의 정치적 상징물들을, 전국 도처에 추모와 계승의 이름 아래 정말 부지런히 만들어내고 있습니다. '추모와 계승', 그리고 '혁신과 창의'가 과연 양립 가능한 개념인가요?

박　대한민국 정부가 수립된 지 이제 70년이 지났습니다. 일정한 정리와 평가의 기록이 필요한 시점이에요. 저는 그런 의미에서 지나간 역사를 재조명하려는 움직임을 꼭 부정적으로만 생각하지는 않습니다. 관건은 과거사를 정리하고 평가하는 일이 미래를 논의하고 설계하는 데 걸림돌로 작용하지 말아야 한다는 점입니다.

2020년에 새로 구성된 21대 국회에서는 여당이 180석 가까운 절대다수 의석을 차지했습니다. 그런데 몇몇 의원님들이 소위 '파묘법'[1]이라는 법안을 발의하셨더라고요. 그분들의 취지는 충분히 동의하지만 저는 이 법안에 동의하기 어려웠어요. 친일 잔재를 청산하는 건 당연히 필요합니다. 그런데 이 일이 중요하고 본질적인 부문에 대한 미래지향적인 논의를 가리고 새로운 갈등 이슈로 등장하는 것은 원치 않습니다. 제가 이와 같은 의견을 개진하니까 어떤 분들께서는 친일파를 옹호하는 거냐고 비난하시더라고요. 그래서 저는 안중근 의사를 예로 들었습니다.

공   안중근 의사가 여기서 왜 나오나요?

박   안중근 의사는 이토 히로부미를 만주 하얼빈 역에서 사살한 독립운동의 영웅입니다. 이 안중근 의사에게는 더 젊은 시절, 동학농민혁명 진압에 앞장섰던 어두운 과거가 있습니다. 동학농민혁명은 지금은 대표적 항일투쟁으로 자리매김하고 있죠. 이토를 죽인 안중근과 동학농민군을 탄압한 안중근을 우리는 어떻게 평가해야 할까요? 후자의 과오 때문에 전자의 공로를 무시해야만 할까요? 요즘 자주 등장하는 단어가 토착왜구인데, 저는 과거의 문제를 미래를 논의하는 데 걸림돌이 되게 정치적 대립을 부추기는 행동은 건강하지도, 합리적이지도 못한 일이라고 생각합니다.

---

1   '친일파'로 분류된 인사의 현충원 안장을 막고, 이미 안장된 경우 강제로 이장할 수 있게 하는 '국립묘지법 개정안'을 말한다.

830세대로의 급격한 세대 전환이 필요하다

공   제가 박용진 의원님께 상당히 껄끄러울 수도 있는 질문을 드리는 바람에 논의가 청년 문제에서 과거사 문제로 갑자기 건너뛰었네요. 김세연 의원님께서 이쯤에서 출동해주셔야 본래의 궤도로 돌아갈 수 있을 것 같습니다.

김세연(이하 '김')   저는 우석훈 박사님께서 던지신 화두의 핵심이 청년세대의 사회 진출의 구조적 지체에 있다고 봅니다. 기성세대가 청년세대의 사회 진출을 악의를 품고 고의적으로 지연시키는 건 아니라고 봐요. 이 문제는 누가 가해자고 누가 피해자라는 이분법적인 구도로 접근하기 어려운 문제인 것 같습니다. 그래서는 답이 나오지 않으니까요. 달리 보면, 청년세대의 사회 진입이 정체되는 현상은 우리 사회가 그만큼 성숙했다는 증거입니다. 우리나라가 정치·사회적으로 중대한 격변 없이 평온함을 유지해온 결과이기도 하고요. 1961년 5·16 군사정변 직후에 들어선 제3공화국에는 군복을 갓 벗은 30대 장관들이 수두룩했습니다. 극도의 혼란기에나 가능한 일이었죠.

그로부터 60년의 짧지 않은 세월이 흘렀습니다. 그 과정에서 역사의 단층선을 이룰 수 있는 이런저런 일들이 많이 벌어졌어요. 산업화를 달성했고, 민주화를 이뤄냈습니다. 그렇지만 저는 4·19 혁명에서 5·16 정변으로 이어지는 기간에 던져진 변혁의 충격파만큼의 단절과 이행은 그 후의 우리나라 현대사에는 없었다고 생각해요. 그렇게 보면 우리가 일반적으로 지녀온 통념과는 달리 1960년대 이후 60년간 우리 사회에 가해진 여러 충격에도 불구하고, 정치·사회학적으로는 한 세대가 통째로 퇴장하고 다른 세대가 통째로 들어오는 식의 혁명적인 변화를 겪은 것은 아니라고 봐야죠. 관가에서 1970년대를 주름잡던 인물들이 박근혜 정부를 주도했던 것과 거리에서 1980년대를 주름잡던 인물들이 문재인 정부를 주도하고 있는 것을 보면 이들의 주도권과 영향력이 얼마나 오랫동안 지속되고 있는지를 알 수 있지 않습니까?

급격한 체제 변혁이 청년들의 사회 진출을 앞당긴 경우는 외국에도 비교적 최근의 선례들이 있습니다. 베를린시 한가운데를 가르던 베를린 장벽이 무너지고 소련이 해체되면서 동유럽 사회주의 국가들에 자유화의 물결이 밀려왔어요. 체코슬로바키아는 체코와 슬로바키아 두 개의 나라로 분리가 되고 유고슬라비아는 더 많은 조각으로 쪼개어졌죠. 자유화 이후 새로 들어선 민주정부들이 공산당 간부 출신의 기성 엘리트들로는 정부를 이끌어갈 수 없어 이들을 퇴진시키고 나니까 국정을 운영할 수 있는 인재 풀(resource pool)에 큰 공백이 발생합니다. 그래서 미국을 비롯한 서방국가들에 유학하러 건너가 있거나 갓 귀국한 30대 초중반의 엘리트들이 국방장관, 내무장관 등 핵심 각료로 들어오게 되었죠. 발트 3국 중 하나인 에스토니아도 마찬가지였습니다. 이때 출현한 젊은 지도자들의 과감한 정책 결단이 지금까지 이어지며, 똑같은 조건에서 독립한 이웃국가 리투아니아나 라트비아와는 달리 오늘날까지 IT 강소국으로 이름을 떨치고 있습니다.

사회의 성숙은 인구 구조의 고령화 추세를 동반하기 마련이죠. 복지국가로 먼저 이행한 유럽의 선진들도 그렇고 가까운 일본의 경우도 그렇고요. 우리도 1989년 대법원 판결로 정년이 55세에서 60세로 연장된 게 30년 남짓 되었습니다. 그사이 일본은 2013년에 민간에서도 정년을 65세까지 보장하는 법안을 통과시켰고, 2021년부터는 정년을 사실상 70세로 늘리는 각의(국무회의) 의결을 마쳤다고 합니다. 미국, 영국은 '연령을 사유로 퇴직시키는 것은 차별'이라는 여론으로 이미 정년제도를 폐지했어요. 사회가 고령화되어 청년들의 사회 진입이 늦어지는 일은 결코 바람직하지 않지만, 일자리의 총량이 그만큼 늘어나지 않는 상태에서 사회성숙과 고령화의 인과관계가 가져오는 이런 상황은 불가피한 것으로 보입니다. 따라서 사회과학에서 가장 안정적으로 예측할 수 있다는 인구 데이터를 뻔히 보면서도 제대로 대비하지 않은 우

1장 청년세대의 지체현상

리 자신의 과오에 대해 반성하면서 지혜로운 해법을 찾는 데 머리를 맞대야 해요. 그러나 안타깝게도 이 문제를 청년들의 분노를 자극해 선거에서 표를 더 많이 받으려는 정치공학적인 마케팅 수단으로만 간주하는 경향도 없지 않습니다. 그렇게 세대 간 갈등을 키우는 방식으로 접근해서는 누구에게도 도움이 되지 않는다고 생각해요.

결국 인간의 인식의 한계 때문에 우리 모두는 자기가 경험한 것 이상을 선험적으로 파악하기가 어렵습니다. 요즘같이 빨리 바뀌는 세상에선 경험이 독이 될 수 있는 거죠. 지금의 기성세대가 자기 젊었을 때의 세상을 기준으로 의사결정을 내리면 그 영향을 직접적으로 다 받아내야 하는 미래세대에 얼마나 못할 짓을 하는 거겠습니까? 그래서 지난 20대 국회 임기를 마치기 전에 제가 "우리 사회의 근본적 변화를 위해서는 830세대로의 급격한 세대 전환이 필요하다"는 주장을 했어요. 저도 72년생이라 만으로 40대 끝자락인데 40대로 바꾸자고 하면 이해당사자인 입장에서 우스운 모양새가 될 거고요. 괜히 여기서 더 버티려 애쓰는 것보다는 바통을 빨리 다음 세대에게 넘겨주는 것이 우리 사회의 변화에 대한 적응력을 높이기 위해서 꼭 필요하다는 생각입니다.

박   나이로는 우리가 아슬아슬하죠.

우   곧 두 분 의원님들께 새로운 세계가 열릴 겁니다. 50대라는.

김   근래에 사회적 문제로 떠오른 여러 갑질 사건에서의 가해자들 중 상당수가 40대들이었다는 점이 몹시 씁쓸했습니다. 요새 한창 문제가 되고 있는 이런저런 대형 금융사기 사건들의 피의자들도 바로 40대고요. 지나친 일반화의 오류일 수 있지만, 저는 이런 사건들을 지켜보면서 현재의 40대가 새 시대의 맏이일지, 구시대의 막내일지를 생각해보면, 아마도 구시대의 막내가 아닐까 하는 생각이 더 들기 시작했습니다.

　저는 91학번입니다. 80년대 중후반, 학생운동이 절정기를 지나고 마지막 불꽃을 발하던 시기에 대학교를 다녔어요. 선배세대의 영향을 긍정적이든 부정적이든 받을 수밖에 없는 시점이었죠. 그렇게 한 해 한 해 지나다가 95학번이 들어오는데, 바로 아래 기수들과는 달리 세대 차이가 급격히 벌어지는 걸 느꼈습니다. 관점의 다양함이나 행동의 자유분방함이 저희 때와는 또 달라서 그랬겠죠. 그 4~5년 되는 짧은 기간에도 세대 차이가 발생하는데, 10년, 20년 단위로 보면 얼마나 더 큰 변화의 압력이 누적되어 있겠습니까? 사회가 성숙되어 간다는 것은 다른 한편으로는 곧 정체되고 있다는 것을 뜻할 텐데요. 여기에서 뭔가 의미 있는 변화가 일어나기 위해서는 연공서열대로 그저 그렇게 지나가는 것보다는 저희 세대가 일종의 논개정신을 발휘해서 바로 앞 세대의 빛나는 유산과 그렇지 못한 유산까지 다 끌어안고 물러나면서, 물론 다들 먹고살아야 하므로 이게 현역에서의 은퇴를 뜻하는 건 아닙니다만, 계주경기의 바통을, 우리 사회의 '주도권'을 빨리 지금의 30대와 20대에게로 넘겨주는 게 공동체 전체의 미래를 위해서 훨씬 더 유익할 거라고 생각합니다. 변화에 가장 민감한 기업들에서는 40대 초반을 넘어서 30대에 벌써 대기업 임원이 여러 명 나오는 등 급격한 세대교체가 시작되었거든요. 가장 변화가 느린 곳 중 하나가 정치인 것 같습니다.

서태지 세대는 왜 쓰러졌는가

우　제가 사용한 '지체'라는 표현에는 사회경제적 요소뿐만 아니라 문화적 의미도 담겨 있어요. 왜냐면 지금은 연극계, 영화계도 아래는 좁고 위가 넓은 역피라미드 구조가 지배적이기 때문입니다. 배우만 봐도 이름난 인물들은 40

내 중후반부터 60대 초반에 이르는 연령대에 걸쳐서 포진해 있어요. 그러니 20대 역할은 30대 배우가 맡고, 30대 배역을 40대 연기자가 연기하고 있습니다. 문화계도 정치권만큼이나 데뷔가 늦어지고 있지요. 출판계 사정도 크게 다르지 않더라고요. 제 자랑 같지만 저는 마흔이 되기 전인 30대 중후반 무렵에 베스트셀러를 몇 권 써냈습니다. 그런데 주변에서 다들 "너는 가까스로 막차 타고 나온 거다"라고 말했어요. 내로라하는 유명 소설가들의 상당수가 20대에 데뷔해서 평생을 가거든요.

그러다가 30대 후반부터는 굉장히 주목받는 위치에서 발언을 하면서 십몇 년을 지내왔는데, 지금 학자들을 보면 30대에 사회적으로 뭔가를 제기하고 데뷔하기가 매우 어려워요. 신문에 자기 이름으로 칼럼을 쓰려면 최소한 40대 후반은 되어야만 하는 시대입니다. 사회 모든 방면에서 준비 기간이 굉장히 길어졌어요. 다들 일종의 취준생인 거죠.

결례를 무릅쓰고 '라떼' 이야기 잠깐 해보겠습니다. 제가 『88만원 세대』에 넣은 일화이기도 합니다. 저희가 대학에 재학하던 시절에는 학과 사무실에 가면 기업에 들어갈 수 있는 입사 자격을 부여해주는 추천서가 엄청나게 쌓여 있었어요. 현대 칸, 삼성 칸 이렇게 대기업 그룹별로 칸이 있었습니다. 그중에 삼성 칸이 매번 제일 늦게까지 추천서가 남아 있었어요. 당시만 해도 삼성은 제일 갈 데 없는 애들이 가는 회사로 인식됐지요. 그게 1980년대 후반이었는데 지금은 괜찮은 대기업에 취직하려면 몇 년에 걸쳐 엄청난 노력과 준비를 해야 합니다. 영어 공부도 해야 하고, 스펙도 부지런히 쌓아야 해요. 진출하는 시기가 그만큼 늦어지는 거죠. 그 대가로 경제학에서 말하는 매몰비용은 급속도로 커지고요. 그로 인해 사회적 다양성이 점점 더 고갈되어가고 있어서 이제 이걸 시스템의 문제로 봐야겠다는 생각을 합니다.

저는 무조건 젊은 사람들이 세상을 주도해야만 한다고 생각하지는 않습니다. 그럼에도 기본적 균형과 조화는 지켜졌으면 해요. 국민을 대표한다는 국회만 봐도, 비율을 맞추어야 하는데 특정 세대, 특정 학교, 특정 직업군이 실질적 비중과 역할에 비해서 터무니없이 과잉대표되어 있어요. 반면에 어떤 인구집단은 그 실체에 견주어 과소한 대표도 있고요. 청년세대가 그렇게 과소대표된 전형적 사례입니다.

특정 집단의 과잉대표와 특정 집단의 과소대표가 비단 여의도 제도 정치권만의 고질병은 아니에요. 벤처기업처럼 청년 특유의 역동성과 지식이 요구되는 부문을 제외하고 나머지 모든 분야가 심각한 지체현상을 드러내고 있습니다. 그런데 더 큰 문제는 이러한 전반적 지체 상태가 앞으로도 계속될 수 있다는 점이에요. 어떤 사람들은 인간의 노화에 따라 세대교체가 머잖아 자연스럽게 일어날 거라고 말하는데, 저는 오히려 어떠한 사회적인 돌발적 충격에 의해 특정한 세대에서 지체가 일어날 수 있다는 걱정이 듭니다. 이번 코로나로 인해서도 세대지체가 생길 가능성이 큽니다.

공식적인 용어는 아니지만 '서태지 세대'에서 비슷한 시사점을 찾을 수 있거든요. '서태지와 아이들'에게 열광했던 10대들이 1990년대 초중반에 본격적으로 대학에 입학하기 시작했는데, 그들은 선배들, 특히나 학생운동권에 참여한 선배들과는 다르게 매우 개방적 성향을 띠었습니다. 술도 잘 먹지 않았고 대신에 귀에 이어폰을 꽂고서 자기가 좋아하는 음악이나 듣고. 이 서태지 세대가 해외로 대거 배낭여행을 떠난 첫 번째 세대이기도 합니다.

저는 1990년에 외국으로 유학을 떠났습니다. 그때는 남자의 경우 유학을 가려면 병역과 관련된 서류들을 국방부 같은 곳에서 많이 떼야 했어요. 그런데 해외여행이 자율화되면서 외국에 나가는 일이 더 이상은 특이한 경우가 아니게 됐습니다. 저희가 서태지 세대에 기대가 많았던 이유는 그 세대는 민주화운동을 해야만 한다는 의무감과 부채의식에서 해방된 세대였기 때문입니다. 그들은 서태지를 한국의 문화대통령으로 밀어 올려준 세대였어요. 미국과 유럽, 일본 등의 해외문화에 대한 수용력도 뛰어났고요. 저는 서태지 세대가 한국 사회를 주도하게 되면 우리나라가 종전의 획일성을 탈피해 다양하고 포용적인 사회로 나아갈 거라고 생각했습니다. 그런데 서태지 세대가 대학을 졸업할 무렵에 IMF 사태가 터지고 말았어요. 그러면서 신입사원을 뽑는 회사들이 확 줄어들었습니다. 서태지 세대, 한 세대가 통째로 증발하는 일이 생긴 거죠.

1980년대 학번들은 외환위기 이전에 회사에 들어갔습니다. 또 IMF 사태 때 대리급이나 평사원들이었기 때문에, 그보다 위 직급들은 잘렸지만 이 사람들은 구조조정과 정리해고의 매서운 칼날을 피해갈 수 있었어요. 그렇게 운 좋게 생존하게 됐습니다.

반대로 바로 아랫세대인 서태지 세대는 취업이 꽉 막혔어요. 그래서 영화나 문화 같은 대안을 찾아 나섰고, 나중에는 우리나라가 문화강국으로 도약하는 데 일익을 담당하기 했지만, 사회 전체적으로 좀 다른 밸런스를 잡을 수 있는 기회가 끊기면서 다시 획일성이 생겼습니다. 그게 지금의 '50대 시대'라고 저는 생각하거든요. 저는 50대가 경제 권력을 확고히 틀어쥐고 있는 게 우리나라가 '50대 공화국'이 된 결정적 이유라고 생각합니다. 50대들은 다른 세대에게 획일성을 강요할 수 있는 물적 토대를 갖고 있거든요.

외환위기 사태는 우리 사회가 무지개처럼 다양한 색깔을 가지는 걸 좌절시켰습니다. 저는 코로나 19 사태가 그와 비슷한 구실을 할 수도 있다는 점이 두려워요. 코로나가 가져올 변화들 중에서 첫머리에 오는 게 가중될 취업난입니다. 마이스터고등학교의 경우를 예로 들어볼게요. 이곳은 젊은 기술명장을 양성하는 전문계 고등학교라 취업이 잘 된다는 얘기를 듣고 학생들이 들어왔는데, 하필이면 올해 코로나 사태가 터지는 바람에 앞길이 막막하게 됐어요. 그래서 고등학생들이 운동장에 모여서 취업 보장을 요구하는 시위를 벌이고 있습니다.

1년에 한 번씩 취업의 문을 여는 대규모 공채제도는 지구상에서 실질적으로 한국과 일본만이 채택하고 유지해온 제도예요. 일본이 공채제도를 바꾸지 않으니 우리도 이를 유지해왔습니다. 평생 한 번 맞는 공채, 그걸 향해서 모든 제도가 설계되어 있습니다.

예전에 기업의 연령차별 금지법을 제정할 때 기업이 해당 연도에 졸업하는 학생들만 뽑아서는 안 된다는 규정을 두었습니다. 그런데 법을 위반해도 실효성 있는 처벌을 받지 않으니까 법이 있으나 마나 한 게 됐어요. 2020년 하반기에는 현대자동차에서 공채 대신 수시채용으로 뽑기도 했습니다. 코로나를 계기로 많은 회사가 공채를 없앨 거예요. 특정 기업의 공채가 폐지되는 게 사회 전체적으로는 대수롭지 않은 일일 수도 있겠죠. 그러나 그 회사를 목표로 취업을 준비해온 사람들은 딱 자기 앞에서 시험이 사라지는 거예요. 시험이 사라지는 순간 자기 인생도 사라집니다. 나이 많은 경력직들과 같이 경쟁시켜 수시로 뽑겠다고 하면 그 제도가 정착되는 2~3년 동안 특정세대는 큰 충격을 받겠죠. 개인의 경제적 운명도 바뀌게 됩니다.

공채제도가 상시채용으로 대체되거나 또는 기업에서 아예 채용을 하지 않으면 불에 기름을 붓는 격이 됩니다. 기존의 지체현상에 취업이 봉쇄된 수십만 명이 엎친 데 덮친 격으로 추가되거든요. 그래서 제가 일찍 데뷔하는 사람과 늦게까지 일하는 사람 간의 조화와 균형을 빨리 달성해야만 한다고 계속 강조하는 거예요. 자칫하다가는 할아버지들로 가득한 늙은 조직이나, 머리는 큰데 하체는 부실한 가분수 집단이 될 수 있거든요. 지금 자동차 산업을 위시한 우리나라 제조업이 이런 불안정한 역삼각형 형태로 계속 변하고, 국가 전체로 보면 어디선가 누군가 일을 하고 있지만 분야로 좁혀 보면 밸런스가 다 깨져 있어요.

방송국도 균형이 깨지기는 제조업과 피차일반입니다. KBS, MBC 실무급 PD들의 대다수가 국장급이라는 얘기가 들립니다. 이 사람들이 열성적으로 프로그램을 만드니까 정작 새로운 포맷을 고민해야 될 젊은 PD들이 할 일이 없어서 대가 끊어졌다고 해요. 오죽하면 '영친왕'이라는 자조적 표현까지 나왔겠어요?

공   영친왕이요?

우   방송사의 마지막 교양 부문 정규직 PD가 될 수도 있기에 영친왕이라 부른답니다. 의친왕도 있다던데. (폭소)

공   박사님께서 말씀하신 부분과 딱 겹치는 신문기사를 제가 예전에 읽은 기억이 있습니다. 일본의 야쿠자도 전반적인 노쇠화 탓으로, 두목도 아닌 행동대원이 60대 후반의 노인이라는 내용이더라고요. 나이 육십 먹은 노인이 찾아와 앞에서 침 뱉고 껌 씹는 광경은 무섭다기보다는 그냥 엽기입니다. 그럼에도 저는 세대 간의 조화와 균형을 맞추는 '비율 보존의 법칙'을 준수하자는 박사님 말씀에 전폭적으로 공감할 수만은 없습니다. 왜냐면 어떠한 조직이나 집단에서 청년들의 발언권을 확대하겠다며 낙점 내지 간택한 젊은 친구들일수록 되레 기성 질서에 더욱더 맹종하고 충성하는 경우가 비일비재하거든요. 지금 세간에는 이번 21대 국회가 역대 최악의 국회가 될 거라는 냉소가 팽배합니다. 문제는 21대 국회를 역대 최악의 국회로 만드는 데 세대 간의 균형과 조화를 꾀한답시고 오직 당내 패권세력, 즉 당권파에 대한 충성심만을 기준으로 여기저기서 마구잡이로 끌어온 함량 미달의 '젊은 구태'들이 앞장서고 있다는 거예요. '젊은 구태'들이!

우   염려하시는 부작용이 존재한다는 사실을 저도 부인하지는 않겠습니다. 하지만 우리는 새로운 사람이 영웅이 되었으면 하는 바람을 언제나 가져왔습니다. 유럽이라고 해서 30대 장관이 많은 것은 아니죠. 그러나 시대정신과 맞으면 30대라도 과감하게 장관에 발탁합니다. 프랑스의 사르코지 정권은 보수 정권이었는데도 당시 30대 초반의 흑인 여성이던 라마 야드를 문화부 장관에 기용했어요. 그러자 외려 진보 진영에서 이러한 인사를 쇼라고 맹렬히 비판했

"유능한 젊은 사람들이
신속하게 위로 올라갈 수 있는
통로를 마련해줘야 합니다.
분산을 통해 다양성을 증진시켜 줄
대책과 조치도 필요하고요.
이런 담론을 할 수 있는 데가
국회 말고 또 어디 있겠어요?"

습니다. 그러자 사르코지 측에서 당신들은 쇼도 못하지 않느냐면서 즉각 반격에 나섰어요. 한두 번이면 쇼일 수가 있습니다. 그렇지만 쇼도 계속하면 체질이 됩니다. 사회적 유전자의 혼합(Mix)이 일어나기 때문이에요. 일사불란과 질서정연함은 21세기에 걸맞지 않은 특성입니다. 창조는 혼돈과 불균형에서 비롯돼요. 따라서 저는 부작용 때문에 추세를 외면해서는 안 된다고 봐요. 부작용이 싫다고 지금 이대로를 마냥 고집할 수는 없거든요. 부작용은 물론 최소화해야겠지만 그에 앞서서 다양한 사회적 유전자의 혼합이 선물해줄 신선한 충격과 파격적 융합을 먼저 주목했으면 합니다.

사회적 혼합, 곧 소셜 믹스(Social Mix)는 문화계의 테두리와 벤처산업의 경계선을 시급히 벗어나야 합니다. 무엇보다도 경직된 공직 사회로 빨리 퍼져나갈 필요가 있어요. 공무원 사회를 보면 과장들이 의욕도 희망도 없어요. 아무리 열심히 일해도 한 계단 승진하는 데 10년은 걸릴 거라고 생각하니까요. 이처럼 인사가 심각하게 적체된 상황에서는 다른 보직이나 직종으로 전환을 시켜주는 방식으로 숨통을 틔워줘야 하는데 그런 움직임이 별로 보이지 않아요. 조직의 숨통을 틔워주고 인사의 동맥경화를 해소시키는 과제는 조직 스스로는 이뤄내기 어려운 목표예요. 공직에도 이미 다 있는 규정이니까 퀵 프로세스(quick process)라고 할까요? 유능한 젊은 사람들이 신속하게 위로 올라갈 수 있는 통로를 마련해줘야 합니다. 분산을 통해 다양성을 증진시켜 줄 대책과 조치도 필요하고요. 이런 담론을 할 수 있는 데가 국회 말고 또 어디 있겠어요?

정치권 이외의 영역들에서도 세대교체를 둘러싼 논쟁을 확산시키는 데 나설 수야 있겠지만 국회에 필적하는 확실하고 강력한 사회적 파장을 불러일으키기는 어려워요. 저는 청년들의 사회 진출이 늦어지는 게 거대한 국가적 손실이라는 각성과 인식만이라도 정치권이 가져주기를 바랍니다. 수명이 늘어나니까 비율대로 다 늦어지는 거라서 아무 문제가 아닌 것은 아니라는 거죠.

공   선발대로 온 젊은 구태들 때문에 빚어지는 부작용을 일정 부분 감수하고서라도 청년세대를 계속 수혈해 균형과 조화를 기하자는 말씀이신가요?

우   네. 저는 그렇게 생각합니다. 한술에 배부르냐, 그런 얘기겠죠.

'런드리고'는 고 하고, '타다'는 못 타다

박   미래세대인 청년들에게 어떻게 길을 열어주느냐에 참석자 모두의 문제의식이 가닿는 것 같네요. 제가 관심을 기울일 만한 통계를 얼마 전에 봤습니다. 중소벤처기업부에서 발표한 통계인데, 2019년 기준으로 4대 재벌그룹, 그러니까 삼성, 현대자동차, LG, SK가 상시고용한 인원이 69만 명이라는 거예요. 그런데 벤처기업들은 그보다 더 많은 70만 명 넘게 고용했다고 합니다. 3만7천 개의 벤처기업들이요. 저는 중소벤처기업부가 자기 부처의 중요성을 강조하기 위해 이 통계를 발표했을 거라는 점을 감안해도, 한국 경제의 미래가 벤처에 있음을 다시금 확인했습니다.

    4대 재벌기업이 우리나라 경제의 발전을 견인해온 것은 분명합니다. 그렇지만 이러한 앞장섬이 이후에도 계속될 거라는 보장은 없어요. 저는 기존 산업구조와 경제체질의 연착륙 방안을 고민하면서도 한편으로는 새로운 경제 패러다임과 성장동력을 더 부지런히 모색하고 창출해야 한다고 봐요. 그 일을 정치권이 해야만 합니다.

    최근에 벤처기업과 관련해 재미있는 사례를 들었습니다. 런드리고(Laundrygo)라는 세탁업체에 관한 이야기입니다. 이 회사의 시스템은 고객이 보안장치와 안전장치가 설치된 세탁박스에 세탁물을 담아 집 밖에 내놓으면 새벽에 수거해서 세탁한 뒤 이튿날 돌려주는 거라고 합니다. 이 회사도 기존 세탁업체와 부딪히겠구나 하고 생각했는데 여기는 아닌 거예요. 지역에서 세탁소를 운영하시는 분들은 고령화되는데 세탁일이 힘든 일이다 보니 후계자를 찾기도 어렵고, 이분들이 가진, 얼룩이나 찌든 때를 감쪽같이 빼내는 기술도 같이 사장될 위기에 처해진 거죠. 그런데 런드리고 같은 새로운 세탁서비스 업체들이 전수될 필요가 있는 자신만의 세탁 노하우를 축적해온 기존의 세탁소 사장님들을 기술 고문 혹은 자문역으로 영입해 동네 세탁소들과의 상생을 도모하고 있습니다.

저는 각자가 처한 상황에 따라 대립적 방식을 취하거나 공존의 길을 채택한 스타트업 기업들에게 도전의 공간과 생존의 가능성을 제공하는 데 정치의 역할이 있다고 봅니다.

타다 금지법, 이게 당론 비슷하게 되는 바람에 저도 찬성을 하긴 했는데, 타다 금지법이 국회에서 통과되는 것을 보고 많은 혁신 모빌리티 업체들이 깊은 좌절감을 느꼈다고 합니다. 정치권이 기존 택시업계와 혁신 모빌리티가 공존할 수 있는 방도를 찾으려고 하지 않고 고루하고 타성적으로 일처리를 했다고 보는 거죠. 그래서 이런 문제에 대해서 그 방법을 잘 찾아줘야겠다는 생각을 합니다.

우리나라 젊은 세대는 창업했다가 실패하면 여기에 따르는 부담과 비용이 너무나 큽니다. 더군다나 걸핏하면 연대보증까지 요구하니 창업에 대한 두려움이 더더욱 커질 수밖에 없어요. 창업에 성공하는 과정에서 서너 차례 정도의 실패는 기본으로 안고 갈 수 있어야 하는데 말이죠. 우리나라는 청년들로부터 도전정신과 혁신에너지를 끌어내기에는 사회적 보장체계가 지나치게 부실합니다. 청년들에게 걸림돌이 단지 세대적 지체현상만은 아니에요. 청년들에게 기회를 열어주려면 말로만 격려하는 걸로는 부족합니다. 그들에게 실질적으로 도움을 줄 수 있는 포괄적 시스템과 구체적 방법론을 동시에 고민할 필요가 있어요.

우　충무로 영화계에서 기성 작가와 여전히 정식으로 데뷔하지 못한 신인 작가 사이의 실력 차이는 종이 한 장 차이일 따름이에요. 네트워크 차이는 많이 나도요. 그런데 그 한 장 사이에 수많은 공모전들이 가로놓여 있습니다.

　　공모전에서 당선되어봐야 상금이 많은 것도 아니에요. 반드시 영화로 제작된다는 보장도 없고요. 그럼에도 공모전 당선에 수많은 신인 작가들이 목을 매고 있습니다. 신인들의 사회 진출을 가로막는 보이지 않는 드높은 장벽이 그들 앞에 버티고 있기 때문입니다. 다른 분야들도 사정은 비슷할 거예요. 고속도로에 비유하자면 다음 휴게소에서 충무로가 신인 작가 당신을 기다리고 있으니 희망을 갖고 계속 열심히 달리라는 식입니다.

공　영락없는 희망고문이네요. 우 박사님께서 방금 고속도로 얘기를 하셨는데, 저는 한국 사회가 정체와 답보에 빠진 탓에 사람들이 안정된 이권을 추구하는 데만 가일층 광분하고 있다고 생각합니다. 그래서 다들 고속도로 휴게소 따내는 것에만 관심이 있지 정작 고속도로 까는 데에는 관심이 없더라고요. (웃음)

박　정확한 지적이네요. 고속도로는 휴게소를 얻기 위한 하나의 도구일 뿐!

우　고속도로 휴게소 이야기하니까 웃자고 한마디 하자면, 현대가 금강휴게소를 땄거든요. 금강휴게소만 상하행 양쪽으로 모두 빠져나올 수 있는 휴게소인데, 이곳이 금강기획의 모태라는 후일담이 있습니다. 금강기획뿐만 아니라 현대백화점 등 금강 계열로 분류되는 회사들 전부 금강휴게소가 낳았다는 거예요. 현대가 고속도로만 놓은 게 아니고 금강휴게소도 지은 거죠. (웃음)

공　저도 이제 꿈이 생겼습니다. 금강불괴의 꿈이!

우   그건 특권이 있어야 된다니까요. 금강휴게소는 엄청난 특혜였어요. 금강
휴게소까지만 가면 회차가 되니까. 그 정도는 대통령하고 손을 잡아야 하는
데 그렇게 자신 있으면 그냥 돈을 달라고 하는 게 빠를 거예요. (웃음)

김   저는 아무리 생각해봐도 기성세대가 자신들이 장악한 주도권을 자의로
순순히 내놓고 조용히 물러갈 것 같지 않습니다.

우   아마 한 명도 없을 거예요.

김   우리나라 연도별 출생자 숫자를 조사해봤습니다. 수치만 간략히 나열해
볼게요. 53년생 66만 명으로 시작해, 57년생이 72만 3천 명, 유명한 58년 개띠
는 75만 8천 명, 59년생이 78만 명이었습니다. 69년생이 100만 5천 명, 70년생
이 100만 명, 71년생이 102만 명입니다. 71년생이 출생자 숫자로는 역대 최고
예요. 제가 태어난 72년도 출생자는 96만 명이고요. 73년생도 96만 명이었습
니다. 이후로 신생아 숫자가 계속 줄어들어서 이제는 한 해에 30만 명도 태어
나지 않는 지경에 이르렀어요.
    인구 구조와 경제성장률은 경제사회 구조에서 가장 근본적 변수들입니
다. 두 가지 요소를 종합적으로 고려하면 우리나라의 미래가 어느 정도까
지는 예측이 가능합니다. 일자리 총량이 어떻게 될지 대략 짐작이 되거든
요. 핵심은 어쨌거나 다들 먹고살 수 있는 환경을 만들어야 한다는 점이에
요. 지금은 새로운 일자리가 창출되지 않고, 후세대는 이전 세대에 가로막
혀 있습니다. 사실 이 문제는 이상하거나 특수한 것이 아니라 당연한 기라
서, '왜 이렇냐'가 아니라 '어떻게 풀어갈 것이냐'에 초점을 맞춰야 한다고
생각합니다.
    저는 현재 진행되고 있는 4차 산업혁명에서 그 돌파구를 찾아낼 수 있을

것 같습니다. 농경시대에서 산업시대로 넘어갈 때의 강도에 필적하는 변화의 쓰나미가 전 세계 곳곳에서 감지되고 있지 않습니까? 이러한 변화에 리스크는 분명히 있고 그 변화의 방향 역시 아직 불확실하지만 기회의 요소 또한 명백히 있습니다. 하지만 기술혁명으로 새로운 일자리가 생긴다 해도 60대 택시기사님이 인공지능 트레이너로 갑자기 변신하는 건 솔직히 실현가능성이 높지 않겠죠. 그렇다고 해서 기존 일자리를 지키기 위해 전 세계적 기술혁명의 흐름에 언제까지나 역행할 수만은 없습니다. 나중에 더 큰 역풍이 몰아칠 테니까요. 변화는 불가피합니다. 그렇다면 우리가 해야 할 일은 뭘까요? 하나는 변화에 적응하기 힘들어하는 분들이 현재의 노동시장에서 비자발적으로 벗어나더라도 무탈하게 연착륙할 수 있도록 돕는 것이고, 또 다른 하나는 새로운 직업과 일자리들이 많이 생겨날 수 있도록 하는 것입니다. 물론 일자리를 만드는 것은 정부가 직접 할 수 있는 일은 아니지만, 그 과정에서 걸림돌을 빨리빨리 치워주는 것은 정부가 해야 할 일입니다. 그래야 청년세대가 활동할 수 있는 공간이 생겨날 수 있어요.

새로운 유형의 일자리는 런드리고도 만들 수 있고, 타다도 만들 수 있었습니다. 저는 타다를 시장에 맡겨놓았으면 상생모델을 만들어낼 수 있었을 거라고 확신합니다. 정부가 거기에 인위적으로 개입해 강제로 균형을 깨트린 탓으로 문제가 커졌어요. 저급한 인식의 정치인들과 능력이 달리는 공무원들이 섣부르게 손을 대면, 그냥 놔뒀을 때 민간에서 자율적으로 해법을 찾아낼 수 있었을 문제를 회복 불능 상태로 만들어버립니다. 정부의 개입이 필요한 부분이 있다면 당연히 적극적으로 개입해야죠. 하지만 손을 대지 않아야 할 분야에서는 성급한 간섭과 졸속적인 관여를 자제해야 합니다. 원칙적으로 정부 개입은 선별적이고 제한적이어야만 해요.

혁신의 공간이 넓어지는 게 기존 산업의 입지를 좁히는 것을 뜻하지 않는다면 아주 바람직하지요. 그런 맥락에서 런드리고는 아주 모범적 사례인

깃 같습니다. 반면에 전동 킥보드는 기존 산업의 생태계를 부지불식 간에 잠식한 경우에 해당합니다. 어떤 통계를 보니까, 전체 택시 승객의 40%가량이 기본요금 거리 내의 이용자라고 합니다. 그런데 이 단거리 운행시장을 전동 킥보드가 파고들었습니다. 택시업계는 이 사실을 처음에는 인지하지 못하다가 갑자기 주요 매출이 급감하는 상황이 와서 그 원인을 찾아보고는 나중에 깨달았다고 해요. 유년기나 아동기에 킥보드를 탔던 세대가 성년기에 접어들면 전동 킥보드로 자연스럽게 갈아타나 봅니다.

우 우리 집 아이들도 자가용으로 킥보드 한 대씩을 갖고 있어요. 다섯 살 정도만 돼도 킥보드 안 사주면 큰일 납니다.

김 전동 킥보드가 택시 시장의 파이를 축소시킬 거라고는 처음엔 제대로 예상을 못했습니다. 이렇게 경제생태계라는 복잡계는 전혀 예상 못한 방향으로 변화를 맞이할 수밖에 없고, 앞으로 여기저기서 기술혁명으로 일자리를 잃거나 위협받는 분들이 더 많이 쏟아져 나올 겁니다. 기술혁명을 가로막는 것이 아니라 예상되는 구조적인 대량 실업사태에 대해서 효과적인 대비책을 마련하는 것이 정치권과 행정부가 해야 할 일입니다. 한편, 킥보드와 달리 우버나 콜버스, 풀러스 같은 서비스들은 타다와 더불어 서비스 초창기부터 택시업계에게는 요주의 대상이었어요. 혁신이 일어나려면 기존 업계와의 충돌은 불가피합니다. 양자의 갈등이 최소화되고 생산적인 합의가 도출되도록 이해관계자들 사이를 조율하는 게 정치의 사명이자 행정의 본령이라고 생각해요.

박 우리 사회에서 취업은 번듯하고 안정된 직장에 들어가는 걸 전통적으로 뜻해왔습니다. 하지만 지금은 상황이 그렇지 못해요. 직장 하나를 얻는 걸

로 개인의 복지와 가정의 생계가 보장되던 시대는 끝났습니다. 평생직장의
개념은 공무원들과 공기업, 그리고 몇몇 대기업에만 화석처럼 잔존하고 있
을 뿐이죠. 우리 아이들은 두 개 이상의 직업에 동시에 종사하면서 평생을 살
아야만 할지도 모릅니다. 직장을 자주 옮겨 다니는 건 기본일 거고요. 저는
중1, 중3짜리 두 아들이 있는데 우리 애들이 학원을 열심히 다니기는 하지만
공부로 뭘 해서 먹고살 것 같지는 않아요. 다른 진로를 통해서 생계 문제를
해결할 것으로 전망하고 있어요. 그게 직장이든 뭐든. 8시간-8시간-8시간이
죠. 8시간 일하고, 8시간 휴식 취하고, 8시간은 자기가 하고 싶은 일을 하는.
칼 마르크스의 『독일 이데올로기』맨 마지막 부분에서 '아침에는 사냥하고
오후에는 낚시하고 저녁에는 소를 몰며 저녁식사 후에는 비평을 한다. 하지
만 그는 사냥꾼도 어부도 목동도 비평가도 아니다'라고 이상적인 사회를 꿈
꾸는 게 기억나네요.

우　　존 스튜어트 밀도 마르크스와 비슷한 상상을 하면서, 경제가 충분히 풍
요로워지면 사람들이 철학과 사색 그리고 역사학을 할 거라고 했었죠.

박　　저는 하루에 8시간만 성실히 노동하면 나머지 16시간에 대한 경제적 뒷
받침을 할 수 있는 세상이 도래하기를 바라고 있어요. 그러자면 소득에 대한
기준이 높아져야 합니다. 최저임금에 더해 생활임금의 수준이 올라야 하는 것
은 기본이고 사회보장체계도 잘 갖추어져야 하고요.
　　제 아들이 식당에서 서빙을 한다고 가정해볼게요. 이 일을 저임의 아르
바이트 일자리로 여겨서는 안 됩니다. 왜냐면 나머지 시간에는 자기가 진짜
로 하고 싶은 일을 하면 되거든요. 제 큰아이가 유튜브 동영상 제작과 편집에
능숙합니다. 과학 중에서도 곤충생물학에 관심이 많고요. 작은아들은 천체물
리학에 흥미가 있어요. 그러면 걔들이 과학 강의 영상을 만들기도 하고, 관련

카페를 운영한다든지 해서 홀 서빙 8시간으로는 주수입, 나머지 하고 싶은 일을 하는 8시간을 통해서 부수입을 얻을 수 있게 되죠. 저는 우리 사회가 그렇게 갈 수 있다고 보는데, 현재의 우리 사회도 그렇고 저도 그렇고 아이들이 그렇게 하면 빨리 정신 차리고 공부하라고 호되게 닦달합니다. 저는 사회안전망이 강화되고 괜찮은 임금이 주어지면, 설령 하루에 8시간 홀 서빙을 하더라도 자부심을 느끼며 여유롭고 넉넉한 삶이 보장되는 사회로 우리나라가 이행해야만 한다고 봅니다. 저는 우리 사회가 그렇게 갈 수 있다고 생각합니다. 어떤 일을 해도 4대 보험이 보장되고, 일정한 노동시간을 채우면 충분한 소득을 벌 수 있는 사회로요. 기성세대가 담당해야 할 책무는 바로 그런 사회를 만들어가는 것입니다.

김 의원님 말씀대로 인구가 줄고 있기 때문에 현재의 국가적 규모와 경제력을 유지하려면 두 가지 전제조건이 충족되어야 합니다. 첫째로 나이 드신 분들이 일할 수 있도록 정년 일자리, 노인 일자리가 많이 공급되어야 하고, 둘째로는 여성의 사회 참여와 경제활동이 보다 활성화되어야 합니다. 그러자면 이에 걸맞은 사회 시스템의 확립과 복지서비스의 구축이 필수겠죠.

여성이 가정의 울타리를 벗어나 본인이 만족하고 공동체가 기대하는 수준의 사회경제적 역할을 수행하려면 이를 지탱해줄 수 있는 기술적 기반과 물질적 토대가 선결되어야 합니다. 세탁기와 전기밥솥이 여성이 오랫동안 짊어져 온 무거운 가사노동의 부담을 획기적으로 줄여줬잖아요. 이제 우리에게 필요한 건 사회적 층위에서의 세탁기와 사회 시스템으로서의 구실을 해줄 수 있는 제도와 법령입니다. 이런 제도와 법령을 설계하고 실천에 옮겨야 여성과 노인의 사회 참여가 활발해질 수 있습니다. 국가의 진로가 보다 미래지향적 방향으로 설정될 수가 있고요.

평창올림픽이 쏘아올린 작은 공

공　전기밥솥이 아무리 성능이 좋아도 여성부 장관이 밥통 같은 말씀만 해대면 여성 정책이 잘될 리가 없습니다. 우리나라가 여권 신장이 안 되는 이유를 얼마 전에 여성가족부 장관이 직접 보여주셨죠. 서울·부산시장 보궐선거를 두고, 국민 전체가 성인지 감수성을 학습할 기회라는 망언을 여가부 장관이 하셨더라고요. 그것도 페미니즘 정부를 자처하는 문재인 정부 여가부 장관이.

우　제가 그 여성가족부 장관과 회의를 몇 차례 같이한 적이 있어요. 원래는 그렇게 엉터리 같은 분이 아니셨는데…

공　가족 이야기가 나와서 그런데 이쯤에서 연금에 관한 말씀을 좀 해주세요. 대가족은 해체에 더해서 이제는 핵가족마저 핵분열한 상황이라 믿을 건 연금뿐인데, 우리나라 연금제도가 평범한 서민 입장에서는 도통 믿음이 가지 않아서요.

우　제가 『88만원 세대』를 쓴 이후에 다양한 유형의 논쟁을 해왔는데요. 이러한 논쟁의 과정에서 청년 문제와 실업률 관련된 얘기만 나오면 진보든 보수든 상관없이 거의 자동으로 연금 문제로 논의가 이어지더라고요. 단기적으로는 문제가 생기지만 저는 인구가 감소하는 현상이 반드시 나쁜 일이라고만은 생각하지 않습니다. 생태적 관점에서는 인구가 줄면 덜 쓰고 덜 더럽히게 되지 않느냐는 건데 대부분 사람들의 의견은 제 생각과 다르더라고요. 많은 분이 인구가 줄면 연금이 고갈된다는 공포에 휩싸여 있거든요. 인구가 줄면 연금의 안정성이 단기적으로는 흔들릴 수가 있습니다. 그렇지만 본질적으로 사람을 위해 연금이 있지, 연금제도를 위해 사람이 존재하지는 않잖아요. 더욱

　　　　　　　　　　　　　1장 청년세대의 지체현상

이 연금제도의 존속을 위해 출생률을 높이자는 주장은 인간에 대한 예의와도 거리가 먼 발상입니다. 저는 연금 개혁을 과감하게, 아니 과격하게 해도 괜찮다는 생각을 기본적으로 갖고 있어요. 연금 문제를 바라보는 사회적 호흡이 길어지면 연금제도에 관한 사람들의 인식도 이에 따라서 바뀔 것으로 보여요.

박근혜 정부 당시에 연금제도 개혁 문제와 함께 크게 불붙었던 논쟁이 있습니다. 국가 단위의 노동력 수급이었어요. 논쟁의 핵심은 줄어드는 노동력을 외국으로부터 이민을 받아 메우느냐, 아니면 우리나라 노동자들의 대우를 개선해 생산성을 높이느냐는 것이었죠.

그때 마침 일본도 유사한 논쟁을 펼치고 있었는데, 일본의 보수 진영이 '1억 총활약 담당상'² 이라는 장관을 내각 안에 임명한 것에서 볼 수 있듯 나름 범정부 차원에서 인구 감소에 대처를 시도했는데, 당시 채택한 전략이, 일본의 총인구 1억 2천만 명에서 1천만 명쯤 줄어드는 사태를 감내하면서 기존 일본 국민들의 생산성을 제고시켜 인구 감소에 대처하겠다는 것이었습니다.

독일과 프랑스는 줄어드는 노동력을 외국인 노동자들을 수혈해 보충했는데, 일본은 서유럽식의 노동력 공급 대책을 채택하지 않겠다는 결정을 내렸어요. 박근혜 정부는 유럽 노선을 취했습니다. 이민을 고도로 활성화하겠다는 내부적 방침을 세우고 기본계획까지 수립했어요. 그러다 선거 유불리 따지고 사회적으로 갑론을박이 뜨겁게 전개되면서 외국에서 일단은 고급 인력만 유치한다는 수준으로 후퇴했습니다. 우리나라는 세계적으로도 유례가 없는 낮은 출생률이 오랫동안 이어지고 있어요. 게다가 청년들의 경제활동도 극도로 위축되어 있는 형편입니다. 결국은 이민 논의가 재점화될 거라고 생각합니다.

2　2015년 아베정부가 일본의 저출생 고령화에 대처하기 위해 만든 장관직. 50년 뒤에도 인구 1억 명을 유지하고 여성, 노령자를 포함한 1억 명이 모두 활발한 경제활동을 하게 한다는 의미를 담고 있다.

공   우리 사회에는 북한과 통일만 되면, 또는 남북한 사이의 경제협력만 활발해지면 노동력 부족 사태는 단번에 해소될 수 있다고 확신하는 사람들이 꽤 됩니다.

우   단기적으로는 어려워도, 장기적으로는 남북한 통일이 실현될 거라고 확신하는 사람들이 물론 많습니다. 평화경제의 핵심적 개념 한 가지가 북한 노동자들을 고용해 한국의 인력 부족을 타개하자는 거예요. 주로 진보 쪽 인사들의 기대인데, 남북경협이 촉진되면 북한이 대규모로 개발되고 그 영향으로 남한 사람들을 위한 좋은 일자리가 많이 창출될 거라는 가정도 평화경제의 중요한 한 축을 형성하고 있습니다.

    그런데 북한이 우리나라의 노동력 부족 문제를 일거에 해결해줄 수 있는 만능열쇠 역할을 과연 해줄 수 있을까요? 저는 북한 출신의 저임금 노동자들로 남한의 부족한 노동력을 채우려는 시도가 자칫하다간 독일이나 스위스에서 목격되는 것과 같은 극우파의 대두를 부추길 수 있다고 우려하고 있습니다.

공   한반도판 스킨헤드!

우   2018년 평창동계올림픽 남북 단일팀 구성 때, 청년들 사이에서 난리가 한번 났지 않았습니까? 올림픽 출전이 타의에 의해 좌절당한 우리 국가대표 선수들에게, 오랫동안 준비해온 취업시험에서 원서 낼 기회를 박탈당한 것 같은 감정이입을 청년들이 했기 때문입니다. 이 상황에서 정부 여당 사람들은 통일이라는 대를 위해 올림픽 출전이라는 소가 희생해야만 한다는 입장을 취했고 그러자 청년들의 분노와 반감이 극에 달했어요. 저는 평창올림픽 남북 단일팀 구성 논란이, 공정의 문제가 청년들의 최우선적 관심사로 확 뜨게 된 중요한 계기라고 생각합니다.

박 그 일이 드루킹 사건의 시발점입니다. 불순세력이 댓글 가지고 정치공작을 한다며 추미애 당시 민주당 대표가 경찰에 수사를 의뢰했거든요.

공 아군만 골라 참교육한다는 추미애 매직의 전설이 그때 싹튼 셈이네요. (폭소)

우 공무원 연금을 위시한 연금 구조를 어떻게 개혁할까 하는 문제는, 궁극적으로 우리나라 청년세대의 미래와도 민감하게 연결되어 있습니다. 이건 진보와 보수를 나누는 단층선 구실을 해서는 안 될 일이에요. 사람에 제도를 맞춰야지, 제도에 사람을 맞출 수는 없잖아요. 남북관계도 마찬가지입니다. 우리 내부의 경제적 문제를 해결하는 방편으로 북한을 끌어들이는 일은 바람직하지 않아요. 우리 내부의 모순을 풀려고 북한이든, 이민이든, 외부로부터 어떠한 요소를 무리하게 삽입하는 방식은 건전한 해법이라고 말하기 어렵죠.

김 저도 저출생과 인구 감소를 재앙으로만 여기는 기존의 인식을 이제는 탈피할 필요가 있다고 봐요. 현재의 인구를 유지할 수 있는 합계 출생률은 2.1명인데 지금은 1명조차 안 되는 것은 물론이고 0.9명조차 아슬아슬하죠.

우 서울 몇몇 구에서는 0.7명 선도 무너졌습니다. 0.6명으로 내려간 곳도 있어요.

'연금종말론'의 공포

김 일각에서는 유럽식 처방을 해결책으로 제시하고 있습니다. 굳이 정식으로 결혼을 하지 않아도 배우자로 인정해주는 프랑스의 시민연대계약 같은 가

" 원래 제대로 된
보수주의 정당은
변화를 거부하지 않죠.
상식적 보수정당은
변화에 순응하는 정당입니다.
변화에 적응하려는
자세를 가진 정당입니다. "

족의 다양한 결합 형태를 우리나라에 도입하자는 의견이죠. 그런데 저는 우리나라에서는 이러한 제도의 채택이 쉽지는 않을 것 같습니다. 유교적인 가부장제의 전통이 급격히 와해되고는 있지만 그럼에도 사람들의 생각에 남아 있는 문화적 관념들이 완전히 바뀌기에는 더 많은 시간이 필요할 것 같습니다. 출생률을 실제로 끌어올려줄지도 의문이고요.

저는 우리나라의 합계 출생률을, 현재 인구를 유지시키는 수준인 2.1명까지 다시 높이는 건 지금 단계에서는 객관적으로 실현이 불가능한 목표라고 봐요. 그렇다면 우리가 이제부터 힘을 쏟아야 할 일은 뭘까요? 저는 지속적으로 줄어들 인구 구조에 우리 스스로를 적응시키는 노력을 지금이라도 시작해야 한다고 생각합니다.

원래 제대로 된 보수주의 정당은 변화를 거부하지 않죠. 필요하고 불가피한 변화마저 거부하면 그건 진정한 의미의 보수정당이 아니라고 봅니다. 사회 변화에 부응하지 않고 그 자리에 머물러 있기만 하면 보수가 아닌 수구일 것이고, 아예 거꾸로 간다면 그건 반동이라고 해야 되겠죠. 상식적 보수정당은 변화에 순응하는 성당입니다. 변화에 적응하려는 자세를 가진 정당입니다. 따라서 보수정당도 이제는 저출생 문제를 극복이 아닌 적응의 문제로 바라볼 필요가 있어요. 실질적인 대책도 내놓지 못하면서 지금의 심각한 저출생을 재앙이라고 떠들기만 하는 것이 과연 무슨 의미가 있는 것인지 모르겠습니다.

그런데 흥미로운 흐름이 관찰되는 것이, 금세기 들어서 첩보물에서 SF 판타지물에 이르기까지 인류의 미래를 우울하게 예측하는 영화들이 비교적 짧은 기간 안에 여러 편 개봉됐어요. 「다빈치 코드」, 「어벤져스: 인피니티 워」, 「어벤져스: 엔드게임」, 「킹스맨: 골든 서클」, 「가디언즈 오브 갤럭시 VOL. 2」 등의 작품들을 보면 지구를 위해서, 우주를 위해서 지나치게 많이 늘어난 인구를 줄이겠다는 악당들과 싸워서 인류의 생명을 지키겠다는 것이 모티브입니다. 아마도 21세기 초엽을 살아가는 우리들의 무의식 속에 자리 잡은 불안감과 두려움에서 비롯된 문제의식이 작품들에 투영되어 비슷한 시기에 기획되고 제작되었기 때문에 길지 않은 기간에 비슷한 서사 구조를 가진 영화들이 이렇게 갑자기 쏟아져 나온 것이 아닐까 싶습니다. 위 영화들은 생태주의적 관점에서 인간이 너무 많아져서 지구의 지속가능성이 급격히 줄어들고 있다는 문제의식의 표출이겠죠.

우 교수님이 말씀하신 연금과 관련해서 보면, 연금 전문가들 사이에서도 인구 구조의 급격한 변동으로 인한 미래에 대한 비관론이 팽배해 있습니다. 일명 '연금종말론'이라고도 표현되죠. 우리나라 국민연금기금의 누적 규모가 2020년 8월 말 기준으로 790조 원에 이르렀고, 2039년에는 1,431조 원으로 정점을 찍는다고 합니다. 그런데 이 어마어마한 규모의 적립기금이 현재의 연금제도하에서는 불과 15년 만에 전액 소진되어 버린다는 것이 엄청난 문제입니다. 이러한 사태가 현실로 다가왔을 때 과연 우리 사회와 금융시장이 그 충격을 감내할 수 있을지 의문이에요.

지금은 국민연금의 성숙기에 접어들기 전이기 때문에 기금이 지속적으로 적립되고 있지만 향후 기금적립 최대액의 정점을 찍고 난 후에는 가입자들에 대한 보험금 지급을 위해 하늘 높이 솟구친 공이 엄청난 가속도가 붙은 상태로 자유낙하하듯 기금이 소진될 것입니다. 그 과정에서 국민연금은 보험금 지급용 현금을 마련하기 위해 투자자산을 처분하기 시작할 텐데 그렇게 되면 아마 주식시장도, 채권시장도, 부동산시장도 패닉 상태를 면하지 못할 것입니다. 국민연금이 향후 자산처분을 시작해야 할 때, 어떻게 해야 금융시장이나 자산시장에 주는 혼란을 최소화할 수 있는지도 미리미리 진지하게 논의해서 원칙을 세우고 실행에 들어가야 한다고 봅니다. 연금학자들은 국민연금이 적금이라는 식의 개념 정리에 반대하긴 합니다만 가장 알기 쉽게 생각해보자면 국민연금은 국민들이 노후 보장을 받기 위하여 세대를 초월하여 다 함께 드는 적금 같은 역할을 한다고 할 수 있습니다. 그런데 먼저 가입한 가입자가 본인이 국민연금에 실제로 낸 돈보다 훨씬 더 많은 돈을 먼저 받아가는 구도이니 뒤늦게 가입한 젊은 세대는 막상 자신들이 연금을 받을 수 있는 나이에 도달했을 때 지급받을 수 있는 기금이 바닥나버릴지도 모른다는 우려에 국민연금 가입을 기피하는 경우가 많이 늘어나고 있어요. 이렇게 인구가 줄어드는데 가입자 비율까지 더 줄어드는 상황이 지속되면서 국민연금의 지속가능성이 더 빨리 줄어들 수밖에 없는 악순환에 빠져 있는 거죠. 만약 지금의 국민연금제도를 그대로 놓아두게 되면 기금이 모두 소진되는 2054년이 지나고 나면 현재의 보험료 9%를 한순간에 30%가 넘어갈 정도로 인상시켜야 국민연금제도가 겨우 유지될 수 있는 상황에 처하게 됩니다. 국민연금 개혁 논의에서 간혹 지금처럼 기금을 설치하고 여기에 보험료를 걷어 쌓아둔 다음 이 기금의 운용수익을 보태어 보험금 지급에 활용하는 '적립식'에서 그해 필요한 보험금을 그해 부과된 보험료로 걷어서 지급하는 '부과식'으로 전환하자는 주장이 있습니다. 물론, 적립된 기금이 다 소진되고 나면 당연히 부과식으로 이행할 수밖에 없죠. 그런데 수혜자와 기여자가 비슷한 숫자일 때는 추가적인 재원 투입 없이도 지속가능한 연금으로 유지될 수 있겠으나, 보험료 내는 사람보다 연금 받아가는 사람 숫자가 훨씬 많게 되면 이 또한 난감해집니다.

우   현재 싱가포르가 부과식 연금을 채택한 것으로 알고 있습니다.

김   급격히 줄어들고 있는 인구와 이로 인해 불과 30여 년 후에 기금이 바닥나는 20세기형 사회보장체제의 대표 격인 '국민연금'과, 정규직 고용이 왜소화되고 다수 국민들이 실업이나 불안정노동에 상시 노출되어 있을 상황에서 도입이 불가피할 21세기형 사회보장체제의 근간이 될 '기본소득'의 관계 설정이 앞으로 한국 사회뿐만 아니라 세계적으로도 더욱 중요한 화두로 부상할 것으로 전망합니다. 일자리가 소멸하고, 그에 따라 소득이 사라지고, 마침내

연금이 고갈될 가까운 미래에 기본소득의 도입은 불가피할 거라고 생각해요.

국민연금은 전체 주요 금융상품들을 통틀어 안정성과 수익성을 결합해서 볼 때 가장 우수합니다. 일반 금융시장에서는 안정성이 높으면 수익성이 떨어지거나, 수익성이 높으면 안정성이 떨어지는 상관관계가 작동을 하는데 국민연금은 안정성도 높고 수익성도 높다는 거죠. 즉 현실에서 존재하기 어려운 좋은 조건을 제시하고 있다는 겁니다. 따라서 지속가능성을 담보하기 어려울 정도로 유리한 조건인 국민연금을 지속가능한 상태로 유지하려면 연금개혁은 필수입니다. 지금처럼 '확정급여방식(DB, Defined Benefits)'으로 받는 금액을 일정하게 하려면 보험료를 인상하든지, 수령액을 낮추든지, 아니면 이 두 가지를 동시에 추진하든지 해야 하고, 아니면 기여액, 즉 보험료는 확정해 두지만 수령액, 즉 지급액은 불확실한 채로 시장 상황에 맡기는 '확정기여방식(DC, Defined Contribution)'으로 전환해야 합니다. 구체적인 방법은 논의를 통해 결정하되, 분명한 것은 지금과 같이 그대로 두면 감당하기 어려운 충격이 온다는 것입니다. 지금이라도 조치를 취하면 경착륙을 연착륙으로 바꿀 수 있습니다. 그걸 회피하는 게 문제죠. 연금 개혁이 과감하고 신속할수록 연금의 지속가능성도 그에 비례해 높아질 겁니다. 지금 안 그래도 용돈연금이라고 불리는데 더 쪼그라든 국민연금으로 생계를 어떻게 유지하느냐 하는 반론이 나올 거예요. 그렇기 때문에 기본소득의 도입과 함께 국민연금에 대한 노후보장 의존도를 낮추는 다층보장체제로 이행하는 것이 필요해요. 국민연금은 가입자의 보험료로 조성된 기금으로 운용되는 사회보험제도이기 때문에 일반재정사업과 같이 정부가 일방적으로 폐지하는 것이 불가능합니다. 따라서 30년 후에 다가올 국민연금발(發) 충격을 예정해두고 그 충격을 흡수할 수 있는 완충재를 조속히 준비해야 합니다.

공무원연금, 군인연금, 사학연금 등 직역연금의 개혁도 엄청난 숙제입니다. 선진국들의 추세는 이들을 일반연금화하여 국민연금과 통합하는 것인데 정부와 정치권과 이해관계자들은 되도록 이 문제는 건드리지 않으려고 하죠. 공무원연금, 군인연금 등 직역연금 충당부채 1,000조 원은 이미 공개되어 있는 것이지만, 군인연금보다 규모가 훨씬 큰 사학연금의 충당부채는 자료 부족으로 추산도 되어 있지 않습니다. 국민연금은 정부의 지급보장의무가 법적으로는 없습니다만, 결국 기금 소진 시 현실적으로 정부가 지급의무를 떠안을 수밖에 없는 상황으로 전개될 가능성이 있다고 볼 때 그 충당부채 규모의 비공식 추산 결과는 현재 시점에서 1,500조 원가량 나온다고 해요. 물론 2054년 국민연금 기금 소진 이후에는 갈수록 적자 폭이 커져서 매년 수백조 원씩의 적자가 발생할 겁니다. 워낙 천문학적 금액이라 사실 실감이 잘 나지 않을 정도죠.

　아무튼, 국민연금 충당부채 1,500조 원과, 추계에 안 잡히는 사학연금을 제외한 공무원연금과 군인연금의 충당부채 1,000조 원을 합친 2,500조 원이라는 천문학적 손실액은 결국 세수로 충당해 보전할 수밖에 없습니다. 그럼에도 이 이야기를 지금은 다들 쉬쉬하고만 있어요. 표 떨어진다고요. 저는 야당인 국민의힘에서 먼저 연금 개혁 이야기를 꺼낼 필요가 있다고 봅니다. 야당도 합의해줄 테니 국가공동체의 재정적 지속가능성을 높이기 위해서 연금 개혁에 나서자는 제안을 정부여당에 내놓자는 겁니다. 그냥 이대로 두는 것은 할아버지·할머니의 카드 빚을 아들·딸도 아니고, 손자·손녀가 갚게 미루는 짓입니다.

박　김세연 의원님께서 방금 말씀하신 연금 개혁 방안을 제가 당론으로 채택하는 게 어떠냐고 하니까 주변에서 반대가 극심했습니다. 왜 우리가 총대를 메냐고요. 그래서 제 개인적 차원의 고민으로 그치고 말았어요.

공　김 의원님께서 연금 개혁을 촉구하셨던 시기가 여당이었을 때인가요? 야당이었을 때인가요?

김   여당이었을 때는 당 정책위 부의장으로서, 야당이었을 때는 보건복지위원과 위원장으로서 일관되게 목소리를 냈습니다. 그런데 거의 대부분 그 주제를 달가워하지 않으시더라고요.

우   다들 어떻게든 피하고 싶은 문제니까요. 청년세대의 기성세대를 향한 정서적 거부감은 따지고 보면 국민연금제도의 맹점으로부터 출발합니다. 기성세대가 청년세대의 몫을 다 빼앗아간다는 상대적 박탈감이 청년들 사이에 폭넓게 퍼져 있거든요.

공   김 의원님께서 인구 감소가 재앙만은 아니라고 강조하셔서 제가 궁금한 부분이 생겼습니다. 제가 어렸을 때는 인구가 줄면 경쟁이 완화되어서 사회가 덜 각박해질 거라는 낙관적 시각이 지배적이었어요. 그러나 현실은 정반대입니다. 수능시험에 응시하는 수험생 숫자는 계속 감소하는데, 드라마 「SKY 캐슬」에서 조금은 과장되게 묘사해놓은 것처럼, 입시 열기는 외려 더 뜨거워졌거든요. 인구는 줄어드는데 경쟁은 더 치열해지는 모순적 현상을 의원님께서는 어떻게 해석하고 계십니까?

김   저는 입시 과열과 취업난의 가중은 동일한 원리에서 비롯됐다고 봐요. 3D 업종에서 사람을 구하지 못해 외국인 노동자를 고용해야만 하는 현실은 어제오늘 일이 아닙니다. 대학의 경우에는 수험생과 학부모들이 선호하는 학교들이 여전히 한정돼 있어요. 이와 대조적으로 상당수 대학들은 신입생이 줄어든 탓에 폐교 위기에 놓여 있고요. 저는 취업난과 구인난의 동행도, 입시 과열과 집단적 폐교 위기의 공존도 근원적으로는 양적 공급과 질적 수요의 불일치에서 발생했다고 진단하고 싶네요.

인구 문제를 전담할 '인구부총리'를 임명하자

박 우 박사님과 김 의원님 모두 인구가 감소하는 추세를 담담하게 받아들이자는 입장이신 것 같은데, 저는 약간 시각을 달리하고 있습니다.

출생률이 저하되는 결정적 이유가 실제로 어디 있겠습니까? 지독히 비인간적인 사회구조에 있습니다. 내가 사회에서 이런 푸대접을 받고 있는데, 어느 누가 아이를 낳아 키우고 싶겠어요? 나처럼 힘든 삶을 살아갈 게 뻔한데. 생물학자들이 쓴 글들을 보면 이는 인간뿐만 아니라 다른 생명체들로부터도 발견되는 공통적 현상이라고 하더라고요. 다른 동물들 역시 자신이 쾌적하고 편안하게 생활할 수 있는 여건이 만들어진 다음에야 번식에 나서지, 나도 먹고살기 힘든 상황에서는 재생산, 즉 자손의 생산에 나서지 않는다고 합니다. 개체수가 줄어들어야 종이 유지될 수 있는 경우에는 번식을 포기하는 게 더 현명한 선택이기 때문이랍니다.

우 자기들끼리의 경쟁부터 일단 완화해야 하니까요.

박 맞습니다. 저는 현재의 잘못된 제도와 불합리한 관행을 방치한 채 인구 감소 현상을 숙명으로 받아들이는 수동적 자세는 정치인이나 사회적 활동가들이 멀리해야 할 태도라고 봅니다. 인구가 줄어드니 이제 숨 좀 쉬면서 살 수 있겠다고 안도하는 생각은 절대 바람직하지 않아요. 우리나라는 연금제도를 비롯한 모든 사회적 장치들이 규모의 경제에서 출발하고 있어요. 인구가 급속히 줄어들면 제반 사회 시스템들이 붕괴의 위기에 직면하기 마련이에요. 우리는 이러한 위기상황을 남 일처럼 수수방관해서는 안 됩니다.

일본의 '1억 총활약 담당상'은 정무장관입니다. 저는 이것도 약했다고 봅니다. 제대로 일하게 하려면 직급을 더 격상시켰어야죠. 제가 인구 문제 전문가이신 서울대학교 조영태 교수님께서 쓰신 책들을 여러 권 읽어봤습니다. 조영태 교수님께서는 인구 감소에 정치권이 적극적으로 대응할 것을 촉구하면서 기존의 '저출생 고령화 사회위원회'를 대신해 아예 인구 문제를 전담할 인구부총리를 임명하라고 말씀하시더라고요. 인구 문제는 범국가적 문제이므로 총력전 체제를 구축해 다루라는 주문이었습니다. 저는 조 교수님의 의견에 백배 공감하면서 현재의 정부 시스템으로는 이 문제에 효과적으로 대처하기 어렵다는 생각이 들었습니다.

새로운 정부가 들어서면 정부 조직과 더불어 공무원들의 대대적 인사이동이 있습니다. 제가 인구부총리를 임명하자고 말하는 건 새로운 정부 시스템을 확립하는 작업과 전략의 연장선상에 있기도 해요. 우리나라는 경제부총리가 경제정책의 컨트롤 타워 역할을 맡아왔어요. 저는 인구 관련 정책에도 이제는 사령탑이 필요하다고 믿습니다. 인구 감소에 대처하려면 다양한 분야의 개혁이 선행되어야 합니다. 경제·사회복지 시스템·교육 개혁이 병행되어야 해요. 그래야 현재의 비인간적이고 반인간적인 사회 시스템을 총체적으로 바꿔나갈 수가 있습니다.

우리가 부러워하는 복지국가의 모범을 보여주고 있는 스웨덴도 처음부터 지금처럼 살기 좋은 나라는 아니었어요. 그 출발은 스웨덴 정부가 인구 감소 사태를 더는 방치해서는 안 된다고 생각하고 관련 분야 전문가를 책임자로 임명해 원인 규명과 대책 마련에 본격적으로 나선 데서 시작됐습니다.

우선적으로 발견된 문제점이 육아 문제 부담으로 여성들의 사회 참여가 저조하고, 여성들의 사회 참여 증대가 출생률 저하와 연관되어 있다는 것이었습니다. 두 번째 문제는 주택 구조상의 결함이었어요. 3대가 원룸 비슷한 형태의 집에서 함께 거주하는 까닭에 부부관계가 자주, 원활하게 이뤄질 리가 없었죠. 아이를 갖기 위한 부부들의 자연스러운 행위가 심각한 제약과 지장을 받고 있었습니다.

1장 청년세대의 지체현상

원인을 발견한 스웨덴 정부가 제일 먼저 시작한 일이 부부의 독립성을 보장하는 방향으로의 주택 구조 개선이었어요. 이와 동시에 여성들의 가사노동 부담을 덜어주고 직장 내 성 평등 고용정책을 수립하는 일에도 손을 댔습니다. 여성노동력을 사회 참여로 이끌어내기 위해서도, 사회 참여를 하는 여성을 위해서도 필요한 조치들을 시작한 거죠. 그렇게 해서 출생이 늘어나니까 다음으로 보육환경을 개선하고 그 애들이 크니까 유아교육부터 무상으로 대학교육까지, 40년에 걸쳐 한 사이클을 완성했습니다. 이러면서 스웨덴식 복지제도가 만들어진 거죠.

저는 단지 과도한 경쟁 때문에 국민들이 출산과 육아를 기피한다고 생각하지는 않아요. 왜냐면 경쟁은 우리 부모님 세대에도 지금처럼 치열하면 치열했지, 덜하지는 않았기 때문입니다. 그럼에도 우리 부모님 세대는 때 되면 결혼하고 자식들을 주렁주렁 낳았습니다. 왜일까요? 지금과 달리 아이를 낳는 게 무책임한 짓이라고 생각하지 않았거든요.

젊은 사람들이 아이를 낳게 하려면 비인간적 사회구조를 바꾸는 것 외에 다른 효과적 대책은 없습니다. 사회구조를 바꾸는 일은 스웨덴 모델이 생생히 증명하듯 국가적 차원의 총력전만으로도 달성할 수 있는 목표입니다. 연금 개혁은 그 총력전의 일환이고요.

연금 개혁은 진정한 정치 지도자가 나타나 용기를 발휘해야 하는 일입니다. 정치인의 본연의 역할은 결단하고 책임지는 데 있는데 현실은 김세연 의원님께서 개탄하신 바처럼 정권만 잡으면 야당 때와 갑자기 말들이 달라져요. 야당일 때에는 여당에게 연금 개혁을 요란하게 촉구하다가도 막상 자신들이 집권하면 이 일을 어떻게든 피하려고 듭니다. 그러니 공수만 바뀔 뿐이지, 문제 해결을 향해서는 진전된 내용이 없어요.

저는 연금 개혁 같은 중대한 국가적 과제에서는 여야가 서로 머리를 맞대고 함께 고민하는 자리가 만들어져야 한다고 생각합니다. 이를 위해서는 새로운 정치 리더십이 필요해요. 옛날 같은 영도자적 리더십이 아닌 통합적 리더십으로 야당에 귀를 기울이고, 또 국가적 과제에 대해 서로 합의하려고 하는 야당 지도자도 필요하고요. 이들이 국민들에게 어쩔 수 없이 고통을 분담하자고 말씀을 드려야 되는데, 선거에 질까 봐 얘기하지 않습니다. 5년 지나면 임기가 끝날 대통령이라서 박수받을 소리는 너나없이 경쟁적으로 하는데, 고통을 분담하자고 해서 욕먹을 일에는 입을 다물어요. 이런 무책임에서 벗어나야 합니다. 이제는 정치가 통합의 리더십을 향해서 가야 되고, 진영 논리로부터 벗어나 여야가 합심해서 해법을 찾고 국민들에게 '미래를 위해서 우리가 고통을 분담해야 된다'라고 하는 점을 분명히 얘기해야 합니다. 양당 혹은 양 진영의 지도자들이 상대를 조롱하고 비난하고 공격하는 데 에너지를 쏟을 게 아니라, 미래 과제에 대해서 서로 타협하고 논의하기 위한 낮은 자세, 소통의 자세가 필요하다고 보는 거죠. 그런데 이렇게 얘기하고 다니니 인기가 없더라고요.

김　20대 국회에서 국회사무처 지원을 받는 '국회의원연구단체'로 활동한 '어젠다 2050(Agenda 2050)'은 2016년 6월에 만들어졌습니다. 어젠다 2050은 다음 세대에 대한민국에 절실하게 필요할 입법에 관한 논의를 한 세대 앞서서 시작해보자는 취지로 출범했어요. 현실의 정치 문제를 놓고 싸우는 관점으로 보면 어떤 정책 이슈도 모두 정치 이슈로 쉽게 변질되어버리기 십상인 데 반해, 미래세대의 시선으로 문제를 바라보면 존 롤스가 이야기한 '무지의 장막'[3] 속에서 공정한 합의가 도출될 가능성이 높아질 것으로 기대합니다. 장기적 과제는 당장의 이해관계가 걸린 일들과 달리 합의가 더 쉬울 테니, 미래의 방향성에 대한 합의를 먼저 이루고 나면 그로부터 역순으로 거슬러 와 지금 시기

---

[3]　사회적 계약에 있어서 (장막으로 가리면) 상대방의 신분이나 계층 등을 알 수 없으므로 결국은 모든 계층이 조화로운 조건으로 계약하게 된다는 개념.

　　　　　　　　　　　　　　　　1장 청년세대의 지체현상

의 일들에 대해서도 합의를 도출해보자는 취지예요. 그렇게 먼 곳에서 가까운 곳으로 논의 과제를 끌어오다 보면 지금 무엇을 해야 할 것인지가 명확해지고, 앞선 합의에 기반하여 다음 합의를 진행하게 되므로, 불필요한 정쟁에 빠질 위험을 줄일 수 있겠다는 판단이었습니다.

모임의 명칭 '어젠다 2050'은 독일의 '어젠다 2010'에서 영향을 받아 지은 이름입니다. 어젠다 2010은 독일 사회민주당의 게르하르트 슈뢰더 전 총리가 2002년 소위 '하르츠 개혁'이라는 노동 개혁을 중심으로 제시한 국가대개혁 청사진입니다. 그때의 집권당이었던 독일의 사민당이 이러한 과감한 국가 개혁에 나섰던 덕분에 남유럽 국가들의 잇따른 몰락이 가져온 EU 재정위기 속에서도 독일 경제는 유럽 전체의 버팀목 역할을 할 수 있을 정도로 튼튼하게 거듭날 수 있었습니다. 하지만 독일 사민당은 그 대가로 이후 15년 동안 이따금씩 연정에 참여하는 것 말고는 제대로 집권하지 못하고 있습니다. 국가에 장기적 도움이 되는 개혁을 이루어낸 대가치고는 한 정파에게 너무나 혹독하고 치명적이기 짝이 없는 결과죠. 이러니 우리나라 정당들이 연금 개혁 시도와 증세 논의를 한사코 외면하는 심정은 어느 정도 이해가 갑니다. 그런 점은 알겠지만, 그래도 이제는 당파적 리더십에 빠져 있을 때가 아니라 국가적 리더십이 좀 발휘되었으면 합니다.

거대조직일수록 살아남기 어려운 시대

김　다가오는 위기를 뻔히 내다보면서도 연금 개혁과 증세와 같이 정지직으로 당장 불리할 수 있는 이슈를 회피하는 지도자는 국가적 리더십의 소유자라고 할 수 없습니다. 당파나 정파의 보스일 뿐이겠죠. 국가적 리더십의 소유자는 어쩌면 자신과 동료들의 정치생명을 역사의 제단 위에 바칠 수 있는 사람일 것입니다. 그러지 않으면 결국 나라가 망할 정도의 위기를 맞이할지도 모르니까요. 저는 어떤 지도자를 선출하고, 어떠한 정치세력을 선택할지는 궁극적으로 나라의 주인인 국민들의 몫이라고 생각합니다. 참다운 정치 지도자라면 연금 개혁 같은 뜨거운 감자를 입천장을 델 각오로 달갑게 삼켜야 하지 않겠습니까? 그런 면에서 저도 박용진 의원님과 견해를 같이하고 있습니다. 다만 인구 문제를 보는 관점은 박 의원님과 다른 면이 있습니다. 최근 1~2년 사이에 저는 한 발 아니라 두세 발 정도 뒤로 물러나 인구 감소 사태를 바라보자는 입장으로 선회했습니다. 이유를 좀 더 자세히 설명드리자면 다음과 같습니다.

기술혁명은 생산력의 발전을 부릅니다. 생산력의 발전은 경제구조의 변화를 초래합니다. 그리고 경제구조의 변화는 정치지형의 변동으로 이어집니다. 증기기관의 발명은 농업시대를 산업시대로 바꾸는 전환점이 되었어요.

사회보험은 현대 복지국가의 중요한 기반입니다. 이 사회보험제도를 20세기도 아닌 19세기에 도입한 정치인이 독일의 철혈재상 비스마르크예요. 그는 1880년대에 질병보험, 산재보험, 폐질노령보험 순서로 사회보험제도를 실시했습니다. 당시는 공산주의 사조가 강력하게 대두하던 시기였어요. 공산주의에 대해서 알레르기 반응을 보이며 질색했던 극강의 보수주의자 비스마르크가 국가공동체를 지탱하려는 목적으로 인류사에서 처음으로 본격적인 사회보험제도를 시행한 것입니다.

우   비스마르크는 사회보장 시스템을 불가피하게 써야 하는 체제 유지 비용으로 인식했거든요.

김   맞습니다. 그렇게 시작된 지금의 사회보험제도는 19세기 이래 20세기를 거쳐오며 산업시대에는 그 기능이 비교적 잘 작동해 왔다고 할 수 있지만 4차 산업혁명으로 촉발된 변화를 과연 다 담아 안을 수 있을지에 대해서는 회의적인 부분이 있다고 생각합니다. 제2차 세계대전 이후에 제조업에서 괜찮은 일자리들이 수십 년간 양산되면서 정규직 일자리가 증가했고 이 기간이 정치·군사적으로는 동서 냉전의 시기였지만 경제·사회적으로는 누가 뭐라 해도 번영의 시기를 누릴 수 있었어요. 그건 산업시대의 선순환 경제 메커니즘이 지속적으로 작동할 수 있었기 때문이겠죠. 그런데 정보화 혁명, 3차 산업혁명이 일어나며 '고용 없는 성장'이 거론되기 시작하더니, 4차 산업혁명 시대에 이르러서는 급기야 '고용 없애는 성장'이라고 해야 할 상황입니다. 물론 사회의 모든 일자리가 없어지지는 않겠죠. 그렇지만 온라인, 모바일 금융이 보편화되면서 은행권과 증권사에서 지점 폐쇄가 잇따르면서 억대 연봉자들이 매년 수천 명씩 구조조정 되기 시작한 게 벌써 여러 해입니다. 제조업에서는 반도체가 그나마 겨우 버티고 있고 그 외 석유화학·조선·기계·자동차 등 우리나라의 제조업 기반이 빠른 속도로 취약해지고 있어요. 후발로 시작해서 세계적인 경쟁력을 뒤늦게 갖춘 원전산업은 다른 이유로 붕괴 정도를 넘어 아예 증발 단계에 진입했고요.

일자리 소멸 현상은 교육 부문이라고 해서 예외가 아닙니다. 학령인구 급감으로 대학들은 줄줄이 폐교 위기로 내몰리고 있고 그렇게 되면 그곳에서 학생들을 가르치던 교수들도 실직의 위기에 처하겠죠. 4차 산업혁명이 고용시장에 미치는 파괴적 영향력은 앞으로 더 증대되면 증대됐지, 완화되지는 않을 것 같습니다.

최근 전자상거래 업체들의 성장이 코로나 사태로 더욱 가속화된 상황에서 유통업에서의 새로운 강자로 부상하며 고용을 늘리고 있습니다만 그만큼 매출이 줄어드는 전통적인 경쟁기업들이 이전만큼 고용을 유지하지 못할 것이라는 점도 유념해야죠. 그러면 이를 상쇄할 수 있을 정도로 더 많은 일자리가 더 빠르게 늘어나야 할 텐데, 새로 생겨나는 일자리들이, 지금은 이미 이 단계도 지나고 있겠지만 인공지능 빅데이터 처리를 돕기 위해 필요한 인덱스를 달아주는 아마존의 파트타임 일자리이거나, 비대면 시대에 급속히 늘어나고 있는 음식 배달, 물품 택배 등의 플랫폼 노동처럼 안정된 정규직 일자리와는 거리가 있는 불안정한 일자리들에 불과합니다.

산업시대에 대규모 고용을 안정적으로 창출, 유지했던 거대기업들의 입지가 4차 산업혁명 시대에는 지속적으로 좁아질 겁니다. 과거에 GM이나 GE가 고용했던 규모보다 훨씬 적은 인원을 고용하면서도 구글이나 페이스북은 기업 가치가 비교할 수 없을 정도로 더 높아졌지 않습니까? 앞으로의 세계에서는 거대조직일수록 살아남기가 더 어려워질 겁니다. 수요와 공급을 이어주는 정보중개자, 생산대행자로서의 거대조직들은 플랫폼을 스스로 만들거나 거대 플랫폼을 기반으로 활동하는 작고 민첩한 새로운 경쟁자들과의 경쟁에서 기존의 비교우위이던 규모를 지렛대로 삼기 어렵기 때문이죠.

미국에서는 이번 코로나 사태를 계기로 중앙은행이 일반 국민들을 사실상 직접 지원하는 조치가 시작됐습니다. 지난 2008년 금융위기 당시 많은 금융기관들이 도산하기도 했지만 이들로부터 모기지 대출을 받아 집을 마련한 미국사람들이 소득이 줄거나 끊기면서 수많은 개인들이 살던 집에서 쫓겨나는 상황이 재발하는 것을 막으려고 이번 코로나 사태에서는 패니매(Fannie Mae)나 프레디맥(Freddie Mac) 같은 국책 주택금융보증기관들을 통해서 시중의 상업은행들에 개인의 모기지 대출 상환을 연기하도록 조치를 취했고 그 보증을 중앙은행이 선 것이죠. 코로나 사태를 계기로 해서 위기상황에서 중앙정부의 역할이 더 커진 면까지 고려한다면 앞으로는 경제위기가 올 때마다 이렇게 이전 시대의 교과서에는 없던 방식으로 중앙정부나 중앙은행 차원의 개입이 더 자주 나오지 않겠습니까? 그에 비례해 민간 대형 상업은행들의 역할 비중이 약화될 수 있을 겁니다.

1958년에는 S&P 500에 편입된 기업들의 평균수명이 61년이었는데 오늘날에는 18년이 안 된다고 합니다. 또 2027년이 되면 이 중 75%는 아예 명단에

시 시라질 거라고 해요. 기존의 거대조직이 산사태처럼 무너지는 일을 1~2년은 억지로 틀어막을 수 있을지도 모릅니다. 그러나 20~30년을 억지로 지탱하기란 불가능한 일이에요. 세상이 빠르게 바뀌고 있지 않습니까? 머지않은 미래에 정규직이 예외적이고 비정규직이 일반적인 고용의 형태로 바뀔 가능성이 높다고 봅니다. 대규모 고용을 창출했던 대기업들도 줄어들거나 사라지고, 따라서 노동을 제공한 대가로 안정적으로 급여를 지급받을 수 있는 일자리도 줄어드는 반면, 새로 만들어지는 일자리는 일부 첨단 고소득 직업군이 있다 하더라도 인구 대부분을 부양할 수 있을 만큼 많은 수가 만들어지기는 어렵겠죠. 따라서 정부 지원금에 생계를 의존해야 하는 인구 비율이 갈수록 늘어날 겁니다.

만약 우리나라 인구가 다시 늘어난다면 늘어난 인구를 먹여 살리는 데 지출해야만 하는 비용도 이와 상응해 커지기 마련인데, 정부가 이런 부담을 모두 떠안는 것은 매우 어려운 일이 될 겁니다. 여기에서 문명사적인 긴 호흡으로 현실의 문제들을 두세 발 정도 뒤로 물러나 살펴볼 필요도 있겠습니다. 이스라엘의 유발 하라리 교수는 현생 인류의 생존이 불과 150~200년밖에 남아 있지 않다고 합니다. 즉, 우리 세대가 인류의 마지막에서 세 번째 또는 네 번째 세대가 될 수도 있다는 뜻이죠. 지금 이런 이야기를 하면 생뚱맞게 들릴 수도 있겠지만, 저는 다소의 논란을 감수하고서라도 인류가 생존하기 위해서는 기계와 대등한 공존관계를 형성하는 방향으로 인식을 전환할 필요성을 인정했으면 해요. 이미 노동의 주체가 인간에서 기계로 넘어가고 있고, 『특이점이 온다』에서 말한 레이 커즈와일의 전망대로 21세기 중반에 특이점(singularity)이 도래하면 인간 두뇌 용량의 총합을 능가하는 기계가 출현할 것이고, 이들에 의해 인류의 생존이 위기에 처할 가능성이 충분히 있기 때문에 인간은 멸종을 피하기 위해서 기계와의 융합을 통해 생존을 택할 것이라는 가설을 염두에 두자는 거죠.

미국의 경우 1900년에는 전 인구의 40%가 종사했던 농업에 현재는 겨우 1%만이 종사하고 있습니다. 그럼에도 미국 전체 인구의 1%에 지나지 않는 농민들이 농업의 기계화에 힘입어 미국을 세계 1위의 농산물 수출국으로 만들었죠. 엄청난 생산력을 자랑하지만, 실제 고용은 극히 미미한 숫자만 이루어지고 있습니다. 미래에는 제조업이 농업의 전철을 밟을 것으로 보입니다. 즉, 농업시대가 가고 산업시대가 왔지만, 여전히 농업은 살아 있죠. 그렇지만 극소수의 인구만 종사하고 있다는 말이에요. 산업시대가 가고 앞으로 4차 산업혁명 시대가 본격화되면 제조업은 여전히 남아 있겠지만 종사하는 인구는 현재의 농업과 같이 극소수로 줄어들 겁니다. 미래의 공장은 사람이 거의 근무하지 않는 무인공장이 될 거고요. 앞으로 제조업 종사자의 비중이 오늘날의 미국 농업 종사자 수준으로 낮아지는 추세라면 나머지 사람들의 고용을 어디에서 창출할 수 있을까요? 물론 서비스업 비중이 더욱 커져야 할 텐데, 그렇다 하더라도 모든 사람들이 충분한 정도의 소득을 본인의 노동을 통해서 벌어들이기는 어려운 시대가 될 겁니다. 그렇게 되면 이런 상황에서 정부가 적어도 국민들의 최소한의 생계 문제는 책임질 수 있는 제도를 미리 준비해둬야 하겠죠. 20세기 산업시대의 관념에 기반해서 우리나라에 어떤 사람이 존재하면 '이 사람은 당연히 취업을 해서 소득을 벌어들일 것이고, 거기에서 세금을 낼 것이고, 거기에서 소비와 저축을 할 것'이라는 가정이 미래에는 들어맞지 않을 가능성이 높아지고 있어요. 실업이 예외적인 상황이 아니라 일반적인 상황이 되면, 재정의 장기적 지속가능성을 위해서는 인구의 정체 또는 점진적인 감소가 오히려 바람직한 일일 수 있지 않겠습니까? 물론 우리처럼 인구가 급격히 감소하는 경우는 기존 제도와 경제 시스템에 충격을 주면서 큰 문제를 낳기 때문에 이에 대해서는 별도로 특단의 대책이 필요할 겁니다.

청년세대의 완전고용은 실현 불가능한 꿈일까

우   저도 김세연 의원님처럼 길게 보자는 입장이에요. 지난 10년 동안 일어
난 변화는 의원님께서 지적해주신 내용과 대략 일치해왔습니다. 제가 주목
하는 부분은 민간부문의 기업들은 인력이 줄어들고 있는데, 공공부문(public
sector)은 반대로 늘어났다는 점이에요. 선진국들 가운데 공공부문 비중이 높
은 나라들은, 전체 고용의 22-23%가 공공부문에서 만들어진 일자리들이 차
지하고 있습니다. 한국과 일본은 그보다 적어서 7-8% 정도이고요. 최근 부상
하는 부문이 사회적 경제, 즉 소셜 이코노미(Social Economy)입니다. 고용을
기준으로 본다면 이 분야가 전체 고용의 10%를 책임지는 나라는 아직은 없어
요. 제일 앞서간다는 스웨덴이 9.7-9.8% 정도를 기록한 것으로 알려져 있습니
다. 유럽 대륙 차원에서는 전체 고용인원의 5-10%의 노동자들이 협동조합과
사회적기업 그리고 마을기업과 같은 사회적 경제에서 일하고 있고요. 저는 공
적 부문과 사회적 경제를 유기적으로 결합하면 돌봄 서비스 같은 분야를 중
심으로 전체 고용시장의 30% 정도까지를 담당할 수 있다고 기대하는 편이에
요. 이론상으로는 시장부문에서 모든 고용을 책임져야만 합니다. 그런데 이게
실제로는 달성 불가능한 목표예요. 아니, 지금은 전체 고용의 60%조차 민간
부문이 담당하기가 곤란한 형편입니다.

　　코로나 사태가 터지기 이전의 최근 2-3년간의 경제 상황만 평가하자면
미국과 독일이 사실상의 완전고용을 이룩했습니다. 일본은 청년세대의 완전
고용을 성취했고요. 대외적으로 공표된 독일의 실업률이 5%라 독일이 무슨
완전고용이냐고 반문하시는 분들도 있을 텐데, 지금의 독일이 동독을 흡수
합병한 통일독일인 점을 감안해주셨으면 좋겠습니다. 현재 독일 정부를 이끌
고 있는 인물은 앙겔라 메르켈 총리예요. 우리나라로 치자면 평양의 김책공업
종합대학을 졸업한 북한 출신 여성 정치인이 통일한국의 대통령을 15년간 맡

아온 셈이죠. 통일된 직후에는 도전적 성격인 사람들을 제외하면 동독에서 서독으로 이주하는 국민들이 매우 드물었다고 합니다. 대다수의 안정 희구 성향의 국민들은 원래 살던 곳에 머물렀다고 해요. 그러다가 '메르켈 효과'가 차츰차츰 발현되면서 옛 동독 지역에서 예전 서부 독일 땅으로 삶의 터전을 옮기는 국민들이 대단히 많아졌다고 합니다. 그로 인해 발생한 사회적 충격파에도 불구하고 실업률 5%면 사실상의 완전고용이나 다름없다는 견해가 독일 사회에서는 중론을 이루고 있다고 하네요.

민간 분야에만 의존해 실업 사태를 해결하려고 들면 언제나 상시 실업인구가 전체 노동인구의 20~30%를 차지하게 됩니다. 저는 전체 고용에서 공공부문이 단단한 버팀목 역할을 해주고, 사회적 경제가 10~15%의 고용을 책임져주며, 문화 관련 직종과 돌봄에 관계된 영역에서 충분한 개수의 일자리가 일정하게 창출되면 자본주의적 경기순환의 부산물인 대규모 실업 사태만은 피할 수 있을 거라고 생각합니다.

고용 문제의 핵심은 청년 일자리에 있어요. 저는 전체 청년 취업자의 15~20%를 공공부문이 감당하고, 사회적기업과 마을기업들이 5%가량을 소화해주고, 민간부문에서 나머지 60%를 청년들에게 제공하면 청년세대의 완전고용이 실현 불가능한 꿈만은 아니라고 봅니다.

우리가 현재 직면한 문제는 단지 정보화 때문에 생겨난 것만은 아니에요. 보다 구조적 측면이 개입해 있어요. 문재인 정부가 야당 시절에는 나름 관심을 가졌다가 집권 후에는 단기적 사안들에 밀려서 뒷전으로 미뤄놓은 일이 있습니다. 고용을 만들기 위한 행정장치 같은 사안이에요. 이를테면 장애인고용공단은 장애인들을 위한 일자리를 창출하고 유지하는 업무를 담당하는 정부기관인데, 여기에 지금 장애인분들이 많이 고용돼 있습니다. 정책의 집행자와 수혜자 간의 일체성이 강화된 사례죠. 그런데 청년고용 문제 해결의 한 축인 고용노동부는 청년고용 문제를 주변적이고 지엽적인 문제로만 치부하는 것 같은 인상을 국민들에게 쥐왔어요. 근로감독관들에게 청년 관련 업무는 부수적 업무로 취급당하기 일쑤입니다.

저는 장애인고용공단의 선례를 벤치마킹해 청년고용 문제를 전담하는 가칭 청년고용공단을 설립한 다음 공단의 실질적 운영을 당사자인 청년들에게 맡기는 방안을 전향적으로 고려해봤으면 합니다. 문재인 정부는 이러한 형태의 조직을 꾸리는 작업을 임기 초반에 아쉽게도 실천에 옮기지 못했어요.

당사자주의는 최근 들어 각종 사회운동의 주요한 원칙으로 기능하고 있습니다. 그 결과 장애인 고용은 장애인고용공단이 담당하게 됐습니다. 더 앞서서는 여성부가 여성 관련 정책의 총본산으로 자리를 잡았고요. 여성부가 이래저래 욕을 많이 먹고 있지만 초기에 성희롱 방지법 입법 등 여성인권을 증진하는 일에 어느 정도 성과를 내고 나서는 가족친화기업 제도를 도입하여 지금은 공기업이나 정부기관이 다 의무가입하게 되었거든요. 이처럼 당사자운동이라는 측면에서 고용 문제와 관련되어 있는 공기업들에서도 청년고용 문제를 다루는 기구를 만들고 그것을 청년들에게 직접 맡김으로써 청년 일자리가 많이 만들어졌으면 하는 바람입니다.

문화적으로 보자면, 저는 텔레비전에서 방송되는 오디션 프로그램들을 너무 마음이 불편해서 못 보겠더라고요. 그런 프로그램들에는 공식처럼 등장하는 구도가 있습니다. 나이 많은 기성세대가 멘토니 심사위원이니 하며 엄청 잘난 척을 하면서 이것저것 지적들을 하고, 그러면 청년들은 너무나 긴장된 탓으로 얼어붙은 표정을 짓거나 아니면 슬픈 감정을 주체하지 못하고 눈물을 펑펑 쏟아요.

미국에서 오디션 포맷 프로그램이 처음 개발·방영됐을 때는 그렇게까지 심하게 출연자, 즉 응시자들을 옥박지르며 망신주지 않았어요. 따뜻하게 격려하거나 아니면 오디션 무대에 선 청년들에게 실질적 도움을 주는 데 치중했죠. 그런데 우리나라에 들어오고 나니까 50~60대 중장년 세대를 위한 프로그램으로 변질되고 말았습니다. 왜냐? 나이 많은 판정단이 젊은 오디션 참여자들을 마구 혼내주는 모습을 보며 상당수 기성세대가 대리만족을 느꼈거든요.

공　귤이 회수를 건너면 탱자가 된다고 했는데, 아예 태평양을 넘어왔으니 당연하죠.

우　저는 우리나라 기성세대가 청년들을 바라보는 시선이 오디션 프로그램의 심사위원들이 오디션 참여자들을 쳐다보는 시각과 대동소이하다고 느껴요. 문제는 그걸 아예 시스템화했다는 데 있습니다. 그 수많은 공모전들의 존재가 사회에 전달하는 메시지가 뭐겠습니까?

　　새로운 분야는 기성세대가 청년들보다 서툴기 마련입니다. 그런데 외려 기성세대가 그 분야를 판정하는 심판으로 군림하려 들고 있어요. 청년실업 문제의 전문가는 다름 아닌 청년들 자신입니다. 저는 청년들이 청년실업 문제의 해결사로 나서면 기존의 관료들과 비교해 더 나았으면 나았지, 못한 성과를 거두지는 않을 거라고 생각해요.

　　저출생 문제도 기성세대의 시각에서 벗어나 보는 것이 바람직한 해법이 될 수 있습니다. 프랑스는 유럽에서 유일하게 2명대 출생률을 기록하는 국가예요. 영국과 스웨덴의 출생률이 많이 오르기는 했지만 프랑스 수준에는 미치지 못합니다. 그런데 프랑스도 출생률 높이는 비책 같은 건 없었고 그냥 동시다발적 대책을 마구마구 내놓았어요. 아이 낳는 가정을 위해 집도 마련해주고, 수당도 올려주고, 휴가도 연장해주고, 차별과 불이익도 제거해줬습니다. 그랬더니 어느 틈에 출생률 문제가 해결되더라는 겁니다. 그 모든 것들이 결합해서 완화되었다는 뜻이거든요. 많은 것들이 동시에 진행되다 보니, 뭐가 주된 요소인지, 자기들도 잘 모르겠다는 거예요. 프랑스에 북아프리카 이민자들이 많이 들어와서 그럴 수 있다는 분석도 있지만, 이민자들은 프랑스의 출생률이 나날이 떨어지던 시점에도 이미 있었습니다.

저는 우리나라의 현존하는 청년실업 문제도 동시다발적 대책과 해법을 강구해야 한다고 봅니다. 지역에서 중앙에서, 대기업은 대기업대로 중소기업은 중소기업대로, 경제는 경제대로 문화는 문화대로, 굉장히 다각도로 시도를 하자는 거죠. 저는 우리나라의 실업 문제는 아직은 산업의 구조적 변화 때문은 아니고 여전히 마찰적 실업의 성격이 강하다고 봐요. 한 직장에서 다른 직장으로 옮기는 기간이 오래 걸리는 데 따른 실업인 셈이죠. 이는 한국의 실업난이 완화되고 경감될 여지가 큰 이유이기도 합니다.

청년들은 기성세대에 비하면 직업의 전환 속도가 빠르다는 장점이 있어요. 저는 사회가 제도적이고 재정적인 뒷받침을 좀 더 해준다면 청년들이 공공부문과 민간부문에서 보다 다양한 직업들을 갖는 데 도전할 수 있다고 확신합니다. 그런 뒷받침이 없으니 현재는 의사와 공무원 같은 몇몇 제한적인 직업군에만 청년들이 몰리는데, 이러한 과도하고 불필요한 집중현상을 분산시키려는 노력을 정부와 기업이 힘을 합쳐 협력해 기울여야만 합니다.

정치인은 국민들을 믿어라

공   박 의원님께서는 영도자 모델은 시효가 끝났다고 말씀하셨는데, 저는 반대로 생각합니다. 정치인은 본질적으로 지도자예요. 연예인 같은 인기인이 아닙니다. 지도자는 인기인과는 달리 필요할 경우에는 대중을 향해 쓴소리를, 싫은 소리를 해야만 합니다. 의원님께서는 정치인들이 이제는 국민에 불편한 진실을 이야기해야만 한다는 소신을 피력하셨습니다. 그래서 제가 의원님께 이와 관련해 질문드리고 싶은 부분이 있어요. 사회제도를 아무리 많이 손질하고 개선시켜도 아이 낳고 키우는 일은 어쩌면 영원히 쉽고 편한 일이 될

"저는 정치인들이 대한민국 국민들의 저력을,
이해심을, 애국심을, 공동체에 대한 헌신성을 믿고서
나라가 겪고 있는 여러 가지 커다란 어려움을
정직하게 털어놓아야 한다고 생각해요.
우리 앞에 놓여 있는 과제와 해법 전부를
국민들과 투명하게 공유해야만 합니다."

수 없을 겁니다. 의원님께서는 반인간적 사회 시스템 탓에 출생률이 낮아졌다고 분석하셨는데, 객관적으로 비교하면 옛날이 지금보다도 사회적 여건들이 훨씬 열악했거든요. 저는 정치인들이 국민들을 향해서 솔직해졌으면 좋겠어요. 아이 낳아서 키우는 일은 힘든 일이지만 국가를 유지하기 위해 필요한 일이기 때문에 낳아야 한다고 말했으면 합니다. 이렇게 단호하게 국민들을 리드해나가는 것이 진정한 지도자의 풍모라고 생각해요. 그런데 지금은 정치인들이 자기가 마치 연예인이나 된 듯이 국민들을 상대로 무책임한 아부 경쟁만 벌이고 있는 것 같아요.

박　저는 지금의 대한민국 상황에서 정치의 핵심적 역할은 국민들을 통합시키고, 나라를 미래지향적으로 변화시키는 데 있다고 믿어요. 용기와 소신, 그리고 정직함의 세 가지 덕목을 갖춘 정치인만이 이러한 일들을 해낼 수 있습니다. 문재인 대통령께서 얼마 전에 국회에서 시정연설을 하실 때 의원들이 모두 자리에서 일어나 기립박수를 친 순간이 있었습니다. 대통령께서 대한민국이 2050년에 탄소중립국가가 되겠다고 선언하신 부분이었습니다. 그런데 저는 거기서 오히려 대통령이 한 발 더 나아갔어야 된다고 생각해요. 탄소중립국으로 가기 위해서 향후 30년 동안 우리가 부담해야 되는 전기료 인상은 얼마다, 그리고 석탄 화력을 없애고 우리나라처럼 재생에너지 여건이 좋지 않은 나라에서 기술개발로 이를 해결하려면 향후 국가재정투입이 얼마가 필요하다, 이렇게 밝히고 국민들의 동참을 호소했어야 한다는 거죠. 김대중 대통령처럼 취임사나 '국민과의 대화'에서 나라 망하게 생겼으니 국민들에게 고통 분담을 해달라고 울면서라도 간곡히 호소하는 것, 이런 모습이 국가지도자의 역할이라고 생각합니다. 우리나라 국민들은 결코 야박하지 않습니다. 정치인들이 진정성을 가지고 고통 분담을 이야기하면 금 모으기 운동 때 이미 증명된 것처럼 뜨겁게 호응하고 화답해왔습니다. 저는 정치인들이 대한민국 국민들의 저력을, 이해심을, 애국심을, 공동체에 대한 헌신성을 믿고서 나라가 겪고 있는 여러 가지 커다란 어려움을 정직하게 털어놓아야 한다고 생각해요. 우리 앞에 놓여 있는 과제와 해법 전부를 국민들과 투명하게 공유해야만 합니다.

김대중 정부 당시 우리나라 1년 예산이 70조 2천억 원이었어요. 그런데 2021년도 예산액이 558조 원입니다. 국가의 재정규모가 무려 8배나 커졌어요. 이렇게 어마어마한 규모의 예산을 집행하는 국가를 대통령 한 사람의 카리스마적 영도력으로 이끌고 가기는 거의 불가능한 일입니다.

제가 집권당 소속이지만 여당도 겁이 나서 못하는 일들이 많아요. 함부로 무리하게 밀어붙였다가는 다음 선거에서 정권을 내줄 수도 있으니까요. 더욱이 우여곡절 끝에 설령 야당과의 합의에 이르렀다고 해도 그걸로 끝이 아닙니다. 우리 사회에는 정부에 비판적 논조를 띠는 언론도 있고, 독립적 시민사회도 있기 때문이죠. 학계의 동의도 당연히 구해야 하고요. 사회적 합의는 정치적 합의에서 출발합니다. 따라서 변화를 추구하려면 분열에 반대하는 통합의 정치가 전제되어야 해요.

저는 진영 논리가 판치고, 내로남불의 이중잣대가 기승을 부리는 상태에서는 청년 문제, 인구 문제 같은 미래 과제 대처에 꼭 필요한 정치적 합의의 도출은 불가능하다고 생각합니다. 그런 의미에서 현재의 우리나라 정치 시스템은 미래과제를 준비하는 데에는 철저하게 후진적인 시스템이므로 반드시 바꿔야 합니다.

한 가지 더, 미래설계가 가능한 사회여야 한다는 겁니다. KBS에서 「아카이브 프로젝트 모던코리아」라는 프로그램을 방영했었어요. 1980년대에 있었던 국가적 이슈들을 정리해서 보여주는 영상인데, 이 시기가 대한민국이 고도성장을 해나갈 때거든요. 제가 놀란 부분은 당시에 자신을 중산층이라고 간주하는 국민이 전 인구의 70%에 달했다는 점입니다. 그 무렵 중산층의 아이콘이 뭐였냐면 집, 자동차, 컬러 TV, 냉장고 등이었어요.

1장 청년세대의 지체현상

우   현대자동차에서 시판하는 스텔라라는 차도 있었죠.

최저임금은 국가가 생각하는 국민의 값어치

박   스텔라는 고급 차량이었고, 대부분은 엑셀 정도의 소형 자동차를 몰고 다녔어요. 저희 아버지가 경찰공무원이셨는데, 말단 공무원으로 재직하시며 자식 네 명을 키우셨어요.

우   아버님이 경찰이셨군요?

박   네. 학생 때 저희 형이 밥상머리에서 경찰을 짭새라고 불렀다가 아버지한테 박살 났던 적이 있어요. (폭소) 학교에서 운동권끼리 하던 얘기가 입에 붙어가지고.
     암튼 그때 저희 아버지 월급이 그야말로 박봉이었는데 신기하게도 그 박봉으로 자식들을 먹이고 입히고 대학교까지 보내셨습니다. 아버지께서 현역으로 계시던 시절이 미래설계가 가능한 시대였으니 그렇게 할 수 있었겠죠.
     그리 많지 않은 말단 공무원 월급이었지만 애들 학비가 되고, 노후에 생활비로 사용할 수 있는 연금이 착실하게 적립되고 있었습니다. 열심히 일하고 아껴서 저축한 돈으로 집도 장만할 수 있었고, 자동차도 컬러 TV도 살 수가 있었죠. 그렇지만 현재의 청년세대는 저희 부모님 세대에서는 가능했던 미래설계가 그림의 떡일 뿐입니다. 사회 시스템이 변화하면서 거의 모든 사람들이 앞날에 대한 불안감으로 마음이 무거워요.
     저는 국가와 정부와 사회가 국민을 어떻게 대접하는지의 값어치가 최저임금에 반영되어 있다고 생각합니다. 그런데 정부의 최저임금 인상 정책을 야당이 극렬하게 반대하는 모습에 실망을 넘어 절망했습니다. 최저임금의 현실화는 2017년 대통령 선거 국면에서 문재인 후보만 내건 공약이 아니었습니다. 홍준표, 안철수, 유승민, 심상정 후보 모두 이구동성으로 최저임금 시급을 1만 원으로 올리겠다고 국민들에게 공개적으로 약속했었거든요. 그런데 우리 정부가 최저임금 인상 목표를 1년 앞당기려고 관련 정책을 마구 밀어붙이자 그것이 야당에게 반대의 빌미를 준 거예요. 실책이었죠. 저는 시간이 다소 걸리더라도 야당과의 협의에 나서는 게 바람직했다고 생각합니다. 야당의 협조를 얻을 수 있었다면 정부 정책에 대한 사회적 공격과 비판도 훨씬 덜했을 테고, 금융지원의 형식이든 세제 혜택의 형태이든 간에 중소 상공인들과 영세 자영업자들을 위한 대책도 더 깊이 있고 충실하게 마련할 수 있었을 거예요. 그런데 이런 대화와 소통의 절차를 건너뛰고 최저임금위원회에서 우당탕탕 일방적으로 결정하는 모양새가 되어버렸어요.

그러면서 그 개념의 경제학적 타당성은 차치하고서라도 소득주도성장이라는 말 자체가 사라져버렸습니다. 정부가 대단히 의욕적으로 추진했던 정책임에도 불구하고 말이에요. 하지만 저는 소득주도성장에 내재된 정신과 방향이 여전히 옳다고 확신합니다. 저는 제 아들이 나중에 어느 대학을 나왔건, 어떤 직종에 종사하건 하루에 8시간을 성실하게 노동하면 한 달에 지금 기준 300만 원 정도의 소득을 안정적으로 벌 수 있기를 바라고 있습니다. 그리고 자기 소득의 10%가량을 세금으로 꾸준히 납부하면 국가가 구축한 사회보장제도의 혜택이 약속됐으면 합니다. 또 국민들이 자기 소득의 10~20%를 꾸준히 지출하면 자가이건 임대이건, 단독주택이든 아파트 같은 공동주택이든 상관없이 안정된 주거환경을 누릴 수 있도록 보장해주는 것이야말로 국가가 반드시 책임져야만 할 일입니다. 그런데 정치권이 허구한 날 소모적인 진흙탕 싸움이나 하고 있으면 이와 같은 국가적 책무를 과연 무슨 수로 완수할 수 있겠습니까?

우   저도 최저임금에 대해 덧붙이고 싶은 말씀이 조금 있습니다. 몇 년 전만
해도 최저임금은 경제에 문제가 발생한 나라들이 도입하는 제도였습니다. 이
를테면 독일은 갑작스러운 통일의 후유증을 수습하려는 목적에서 최저임금
을 연방정부 차원에서 도입했습니다. 비슷한 시기에 스웨덴과 스위스는 최저
임금제도를 실시하지 않았어요. 그래서 제가 최저임금제도를 실시하지 않는
유럽 국가 사람들에게 그 이유를 물어봤어요. 자신들은 노동자의 안정된 생
활에 필요한 임금 수준에 이미 도달했기 때문에 최저임금이라는 제도를 도입
하는 게 외려 창피한 일이라는 대답을 들었는데, 코로나 19가 이 상황을 급변
시켰습니다. 스위스는 칸톤(Canton)으로 불리는 지방자치단위에서 최저임금
을 먼저 도입했고 현재는 연방 수준의 도입 여부를 논의하고 있어요. 최저임
금은 평온한 시기에는 오히려 좋지 않은 제도예요. 대부분 그 이상의 임금을
노동자들에게 지급하고 있거든요. 그렇기 때문에 미국은 오바마 행정부 후
반기에, 일본은 아베 정권 중반기에 이르러서야 도입했고 스위스와 스웨덴은
채택하지 않았던 것이죠. 그러다 코로나 바이러스가 급격히 확산되면서 스웨
덴과 스위스가 최저임금제도를 부랴부랴 도입하고, 급기야 유럽연합 차원에
서 채택 여부를 진지하게 고민하기 시작했어요. 저는 코로나 19 사태처럼 인
류가 미처 예상하지 못한 충격적 상황이 닥치면 전 세계적 수준에서 최저임
금제도의 채택이 불가피할 수도 있다고 봅니다. 스웨덴과 스위스는 최저임금
을 높은 기준으로 설정해놨어요. 저는 최저임금을 바라보는 시각이 그 나라
의 정부가 국민을 바라보는 시각이라는 박용진 의원님의 말씀이 정말 가슴에
와닿았습니다.

박   정부가 생각하는 국민의 값어치를 최저임금이 반영하고 있거든요.

우   코로나 사태가 심각해지니까 EU 집행위원회가 최저임금제도를 즉각적

으로 도입하라는 메시지를 회원국들에 보냈습니다. 기본소득이나 다른 정치적 장치들이 있는데도 불구하고 최저임금을 우선적으로 시행한 거죠. 저는 최저임금 정책을 둘러싸고 유럽에서 급박하게 전개되는 일들로부터 우리가 교훈과 지침을 얻었으면 해요.

박 제가 예전에 독일 남부 바이에른 주의 대표적 도시인 뮌헨을 방문한 적이 있습니다. 뮌헨 시내에 커다란 맥줏집이 있어서 거기를 들렀어요. 가니까 손님이 바글바글했습니다. 박영선 장관도 일행으로 함께했는데, 자리에 앉은 지 거의 30분이 되어가도 주문받으러 오질 않는 거예요. 동행한 사람들 가운데 독일 현지를 잘 아는 분들이 여기는 원래 일이 늦다, 더 기다리라고 하는데, 저는 너무 피곤해서 빨리 맥주를 마시고 어서 숙소로 돌아가 자야겠다는 생각뿐이었습니다. 그래서 손을 치켜들었더니 서빙하는 분이 생글생글 웃는 표정으로 저희 일행이 앉은 좌석으로 다가와 이렇게 말하는 겁니다. 자기가 여기서 8개 테이블을 관리하는데, 테이블별로 가게에 입장한 순서를 정확히 기억하고 있다고요. 순서대로 하고 있으니까 자꾸 자기를 부르면 안 된다고 당당하게 말하고 갔어요. 우리 일행들로서는 정말 무안하기 짝이 없었죠. 그런데 일행 중에서 독일어에 능숙한 분들의 귀띔에 의하면 서빙하는 분 말투에 동유럽 억양이 섞여 있다는 거예요. 동구 출신의 이주 노동자라는 뜻이었습니다. 그럼에도 직업에 대한 자부심이 대단했어요. 충분한 급료가 주어지니 가능한 긍지였겠죠. 어쩌면 동양인에 대한 약간의 우월의식이 작용했을지도 모르고요. 그렇지만 저는 맥줏집에서 서빙하던 이민자 출신의 독일 노동자의 당당하고 자신감 넘치는 모습이 굉장히 보기 좋았습니다.

　　독일을 비롯한 유럽 지역에서는 식당이나 술집에서 접객 업무를 담당하는 노동자들이 자신만만한 태도로 업무에 임하는 경우가 많습니다. 투철한 직업의식의 발로일 수도 있겠지만, 현재 하고 있는 일이 자기의 기본적인 삶의 질을 보장하는 덕분이라고 저는 생각해요. 쥐꼬리만 한 급료를 받는 사람이 자신감을 갖고서 세상을 살아가기는 어려운 노릇이니까요.

대한민국은 부유한데 국민은 빈곤하다

우   미국은 손님들로부터 팁을 받아야 수입이 보장되는 반면에 유럽에서는 임금 내에 서비스료가 다 포함되어 있으니까 팁은 그야말로 보너스예요. 그래서 유럽의 접객 노동자들이 매사에 당당할 수 있습니다.

공   우리나라는 팁도 못 받는데, 눈치 보기는 미국보다도 더합니다. 그래서 나온 게 손님을 극존칭하다 못해 사물까지 높이는 극단적인 언어 파괴 현상이에요. "1만 원이십니다" 같은.

박   그렇죠. 하지만 저는 바람직한 쪽으로의 변화가 있을 거라고 낙관합니다. 적절한 예인지 모르겠지만 저 어릴 때만 해도 환경미화원에 대한 비뚤어진 편견이 있었어요.

공   그때는 청소하는 분들을 무시하는 경향이 컸죠.

박   네. 그래서 부모들이 "공부 열심히 안 하면 청소부 된다"며 아이들을 윽박지르기 일쑤였어요. 그러나 환경미화원이 안정적 소득이 보장되는 직업으로 바뀌면서 환경미화원에 대한 부당한 직업적 폄하는 자취를 감췄고 채용 경쟁률이 아주 높은 직업이 되었습니다. 이처럼 모든 직업에 정당한 인격적 대접과 넉넉한 소득에 더해서 튼튼한 사회보장 장치까지 제공되어야 한다고 봐요.

첫째, 충분한 최저임금으로 국민들에게 몸값을 제대로 지급하고 둘째, 사회보장을 통해 믿을 수 있는 사회안전망을 모든 사람들에게 제공해줘야 합니다. 그래야 청년들도 미래설계를 하면서 나도 중산층으로 갈 수 있구나 하는 희망을 갖죠. 결혼을 앞둔 예비부부나 신혼부부들은 이와 같은 상황이 되어야만 아이들의 미래와 자신들의 노후에 대한 구체적 청사진을 그려나갈 수가 있습니다.

저는 누구나 열심히 일하면 중산층 수준의 생활을 누릴 수 있고, 자산을 꾸준히 형성할 기반이 조성되면 저출생 문제의 해법도 반드시 나올 거라고 확신합니다. 연금 개혁과 노동 개혁 문제를 해결할 수 있는 단초도 마련할 수 있고요.

김　최저임금의 급격한 인상이 중소기업이나 영세자영업자분들에게 과도한 충격을 준 것은 저도 심각한 문제라 생각합니다. 한 사회의 소득격차를 전부 해소해서 완전한 평등을 구현하는 건 불가능한 일이죠. 그렇다 하더라도 그 격차를 최소화하는 노력을 기울이는 것이 정부의 당연한 책무입니다. 따라서 정부는 계층 사이의 경제력 격차가 일정한 한도를 초과하지 않도록 정책적 목표를 명시적으로 도입하고 관리해야 할 필요가 있다고 생각합니다.

최저임금제도는 현실적으로 필요한 제도입니다. 그럼에도 경제학 원론에서는 최저임금의 도입은 노동시장에 제약을 가해 왜곡을 일으킨다고 합니다. 특히 우리처럼 최저임금을 이렇게 급격하게 인상하면, 직장이 있는 사람들에게는 도움이 되지만, 그로 인해 고용 유지가 어려워진 영세사업장이나 거기서 실직한 분들은 실질적으로 피해를 입게 된다는 점을 염두에 두고 정책을 운용해야 합니다.

우　그림의 떡이 될 수도 있죠.

김　그렇기 때문에 최저임금의 급격한 인상에 충분히 대비할 수 있는 기간과 대책을 마련해주지 않은 데 대해서는 정부와 정치권이 혹독한 비판을 받아야 한다고 생각합니다. 솔직히 딱 부러지는 정답이 있다고 보기는 어렵습니다. 하지만 제도의 운용에 있어 최대한 부작용을 줄일 수 있도록 현장 상황을 잘 살피면서 가야 한다는 말씀을 덧붙이겠습니다.

우　제가 학교에서 경제학을 공부할 때에는 경제적으로 선진국 반열에 올라서면 성장속도가 완만해진다고 배웠어요. 과거에 압축성장을 만끽해온 한국의 경우에는 국민소득이 3만 불 고지에 올라서면 성장이 정체될 거라는 전망이 무성했습니다. 그런데 얼마 전에 경제협력개발기구에서 현재의 구매력 평가와 현재의 물가를 기준으로 발표한 1인당 GNI를 보니까 우리나라가 4만 달러가 넘더라고요.

공　아니, 누가 그렇게 많이 벌어간 거야? (웃음)

우　평가의 기준과 시점의 영향은 당연히 있겠죠. 그러나 분명한 건 우리나라가 일본은 물론이고, 프랑스 및 독일과도 이제는 그리 큰 차이가 나지 않는다는 사실입니다. 미국은 더 많은 6만 5천 달러 정도인데, 스웨덴이 이보다 좀 낮더군요. 스위스가 미국보다 약간 높은 7만 달러를 상회하고요. 저는 이 통계를 보면서 한국 경제가 우리가 생각해온 이상으로 여전히 신속하게 성장하고 있다는 결론을 얻었습니다.
　　예전에 제가 스위스 국민들을 만나면 "스위스가 한국의 롤 모델"이라는 말을 했었어요. 그런데 그들 중에서 자기네가 잘살고 있다고 말하는 사람은 주한 스위스 대사관의 참사관 단 한 명뿐이었습니다. 다른 사람들은 푸념 일색이었어요. 정치는 개판이고, 부자들은 부패했고, 극우파가 제1당인지 알기

나 하냐고 불평을 늘어놓기 바빴습니다. 프랑스보다는 자기네가 낫다는 정도가 국가적 자긍심의 표출이었죠.

선진국으로 불리는 나라의 국민들을 만나보면 자기 나라에 후한 점수를 매기는 사람은 스웨덴, 미국 정도인 것 같습니다. 이렇게 국가가 아무리 부유하고 잘나가도 개인이 체감하는 위상은 상반될 수 있어요.

우리나라의 경우는 어떨까요? 우리는 한국이 선진국이라는 생각을 여전히 좀처럼 하지 않아요. 그런데 수출액 하나만 봐도 우리는 선진국 정도가 아니고 OECD(경제협력개발기구) 국가 중 중간 그룹에 있어요. 한국 위로 몇 개국 없습니다. 게다가 코로나 19 방역에서 좋은 성과를 보인 덕분에 한국이 국제사회에서 차지하는 위상이 앞으로 3-4년 정도가 지나면 더 위로 올라갈 거라 생각합니다. 이렇게 한국이 수출과 국민소득에서 상위권에 진입했음에도 불구하고 국민들한테 사는 게 어떠냐고 물어보면 백이면 백 "힘들어 죽겠다"는 비명을 질러요. 살기 힘들어 결혼도 못 하겠고, 아이도 못 낳겠다고 아우성들이에요. 국가는 부유한데 개인은 불안하고 빈곤한 상황입니다. 국민들이 미래를 낙관적으로 보고 자산 형성도 좀 해나가면서 살아야 할 텐데 방법이 안 보이는 거죠.

우리가 예전에는 국가 전체적으로 돈이 없었습니다. 그러나 지금은 객관적으로 한국이라는 나라 자체는 부유하고 긍정적인 나라예요. 과거에는 돈이 없었지만, 현재는 마음이 없는 거죠.

공　돈이 아니라 의지의 문제입니까?

우　국민을 위한 일이라면 정부 예산도 좀 더 늘릴 수 있다는 의미입니다. 먼 미래는 어떨지 모르겠어요. 그렇지만 아직까지는 국민연금도 더 빼서 쓸 수 있는 여력이 있습니다. 그래서 제가 정치의 역할이 생각보다 훨씬 중요하다고 늘 강조하는 거예요. 정치가 제 역할을 해낸다면 우리나라 국민들을 '부자 나라의 마음 편한 국민들'로 어렵지 않게 만들어줄 수 있거든요.

김   저는 우 박사님께서 제안하신 청년고용공단 모델이 근본적 해결책은 되지 못할지언정 청년실업 해소에 상당한 도움이 될 거라고 생각합니다. 그럼에도 제가 크게 우려하는 부분이 있어요. 공공부문이 확장되면 그 안에 편입되는 사람들만 엄청난 행운을 독차지할 수가 있습니다.

나랏돈은 눈먼 돈이 아니다

공   지금은 행운 정도가 아닙니다. 완전 노다지 횡재예요.

김   공공부문의 팽창은 국가 경제 전체를 염두에 둔다면 나라의 제한된 자원을 아주 비효율적 방식으로 배분하는 꼴이 되고 맙니다. 그래서 저는 공공부문 확대에 신중해야 한다고 생각합니다. 2021년도 우리나라 국가 예산이 558조 원으로 편성되었는데, 이 천문학적 액수의 정부 예산의 상당 부분이 일선 현장에서는 정부 예산 잘 빼먹는 사람들의 먹잇감으로 전락할 수 있습니다. 사실상의 브로커 비슷한 기획사를 끼고서 눈먼 정부 돈을 잘도 찾아내요. 농업 분야든, 중소기업이든, 복지든, 건설 토목이든, 국방이든 분야를 가리지 않고 눈먼 돈을 노리는 사람들이 너무 많다고 합니다. 이제 이런 행위의 방지와 처벌을 위해 더욱 적극적인 대응이 필요합니다.
　　　공공부문의 병폐를 이대로 방치하고서 계속 예산만 투입하는 것은 밑 빠진 독에 물 붓는 것과 같습니다. 정부 지출을 확대하고 세금을 더 거두어들이려면 먼저 국민들이 낸 혈세를 아껴 쓸 수 있는 효율적이고 최적화된 행정

시스템의 구축이 선행되어야 해요. 하지만 공무원 노조를 비롯한 공공부문 이해당사자들의 집단적 반발에 가로막히기 십상이죠. 표 떨어지는 일이니 정치인들이 기피해온 측면도 크고요. 저는 공공부문의 낭비와 비효율에 대한 경각심과 문제의식을 이제라도 확실하게 갖춰야 한다고 생각합니다.

2007년에 골드만 삭스의 경제 전망 보고서를 소개한 기사가 있었는데요. 2050년 대한민국의 1인당 국민소득이 8만 달러에 이르러 전 세계에서 미국 다음으로 두 번째로 1인당 소득이 높은 나라가 될 것이라는 내용이었어요. 저는 그 기사를 읽고서 황당하다는 생각이 들었는데, 시간이 갈수록 예측이 현실화될 가능성이 점점 높아지는 것 같아요. 그런데, 1인당 소득 증대의 주된 요인 중 하나가 인구의 가파른 감소라는 겁니다. (웃음) 그게 점점 비슷하게 가고 있어요.

우 박사님이 스위스를 예로 들면서 대부분의 다른 나라 사람들도 자기들 나라에 자괴감을 느낀다고 말씀하셨는데요. 학생들의 학업성취도를 측정하는 피사(PISA) 순위에서 우리나라가 매번 핀란드에 뒤이어 세계 2위를 차지해왔거든요. 그래서 다른 나라에서 한국을 찾아와 배우겠다고 하니까 정작 우리는 오지 말라고 손사래 친 것도 비슷한 것 아닌가 싶어요. (웃음)

그러면 이 시점에서 우리가 눈여겨봐야 할 점은 어떤 게 있을까요? 국내총생산(GDP) 총액을 전체 인구수로 나눠서 계산하는 1인당 GDP에는 평균의 오류가 기본적으로 내재되어 있습니다. 분포나 편차의 개념이 들어가 있지 않은 거죠. 이런 단순하고 평면적인 한 가지 지표만 보고 우리의 성공 여부나 업적 성취를 평가하면 중요한 부분을 놓치게 되겠죠. 국민들이 진짜로 체감할 수 있는, 삶의 질을 반영할 수 있는 지표가 필요합니다. UN 산하 자문기구인 '지속가능발전해법네트워크'가 매년 세계행복보고서를 발표하고 있습니다만, 이제는 인구나 환율 같은 변수에 많은 영향을 받는 1인당 GDP와 같은 단편적이고 물질적인 지표에서 벗어나 보다 종합적으로 우리 국민들의 행복의 정도나 사회의 건강함을 측정할 수 있는 지표들도 주요 지표로 편입해서 정책 목표 수립에 활용하면 좋겠습니다. 부탄에서는 1972년에 국민총행복 정책을 국왕이 도입했다고 하고 최근에는 이를 헌법에도 반영했다고 해요. 행정부에 행복청도 있고, 행복을 객관화하기 위해 국가행복지수도 설계했다고 합니다.

우   10년 전쯤에는 그린(Green) GNP를 도입해야 한다는 소리 많이 했거든요. 그린 GNP로 계산하면 지금 마이너스일 수도 있겠네요. (웃음)

공   김 의원님께서 말씀하신 부탄의 행복지수는 따지고 보면 정신승리지수 아닌가요? IQ지수가 아닌 '아Q'지수! (웃음) 그런데 부탄 모델이 아무리 좋다고 한들 우리나라의 국가적 미래상을 부탄에 맞출 수는 없지 않습니까? 당장 우리나라 젊은 애들한테 오늘부터 나이키 신발이나 아디다스 운동화 신지 말고 부탄 사람들처럼 맨발이나 고무신 신고 다니라고 정부가 강제해보세요. 곧바로 사방에서 민란 일어납니다. (웃음)

김   부탄과 우리나라를 그렇게 직접 비교하는 것은 무리가 되겠지만, 이들의 시도에서 뭔가 영감을 받을 수 있는 지점이 있다고 봅니다. 기존 지표들의 한계를 뛰어넘는 균형 잡히고 총체적인 새로운 지표의 등장이 절실하다는 뜻이에요. 즉 '양'에서 '질'로의 전환이요.

우   우리나라가 자살률에서 전 세계 1위를 기록해온 건 어제오늘 일이 아니잖아요. 인간의 행복에 방점을 둔 지표를 보조지표 수준으로라도 고민해야만 하는 나라가 다름 아닌 한국입니다. 지난 몇 년간 정말 많은 사람들이 스스로 목숨을 끊었습니다. 눈뜨면 우울한 자살 소식이 들려왔죠. 그중에는 대중에게 이름이 잘 알려진 유명 인사들도 여럿이었고요. 지금은 이 문제를 개인적 고민 상담에 국가가 응해주는 것에 머무르고 있는데, 국가 차원의 구조적 접근과 해법 강구가 필수적인 단계에 다다랐어요.

박   노르웨이에서 자살 예방 노력을 범사회적으로 경주한 결과, 자살률이 크게 줄어든 사례가 있다고 들었습니다.

우   15년이 걸렸어요. 노르웨이에는 사망 시 시신을 부검하는 것처럼 심리부검제도라는 게 있습니다. 범인을 잡는 게 아니고 사회적 사인을 밝히는 거죠. 그걸 정확히 통계화하는 노력을 15년 하니까 자살률이 줄었다고 해요.

김   현역이신 박 의원님이 우리나라도 심리부검제도를 의무화하는 법안을 국회에서 발의하면 좋을 것 같네요.

우   제가 직장 내의 자살 문제를 연구한 적이 있어요. 회사를 다니는 청년들이 잇달아 목숨을 끊는 슬프고 안타까운 사건이 너무나 빈번했기 때문이죠. 놀랍게도 자살자의 절반에 육박하는 숫자가 직장인이었습니다. 일반적으로 예상하는 비율을 훌쩍 뛰어넘고 있어요. 저는 이 통계를 보고 자살사건이 직장 내에서 발생하는 일상적 문제들과 깊은 상관성을 띠고 있을 수 있다고 유추하고 더 상세한 연구에 나서려 했는데, 작업에 필요한 통계들이 아직은 미비한 수준에서 관리되고 있었습니다. 경찰청이 직장 내의 자살사건과 관련된 통계를 작성하기는 하는데, 현재까지는 개략적으로 사인을 분류하는 수준에 머물러 있습니다. '정서불안으로 인한 우울증으로 자살' 정도의 추상적 표기에 그치고 있어요.

박   제가 요즘 정치의 기능과 정치인들의 역할이 복원되어야 한다는 얘기를 열심히 하고 다니고 있습니다. 저는 그 연장선상에서 국민연금과 연관된 말을 추가하고 싶어요.

적립식에서 부과식으로의 전환이 이상적이기는 합니다. 그러나 막상 정책으로 추진하려면 난리가 날 수 있습니다. 이렇게 미묘하고 첨예한 문제는 사회적 합의 도출이 매우 어렵습니다. 저는 보다 온건한 방책이 바람직하다고 봐요. 혹여 발생할지도 모를 사회적 충격을 최소화하면서 국민연금이 국민들의 노후소득 보장에 필요한 안전판 역할을 유지해나가도록 해야 합니다. 그러자면 기초연금과 국민연금을 주축으로 하는 노후소득 보장 시스템을 조속히 구축해야 하고 공무원연금과의 통합도 필수적 과제이고요. 보험료율은 높이고 수령 시기는 늦추면서 수령액은 낮추는 결단도 역시나 시급합니다.

이런 일들을 한꺼번에 진행하기는 아무래도 무리로 보입니다. 저는 30년 정도의 시간을 두고서 장기적이고 단계적으로 추진하는 게 합리적이라고 생각해요. 어르신들이 받는 기초연금을 어떻게 올려줄 건지, 필요한 재원은 어떻게 조달할 건지, 국민연금을 안정적으로 유지하기 위해 필요한 계획과 그에 따른 고통 분담 등에 대해 국민들에게 소상히 설명해야 합니다. 그러려면 정치권, 즉 여야 간의 정책합의가 무조건 필요합니다. 그런데 "너희가 어떤 안을 내놓아도 우리는 찢어버릴 거야" 이러면 안 되는 거죠.

정치권의 합의가 전제되어야 사회적 대타협도 가능합니다. 정치권의 합의와 사회적 대타협이 도출되어야 청년세대들이 그들을 위해 국가가 알차게 준비해놓은 사회보장이 뭔지, 노후소득 보장제도가 뭔지 인식할 수가 있습니다. 그러한 보장 시스템이 완비되어야 사회에 진출했거나 또는 장차 진출할 젊은이들을 향해 국가가 나라에 세금을 내라고, 공동체를 위해 기여하라고 말할 수가 있어요. 결혼을 하라고 권유할 수도 있고요. 청년들에게 근로의 의무, 납세의 의무 등 국가 유지에 대한 의무를 이행하라고 요구하려면 그들을 위한 기본적 뒷받침을 국가가 제공해야 합니다. 저는 정치가, 정치인들이 이런 부분에 대해서 용기 있게 발언하고 뚝심 있게 추진해야 한다고 생각합니다.

그런데 이 모든 것들을 완수해내려면 5년짜리 대통령 단임제로는 안 됩니다. 현행 5년 단임제 헌법의 취지는 다음 선거는 의식하지 말고 5년 동안 소신 있게 국정을 책임지라는 데 있어요. 그런데 실제로는 들어서는 정권들마다 5년 동안 박수 받고 떠날 생각만 하고 계속 폭탄은 차기 정권으로 떠넘기는 형국이에요. 아쉽게도 우리 문재인 정부 또한 예외는 아니었습니다. 장기 재정계획을 수립한 다음, 2018년에 사지선다로 내놓고는 그 후로 아무것도 하지 않고서 그냥 조용히 있어요.4 저는 그런 연유로 지금 상황이 굉장히 걱정스럽습니다.

김 복지와 노동, 경제와 산업은 서로 분리될 수 없는 성질을 지니고 있습니다. 인공지능의 보급으로 초래될 대규모 실업 상태가 어느 정도까지 확대되느냐에 따라서 이 네 가지 분야가 모두 그 영향을 받을 수밖에 없어요. 저는 어떠한 가능성도 배제하지 않으면서 유연하게 대응할 필요가 있다고 봅니다. 저는 자유주의자이지만 동시에 보수주의적인 성향도 상당히 있다고 스스로 생각합니다. 보수적 관점에서 보자면, 미래가 마냥 낙관적이라고 가정하기보다는 항상 비관적 전망을 하면서 최선의 상황이 아닐 때에도 제대로 대처할 수 있는 준비를 갖추는 것이 보다 바람직하고 책임 있는 자세라고 생각하면서 해법을 말씀드려 보겠습니다. 임진왜란 직전에 일본에 다녀온 조선통신사 중 부사 김성일이 아닌 정사 황윤길의 의견이 채택되어 왜적이 쳐들어올 것에 대비하고 있었다면 전란의 상황 전개가 달라질 수도 있었을 거란 생각을 자주 해봅니다.

인공지능이 출현해 일자리를 없애갈 속도는 증기기관이 보급되면서 일자리가 사라지던 속도와 비교할 수 없게 빠를 것 같습니다. 앞으로 10-20년

---

4   정부안은 다음 네 가지이다. ▲현행 유지(소득대체율 40%, 보험료율 9%) ▲ 현행 유지하되 기초연금 40만 원으로 인상 ▲ 소득대체율 45%로 상향, 보험료율 12%로 인상 ▲ 소득대체율 50%로 상향, 보험료율 13%로 인상.

사이에 단순하고 반복적인 직무들은 기계에 의해 자동화될 것으로 보입니다. 전통적 관념 체계에서 당연히 인간이 맡아서 수행하던 노동의 상당 부분을 기계가 대체할 게 확실시됩니다. '컴퓨터(computer)'라는 용어가 처음 만들어질 때는 기계가 아니라 '계산 업무를 수행하는 사람'을 가리키는 단어였다는 걸 아는 분들이 많지는 않더라고요.

그러면 근로소득이 사라진 인간은 어쩌면 기본소득만 가지고 먹고살아야 할지도 모릅니다. 저는 기본소득제도를 도입하더라도 막대한 재원 부담 때문에 생존을 위해 필요한 최소한의 수준에서 빈곤선을 벗어나는 수준 사이에서 지급액수가 결정될 가능성이 높을 것 같아요. 즉, 기본소득만 갖고서는 생존이 위협받는 상황에서는 벗어날 수 있을지 몰라도 심신이 풍족함을 느낄 수 있을 정도의 생활을 하기는 어려울 것 같습니다. 그렇다면, 이전에는 노동이 아니었던 활동에서도 새로운 소득 흐름을 만들어서 다층소득보장체제가 이루어지도록 할 필요가 있습니다. 다르게 표현하면 '비노동의 노동화'라고 할 수도 있겠네요. 이를테면 게임을 통해서 소득을 벌어들일 수 있는 체계를 만들어낼 수 있겠습니다. 또 기계보다 사람이 더 잘할 수 있을 상담과 같은 활동에 사람들이 더 많이 나설 수 있도록 상담교육과 상담서비스를 활성화한다면 우리 사회가 겪고 있는 정신적 위기 극복에 많은 도움을 받을 수 있을 겁니다.

우 돌봄, 위로 같은 것도 사람만이 할 수 있는 거죠.

김 어떤 사람들은 인간이 아닌 기계에게 자신의 비밀을 털어놓는 게 더 편안하고 안전하다고 느낀다는 연구결과노 있습니다만, 이렇게 인간의 감성이 개입되고 사람과 사람 간에 감정이 교류되는 직무들과, 가상세계에서 생겨나는 새로운 일들이 노동으로 더 많이 편입되어야 할 것 같습니다.

윤평중 한신대 교수님 강의를 최근에 들을 때 인상적인 대목이 있었습니다. 어떤 활동이 노동인지 아닌지를 구분하는 효과적인 기준은, 그것이 '힘겨움'을 수반하느냐의 여부라는 진단이었습니다. 예를 들면, 게임은 대부분의 유저들에게는 방과 후에, 퇴근 후에 즐기는 '유희'이지만, 대회 출전을 앞두고 실력을 연마하는 프로게이머들에게는 똑같은 그 게임을 플레이하는 것이 '노동'이 됩니다. 노동에 대한 관점을 이렇게 새로이 가져가면 기존에는 소득창출의 원천이 되기 어려웠던 활동들도 노동으로 자리매김되면서 그로부터 소득이 발생할 수 있게 될 겁니다. 연금제도의 개혁이 필요하지만, 아무튼 국민연금과 기본소득과 이러한 새로운 유형의 소득들이 더해지고, 한발 더 나아가 개인데이터에 대한 보상까지 이루어지는 새로운 소득체계가 잘 만들어지면, 자동화로 기존의 노동을 기계가 수행하는 세상에서도 개인들의 삶은 안정되게 지탱될 수 있으리라 믿습니다.

근로기준법의 업데이트가 시급하다

공　박 의원님과 우 박사님은 국가의 기능이 강화되어야 한다고 계속 강조하시는 분위기입니다. 그런데 국가의 기능을 강화하자는 주장은 쉽게 풀이하자면 '공공부문을 팽창시키자'는 뜻이거든요. 김 의원님이 지적하신 조만간 사라질, 아니 사라져야 마땅할 단순하고 반복적 노동들 가운데 상당한 부분을 공공부문, 즉 공무원들이 철밥통으로 앉아 있습니다. 대표적 사례가 주민센터, 즉 동사무소 업무이고요. 저는 바로 이 지점이 한국이 뭘 시도해도 안 되는 이유라고 봐요. 왜냐면 똑같은 단순하고 반복적 노동도 공무원들처럼 정치적으로 조직화되고 힘센 사람들이 하면 절대로 없어지지 않을 게 분명하거든요. 그와 달리 힘없고 정치적 영향력이 없는 계층이 하고 있으면 무자비하게 소멸시킬 테고요. 단순하고 반복적 노동의 몸통인 공공부문을 놔두면서 미래로 나아가자고 하는 건, 국가의 기능을 강화하자고 하는 건, 언 발에 오줌 누기 아닐까요?

박   과거 동사무소에서 수행하던 많은 기능들이 현재는 자동화가 됐습니다. 동사무소를 왜 지금은 주민센터라고 부르겠습니까? 자동화 덕에 과거와 달리 주민들의 자치활동을 지원하고 보조하는 직원들이 굉장히 많아졌기 때문이에요. 이뿐만이 아닙니다. 사회복지 기능과 주민들을 네트워크화하는 기능도 점점 더 주민센터로 이관되는 중입니다. 저는 미래에 도래할 우리 사회의 근본적 변화들이 공공부문에서도 예외 없이 일어날 것으로 예상합니다.

본질은 새로운 노동이 창출되고 있다는 데 있습니다. 이게 요점이에요. 대학교수가 되거나 내로라하는 재벌기업에 들어가 고연봉의 사무직으로 일해야 훌륭하다는 관점에서 바라보면 음식을 배달하는 라이더들이 몹시 열악한 직종에 종사하는 것으로 생각될 수 있습니다. 그런데 놀라운 일이 벌어지고 있어요. 배달서비스 수요가 많은 동네에서 이력이 쌓인 라이더는 1년에 1억 이상의 수익을 올린다고 합니다. 저도 이런 사실을 몇 달 전에야 처음으로 알았어요. 그런데 이게 엄청난 고강도 노동이라 계속해서 할 수는 없다고 해요. 가령 3개월 근무하고 한 달 쉬는 방식으로 일해야 버틸 수가 있답니다.

단순한 노동도 힘센 집단이 하면 유지되고 약자들이 맡으면 사라진다고 하셨는데, 저는 그와 같은 상황을 막으려면 노동 개혁이 필수적이라고 봐요. 노동 개혁의 요체는 두 가지입니다.

첫 번째는 현행 근로기준법 내용 가운데 현재의 시대 상황에 맞지 않은 부분을 업데이트해야만 한다는 점이에요. 최근에 대세로 떠오른 플랫폼 노동, 긱 노동[5] 같은 신종 노동들을 노동관계 법령의 법망에 포괄하기 위한 고

---

5   Gig Work, 초단기 계약을 포함한 계약 노동, 임시 노동.

민과 노력이 필요합니다. 그런데 이런 직종에 종사하는 노동자들은 회사에 종속되는 것을 그다지 원치 않아요. 그래서 이들을 보호하기 위한 준 근로기준법 같은 중간적 보호장치도 필요합니다.

얼마 전에 배달의 민족을 창업한 김봉진 대표와 잠시 대화한 적이 있습니다. 그때 들었던 이야기인데, 김봉진 대표가 회사에서 직접 고용하는 라이더들을 3천 명 정도 뽑았다고 합니다. 그런 다음 직고용된 라이더들을 배달 물량이 많지 않고 여건이 열악해서 프리랜서 라이더들이 잘 안 가는 지역에 주로 배치했다고 해요. 이 직고용 라이더들은 4천만 원 정도의 연봉에다가 4대 보험의 적용을 받는데, 프리랜서들과는 달리 좀 널널하게 움직여도 된다고 하더라고요.

이와 달리 대부분의 라이더들은 회사에서 월급쟁이 형태로 일하는 것을 본인들이 희망하지 않는다고 합니다. 일감이 많은 동네에서 일하면서 더 많은 소득을 거두길 바라기 때문이죠. 어쨌거나 이러한 분들에게도 산재보험과 고용보험 등의 사회안전망이 제공되어야 하는 건 두말할 나위가 없는데 현행법으로는 그럴 수가 없어요. 이러한 맥락에서 노동법 개혁이 반드시 필요합니다. 현행 노동관계법들은 공무원들과 대기업 정규직 같은 거대조직 노동의 고용 방어를 위한 이해와 요구를 과도하게 대변하고 있습니다. 따라서 저는 거대 사업장, 정규직 중심의 기득권 노조의 이해를 중심으로 반영되어 있는 구조가 변화되어야 한다고 생각합니다.

두 번째는 정년 연장과 연관된 문제예요. 이 문제는 연금 개혁과는 동전의 양면관계로 연동될 수밖에 없기도 합니다. 지금은 노인의 기준이 만 65세입니다. 국민연금의 경우 출생연도에 따라 조금씩 차이가 있지만 제 나이대에는 이때부터 연금을 받게 됩니다. 저는 연금 수령이 시작되는 시점을 2년 정도 뒤로 늦출 필요가 있다고 봐요. 그러면 당연히 정년도 뒤로 조정되겠죠.

이건 연금을 수령하는 사람들로부터 엄청난 반발을 사게 될 일입니다. 그렇지만 노인 일자리를 늘리고 이들의 임금을 어떻게 설정할지도 이제는 진지하세 생각해봐야 합니다. 현재의 연공서열 방식은 나이가 먹으면 먹을수록 임금이 누적되면서 기업에서 부담하는 인건비가 상승하는 구조입니다. 저는 정년을 연장하되 임금을 차츰 줄여나가는 데 대한 사회적 협약을 도출해야만 한다고 봐요.

우　임금피크제가 이미 시행되고 있어서 의원님께서 말씀하신 사회적 협약의 도출은 그리 난항을 겪지 않을 거예요.

김　민간기업 중심으로는 탄력근로제에 대한 논의가 활발하게 진행되는 중입니다.

박　저는 그와 같은 측면들을 감안해서 노동현장의 변화된 현실에 적절하게 조응하는 법제 개혁이 빨리 진행되어야 한다고 생각합니다.

공　제가 주민센터에 대해 왜 그러한 문제의식을 가지게 됐냐면 일반 사기업체에서는 키오스크가 들어오면 사람이 사라집니다. 반면에 공공기관은 사람이 계속 있어요. 그것도 예전보다 더 여유롭게 멀뚱거리면서.

박　공무원은 신분 보장, 곧 정년이 보장되는 직종이니까요.

공무원 숫자, 절반으로 줄여도 괜찮다

김　우리나라 공무원 인건비가 1년에 80조 원 정도 지출되는 것으로 알고 있습니다. 550조 원의 국가예산 중에서 80조 원이 공무원들 월급과 수당으로 지출되는 구조예요. 우리나라 공무원들의 숫자는 국공립학교 교사들까지 포함해서 110만 명이 넘습니다. 1인당 월급과 수당 평균이 약 7천 2백만 원이네요. 교사의 경우에는 대학교수와 마찬가지로 기존에 수행하던 지식 전달자로서의 역할이 점점 더 축소되어가고 있습니다. 교육에도 인공지능이 접목되면 앞으로 그 역할은 더 빠른 속도로 바뀌어 갈 것입니다. 학습에서는 촉진자(facilitator) 내지 보조자(assistant) 역할로, 그러나 인성교육에서는 협업과 창의성 멘토의 성격으로 변하겠죠. 다른 일반 공무원들도 인공지능이 본격적으로 행정서비스 안으로 진입하면 대대적인 역할 재설정이 뒤따라야 할 것입니다.

시대가 바뀌면 공무원의 역할도 바뀌어야 한다고 생각합니다. 공무원들이 담당한 업무라도 일정 기준을 충족하고 기계로 대체할 수 있는 노동은 당연히 기계에 맡겨야 합니다. 그래야 국민들의 부담을 줄여드릴 수 있어요. 민간 분야에서 수행되는 업무의 강도와 공공부문에서 돌아가는 업무의 강도를 감각적으로 비교해보면 해당 업무를 담당하는 공무원의 1/3이나 절반을 감축해도 전체적인 시스템이 운영·유지되는 데 큰 무리는 없을 것으로 보인다는 데 공공과 민간의 양쪽을 모두 경험했거나 관찰한 전문가들의 합의가 어렵지 않게 이루어지는 것 같습니다.

공　김세연 의원님, 사이다 발언이십니다!

김　금융서비스를 제공하는 기업들에서는 이미 고객상담에 채팅봇을 도입했고요. 이렇게 자연어 처리 능력을 갖춘 인공지능에 음성 인식과 TTS(text-to-speech) 같은 인터페이스까지 결합되면 행정사무 생산성은 빠른 속도로 향상될 수 있겠죠. 지금과 같은 인공지능의 발전 속도를 고려하면 앞으로 10-20년 사이에 웬만한 대화형 서비스나 대민 업무는 AI가 별 어려움 없이 소화할 수 있지 않을까 싶습니다. 특히 똑같은 법령 조문의 해석을 놓고 여러 부서를 핑퐁 치듯 돌아다니는 데 이골이 난 민원인들, 실은 공무원의 봉사의 대상인 국민들 입장에서는 실제로 행정서비스에 이렇게 많은 인원이 필요한가에 대해서 심각하게 질문을 던지는 시점이 올 거라고 봅니다. 매년 3만 명 남짓 퇴직하고 3만 명 남짓 입직하는 공무원 충원 및 은퇴 규모를 고려할 때, 매년 3만 명이 퇴직하되 그 절반 규모인 1만 5천 명만 새로 뽑는 방식을 30년 정도 이어나가면 공무원 숫자를 획기적으로 감축할 수 있을 것으로 봅니다. 그럼 한 세대 후에는 공무원 숫자가 지금의 절반 정도로 줄어들겠죠.

공   문재인 정부와 더불어민주당이 자기들 돈으로 공무원들 월급 주는 것 아니라고 공공부문 일자리를 마구잡이로 늘리는 바람에 새로 뽑히는 공무원 숫자가 퇴직자보다 실제로는 훨씬 더 많지 않을까요?

김   문재인 정부 들어 무리하게 공무원 채용 규모를 늘렸는데, 정부에서 정원을 늘려서 더 들어온 것이지 새로 임용되신 분들에게 직접적인 책임이 있는 건 아니지요. 하지만 이분들이 퇴직할 때까지 국민들은 두고두고 그 부담을 계속 져야 할 겁니다. 공무원연금까지 고려하면 예전보다는 수혜 규모가 줄었다고는 하나 여전히 국민연금에 비해 현저히 두터운 연금 혜택을 받기 때문에 퇴직 후까지 지속적으로 국민들의 부담이 이어질 겁니다. 다시 강조하건대, 국방·치안·방재·방역·특수복지 등 국민의 생명과 안전에 필수적인 직무들에는 인원에 부족함이 없도록 잘 살펴야 될 것이고, 반면 일반적인 법령의 유지·관리 업무는 인공지능의 도움을 받으면서 행정 효율화를 기할 수 있을 겁니다. 현대자동차의 경우 제조현장에서 근무하는 노동자들의 평균연령이 거의 50세에 가까운 것으로 알려졌습니다. 산업현장에서 젊은 사람 보기가 어려워졌어요. 반대로 공무원 시험에는 청년들이 그야말로 목숨 걸고 몰려들고 있습니다. 민간에서 워낙 일자리가 안 만들어지니까 젊은이들에게 공시 이

외에는 다른 마땅한 출구나 뾰족한 대안이 없는 탓이겠죠. 인간 일자리의 종말 시기가 빠른 속도로 다가오고 있는데, 공공부문만 마치 다른 세상처럼 방만함과 비효율을 안고 있어도 되는 것은 너무 형평에 맞지 않습니다.

우 　더불어민주당이 야당 시절에는 비정규직 노동자들의 처우를 개선하는 일에 대해 고민을 많이 했습니다. 이때 두 가지 의견이 팽팽하게 맞서며 격론을 벌였어요. 하나는 비정규직을 아예 철폐하자는 입장이었습니다. 모두가 정규직이 되면 비정규직 문제가 해결될 것 아니냐는 시각이었죠.

공 　모든 노동자를 자본가로 만들면 노동해방이 저절로 이뤄질 거라는 소리만큼이나 공허하게 들리네요.

우 　이와 반대되는 입장은 기존의 비정규직을 없애도 어디에서인가 또다시 비정규직 일자리가 새로 생겨날 거라는 논리였습니다. 그러므로 보다 정교한 논의가 필요하다는 주장이었어요. 이렇게 두 가지 입장이 대치만 하다 아무것도 안 하고 대통령 선거가 치러지고 정권이 교체됐습니다.

　　제가 관찰한 재미있는 현상을 잠시 말씀드릴게요. 한국에서 출세깨나 했다는 나이 많은 남자들이 펼치는 담론을 들어보면 내용의 9할이 자기 잘났다는 자랑이에요. (웃음) 라떼로 시작하는 자기 과시죠. 그럼 나머지 1할은 뭐냐? "저놈 죽여라!" 하고 남들 욕하는 겁니다. 자신에게 반대하는 인간들은 무조건 다 나쁜 놈이라는 투예요. 아무리 유명하고 성공했어도 이와 같은 도식에서 벗어나는 경우가 없어요. 그렇지 않은 사람을 제가 지난 몇 년 동안 딱 한 번 봤는데, 바로 소설가 김훈 선생이었습니다. 김훈 선생은 노동자들의 억울한 죽음에 대해 슬픔과 분노를 표시하면서 정부의 무능과 정치권의 무신경을 질타했습니다. 한국에서 출세하고 성공했다는 남자들 중 오직 김훈만이 비정규직 노동자들의 안전과 복지에 진정으로 관심을 기울이고 있었어요.

한국의 사회지도층이라고 자부하는 인사들은 진심으로 반성해야 해요. 최종적 책임은 그들에게 있거든요. 국가에는 국민들의 억울한 죽음을 어떻게든 막아야만 하는 책무가 있습니다. 이건 좌우의 문제도 아니고, 진보-보수의 쟁점도 아니에요.

우리는 비인간적 사회를 상식적으로 만들어왔습니다. 제가 과거에 공장을 관리·감독하는 업무를 하면서 경험한 일인데요. 외국인 노동자들이 화학공장에 취업하면 작업장 안에서 가장 위험한 물질을 취급하는 업무를 맡곤 합니다. 그래서 제가 왜 자꾸만 외국인들을 그런 곳으로 투입하느냐고 한국인 직원에게 물었더니 "우리가 갈 수는 없지 않습니까?"라는 반문이 돌아왔습니다. 외국인 노동자들에게 위험한 임무를 떠넘기는 풍조는 공사현장도 화학공장과 다르지 않아요.

일본도 비슷한 일이 있었네요. 2011년 3월에 후쿠시마 원자력 발전소가 동일본대지진으로 발생한 쓰나미에 직격당해 화재가 났습니다. 나중에 발표를 보고 알게 된 건데, 이때 사태를 수습하기 위해 초기에 화재현장에 투입된 인원들이 도쿄전력의 비정규직 직원들이었어요. 보호장구도 제대로 못 갖추고 투입된 그 사람들이 가장 치명적으로 방사선에 피폭된 거죠. 비정규직 노동자나, 단기로 계약한 임시직 근로자처럼 힘없는 사회구성원들을 위태로운 사고현장에 밀어 넣은 결과였습니다.

저는 청년 문제와 실업 문제는 긴 호흡의 대처가 필요하다고 봐요. 하지만 발전소를 비롯한 위험한 산업현장에서 잇따라 생겨나는 산업재해와 안전 관련 사고들은 약간의 제도적 보완책만 강구하면 미연에 충분히 방지될 수 있는 참사들이었다고 생각합니다. 비정규직 노동자에게, 외주 노동자에게 위험과 희생을 강요하는 그릇된 관행은 특별법 몇 개만 국회에서 통과되면 선진국답게 충분히 근절시킬 수가 있거든요.

김   우리나라는 제도상으로는 민주공화국입니다만, 인식상으로는 여전히 봉건적 계급사회의 한계와 굴레를 벗어나지 못하고 있는 것 같아요. 예를 들어, 제가 교육 상임위에 있었을 때 전해 들은 교육현장에서의 기간제 교사들에 대한 차별대우는 상상 초월이었습니다. 기간제 교사들이 똑같이 사대, 교대 졸업하고 임용고시 통과한 자식뻘 혹은 동생뻘 되는 후배인데 다른 계층이 아니라 아예 넘어설 수 없는 계급적 시각으로 하대하는 일이 비일비재했습니다. 산업현장, 교육현장을 가릴 것 없이 그 양상과 정도에 약간의 차이야 있을지 몰라도 전근대적 계급의식이 사회 곳곳에 남아 있다는 점에서는 본질적으로 비슷하죠. 동등한 동료 시민으로 대한다면 결코 할 수 없는 인식과 행동이 표출된다는 거예요. 저는 이건 사회의 구조적 문제이기도 하지만, 동시에 각각의 의사결정 주체인 해당 개인들의 잘못이기도 하다고 봐요. 이런 과실에 대해서는 집단적으로 사회가 책임지고 그 구조를 바꾸어내야 하고, 전체 시민들을 대신해서 그러한 의사결정을 내려야 하는 정치인들이 최종적인 책임을 져야 한다고 생각합니다.

덧붙여 조금 전에 말씀하신 비조직화된 노동자들에 대한 보호나 처우의 차별 문제에 대해 이야기하겠습니다. 우리나라의 노조 조직률은 10%를 가까스로 넘는 수준입니다. 조직에 속하지 못한 노동자들을 보호하기 위한 제도적 장치들이 미약한 상황에서 기존의 거대 노조들은 자기 밥그릇을 챙기는 데만 여념이 없었죠. 그로 말미암아 노동시장의 이중구조화가 더욱더 심각해져 왔습니다. 산업시대에는 노조에 가입하지 않으면 노동자가 제대로 된 보호를 받기 어려운 구조였다면, 현재는 고용이나 노동의 양태가 빠르게 변화하여 긱이코노미[6]의 출현 등 노동시장이 새로운 국면으로 전환되고 있다고 봅니다.

---

6   Gig Economy, 빠른 시대 변화에 대응하기 위해 비정규 프리랜서 근로 형태가 확산되는 경제 현상.

차별금지법은 곧 평등촉진법

박　김대중 정부 때 정리해고 제도가 도입되었습니다. 노무현 대통령 시절에는 이른바 '비정규직 3법'이 국회에서 통과되었죠. 둘 다 노동현장에 커다란 충격을 준 법안들이었습니다. 저는 이런 이유로 민주당이 새로운 노동관계법 마련에 더욱더 책임감을 가져야 한다고 봅니다. 비정규직 3법이 국회를 통과한 때가 2006년 11월 30일이었어요. IMF 세대와 코로나 세대 사이에는 이때 탄생한 비정규직 3법 세대가 자리 잡게 되었죠. 비정규직 3법 제정을 계기로 전체 고용노동의 절반을 비정규직이 차지하게 되었기 때문입니다. 이 법이 통과될 무렵 초등학생이나 중·고등학생이었던 사람들은 본인들에게는 아무런 잘못이 없음에도 졸지에 비정규직으로 내몰리고 말았어요.

우　당시 비정규직 3법의 통과를 주도했던 인물이 이목희 의원이었는데 이목희가 뭐했는지 아무도 모르고, 이목희가 누구야? 막 그러고. (웃음)

공　우원식 의원도 문제의 법이 탄생하는 과정에서 중요한 역할을 맡았던 것으로 기억합니다.

박　이제 비정규직은 사회적으로 완전히 정착된 제도가 돼버렸어요. 비정규직을 뽑으면 저렴한 비용으로 사람을 쓸 수 있는데, 어느 기업인이 부담스러운 정규직을 채용해 회사를 경영하려고 하겠습니까? 따라서 지금 필요한 일은 노동현장에서 비정규직을 보호하기 위한 법과 제도를 만드는 거라고 봅니다. 이와 관련해 최근에 주목할 만한 일이 하나 있었어요. 대통령 직속 경사노위(경제사회노동위원회)에서 근로자 대표를 민주적 방식으로 선출한다는 합의를 이뤄냈다는 소식이었습니다.

공   표현이 노동자가 아닌 근로자로 되어 있나요?

박   노동법에는 노동자가 아니라 근로자로 표기돼 있습니다. 노동법에 근로자 대표를 두라는 조항이 있지만 사실상 사문화되어 온 상태였어요. 물론 노동조합에서 근로자 대표를 겸할 수도 있지만, 경사노위(경제사회노동위원회) 방안은 설령 노조가 없는 곳이라 해도 근로자 대표를 반드시 뽑으라는 취지예요. 이게 현실화되면 기왕에 조직된 노동조합들이 자신들의 발언권이 축소될 것을 우려해 거세게 반대할 개연성을 전적으로 배제하기는 어렵습니다.

우   어용노조7가 출현할 빌미가 될 수도 있으니까요.

박   민주적 합의에 기반해 근로자 대표를 선출하라는 요구는 바꿔 말하면 사용자의 불순한 개입을 철저하게 차단하고, 비록 그러한 개입 행위에 대한 처벌 조항은 합의되지 못했지만 법적 금지 사항으로 명문화하는 것은 의미 있는 일이고, 추후 처벌 조항도 합의할 수 있다고 봅니다.
        저는 근로자의 민주적 선출 원리가 실제로 법제화된다면 노사관계를 바라보는 지금까지의 관점이 확 변할 거라고 생각합니다. 노동조합이 존재하지 않는 사업장에서도 임금과 휴가 등의 근로조건 등 노동자 권익 실현에 큰 변화가 생길 것이고 또 회사의 전반적 운영방침에 대해 노동자의 목소리가 반영될 수 있는 통로가 마침내 열리게 되니까요. 여기에 더해서 차별금지법이 노동현장에 가져올 수 있는 획기적 변화에도 주목할 필요가 있습니다.

---

7   노동자의 권익 보호보다는 회사의 이익을 위하여 설립된 노조.

공   차별금지법은 동성애자 같은 성 소수자와 연관 있다고 알려진 법이 아닌가요?

박   바로 그 점이 제가 가장 답답하고 안타깝게 생각하는 부분이에요. 일부 보수적 개신교 목회자들이 차별금지법을 전혀 엉뚱한 차원으로 몰아가고 있거든요. 동성애 반대 설교를 할 자유를 달라는 건데요. 차별금지법은 그런 게 아니라, 합리적 이유 없이 성별·장애·언어·인종·성적 지향성 등 21개 요인을 이유로 차별해서는 안 된다는 법입니다.

차별금지법의 중요한 내용이 뭐냐면 정규직이든, 비정규직이든 동일한 고용 분야에서의 비합리적 차별을 시정하게 만든다는 점입니다. 동일노동에 대해서 동일임금을 지급하지 않는다면 그것이 불합리할 경우 바로잡는 근거가 될 수도 있습니다. 김세연 의원님께서 울분에 차서 지적하셨던 기간제 교사에 대한 푸대접과 부당한 대우도 차별금지법으로 시정이 가능하지 않을까 생각합니다. 교육부가 시정에 나서지 않을 수 없도록 법이 강제할 테니까요. 차별금지법은 대한민국을 획기적으로 바꿀 수 있는 법입니다. 그러나 몇몇 목사들이 본인들의 설교의 자유를 침해하는 악법으로 이 법을 오해하고 있어요. 전경련(전국경제인연합회)과 경총(한국경영자총협회)이 해야만 할 반대를 보수 기독교계가 대신해주고 있는 상황입니다.

공   재계 입장에서는 의도하지 않게 '반대의 외주화'에 성공했네요.

박   우리나라는 직장 내에 가시적이거나 비가시적인 다양한 차별 행위가 존재해왔어요. 근로자 대표제는 차별금지법과 더불어 이러한 뿌리 깊은 차별의 관행과 문화를 시정해나가는 제도적 접근 방안의 첫걸음이 될 수도 있겠다는 생각이 듭니다. 그래서 근로자 대표에 기업 내 소수자, 상대적 취약층을 대표하는 사람이 반드시 포함되면 더 좋겠지요. 저는 차별금지법과 근로자 대표제가 우리 사회 일터에서 만연해 있는 노동자들 사이에서의 차별을 비롯한 여러 차별을 바로잡고, 노조 없는 사업장에서의 불합리도 바로잡고, 낡은 직장 문화에 변화도 가져오는 중요한 추동력이 될 수 있다고 확신합니다. 차별금지법은 곧 평등촉진법이기도 합니다. 저는 이 법의 제정은 비정규직에 대한 구조적이고 만연한 차별을 근원적으로 제거하는 중요한 법률적 장치 구실을 해줄 거라고 기대하고 있어요.

비정규직을 전부 철폐할 수 있다는 거짓말을 그 누구도 더 이상 해서는 안 됩니다. 저는 진보정당에서 활동하던 시절에 비정규직이 법률적으로 제도화되어 무서운 속도로 확산되는 모습을 가슴 아프게 지켜봤어요. 비정규직 철폐와 비정규직 차별 철폐 사이에서 엄청나게 갈등하고 번민했습니다. 비정규직 자체를 없애는 건 토머스 모어가 설파한 유토피아의 도래일 수도 있고, 혹은 플라톤이 묘사한 이데아의 실현일 수도 있습니다. 문제는 이게 현실적으로는 불가능하다는 점이에요. 따라서 정치인들이 국민들에게 단지 비정규직이라는 이유만으로 겪고 있는 부당하고 불합리한 차별을 없애주겠다, 그리고 차별하면 꼭 처벌하겠다고 약속해야만 옳습니다.

4차 산업혁명 시대의 새로운 노동구조와 기업문화에서는 젊은 사람들이 기업에 종속되는 것을 싫어하는 경향이 짙어지고 있어요. 안정적 라이더로 1년에 4천만 원의 고정수입을 올리는 것을 원하는 사람들도 있지만, 놀 때 놀고 일할 때 일하는 자유로운 삶을 만끽하기를 바라는 사람들도 있습니다. 이렇게 사회는 급격히 변화하는데, 비정규직을 아예 없애겠다는 무리한 목표를 추구하다가 인국공 사태[8] 같은 불협화음만 자꾸 초래하고 있는 게 저는 너무나 안타깝습니다.

---

8   인천국제공항 하청업체 소속 보안검색요원 1,902명 직접고용 발표에 대해 인천국제공항공사 노조, 취업준비생, 보안검색요원들까지 반발하면서 촉발된 논란으로, 이것이 공공부문 정규직화 과정 전반에 대한 의혹으로 확산되면서 사회적 갈등으로 비화되었다.

김 　비정규직 3법의 최대 문제점은 고용주로 하여금 정규직과 비정규직 사이에서 무엇을 선택할지 고민할 필요가 없게 만들었다는 사실이에요.

박 　구태여 고민할 이유가 없지요.

김 　애초에 정규직을 채용할 경우와 비정규직을 채용할 경우의 장단점이 팽팽하게 균형을 이루도록 법안을 설계했어야 하는데, 비정규직을 쓸 때 기업 측에 훨씬 유리하도록 정책을 만들어버린 거죠. 이게 10년 전 물가 수준의 연봉이었기 때문에 지금하고는 차이가 좀 있을 겁니다. 같은 자동차 조립라인에서 일해도 완성차 업체 직원은 연봉 8천만 원을 받습니다. 1차 협력업체는 4천만 원 남짓 받고요. 이게 2차 협력업체에 가면 다시 그 절반 남짓되는 연봉으로 줄어듭니다. 3차 협력업체에서 근무하는 노동자의 봉급은 당연히 이보다 더 적겠죠. 이런 토양에 익숙했던 완성차 업체와 부품업체들이 유럽에 공장을 세우고 보니까 그곳에서는 원청업체 노동자와 하청업체 노동자가 동일노동 동일임금의 원칙으로 월급을 받고 있더라는 거죠. 따라서 다른 이유로 하청을 주는 건 모르겠으나, 물량을 하청으로 처리하든 안 하든 아무 차이가 없기 때문에 인건비 절감 목적으로는 굳이 그렇게 할 이유가 없어졌다고 합니다.
　저는 비정규직에게는 고용불안에 대한 반대급부를 더 제공하는 것이 맞는다고 생각합니다. 즉, 동일노동일 경우에는 정규직보다 오히려 비정규직에 더 많은 임금을 줘야 마땅해요. 그래야 고용주가 정규직과 비정규직의 선택지 사이에서 머리 싸매고 저울질을 하게 됩니다. 반대로 피고용자 입장에서는 비정규직으로 일하면서 좀 더 유연하고 자유로운 고용관계를 맺을 것이냐, 아니면 임금상의 다소 불이익을 감수하면서 더 안정된 직장에서 고용보장의 혜택을 누릴 것이냐의 선택을 하는 것으로 관점이 달라질 수 있겠죠. 그러려면 정규직과 비정규직을 가르는 높은 장벽이 사라지게끔 제도를 수정해야만 해요. 이렇게 노동 조건의 선택의 폭을 넓혀주는 쪽으로 문제를 풀어가야 한다고 봅니다.

박   경영자에게도, 노동자에게도 선택의 폭을 넓혀주는 제도를 설계해야만 한다는 생각을 저 역시 갖고 있어요. 여기에 추가로 보완되어야 할 부분이 또 있습니다.

　　　노동자가 일터에서 지급받는 명목임금에 더해서 사회적 임금으로서의 사회보장제도의 향유에서도 정규직과 비정규직 간에 차별과 배제가 없어야 합니다. 저는 작업현장에서 동일하게 노동하고, 사회적 부담의 측면에서 동일하게 기여한다면 고용보험이든 산재보험이든 똑같은 혜택을 누리도록 시스템이 구축되어야 한다고 생각합니다.

우   회사에서 주는 명절 선물을 정규직들끼리만 나눠 갖는 데도 있어요.

박   임금뿐만 아니라 인간적 대우, 직장 내 차별 등까지 꼼꼼하게 살펴서 비정규직에 대한 차별을 전면적이고 총체적으로 철폐해야만 할 필요성이 그래서 더더욱 시급하고 절박하게 요구됩니다.

청년에게는 내 일, 중장년에게는 남 일

공   저는 연금 개혁에 진척이 없는 이유가 연금 개혁이 아직까지는 국민들에게 직접적으로 와닿는 문제가 아니라는 데 있다고 생각합니다. 저는 앞으로 15년을 더 부어야 국민연금을 탈 수 있어요. 그런데 국민연금을 15년 더 납입할 수 있을지 미지수인 상황에서 연금 개혁에 관심을 기울일 여력이 저에게는 없습니다. 더군다나 기금 고갈에 대한 우려가 갈수록 커지고 있으니 국민들 입장에서는 더욱 불안할 따름이죠. 저는 대부분의 서민들이 국민연금의 미래를 믿지 못하는 것이 연금 개혁 논의가 점화되지 못하는 결정적 원인이라고 판단하고 있습니다.

김 그럴수록 연금 개혁에 박차를 가해야 합니다. 연금의 지속가능성을 높이지 않으면 공황 때의 뱅크런(bank run) 사태처럼 연금런이 일어나 사람들이 동시에 다 연금을 찾겠다고 나설 수가 있어요. 이렇게 되면 다 같이 불행해지는 거죠.

공 제가 이미 연금을 한번 깨먹은 적이 있거든요. 외환위기 때 다니던 회사가 거덜이 나서 어쩔 수 없이 국민연금을 깨서 급한 돈을 막았습니다. 저 말고도 많은 분들이 이러한 경험을 해봤을 거라고 생각해요. 다만 연금 개혁에 긍정적으로 작용하는 요소가 있다면 공무원연금 등 직역연금이 국민연금과 견주어 터무니없을 만큼 가입자들에게 특혜를 주고 있다는 사실이 일반 국민들 사이에 광범위하게 공유되고 있다는 점입니다. 심지어 기득권의 몸통으로 개혁의 대상인 공무원들조차 그런 상황을 인정하는 기색이에요.

김 박근혜 정부 당시에 공무원연금 개혁을 추진하면서 논의된 안 중에, 최종안으로 채택은 안 되었지만 제일 강도가 셌던 방안이 3년도 아니고 30년의 장기간에 걸쳐서 770조 원을 줄이는 정책이었습니다. 그때 민주당이 공무원 노조와 손잡고 333조 절감하는 안을 밀어서 낙착이 되기는 했는데, 그 정도 타협된 개혁안을 가지고도 새누리당은 공무원 표를 거의 다 잃었을 거예요.
　　그래서 기왕에 개혁을 하려고 결심했다면 강도 높은 개혁안을 관철시키는 것이 옳았다고 생각합니다. 그래야 국민들의 부담액을 더 많이 줄일 수 있었거든요. 그렇지만 공무원들의 반대는 극심했던 반면에 일반 국민의 호응과 지지는 미적지근했습니다. 공무원연금 개혁이 내 주머니에서 돈 나가는 걸 줄여주는 것이라고 인식하고 지지를 보내줘야 하는데 내 일이 아니라고 생각해서인지 관심이 별로 없더라고요.

우   게다가 많은 국민의 가까운 사람 중 누군가는 공무원이에요.

박   직역연금의 높은 수익률을 국민연금 수준으로 낮출 테니 국민연금과 같이 개혁하자고 국민들을 설득해볼 필요는 있을 것 같아요.

김   연금 개혁의 종착점은 국민연금과 공무원연금과의 통합이 되어야 할 겁니다.

공   저는 어떤 진정한 의인이 나타나 정부가 보관 중인 연금 관련 컴퓨터 파일을 해킹해서 싹 다 날려버렸으면 좋겠어요. (폭소) 평범한 남조선 기층민중으로서의 솔직한 바람입니다.

우   연금에도 주택에도 청년 문제가 다 관련되는데요. 우리 사회에서 누가 제일 힘들까 하면 제일 먼저 거론되는 사람들이 청년들입니다. 그다음으로 꼽히는 분들이 노인세대이고요.

공   저처럼 출세 못한 평범한 중년 아저씨들과 이런 아저씨들하고 마지못해 살고 있을 중년 아줌마들은 그보다 더 힘들어요.

우 다들 힘들다 힘들다 하니까 진짜로 힘든 건 알겠는데, 본격적인 정책 논의와 사회적 토론으로 들어가면 많은 사람들의 공감능력이 갑자기 현저하게 떨어지더라고요. 그래도 우리 사회의 미래를 긴 안목으로 생각한다면 청년들의 고충과 애로가 가장 우선순위가 되어야 바람직할 텐데, 서로 자기가 더 힘들다고 하소연하는 데만 바쁘니 큰일입니다.

이런 현상은 전문가들 집단에서도 두드러지게 나타나고 있어요. 다들 자기 분야가 제일 중요하다며 청년 문제를 후순위로 미루는 경향이 있거든요. 청년 문제를 이야기하자는 것은 제대로 된 미래를 이야기하자는 것입니다. 어쩌면 청년보다 더 중요한 것이 10대일 수도 있고 어린이집 다니는 아이들일 수도 있어요. 궁극적으로는 앞으로 아이들이 태어나고 싶은 곳이 한국이었으면 한다는 거죠. 이건 존 롤스가 『정의론』에서 개진한 부분과 약간 맥이 통하는 논리이기도 해요. 영혼의 세계가 있으니, 그 영혼의 세계에 있는 존재들끼리 사회계약을 맺자는 게 롤스의 주장입니다. 신사회계약론이라고도 하죠.

김 보수주의의 원조인 에드먼드 버크도 비슷한 얘기를 했다고 합니다. 현재의 공동체는 살아 있는 사람들만의 공동체가 아니라, '이미 세상을 떠난 사람들'과 '지금 살아 있는 사람들'과 '아직 태어나지 않은 사람들' 사이의 세대 간 연대이기도 하다는 거죠. 그래서 의사결정을 할 때는 항상 아직 태어나지 않은 우리 공동체의 미래구성원들에 대한 고려를 해야 한다고 봐요.

박 제가 청년들에게 정치의 중요성에 대해 말할 때마다 하는 이야기가 있습니다. 근대 민주주의를 떠받치는 중요한 작동원리가 삼권분립인데, 그중 사법부는 과거에 벌어진 사건들을 심판하고 행정부는 현재의 일을 처리하고 오직 입법부, 즉 정치만이 내일을 준비하면서 미래에 대한 제도를 마련하는 일을 한다는 거예요. 그러니 이제껏 살아온 날보다 앞으로 살아갈 날이 훨씬 더 많은 너희 청년들이 정치에 관심을 가져야 한다고 기회가 생길 때마다 이야기합니다. 지금 우리나라 국회의원의 평균연령이 만 55.4세입니다. 자기 분야에서 이미 성공한 사람들이 '나도 이제 사회를 위해서 뭔가 봉사를 해야지' 하는 마음가짐으로 정치인으로 변신을 해요.

공　한국 국회는 인생 이모작 아니면 삼모작에 나선 사람들 천지입니다.

우　삼모작도 좋게 봐준 거고 추수까지 다 끝낸 거죠. (폭소) 두 의원님 정도의 연령대나 생계형이지 사실 우리나라 국회에서 생계형 정치인은 몇 명 없습니다.

박　재정적인 여유도 있는 데다, 자신의 과거 경험을 기준으로 삼아 세상을 바라보니까 앞으로의 미래를 어떻게 구성할지에 대해서는 다들 별 관심이 없어요. 그런 사람들일수록 주류 기득권 집단의 세계관이 더 많이 투영되는 방향으로 미래를 설계하기 마련입니다.

김　이야기를 나눠보면 대체로 50대 중반이 넘어가는 세대는 연금 개혁이든 기본소득이든 장기간에 걸친 이행이 필요한 문제들에 대해서는 관심이 별로 없으시더라고요. '내 일'이 아니라는 생각에서일까요? 반면에 20-30대와 이런 주제들로 이야기를 나눠보면 이게 앞으로 '내 일'이 된다는 걸 바로 알기 때문인지 대화가 길어지고 진지해집니다.

공　두 의원님이 하신 말씀을 종합해보면 한국에는 하원은 없고 상원만 있는 셈이네요. 50-60대 인생 다모작투성이니까요. 저는 정치권의 인생 다모작자들이 부동산 시장의 다주택자들보다 더 나쁜 인간들이라고 생각합니다. 미래세대의 논밭에다가 뻔뻔스럽고 파렴치하게 알박기를 하고 있잖아요.

　　　　　　　　　　　　　　　　　　　　　1장 청년세대의 지체현상

김　그래서 입법 의사결정을 할 때 공동체 젊은 구성원들의 참여를 확대하는 노력이 필요하고요. 그런 차원에서 19대 국회에서 18세 선거법이 총 6개 발의되었는데, 당시 여당에서는 제가 유일하게 이걸 발의했다가 같은 당 동료 의원들로부터 엄청 시달림을 당했습니다. 20대 국회에서는 16세 선거법을 발의하려다가 호응이 그보다 더 없어서 불발되고 말았어요. 장기간 영향을 미치는 정책 의사결정에 기성세대는 연도별 출생자 수로 봐도 벌써 머릿수에서 청년 또는 청소년 세대의 몇 배에 달할 정도로 압도적인 영향력을 행사하고 있기 때문에 미래세대에 감당 못할 빚을 갖다 안기면서도 이건 내 일이 아니라고 보는 거죠. 이런 의사결정에 경종을 울리기 위해서라도 투표 연령을 만 16세까지 낮추는 방안을 수용해야 한다고 생각합니다.

청년 인재를 박수부대로만 취급하는 기성 정당들

공　저는 청년들 상대로 책 팔 생각은 진즉에 포기했거든요. 누구처럼 멘토 비즈니스 펼칠 스펙도 안 되고요. 그래서 제가 청년문제에 관해서라면 꼰대라고 빈축 사는 걸 전연 개의치 않고 무한한 표현의 자유를 오래전부터 본의 아니게 누려왔어요. 이건 참석자들을 통틀어 오직 저 혼자만 할 수 있는 말일 텐데, 저는 청년운동을 주도적으로 전개한다는 친구들을 굉장히 못마땅하게 생각해왔습니다. 이 친구들이 청년대표로 TO를 받아서 어디만 갔다 하면 기성세대를 위해 열심히 부역하는 데 여념이 없거든. 제가 '청년운동=청년팔이'로 단정해온 까닭이에요. 여기 계신 세 분은 모두 젊은 세대가 보기에는 엄청나게 출세한 아저씨들입니다. 저야 애들 기준으로 보면 일개 루저에 불과한 터라 발언에 크게 무게가 실리지 않겠지만, 세 분의 말씀은 청년들 사이에서 커다란 반향과 공명이 울려퍼질 것 같아요.

우   청년세대가 생각하기에는 저희 셋 모두 엄청 출세한 사람들로 여겨질
걸요.

공   그러니 출세한 아저씨들의 자성론 또는 쓴소리를 기대합니다. 청년운동
벌인다는 젊은 친구들이 결국에는 청년팔이의 늪에 빠지고 마는 악순환과 관
련해서요.

김   저는 공 작가님께서 방금 제기하신 문제가 매우 심각한 단계에 이르렀
다고 생각해요. 청년들에게 목소리를 내라고 특정한 위치로 올려줘도 자신을
그 자리에 앉혀준 힘센 인물의 의중에 맞게 행동하는 경우가 많습니다.

공   김 의원님께서는 거의 모든 질문에 시종일관 부드럽고 온화하게 답변하
셨는데, 청년팔이가 주제가 되니 갑자기 언성이 높아지셨습니다. (웃음)

우   그런 친구들한테 당한 적이 있으신가요?

공   구태를 척결하겠다며 청년 대표성을 획득한 젊은 친구들이 비까번쩍한
자리에만 올라가면 왜 본인 스스로가 구태의 끝판왕이 되는지 궁금합니다.
특히 여의도 정치권에서는 더 빠르고 심하게요.

김   무엇보다도 선발 과정에서부터 문제가 있습니다. 인사권을 가진 인물들
의 의중에 맞추어 청년들의 역할을 마네킹이나 박수부대 정도로 치부해서 필
요할 때 불러 쓰고 나중에는 버리는 경우가 너무 많았어요. 세대 대표성을 고려
했다기보다는 일회용 들러리 정도로 생각하고 청년들을 끌어들였던 탓입니다.
    해외의 보수정당들은 우리와는 전혀 다른 차원으로 청년들이 정당 활동

에 참여하고 있습니다. 세계 보수정당들의 연합체인 'IDU'[9]라는 기구가 있는데, 제가 당에서 IDU 관련 업무를 맡아서 이때 미국 공화당, 영국 보수당, 독일 기민당, 호주 자유당, 스페인 국민당, 스웨덴 중도당 등 외국 보수정당들과 10년 가까이 긴밀히 교류하면서 느낀 바가 많아요. 특히 독일의 사례가 대표적입니다. 역사적으로도 가장 부강한 바이에른 주에서는 기사당이, 그 외의 모든 주에서는 기민당이 공직 선거에서 후보를 내세우는 방식으로 역할 분담을 하며 두 정당은 실질적으로 영구 연립 정당의 관계를 맺고 있습니다. 그런데 기민당과 기사당은 모(母) 정당은 분리되어 있지만 '융거 유니언[Junge Union Deutschlands(영어식으로는 Young Union of Germany)]'이라는 '청년당'을 공유하고 있어요. 최근 국민의힘에서도 이를 벤치마킹해서 '청년국민의힘', 약칭 '청년의힘'을 발족한 바 있죠. 융거 유니언은 별도로 전당대회를 개최하며, 그 당원 숫자는 10만 명에 이른다고 합니다. 독일 보수정당들의 청년조직이지만 동시에 유럽 최대 규모의 청년조직이에요.

박   진보도 아닌 보수가! 놀랍네요.

김   우리가 유의해야 할 대목은 융거 유니언의 집행부가 기민당과 기사당 지도부로부터 실질적인 독립성과 자율성을 확보해 놓고 있다는 점이에요. 융거 유니언과 기민당-기사당은 정치 철학과 정책 노선을 공유하지만, 융거 유니언의 지도부가 모 정당인 기민당과 기사당의 지도부를 향해 비판과 고언을 하지 않으면 오히려 직무유기를 범한 것처럼 내외부에서 비판을 받는다고 해요. 청년 정치인들이 정치적 성장 과정에서 자신들의 선배 세대에 대

---

9   International Democrat Union, 국제민주연합. 세계 진보정당들의 연합체인 SI(Socialist International)에 대응됨.

한 순종과 아부가 아니라 객관적 관점과 비판적 태도를 견지하도록 훈련되고 있는 겁니다.

물론 이런 문화가 하루아침에 이루어진 건 아닙니다. 기민당과 기사당은 1945년에 2차대전 패망 직후 만들어졌고, 융거 유니언은 그로부터 2년 후인 1947년에 만들어졌으니, 모 정당들과 거의 같은 역사를 자랑합니다. 융거 유니언이 매년 자체 전당대회를 개최하는데, 집권 시에는 총리를 맡고 있는 기민당 당수가 아무리 바빠도 여기에는 참석하지 않을 수 없을 정도로 청년당의 위상과 영향력이 막강합니다. 이유를 물어보니, 독일도 선거를 치르려면 미디어를 통한 '공중전'과 유권자를 직접 접촉하는 '지상전'을 전개해야 하는데, 특히 각 선거구별로 격전이 벌어지는 '지상전'에서는 연령과 경륜을 겸비한 기민당원들이 당의 근간을 이루고 있음에도 불구하고 점잖은 체면 때문에 발로 뛰며 적극적으로 유권자들을 공략하는 선거운동에는 한계가 있어서, 젊고 활동력 있는 융거 유니언 당원들이 앞에 나서서 후보를 위해 뛰어주지 않으면 실질적으로 지역에서의 선거운동을 제대로 할 수 없다는 겁니다. 어떻게 보면 모 정당과 청년당이 효과적인 분업 구조를 갖추고 있는 거죠.

융거 유니언은 연령 요건도 우리와는 다릅니다. 다른 나라 정당들도 대부분 그렇듯이 청년의 연령 기준이 만 35세입니다. 지금 우리나라에서는 국민의힘이나 더불어민주당 모두 청년 연령 기준이 만 45세예요. 과거 바른정당에서는 만 39세로 했었고, 이번 청년의힘에서는 원래 35세가 논의되다가 39세로 물러났습니다. 정의당은 만 35세가 기준이더군요. 융거 유니언은 35세가 넘으면 계속 있을 수 없고 대체로 기민당 또는 기사당으로 당적을 옮긴다고 합니다. 이렇게 고등학생, 대학생 시절부터 길게는 20년까지 정당에서 여러 경험을 쌓으며 준비된 사람들이 기민당과 기사당 후보로 연방 및 주를 비롯한 각 단위 공직 선거에 후보로 나서거나 임명직 공직에 활발하게 진출하기 때문에 정치 인재 충원의 선순환이 일어나고 있는 겁니다. 이렇게 생태계가 성공적으로 조성된 덕분에 우리처럼 누구에게 줄을 서서 임명직 자리를 받거나 갑자기 들러리 목적으로 영입되어 감투를 쓰게 되는 게 아니라, 청년당에서 자체적으로 오랜 기간에 걸쳐 정치력과 지도력이 검증된 사람들이 자연스럽게 각 단위에서 리더로 부상하고 이렇게 검증된 인재들에게 더욱 성장할 수 있는 기회들이 계속 열리게 되는 거죠.

반면, 우리나라는 정당 권력자들이 자신들의 노쇠한 이미지를 상쇄시키기 위해 행사 사진에 등장할 청년들 머릿수를 채울 수 있도록 동원하는 시스템만 딱 갖추고 있었다 해도 과언이 아닐 겁니다. 그러다 보니 청년 인재들이 지도자로서 훈련받는 게 아니라 중간 내지 말단 동원책으로 훈련받는 거죠. 어찌 보면 수십 년 이어온 '동원 정당'의 DNA가 젊은 세대 충원에까지 파고들었다고 할 수 있고, 그 결과 젊은 세대를 충원했다 해도 동원에 충실한 기존 인재상이 그대로 복제되어버린 셈입니다. 그러다 보니 혹여 능력 있는 젊은 인재가 들어와서 지극히 상식적인 이야기를 하려고 하면 그것이 반기를 드는 것이 아닌지 전전긍긍하는 지경이 된 겁니다.

우 제가 민주당을 처음 도와줄 즈음에 청년위원장이 이언주 전 의원이었습니다.

공 자타칭 보수의 여전사로 변신한 그 이언주 말씀이시죠?

우 네. 청년위원장을 맡은 이언주 전 의원은 청년 문제에 관심이 없어 보이지는 않았는데, 현실 정치에서는 청년보다는 기업과 정당 혁신 쪽에 더 큰 관심이 있었습니다. 이언주 다음으로 청년위원장에 임명된 인물은 정호준 전 의원이었어요.

공　대철이 형 아들!

우　그렇죠. 정호준 체제에서도 이언주 체제와 마찬가지로 청년 관련 이슈들에 집중하기가 어려웠어요. 우리나라 정당의 청년조직은 아직은 청년에 대한 대표성이 거의 없다고 봐도 무방합니다. 게다가 이왕 내리꽂을 바에는 적격자를 내리꽂아야 하는데, 제가 정당에 들어가 관찰해보니까 그것조차 잘 안 되는 것 같았어요. 나중에 김해영 의원이 청년위원장이 되었을 때, 그때는 뭔가 좀 하는 것 같았는데 그때는 또 비주류 사업처럼, 힘에서 밀렸던 것 같습니다.

정치적 후계자와 배신자 사이

박　그게 낙점받고 간택당한 사람들의 어쩔 수 없는 한계이자 숙명일 수가 있습니다. 그 친구들은 동세대와 공감대를 형성하며 그들의 의견을 수렴하고 취합하는 진정한 청년대표로 정당조직 안에서 착실히 성장해온 게 아니에요. 당의 어른들이 보기에 말 잘 듣고, 싹싹하고, 귀엽게 행동하니 발탁되었을 뿐입니다. 우리 세대도 승강기 같은 데에서 인사 잘하는 어린아이 만나면 귀엽다면서 지갑에서 돈 꺼내서 주기도 하잖아요.

　　우리나라 정당의 청년 조직은 청년 문제 해결의 주역이기보다는 구색 맞추기에 필요한 수준의 역할만 부여받아 왔어요. 선거 때 후보 따라서 피켓 들고 다니며 춤추고 율동하는 응원부대 용도에 머물러왔습니다. 당의 실력자들도 사회와 세상을 어떻게 바꿔나갈지에 대한 중후장대한 비전이 없다 보니 자신들이 생물학적으로 퇴장하게 됐을 때 후세대에게 물려줄 심오한 철학이 당연히 부재해요.

　　한국의 정당정치는 이렇게 한심할 정도로 철학이 빈곤하고 비전이 부족

합니다. 그러니 세상을 어떻게 새롭게 혁신하고 창조할지에 대한 대안과 해법을 모색해온 사람들이 정치권에 합류하지를 않아요. 법조계에서, 재계에서, 언론계에서 성공의 최고점까지 올라간 인사들이 정치를 통해 사회에 기여하고 싶다는 구실을 앞세우며 인생 이모작이나 삼모작에 나서니 치열한 논쟁과 토론이 있을 수가 없습니다. 청년 인재 영입도 한두 사람 챙겨주는 것으로 끝나기 일쑤이고요. 청년세대의 보편적 요구와 공통적 염원이 집약돼 반영되지를 않아요. 당에 들어온 일부 젊은 정치지망생들의 제 몫 찾기 목소리만 공허하게 울려 퍼질 뿐입니다. 개인적으로도 청년 정치인들을 지원하고 새로운 도전을 만들어주고 싶은데, 청년 정치인들조차도 힘 있는 주류 쪽에 줄 서고 눈치 보는 모습을 보일 때면 안타깝습니다.

우   청년들 한두 명 끌어오는 것도 그나마 선거 때만 합니다.

박   당에 막상 데려다 놓은 다음에는 당 밖에서 다른 청년들을 또 찾아요. 스토리가 그럴싸해 보이는 청년들을 다시 찾아내려고 애씁니다. 그런데 자수성가를 이뤘다는 청년들 가운데에는 정치적 자질이 결여된 사람들도 많습니다. 그러다 보니 여러 구설에 오르는 경우도 많고요.

공   젊은 나이에 벌써 왜 파란만장한 스토리가 있겠습니까? 삶이 험하니까 스토리가 있는 거죠. 나무인 스토리만 보고, 숲인 삶은 보지 않으니 결국에는 사달이 일어나는 것 같습니다.

박   정당정치의 풀뿌리가 튼튼한 유럽은 청년조직들이 탄탄하게 꾸려져 있습니다. 더욱이 청소년 시절부터 토론 문화가 기본적으로 체득되어 있고요. 보수당의 데이비드 캐머런 총리가 집권했을 당시에 야당인 노동당의 전당대회가 열렸습니다. 이때 열여섯 살짜리 고등학생인 로리 윌이 연사로 등단해 1시간 동안 사자후를 토하며 캐머런을 완전히 박살냈습니다. 감동한 노동당원들은 전원 기립해 열렬하게 박수갈채를 보냈고요. 윌은 초등학교 때부터 노동당 정치캠프에 참여해왔다고 합니다. 청소년 조직에서 체계적으로 정치수업을 받다 보니 나름 잔뼈가 굵었죠. 저는 청소년들에 대한 정치교육은 매우 중요한 일이라고 생각합니다. 민주시민을 육성하는 데 필요한 기초 과정이거든요. 그러나 우리는 이에 대한 인식이 여전히 충분하지 않아요. 정치교육은 어른들을 위한 것이지, 애들이 왜 그런 걸 받느냐는 선입견이 여전히 팽배해 있습니다.

공   우 박사님께 질문드리겠습니다. 독일의 앙겔라 메르켈 총리도 헬무트 콜 전 총리의 낙점을 받아 정치에 입문했습니다. 그럼에도 나중에 스승이자 은인인 콜을 들이받았습니다. 우리나라는 독일과 달리 의리문화라는 게 존재합니다. 이게 정상적인 단절과 청산을 불가능하게 만들고 있는데, 청년세대도 이 의리문화에 젖은 탓에 자신들을 밀어주고 끌어준 기성 정치인들한테 꼼짝 못 하고 설설 기는 게 아닐까요?

우   낙점을 받았다고 해서 대단한 권한이 주어지는 게 아니에요. 제한적 권한만 부여됩니다. 이런 민숭민숭한 관계에서는 스승과 제자 같은, 나름 동등한 협력자적 관계도 나오기 어렵습니다. 기껏해야 소나기 잠시 피하게 해주는 우산 정도의 역할을 해주는 데 그치는 경우가 대부분이에요.

김   그렇게 낙점되어서 길러진 인물들은 대개 '황태자', '후계자' 소리를 듣지만 결국엔 사그라지고 말았던 것 같습니다. 자기를 발탁하고 지원해준 인물에게 정면으로 맞섰던 사례는 김영삼 대통령과 이회창 한나라당 총재의 관계, 권노갑 민주당 고문과 천신정 트리오의 관계, 박근혜 대통령과 유승민 의원의 관계 정도가 떠오릅니다.

공   자기 윗사람 들이받은 인물들은 예외 없이 배신자 프레임에 걸려 영원히 고통받고 있습니다. 저는 김세연 의원님께서도 이런 굴레 때문에 많이 힘들어하신 것으로 알고 있어요. 세대교체는 장강의 뒷물결이 앞물결을 밀어내는 일이에요. 하지만 한국 사회는 이 자연스러운 흐름을 '배신'으로 개념규정하면서 터부시합니다. 그로 인해 세대교체를 주장하고 촉구하는 개인과 세력은 졸지에 배신자로 낙인찍히게 되고요.

김   그 관계라는 것이 좋게 말해서 의리이지, 실상은 봉건적 주종관계에 불과할 따름입니다. 이는 우리 사회의 전근대성과 불합리성이 표출된 결과물이에요.
       저는 시대착오적 주군 개념에 바탕을 둔 주종관계가 전근대성을 표현한다면, 근대적 시민의식은 동등하고 수평적 동료관계로 구현된다고 생각합니다. 적어도 민주공화국에서는 어떤 조직과 집단이든 의사결정의 권한이야 체계적으로 배분되어 있겠지만 구성원으로서의 상호 관계는 수평적인 동료관계가 기본 원리로 작동되어야 할 것인데, 현실에서는 이게 결여된 경우가 많죠. 그러니 합리적이고 논리적인 비판을 토론으로 받아들이지 못하고 개인에 대한 인신공격으로 인식하고 맙니다. '비판'과 '배신'은 전혀 다른 차원인데도 그렇더라고요. 인간이기 때문에 오류가 있을 수밖에 없는데, 무오류성을 가진 존재도 아니면서 합리적인 비판에 대해 입을 틀어막아 버리면 안 되죠. 정당한 비판이 의리 없는 배신으로 비틀려서 매도당하는 가치 전도 현상이 정말 심각해도 너무 심각합니다.

우   배신자도 고급스러운 표현이고, 싸가지라 그러죠. 이런 싸가지 없는 XX
가! (웃음)

김   우리나라는 특정 세대만이 공유하는 집단적 경험의 경계선과 구심력이
워낙 강해요. 한국의 노년 세대는 자신들 덕분에 대한민국이 보릿고개를 넘
어 산업화에 성공하고 마침내 선진국 반열에까지 진입했다는 자부심을 집단
적으로 공유하고 있습니다. 물론 이 세대가 농업국가를 불과 한 세대 만에 세
계적인 산업국가로 바꿔냈다는 건 역사적 사실입니다. 그런데, 문제는 이 세
대의 정치사회적 영향력이 박정희 전 대통령의 정치적 유산을 이어받은 박근
혜 전 대통령의 과거지향적 의식구조와 결합하면서 더디더라도 한 걸음씩은
미래로 가고 있던 보수정당의 생명력과 잠재력을 급기야 거의 다 고갈시켜버
렸어요.

공   그래서 그 대안으로 바른정당을 만드시지 않았나요?

김   바른정당은 보수정당이었지만, 새누리당 말기나 자유한국당과는 여러
면에서 매우 달랐습니다. 바른정당이 기존 정당들의 한 달 남짓한 청년정
치 과정들과는 달리 6개월 과정으로 기획된 청년정치학교 1기를 모집하니까
정원은 50명인데 무려 330명이 지원했습니다. 쉽게 예상할 수 있듯이 대학생
과 대학원생들도 많이 참여했습니다만 정말 다양한 직업과 경력을 가지고 있
는 분들이 참여했습니다. 의사가 무려 9명이나 지원을 했는데 너무 한 직군에
편중되게 할 수가 없어서 6명만 등록을 받았고요. 변호사 겸 변리사도 있었
고, 잘 알려진 외국계 기업의 마케팅 매니저, 가야금 전공자, 숭례문 복원 작
업에 참여한 전통건축기능전수인, 패션디자이너, 작곡가도 있었습니다. 바른
정당 자체가 스타트업 정신으로 운영되고 있었기도 하고 또 시장친화적인 보

수정당이라 그런지 스타트업 창업자들도 다수 있었어요. 수강 요건에 당적 보유 의무가 없었기 때문에 지금은 전역하셨지만 당시에는 현역이었던 육군 장교와 현직 교사도 있었고요. 심지어 중학교 2학년 학생도 2명이 있었습니다. 이 중학생들은 블라인드 토론을 하면 중학생인지 대학생인지 구분 못할 정도로 뛰어난 친구들이었어요. 기존의 보수정당에서는 도저히 손에 닿을 수 없던 분들이 새로운 정신으로 무장한 개혁적 색채의 보수정당이 출현하니 이렇게 모여들었던 겁니다. 청년정치학교는 그 후에 바른미래당 시절에 2, 3기를 운영했고, 4기는 정당 밖으로 나와 청년정치학교 총동문회가 직접 주최하여 운영했습니다. 5기가 곧 모집을 시작할 건데, 지금은 미미하게 보일지 몰라도 저는 이들이 앞으로 보수정당을 제대로 재건하는 데 중요한 역할을 할 것으로 봅니다.

한 가지 에피소드를 말씀드리면, 청년정치학교에서 중요한 역할을 맡아온 분이 우수 스타트업 명단에 자주 오르내리는 우량한 스타트업 창업자였는데, 미래통합당으로 합쳐진 이후에 이분이 한번은 청년 문제를 담당하는 당 관계자와 이야기나눌 기회가 있었답니다. 직업이 뭐냐는 질문에 스타트업을 하고 있다고 답했더니 "아, 혼자 하는 거?" 이러더랍니다. 뭐라 답을 하기가 어려워 웃고 말았답니다. 이게 2020년에 일어난 일이에요. 이렇게 기성정당의 현실 인식이 뒤떨어져 있는 겁니다. 기존에 정당 청년활동에 참여했던 분들을 보면 직장생활을 하는 분들을 찾기가 쉽지 않습니다. 평일 낮에 열리는 정당의 각종 행사에 참여할 수 있으려면 직장에 몸이 매여 있어 거기에 참석하려면 월차 써야 하는 직장인보다는 자기 시간 활용이 상대적으로 자유로운 자영업에 종사하는 분들 비중이 높을 수밖에 없어서 그렇겠죠.

자유한국당의 마지막 당 대표가 홍대 근처에서 청년정책비전발표회를 개최했었는데, 늘 하던 대로 행사가 평일 오후 2시에 시작됐습니다. 한 청년 참석자가 "청년의 목소리를 듣겠다며 평일 오후 2시에 행사를 열었다"면서

"정상적인 사회생활을 하는 청년들은 오지 말라는 이야기"라고 지적했어요. "그냥 부르면 오는 '여의도 청년들', 금수저, 백수 청년만 청년으로 생각하고 행사를 기획한 것이 아닌가"라며 통렬한 비판을 했었죠. 모든 게 기존의 관념, 기존의 관성대로 하다 보니 차라리 안 하느니만 못하게 되고 말았습니다.

문제는 이러한 관성에서 벗어나기가 무척이나 쉽지 않다는 거예요. 관성화한 DNA가 당내에서 계속 복제되어 온 탓에 청년들의 정치 참여에 필요한 정당의 혁신과 재구성이 현재로서는 아주 어려운 과제가 됐습니다. 저는 타성과 구태에 물들지 않은 새로운 접근방법으로 청년들의 정치 참여를 확대하는 데 나서야 한다고 봐요. 청년세대에서 갖고 있는 '보수정당은 구리다'는 인식을 깰 수 있어야 생존이 가능할 겁니다.

바보야,
문제는 강남이 아니야

#부동산정책
#분양제도
#소셜믹스
#양도소득세
#핀셋규제

집 산다고 다 투기는 아니다

우   이제 아주 민감한 주제를 다룰 차례입니다. 바로 집값입니다. 집값을 안정시키는 방향과 방법을 둘러싸고 다양하고 상충되는 의견들이 난무하고 있어요. 집값에 대한 처방의 개수가 우리나라 국민 숫자와 비슷하게 보일 정도입니다. 삶의 필수공간인 집에 관해 두 분 의원님께서는 어떤 생각을 갖고 계신지 궁금합니다.

공   서울 강북에 지역구가 있는 박용진 의원님께서 먼저 말씀을 해주셔야 그림이 나올 것 같습니다.

박   저도 드디어 집을 샀습니다.

공   와, 성공하셨습니다!

박   진짜 아슬아슬하게 막차를 탔어요. 저는 정부 주택정책이 왜 강남 3구의 아파트 가격을 잡는 데만 집중되고 있는지 좀처럼 이해되지 않습니다. 정부가 힘을 쏟아야 할 건 우리나라 헌법에도 명시된 국민들의 주거권을 안정적으로 보장하는 일이에요. 그 기본적 책무를 소홀히 하다가 정부당국이 대증요법에만 매몰돼 있다는 비판을 국민들로부터 받게 됐어요. 중증질환자에게 해열제만 계속 먹이고, 빨간약만 자꾸 발라주는 격이었거든요. 병을 완치시킬 근본적 처방은 여전히 제시하지 못하면서요. 저는 세금 올리고 내출 규제하는 게 과연 절대다수 국민들의 주거권을 확실하게 보장해주는 길인지 모르겠습니다.

공   여당의 공식 당론과는 배치되는 의견이시네요.

박　저는 정부가 시장을 지나치게 적대시한다는 느낌을 받고 있습니다. 도덕적 접근처럼 느껴질 때조차 있어요. 네덜란드의 암스테르담은 전 세계에서 자본주의 시장경제가 제일 먼저 발흥한 도시들 가운데 한 곳이에요. 그런데 이곳 집값은 지난 300년 동안 밑으로 내려간 적이 거의 없다고 합니다. 심지어 인구가 줄어도 부동산 가격이 내려가지 않았다고 해요. 일본도 유사한 상황입니다. 인구가 격감한 지역이 지방소멸의 위기로 치닫는 한편에서 도쿄의 땅값과 아파트 가격은 줄기차게 오르고 있어요. 대도시로의 인구 집중이 가속화되었기 때문입니다. 저는 수도 베이징에 아예 들어오지 못하도록 강력하게 금지 조치를 취한 중국이면 몰라도 우리나라에서는 시장에서 자연스럽게 형성되는 주택 가격을 잡기가 쉽지 않을 거라고 봐요.

　사람에게는 넓고 편한 좋은 집에서 살고 싶은 본능적 욕망이 있습니다. 현금 동원 능력이 뒷받침될 경우 누구나 더 나은 집에서 살려는 노력을 경주하기 마련이에요. 이러한 행위를 투기로 단정하면 집을 사려는 모든 시도들이 전부 다 투기로 보이는 법이죠. 그러면 투기를 근절하는 정책에 정부가 주된 에너지를 쏟게 되면서 풍선효과 같은 의도치 않은 부작용들이 나타나게 됩니다.

우　그나마 투기라도 잡혔으면 모르겠는데, 지금은 그것도 아니에요.

박　저는 좋은 집에서 살려는 인간의 충동을 일종의 자연스러운 현상으로 여기자는 입장입니다. 강남이든 어디든 쾌적한 대도시에 자리한 깨끗한 아파트가 밀집되어 있는 동네로 인구는 몰리게 되어 있습니다. 그 결과로 주택 가격이 올라가는 거고요. 따라서 정부가 최우선으로 진력해야 할 일은 강남 이외 지역들의 주거환경을 개선시키는 작업이에요. 세금 왕창 때리는 게 아니라. 그러자면 새로운 주택이 많이 공급되어야 하고, 주택공급에 도움이 되는 재건축과 재개발에 대해 정부가 유연하고 탄력적인 결정을 해줘야 합니다. 저는 문제인 정부가 강남 3구의 아파트 가격을 잡는 쪽으로 주택정책의 첫 단추를 꿴 게 실수였다고 생각해요.

공   박 의원님 말씀을 듣는 순간 생전에 김대중 전 대통령이 후배 정치인들에게 했던 조언이 생각납니다. 춘향이의 한은 변학도를 곤장 쳐서 풀리는 게 아니라, 이몽룡을 다시 만나야만 풀린다는 이야기였어요. 문재인 정부의 주택정책은 춘향이가 이몽룡과 해후하든 말든 그건 개의치 않고, 변학도만 무조건 잡아 족치면 장땡이라는 모양새예요. 저는 춘향이가 이몽룡을 만나는 게 서민들의 주거권 보장이라고 해석합니다. 강남 집값 잡는 건 그다음이고요. 하지만 문재인 정부가 이제껏 해온 일을 보면 성춘향은 이몽룡과 영원히 만나지 못하고, 대신에 변학도만 계속 승승장구할 것 같습니다.

박   국민의 정부와 참여 정부 집권 시기에 진보 성향의 교수들, 학자들, 시민운동가들이 정부의 자문 요청에 응하면서 내비쳤던 시각이 집값을 단지 불로소득으로만 간주하는 관점이었습니다. 전형적인 운동권적 사고였죠. '평당 1억'이면 사회불안 요소가 된다고 보고 사회적 박탈감과 위화감을 어떻게든 빨리 없애는 데에만 몰두하게 됐어요.
    위화감의 제거와 박탈감의 해소도 물론 중요합니다. 하지만 저는 '내 집 마련의 꿈'으로 표현되는 국민들의 주거권 안정에 정책의 무게중심을 두는 게 보다 옳고 합리적이었다고 생각해요. 그러니 정부는 자기 집을 장만하려는 사람들을 무조건 투기꾼으로만 몰아붙여서는 안 됩니다. 특히나 생애 처음으로 주택을 구입하는 사람들에게는 금융대출의 문턱을 좀 더 낮춰줘야 할 필요성이 있어요. 정부여당에서 가장 크게 실수한 부분이, 연이어 내놓은 부동산 정책의 영향으로 선거에서 민주당에 단연 충성도가 높은 40대 유권자들의 내 집 마련 기회를 앗아가고 있다는 점입니다. 이 세대가 지금 전세대란으로 어마어마한 피해를 보고 있는 상황이에요.

공   그건 선거전의 기본 전략 아닐까요? 어차피 집토끼들은 무슨 풀을 사료로 줘도 군말 없이 잘 먹어왔으니까요.

박   아무리 충성도 높은 고정 지지층이라 해도 그렇진 않습니다. 우리도 집토끼들에게 언제까지나 무한정 희생과 인내를 요구할 수만은 없고요.

우   당에서 집토끼들이 어차피 갈 데가 없다는 것까지 파악하고 있다면 엄청 머리가 좋은 거예요. 우리나라 정치권에는 그렇게까지 몇 수를 미리 훤히 내다볼 수 있는 사람이 없습니다. 만약 있었다면 진즉에 남북통일이 됐지. (웃음)

박   제가 예전에 국토교통부 고위 공무원에게 전화를 건 적이 있어요. 임대차 3법을 밀어붙이면 정말 난리 난다는 염려와 불안감을 전달하기 위해서였습니다.

공   잘못하면 부당한 외압을 가한 것으로 몰리실 수도 있습니다. (웃음)

박   정말 걱정이 돼서 했던 전화예요. 부동산 3법의 후폭풍이 아직 가라앉지 않은 상태에서 임대차 3법까지 강행하면 전세대란의 발발은 불 보듯 뻔했거든요. 그래서 우려스러운 목소리로 후속 대책이 있는지 물어봤더니, 1990년에 전세계약 기간을 1년에서 2년으로 연장할 때도 이 정도의 혼란과 통증은 수반됐다는 대답이 돌아왔습니다.

공   명색이 고위공무원이 완전 배째라 식이었네요.

박   그분은 서울에 전세 물량이 충분히 확보되어 있기 때문에 전세대란으로
까지 이어지지는 않을 거라고 아주 낙관적 전망을 했습니다. 주택정책의 주무
부처 고위 공무원이 그렇게까지 자신감 있게 단언하는데 제가 어떡하겠어요.
그냥 믿어야지.

우   까막눈이 '네다바이' 당한 거죠.

공   국회의원이 직업공무원에게 어떻게 참교육 당하는지를 알려주는 생생
한 실례네요.

박   그분들은 주택 관련 정책을 수십 년간 떡 주무르듯이 주물러온 전문가
들이에요. 그런데도 그 사람들이 만들어놓은 주택정책이 이제껏 제대로 성공
한 적이 없어. 임명직 공무원들이 이렇게 문제를 엉망진창으로 망쳐놓았을
때 해결사 겸 구원투수로 짠하고 등장해야만 할 존재가 다름 아닌 선출직, 곧
직업정치인들입니다. 정치인들은 책상물림으로 도상훈련만 하는 직업공무원
들과는 달라요. 현장에서 때로는 부동산 중개업자들에게 힐난을 당하기도 하
고, 때로는 집주인과 세입자 사이에서 샌드위치가 되기도 합니다. 그럼에도
지역에서, 동네에서 폭포수처럼 쏟아지는 민원과 원성을 직접 청취하는 사람
들은 저 같은 정치인들이에요.

강남 때린다고 집값 잡히지 않는다

공   이쯤에서 신거공학적 질문을 하나 드려보겠습니다. 일반의 상식에 의거
하자면 강남을 때려야 강북에서 표가 나오지 않나요?

박   그건 순전히 억측입니다. 제 지역구가 서울의 강북 중의 강북인 강북구입니다. 강북구에 사는 사람들도 집값 올라서 자기 자산이 늘어났다는 생각은 솔직히 하고들 있어요. 그러면 노후대비도 든든하게 되니까요. 그렇지만 강남 욕한다고 신나게 박수쳐주는 주민들은 거의 없습니다.

공   속 시원하다는 반응은 있지 않을까요? 때마침 이재명 경기도지사처럼 영리하게 계산된 사이다 발언으로 재미 좀 보신 분도 있으니.

박   그러면 뭐해요. 집값이 오르면 세금도 오르는데. 상대적으로 액수야 적겠지만 강남 세금이 오르면 강북 세금도 오릅니다. 요즘 서울 집값이 장난이 아니잖아요. 제가 지역에서 선거운동을 하며 유권자분들에게 열심히 인사를 드리는데, 동네 어르신 한 분이 "우리 박용진 의원, 입바른 소리도 잘하고 소신 발언도 잘하고 다 좋은데, 이왕이면 동네 아파트값도 올려주셨으면 좋겠네"라고 당부의 말씀을 하시더라고요. 그래서 집값이 오르면 세금도 따라서 오르는데, 강북구에 있는 집 팔아서 다른 동네로 가실 거냐고 여쭈었더니 "아, 그럼 그냥 기분만 좋고 마는 거네"라고 겸연쩍은 표정을 지으며 대답하시더라고요. 집값이 뛰면 마음이야 흡족하겠죠. 그렇지만 실제로 삶이 나아지는 건 없다는 사실을 더 많은 국민들께서 더 늦기 전에 인지해주셨으면 좋겠어요.

공   저는 잠실에 거주하고 있습니다. 아쉽게도, 아니 분하게도 내로라하는 아파트가 아니라 쥐구멍만 한 오래된 다세대주택에서 근근이 월세를 살고 있어요. 그런데 잠실 같은 강남권에서는 정부가 세금을 더 거두려고 일부러 집값을 올린다는 음모론적 시각이 점점 더 세를 얻고 있습니다.

우   그건 강남에만 국한된 세태가 아닙니다. 전국의 부동산 중개소들을 중심으로 그런 음모론이 횡행하고 있어요.

공　세금 더 걷어서 공무원이나 공기업 직원들 같은 자기네 집토끼들에게 마구 퍼주어야만 이해찬 전 더불어민주당 대표가 호언장담한 진보세력 20년 집권이 가능한 상황이니 국민들의 그러한 의구심을 근거 없는 음모론의 산물로만 치부하기는 곤란하지 않을까요?

우　지금 집권세력이 그렇게까지 심모원려가 깊었으면 사태가 이 지경까지는 악화되지 않았을 겁니다.

박　저도 조세수입을 늘리려고 정부가 고의로 부동산을 들쑤시고 있다고는 생각하지 않아요.

공　진짜 의도는 모르겠지만 결과적으로는 땅값 올라서 공무원들과 그 가족들 살림살이 나아진 건 사실 아닌가요?

우　그렇게 완벽한 시나리오를 짜서 현실에 옮길 능력이 안 돼요.

박　정부가 집값 잡으려다가 외려 집값 올려놓은 측면은 물론 있습니다. 그에 덩달아서 세금이라는, 정부 입장에서는 부수입도 늘어났을 수야 있겠죠. 전립선 치료하려다 머리카락 난 것처럼요. (폭소)

우　제가 문재인 정부 출범 초기의 경제정책 설계에 참여했던 사람으로서 판단했을 때 현 정부가 공 작가님이 의심하는 수준까지 고도로 복잡하게 머리를 쓴 흔적은 없어요. 지난 대선 국면과 총선 정국에서 증세를 둘러싸고 당장

선거공약에 넣자는 원칙적 입장과 일단은 선거부터 이기고 보자는 전략적 주장이 팽팽히 맞섰습니다. 둘 가운데 명확한 승자는 없었어요. 선거에 이기고 나면 조세를 조정하겠다는 타협으로 봉합이 됐습니다. 대신 거짓말은 안 한다, 꼭 증세한다, 이렇게요. 그런데 결과적으로는 국민들에게 거짓말을 해버린 셈이 됐어요.

박 증세 카드를 함부로 만지진 못하죠. 진짜 심각하고 폭발력 있는 문제니까.

우 이제부터는 나라를 통치해야 하니까 일단은 신중한 입장으로 선회했겠죠. 그 대신, 증세를 요구했던 전문가들의 불만을 달래기 위해 다들 좋은 자리로 챙겨 보내줬어요. 그러므로 증세 문제가 실제로 수면 위로 부상한 적은 없습니다. 국민들이 문재인 정부를 불신할 수야 있겠지만, 음모론적 시각으로 재단해도 될 만큼 이번 정부가 노회하거나 교묘하지는 않아요.

공 저는 양민이기에 제도권에 몸담고 계신 분들의 의견이 궁금했습니다.

우 제가 제도권이긴 하지만 비주류권이고 심지어 무권이죠. (웃음)

김 제가 부동산 분야의 전문가는 아니라서, 이제까지 접해본 설명과 논리들 중에서 제일 설득력 있게 들렸던 내용을 말씀드리는 것으로 제 주장을 갈음하고 싶어요. 동양대학교 교양학부 박해천 교수님의 말씀을 몇 차례 들은 적이 있는데요. 『콘크리트 유토피아』나 『아파트 게임』 같은 책을 쓰신 분입니다. 강연 중에 지금의 강남을 가리키는 '영동' 대개발이 어떻게 시작됐는지 설명을 들었는데요. 박정희 정부는 서울에 대규모 신규 주택공급을 위해

1970년대에 영동개발계획을 수립합니다. 당시만 해도 주로 배밭이었던 강남 지역을 격자식의 대단위 아파트 단지로 개발하는 청사진이었어요. 그렇게 반포와 잠실의 주공아파트나 압구정동 현대아파트가 지어졌고, 이후 목동, 과천, 상계, 중계 등에 잇달아 대단지형 아파트들이 신축됐는데 이 방식은 90년대 들어 노태우 정부의 주택 200만 호 건설 당시 분당, 평촌, 일산, 산본 등 1기 신도시 건설할 때 서울 외곽으로 대대적으로 확산되었고, 시대와 여건이 달라졌음에도 정부에서는 그 관성에 따라 2기, 3기 신도시까지 계속 같은 공식을 반복만 하고 있다고 평가합니다. 이와 같은 방식의 도시개발이 아파트 가격의 연쇄적이고 지속적인 상승을 불러왔고, 이런 지속적인 아파트 가격 상승 사이클에 올라탄 이들은 중산층에 편입되어 이후로도 지속적인 자산 축적을 할 수 있었던 반면, 이 흐름에 올라타지 않은, 또는 그러지 못한 이들은 그 대열에서 낙오되었다는 거죠. 근로소득만으로는 이루기 어려운 수준의 새로운 부의 창출을 아파트라는 주거공간을 통해 재테크화하면서 그 자산상승분만큼 부를 향유하게 된 겁니다. 분양 제도라는 우리나라만의 독특한 제도가 중산층 도약을 꿈꾸는 이들에게 로또 역할을 한 거라고 풀이할 수 있어요. 다르게 보면, 그때만 해도 국가재정만으로 공공복지지출을 제대로 할 수 없기 때문에 민간에서 이런 방식으로라도 자산 축적을 해서 자체적으로 정부가 못 대주는 복지 비용을 충당하도록 한 것이 아니냐는 분석도 있었습니다.

공   의원님 말씀을 들으니 우리는 여전히 박정희 모델 안에서 살고 있네요. 정신은 몰라도 몸은 전부들 친박인.

김   지금과 달리 그 당시에는 금리와 물가상승률 모두 대단히 높았습니다. 그래서 전세 보증금을 받아 은행에 넣어두는 것만으로도 상당한 이자 수입을 올릴 수 있었고, 몇 년에 한 번씩 아파트 평수를 넓혀가며 이사를 자주 다니는 사람일수록 자산 증식의 기회를 더 많이 누릴 수 있었습니다. 어떠한 시스템이든 형성 초반에는 부정적인 효과가 일부 있더라도 긍정적인 효과가 이를 충분히 상쇄할 수 있는 경우들이 종종 있죠. 경제학에서 말하는, 자산 가치 상승 시 소비도 함께 증가하는 자산효과(wealth effect)가 발생하는 전형적인 사례였어요. 아파트 자산 가치가 늘었을 때 그 차액으로 자녀 교육비도 대고 부모도 봉양하던 모델이 한동안은 잘 작동하는 것처럼 보였습니다.

그러나 서울 및 수도권뿐만 아니라 지방에까지 같은 방식으로 아파트가 끝없이 공급되다 보니, 특히 수도권의 2기 신도시까지는 어느 정도 타당성이 있었는지 모르겠는데, 서울 인접 지역의 택지 공급의 한계에 부딪힌 상태에서 3기 신도시까지 이어지면서 이 모델의 수명이 다했다는 것이 생생하게 드러났다고 봅니다. 출퇴근으로 하루에 왕복 거의 3시간이 걸리는 거리에 대규모 아파트 단지를 지어놓으니 미분양 사태가 속출했습니다. 타성에 젖고 나태에 빠져 기존 모델을 의심 없이, 그냥 하던 대로 단순반복적으로 기존 정책을 답습해온 국토교통부의 책임이 크다고 생각해요. 게다가 이런 정책은 거대 재벌 건설사들의 이해관계와도 잘 맞아떨어지는 거죠. 2010년대에 대형 건설사들은 원천기술도 없는 상태에서 유가 활황기에 대량 발주된 해외 해양 플랜트 프로젝트들을 무리하게 출혈 경쟁하며 저가 수주하고 이때 떠안게 된 최소 수천억 원대의 손해와 적자를 재개발이든, 재건축이든, 신도시 조성이든 국내에서 대규모 토건사업을 통해 만회할 수 있었으니까요.

이런 불합리한 구조를 알면서도 왜 기존의 방식에서 벗어나지 못할까 살펴보면, 국토교통부나 대형 건설사들 외에도 이들에 정책과 논리를 제공해주는 정부 및 민간의 각종 싱크탱크들, 수많은 시행사들, 관련 언론사들, 광고 기획사들도 이들과 어찌 보면 운명공동체 관계였던 겁니다. 심지어 다양한 중소규모 자영업자들도 크게는 한 배를 탄 셈이라고 할 수 있어요. 예를 들면 부동산 중개업이나 인테리어 업체들도 기존 방식의 부동산 거래 빈도나 규모에 적응해서 광범위한 산업생태계가 조성되어 있기 때문에 이 관성이 쉽게 줄어들기 어려운 것 같습니다. 그래서 지금이야말로 전통적인 부동산 카르텔에 속해 있지 않은 독립적 전문가들의 의견과 조언에 정부가 귀를 기울여야 한다고 생각합니다.

공   미국에서 군산복합체가 맹위를 떨친다면, 한국에서는 콘크리트 복합체가 기승을 부리는 형국이네요.

김   박해천 교수님 강의 인용을 한 번 더 하겠습니다. 1977년 당시 건설부 주택정책과에 근무했던 관계자의 증언에 따르면, 1963년부터 공공자금으로 짓는 아파트의 분양가의 최고가격을 규제하기 시작했고, 1977년부터는 분양가 상한제를 민간으로 확대 적용했는데, 그 기준을 '월급쟁이가 5~7년 정도 벌어서 마련할 수 있는 금액'으로 하기로 했다고 합니다. 이 기준은 필수 소비 지출액을 제외한 저축액만 상정했을 텐데요. 지금 보면 놀라운 수치인 거죠. 극단적인 가정이지만 지금은 강남을 제외한 강북의 아파트 가격 중간값이 8억 원에 이르러서 소득 상위 4%에 해당하는 연봉 1억 원을 받는 사람이 한 푼도 쓰지 않고 8년을 모아야 아파트를 마련할 수 있게 됐어요. 집값 잡겠다고 내놓는 정책마다 집값을 더 뛰게 만들고… 그런데 집값을 잡는다고 해서 이게 능사만은 아닌 게 또 문제죠. 집값이 가계대출 담보와 연동된 탓에 혹시라도 주택가격이 정체가 아니라 하락하게 되면 총체적 신용붕괴 상황으로 이어질 위험이 있어요. 정부로서는 이러지도 저러지도 못하는 진퇴양난에 빠지고 말았습니다.

한국은 아파트공화국

공   문재인 정부의 정책이 갈팡질팡하긴 했지만 강남을 진원지로 수도권 집값은 일관되게 쭉 오르고 있습니다.

김   지금의 정부 정책과 그 집행방식이 너무나 거칠다고 봅니다. 또 정책이 악순환에 빠진 느낌입니다. 참고해볼 만한 몇 가지 해법들을 찾아보면, 오히려 고급주택의 공급을 늘리는 게 답이라는 견해도 있죠. 주거의 상향 욕구는 인간의 기본적 욕망이므로, 기존에 괜찮은 주택에 살던 사람들이 더 나은 고급주택의 공급과 함께 주거를 옮겨가면 이를 계기로 주택의 연쇄적 상향이동이 촉발된다는 거예요. 그러면 종전의 노후주택들은 재건축과 재개발을 거치며 더 나은 주거환경으로 업그레이드되는 선순환 구조가 정착될 수 있다는 논리입니다.

　　우리나라보다 앞서서 인구 감소 현상을 경험한 일본의 사례도 참고가 되겠죠. 일본도 가파른 인구 감소로 전국에서 폐가·공가가 계속 늘고 있어요. 관리되지 않고 방치되고 있는 폐·공가의 리모델링을 통한 주거공급은 우리나라도 일부 시행에 들어갔습니다. 또, 도심 속 유휴부지를 활용한 주거공급도 일본이 우리보다 먼저 시행했으니 그간의 시행착오를 참고해서 우리는 더 발전시킬 수 있을 거라 봅니다.

　　강남의 택지 공급과 관련해서는, 물론 뛰어난 학군과 생활의 편의성 같은 다양한 원인들이 복합적으로 작용해 강남 집값이 지속적으로 상승해왔지만, 택지의 공급이 수요에 못 미치는 것도 원인의 한 가지라고 할 수 있죠. 그래서 지주들 간의 갈등으로 재개발·재건축이 원활하게 되지 못하고 있는 지역들에 대해서는 정부에서 더욱 수위가 높은 수용 대책을 내놓으라는 요구도 있긴 합니다.

그린벨트 해제 문제도 뜨거운 감자인데, 홍익대 건축학과 유현준 교수님께서 제안한 해법이 인상적이었습니다. 똑같은 면적의 그린벨트를 해제하더라도 이걸 뭉텅이로 풀지 말고 그린벨트가 도시와 접한 경계선을 따라서 15m 폭으로만 가늘고 길게 풀어주자는 아이디어를 제시하셨더라고요. 또 실선 형태로 풀게 되면 도시와 숲의 연결선이 차단되기 때문에 실선이 아닌 점선 형태로 풀자는 의견도 내놓으셨습니다. 즉, 똑같은 면적의 그린벨트를 풀더라도 정사각형으로 푸는 것이 아니라 길쭉한 형태로 테두리를 따라가며 점선형으로 풀면 양질의 택지가 매우 효과적으로 대량 공급되면서 도시와 숲의 연결도 강화될 수 있다고 하셨어요.

토지 공급뿐만 아니라 금융과 세제의 측면에서도 더 섬세하고 입체적인 접근이 주택정책 당국에 요구된다고 생각해요. 집값을 잡으려는 목적으로 조세정책을 과격하게 운용하는 건 이미 심각한 부작용을 초래하고 있죠. 그래서 조세정책에만 일방적으로 의존하기보다는 금융규제와 적절히 결합하되, 무주택자의 1주택 구입, 그리고 1주택자의 이전(移轉) 수요에 대해서는 제한적으로 예외를 두자는 주장입니다. 즉, 이런 실수요자들의 경우는 금융 규제를 대폭 완화해 집을 사는 과정에서 대출이 봉쇄되는 불이익이 없도록 배려해주자는 거죠. 그 대신 2주택자 이상의 다주택자들의 주택 구입은 투기 수요로 간주해 대출을 사실상 봉쇄하고요.

우　제가 지금 하고 있는 활동은 우리나라가 IMF 관리체제를 받기 전부터 해온 건데, 진보와 보수 양 프레임은 부동산에서도 잘 일치하지 않습니다. 그런데 그때 이념이나 노선과 상관없이 거의 모든 사람들이 농의하는 시점이 있었어요. 아파트 형태의 주거문화가 한국의 최종적 주거형태는 아니고 아파트를 지나 고급주택이 최종적 진화형태일 거라는 시각이 대세였습니다. 아파트는 근본적으로 고급스러운 주거형태가 아니라는 공감대가, 전체 주거형태 중에서 아파트가 차지하는 비중이 40% 정도에 다다랐을 무렵에 이미 폭넓게 형성됐던 셈이에요.

　　아파트에 대한 수요가 포화단계에 이르면 이후의 단계는 고급주택이나 또는 타운하우스 형태가 될 거라고 얘기했었어요. 때마침 일산을 비롯한 몇몇 신도시들에는 단독주택 필지가 동반해 들어갔고요. 김대중 전 대통령과 가수 양희은 씨를 비롯해 유수의 유명 인사들이 그쪽으로 이사를 가는 등 매우 성공한 모델로 평가받았습니다. 그래서 주택공사 같은 기관에서 IMF 사태 이후에는 아파트 단지를 개발하면서 그곳에 주택 필지까지 포함시켜 고급화를 꾀했어요. 제 기억에 그러한 개발 사례들 가운데 가장 야심작이 판교 신도시였습니다. 고급스러운 타운하우스까지 그곳에 지어졌으니까요. 드라마 「시크릿가든」에서 현빈이 살았던 집이 바로 그곳이었어요. 그렇게 주택 필지에 지어진 타운하우스가 대세가 되는 줄 알았는데 이러한 예측을 보기 좋게 무너뜨린 건축물이 느닷없이 출현했습니다.

김　아, 타워팰리스 말씀이시군요!

우　네. 그런데 타워팰리스도 완공된 얼마 후까지는 미분양이었어요.

김　분양이 지지부진하자 삼성이 자사 임직원들에게 강제로 물량을 할당할 지경이었죠.

우　저도 타워팰리스가 왜 초기에 미분양이 됐는지 그 정확한 이유는 모르겠습니다. 요점은 대부분의 다른 나라들은 아파트 위주의 대규모 주택 단지를 한꺼번에 공급하는 단계가 지나면 고급 타운하우스로 자연스럽게 트렌드가 이동해갔다는 거예요. 우리나라도 그러한 선례를 따를 것으로 당초에는 예측됐는데 참여정부 중반쯤에 접어들자 전 세계에서 거의 유일하게 한국에서만 주택의 최종적 진화형태가 아파트로 귀결되는 양태가 빚어지고 말았습니다. 이러한 귀결에 착안해 행정력을 쏟아부은 인물이 다름 아닌 오세훈 전 서울시장입니다. 우리나라에 '럭셔리 아파트'라는 개념은 원래는 존재하지 않았어요. 그런데 오세훈 씨가 서울시장에 취임하면서 뉴욕 맨해튼을 흉내 낸 초고층과 한강 전망을 결합하고, 스포츠 짐 등 편의시설 극대화나 학군 좋은 학교 바로 앞 위치 등을 결합시켜서 다종다양한 형태의 아파트들이 각기 럭셔리 아파트를 표방하면서 서울 여기저기에 들어서기 시작했습니다.

외국에서 주택은 감가상각이 신속하게 진행되는 상품입니다. 그래서 아파트는 사회를 계층별로 나누면 중간이나 중상에 해당하는 사람들이 주로 거주하는 공간이에요. 그들이 계층상승을 이루면 아파트에서 단독주택이나 타운하우스로 거처를 이전하는 게 보통입니다. 그러나 우리나라는 아파트가 기본값 비슷하게 자리하고 있어요. 아파트를 공통분모로 깔고서 강남과 강북이 나뉘고, 초특급 프리미엄 입지와 발전가능성 없는 비선호 지역이 갈립니다. 이건 학자들도 미처 예상하지 못한 상황전개였어요. 한국이 아파트공화국으로 치달을 줄 알았다면 제일 먼저 도시 전문가들부터가 아파트를 열 채씩은 사놨을 거예요. 학계가 대중의 욕망을 읽지 못한 탓에 예측에 크게 실패했습니다.

공   저는 21세기 대한한국 사회의 지배이데올로기를 롯데캐슬 브랜드가 정했다고 봐요. '당신이 사는 곳이 당신을 말해줍니다'라는 광고문구가 웅변하는 가치와 이념이 뭐겠습니까? 그래서 요즘은 심지어 초등학생들조차 친구를 사귈 때 제일 먼저 묻는 게 "너 어디 사니?"라고 합니다. 제가 예전에 온라인 짝짓기 주선을 전문으로 하는 스타트업 업체의 여성 CEO와 출판일 때문에 잠깐 얘기를 나눠본 적이 있는데, 그분 설명에 의하면, 예컨대 압구정동에 사는 미혼 여성과 강북 변두리 동네에 거주하는 미혼 남성은 서로 검색조차 되지 않게 처음부터 데이터베이스를 구축한다고 합니다. 강북에 사는 남자 회원이 아무리 열나게 상대를 검색해도 강남 사는 여성회원과의 조건만남은 절대로 성사되지 않도록 하는 것이 기술적 비밀이었어요. 문제는 이게 내로라하는 커플 메이킹 업체들에서는 공통적인 뉴노멀이라는 겁니다.

분양은 한국에만 있는 실패한 제도

우   김현미 국토교통부 장관과 제가 개인적 친분이 꽤 두텁습니다. 그런데 미안한 얘기이지만 저는 김현미 장관이 취임 직후에 했던 일련의 발언들을 접하고 집값이 폭등하겠다는 확신이 섰습니다. 제가 현 정부의 부동산 정책에 대해 그 후에 조언을 몇 번 더 하다가 그만뒀어요. 어차피 들을 귀도 없는 사람들이니까.

김현미 장관은 분양 관련 제도들을 정비하겠다고 했는데, 분양이라는 주택공급 방법은 오직 우리나라에만 존재하는 방식입니다. 다른 나라에는 분양이라는 게 없어요. 주택을 구입하면서 분양 방식으로 집을 사는 건 과거 일본에서만 성행했었는데 일본도 1960년대에 분양을 폐지했어요. 싱가포르에는 사람들이 임대주택에 입주할 때 약간의 가산점(favor)을 부여하는 제도 정도가 있고요.

분양은 독재정권의 권력 유지 시도와도 밀접한 함수관계가 있습니다. 박정희 전 대통령이 유신헌법을 강행하면서 국민들에게 당근으로 제시한 정책이 주택을 250만 호 공급해주겠다는 달콤한 장밋빛 약속이었습니다. 이 일을 계기로 분양제도가 한국에 본격적으로 도입됐어요.

2장 바보야, 문제는 강남이 아니야

박 그때부터 분양이 로또가 됐네요.

우 분양제도를 활용해 국민들의 주택보급률을 높이겠다는 목표는 실제로
는 제대로 성취된 적이 없습니다. 한국전쟁의 상흔이 아직 생생하게 남아 있
던 1955년도에 우리나라 최초의 인구주택총조사가 실시됐어요. 그때 자가주
택 비율이 79.5%로 조사됐습니다. 전 국민의 무려 8할 가까운 사람들이 본인
소유의 집에 살았어요. 한 지붕 아래에 여러 세대의 대가족이 어울려 살고 있
었다는 당시의 시대상황은 물론 감안해야겠지만요.
    그러다가 박정희 정권이 등장하고 농촌에서 도시로의 이주가 가속화되
면서 1975년도에 이 비율이 63%로 떨어졌습니다. 1980년에 전두환 정권이 성
립할 즈음에는 58%까지 내려갔고요. 그로부터 ±2-3% 범위 내에서 변동만 거
듭했지, 이 비율이 두드러지게 변화한 기록은 없습니다.

공 그래도 가장 낮았을 때가 있었을 것 같은데요.

우 IMF 사태 직후에 실시된 인구주택총조사에서 자가주택 거주율이 제일
낮게 집계됐는데, 54%였어요. 수도권과 지방 사이에 차이가 나기는 하지만
대체로 55-60% 사이를 왔다갔다했습니다.
    우리나라는 정부와 민간이 분양 방식으로 계속해서 주택을 공급해왔어
요. 그렇다면 누적적으로 비율이 올라가야 마땅한데, 늘 제자리걸음만 해왔
죠. 단지, 경기가 좋으면 약간 올라갔다가, 경제상황이 악화되면 조금 내려가
는 게 전부였습니다.
    현재 무주택 가구의 숫자가 700만 가구 정도로 집계되고 있습니다. 우
리나라에서는 무주택자에게 1년에 10만 채만 공급해도 주택정책이 대성공
이라고 평가됩니다. 그런데 이러한 방법으로 주택을 공급하면 앞으로 70년

이 지나야 집 없는 계층이 사라진다는 결론이 도출돼요. 유독 한국에만 존재하는 주택공급 방식인 분양제도를 통해서 사람들에게 집을 공급해 집값 문제를 해결하겠다는 게 얼마나 말도 안 되는 소리인지 짐작되는 부분입니다. 전 국민의 55-65%가 본인이 소유한 집에 살고 있는 사람들의 비율인데, 1980년대 이후로 이게 유의미하게 변동된 적이 없거든요. 외국에서는 집을 가진 사람들의 비율이 60-65% 사이에 머물러 있습니다. 어찌 보면 이 비율이 자연법칙 같기도 해요.

다시금 말씀드리지만 분양을 열심히 해서 집 없는 국민들에게 집도 마련해주면서, 집값도 안정시키겠다는 목표는 한국에서만 존재하는 정책목표입니다. 동시에 역사적으로 달성된 적이 없는 정책목표예요. 따라서 분양제도 개선은 단기적 목표가 될 수 있을 뿐이에요.

저는 시장기능을 맹신하는 사람이 절대 아닙니다. 그럼에도 주택공급과 관련해서는 시장의 기능에 맡기자는 쪽입니다. 거기에 보유세를 비롯한 약간의 조세정책과 적정한 수준의 대출 규제만 덧입히자는 입장이에요. 한마디로, 팔고 싶은 사람은 팔게 하고, 사고 싶은 사람은 사도록 하자는 취지죠. 이건 심지어 스웨덴 같은 나라들조차 채택한 정책기조입니다.

스웨덴은 협동조합이 임대주택을 공급합니다. 전체 주택의 30% 정도가 사회적 주택(Social Housing)이에요. 국가는 이들을 보호해주는 역할을 담당하고요. 나머지 70%가량의 국민들은 세금을 성실하게 납부한다는 전제하에 자유롭게 주택을 매매합니다. 스웨덴에도 집값 폭등은 있습니다. 땅값 거품도 발생하고요. 그렇지만 사회적 주택에 거주하는 1/3의 스웨덴 사람들은 이런 소란과 상관없이 마음 편하게 생활하고 있습니다. 제가 우리나라 또한 사회적 주택에 대한 로드맵을 빨리 수립할 필요가 있다고 강조해온 이유예요.

정부는 지금처럼 분양 방식에만 무턱대고 의존해서는 안 됩니다. 민간에 풀 수 있는 건 풀면서도, 택지 조성 시에 정부가 과다하게 높은 토지 보상비를 책정해온 관행을 종식시켜야 합니다. 현재는 정부가 분양권을 강력하게 틀어쥐고 있으니 사방에서 정부를 향한 원망과 불만이 폭주하고 있어요. 20대에게 먼저 분양하겠다고 하면 40대가 들고일어나고, 그렇다고 40대에게 우선권을 부여하면 청년세대의 분노가 봇물 터지듯이 폭발합니다.

독일과 프랑스와 스웨덴 같은 나라들은 한국과 비교해 훨씬 더 사회주의적 색채를 띠는 국가들입니다. 그런 나라들에서마저 정부가 분양권을 독점적으로 움켜쥐고서 시민들의 주거권을 좌지우지한 전례가 없어요. 저는 문재인 정부가 들어섰을 때, 정부가 주택공급을 기본적으로 시장에 맡기면서 국가가 반드시 책임져야 할 일들만 확실히 책임지면 된다고 생각했어요. 하지만 김현미 장관은 국민들이 열심히 일하면 정부가 주택을 분양하겠다는 고루한 정책에 집착했습니다. 그런 정책으로는 우리나라 주택보급률이 지난 30여 년 동안 상승한 적이 없는데도 말이죠. 이 수치는 김현미가 아니라 그 누가 와도 끌어올릴 수 없는 비율입니다.

공 박사님, 그렇지만 우리나라에서 주택시장은 곧 분양시장입니다.

우 그게 지구상에서 유달리 대한민국에서만 가동되는 독특한 시스템이라는 거죠. 게다가 실패한 시스템으로 이미 검증이 완료됐고요.

심지어 미국조차도 한국에서와 같은 분양은 없습니다. 미국에서 주택거품이 한창 일어날 즈음에 미국 일부 주에서 먼저 펀딩을 받은 다음 나중에 집을 짓는 선분양 방식이 아주 예외적으로 가끔은 있었습니다. 하지만 일반적으로 주택은 개발업자가 자신의 역량으로 자금을 마련해 집을 다 지어놓은 다음 판매에 나서는 상품입니다.

공 결론적으로 후분양을 하자는 말씀이시네요?

"정부는 임대주택 등 사회적 주택에 집중하고,
민간업자들이 집을 지어서 팔든 말든,
기본적인 제도 운영만 해라,
이렇게 가야 한다고 생각합니다.
주택청약예금 들게 해서 정부가 주택 공급을 관장하는
지금의 방식에 근본적인 변화가 필요해요."

우   저는 분양제도가 한국에만 있는 시스템이라는 본질적 문제 제기를 하려는 거예요. 정부는 임대주택 등 사회적 주택에 집중하고, 민간업자들이 집을 지어서 팔든 말든, 기본적인 제도 운영만 해라, 이렇게 가야 한다고 생각합니다. 주택청약예금 들게 해서 정부가 주택 공급을 관장하는 지금의 방식에 근본적인 변화가 필요하다는 게 저의 확고하고 일관된 생각입니다.

분양 핑계로 땅장사에만 열중하는 LH공사

우   대부분의 나라에서는 개인이 집을 짓고 팔고 사는 일에 정부가 개입하지 않아요. 우리나라는 택지조성 작업에서부터 한국 토지주택공사(LH)가 적극 관여하는데, 이미 이 단계에서 소문 날 대로 다 나서 인근 지역이 올라가기 시작합니다.

박   그러고 보니 다른 나라들에서는 어떻게 집을 짓고 판매하는지에 대해 그리 많이 생각해보지를 않았습니다.

우   누가 집을 어떻게 하든 정부가 상관할 이유는 어디에도 없습니다. 하지만 한국의 현실에서는 그렇지 않죠.

공   한국에서는 나라가 국민들에게 집을 지어주지 않으면 정권 유지가 아예 불가능하지 않을까요?

우   박정희를 군사정권의 원흉으로 비판하면서도 정작 주택정책은 왜 답습하나요?

공   아파트 분양해주지 않겠다는 얘기는 평생 야당만 하겠다는 소리와 똑같습니다. 그런데 영동대개발, 즉 강남개발 이전에는 우리나라에서 아파트를 분양한 사례가 없었나요?

우   한국 최초의 단지형 아파트는 마포아파트였습니다. 정부공사에서 지어서 당시 기준으로는 잘 만든 아파트였는데도 미분양이었어요. 분양률이 10%대에 머물렀거든요. 분양이 항상 잘되는 것은 아니었습니다.

공   마포아파트의 별명이 코끼리 아파트였어요. 단지 안에 설치된 놀이터에 코끼리 형상을 닮은 커다란 미끄럼틀이 있었거든요. 마포 지역이 여의도와 인접한 덕분인지 강남도 아닌데 아파트가 비교적 이른 시기에 지어졌습니다. 마포아파트가 노후화됐을 즈음에 완공된 아파트가 진주아파트였는데, 배우 정윤희 씨 남편이 운영하던 회사인 옛 중앙개발 자리에 건축됐어요. 강 건너 여의도 시범아파트도 그렇고, 우리나라 국민들의 인식에서 아파트는 분양받는 재화로 일찌감치 자리매김해왔어요. 그런 아파트를 이제 와서 분양하지 않겠다고 말하면 사람들로부터 어디 아프냐는 핀잔이나 들을 게 뻔합니다.

우   다시 분양 얘기로 돌아가자면, 제가 아파트는 분양받는 게 아니라는 이야기를 할지 말지 오랫동안 고민해왔어요. 정치권에는 제 말뜻의 진의를 제대로 알아차릴 사람들이 별로 없어서요. 일본에서도 분양이라는 제도를 통해서 집을 공급해본들 국민들의 주택 소유율이 높아지지 않는다는 점이 진즉에 사실로 판명됐습니다. 게다가 국민의 60~70% 이상이 중산층인 나라는 이 세상 어디에도 없습니다. 집을 공급해도 집 가진 사람들 가운데 누군가는 팔고 또 망해서 거리로 계속 나앉기 마련이거든요. 결국 주택 소유율은 늘지 않고 돈이 많은 사람은 그 집을 사서 다주택자가 되는 겁니다.

2장 바보야, 문제는 강남이 아니야

공   밑 빠진 독에 물 붓기란 말씀인가요?

우   정부의 중심적 역할은 임대주택 같은 사회적 주택을 공급하는 데 있어요. 그런데 LH공사는 영업이익을 남겨야만 그 돈으로 임대주택을 지을 수 있다며 돈벌이에만 열중하고 있습니다.

공   LH공사가 집 장사에 나선 건 아주 오래된 뉴노멀 아닌 뉴노멀 아닌가요?

우   LH공사가 임대주택 건설에 필요한 재원을 조달한다는 구실로 20년 넘게 집 장사를 해왔는데도 임대주택으로 확보된 물량의 수준은 거의 제자리걸음을 계속하고 있어요. 우리나라 방식으로 임대주택을 짓고 분양을 해서 국민들이 등 따시게 살 수 있었다면 한국보다도 훨씬 좌파 국가인 프랑스나 다른 유럽 국가에서 이 일에 착수하지 않았겠어요? 저는 선분양이 옳은지, 후분양이 맞는지 따지는 건 여기에 비하면 지엽적 문제라고 봐요. 다만, 후분양 관행이 일반화되면 분양 제도가 없어질 가능성은 물론 있습니다.

공   분양을 금지시키면 분양으로 먹고사는 사람들은 그 즉시 생계가 막막해집니다. 자칫하면 주택시장의 '타다' 사태가 벌어질 우려가 있어요.

우   외국에 나가서 보면 'House for Sale' 광고가 신문 광고면에 실립니다. 집은 '파는' 거죠. '분양'이라는 단어를 사용하는 나라는 현재로서는 한국뿐이에요.

공   분양의 본뜻은 나눠서 준다는 거죠.

김   시혜의 의미가 있네요.

우   분양이라는 말이 지금은 개나 고양이 같은 반려동물이 낳은 새끼를 이
웃들에게 나눠줄 때도 쓰일 정도로 단어의 용법이 확대됐어요. 분명한 건 영
어에는 분양에 상응하는 단어가 없다는 점이에요. 자기 돈을 몇 억씩 받아가
는 사람에게 감사를 받기는커녕 되레 감사를 해야만 하는 데서 보듯이 분양
제도에는 엄청난 맹점이 있습니다.

공   과거에는 아파트 분양 현장의 모습이 명절 앞두고 서울역 광장에서 귀
성열차표 예매하는 풍경과 비슷했던 적도 있었다고 합니다. 질서를 잡는답시
고 줄 서 있는 사람들에게 앉았다 일어났다를 시키고, 심지어 사람들을 억지
로 자리에 앉히려고 긴 막대기를 허공으로 마구 휘둘러댄 경우도 있었다고 해
요. 품속에 지금 물가로 몇 억에 해당하는 거금을 갖고 있는 사람들이 그런 수
모와 굴욕을 기꺼이 감수하면서까지 분양을 받으려고 발버둥을 쳤어요. 왜냐
면 당첨만 되면 일확천금이 굴러들어오니까요.

우   제가 서울 송파구 문정동에 거주하던 시절이니 지금으로부터 20년쯤 전
이네요. 서울에서 비교적 가까운 경기도 이천에 아파트를 하나 사두려고 가격
을 알아보니까 7,000만 원 정도 하더라고요. 그래서 계약을 하려고 했더니 사
는 건 네 마음대로 살 수 있어도, 파는 건 네 마음대로 팔 수 없을 거라며 주위
에서 한결같이 뜯어말렸습니다.
      이렇게 분양이 언제나 노다지가 된 건 아니었어요. 이를테면 이명박 정
부 때에는 아파트 미분양 사태가 심각한 사회 문제로 대두하기도 했습니다.
MB가 다 못한 것만은 아니에요. 그때는 서울 집값이 바닥이어서 강남 사람들
이 자산가치 떨어진다고 전전긍긍하기도 했었어요.

공공주택청을 만들자

박   주택정책은 수요자의 욕구가 시장에서의 적정한 가격과 맞물려 집이 원활하게 공급되도록 시장기능에 맡기는 게 기본이라는 점에는 다들 동의하시는 것 같습니다. 그런데 문제는 현재 우리나라의 임대주택 비율이 너무 낮다는 점이에요.

김   현재 7~8% 정도 되죠.

우   그나마 공급된 주택들마저 몇 년 후에는 다시 팔려나가기 일쑤입니다.

김   공공임대주택 분양전환을 억제시킬 필요가 있어요.

우   정부가 확보한 괜찮은 주택들의 물량도 현실에서는 모자라요.

박   다른 나라들은 사회적 주택이 전체 주택의 20~30%가량 차지합니다. 그래서 저는 내 집 마련은 쉽게끔 만들어주되, 굳이 자기 집을 장만하지 않으려는 국민들의 주거권도 다양한 방식으로 보장해야 한다고 봐요. 이를테면 처음으로 사회에 진출한 20대들이 부모로부터 독립하기를 바란다면 그들에게 8평짜리 초소형 임대주택이라도 공급해줘야만 합니다. 30대도 마찬가지예요. 아이 낳고도 살 수 있을 정도의 괜찮은 집들이 임대주택으로 제공되어야지요. 내 집 갖지 않고 장기보장이 되는 임대주택에 살고 싶어 한다면 그 여망을 사회가 충족시켜줘야 합니다. 자녀가 생기면 이에 연동해 더 넓은 주거환경으로 옮길 수 있는 방도를 마련해줘야 함은 물론이고요.

우   아이를 낳으면 거주기간을 최소 30년 정도 보장해주는 조치와 같은 옵션을 과감하게 부여할 필요가 있어요.

박   맞습니다. 그러한 부분들에 대한 안전장치가 확실하게 담보되어야 해요. 제가 말씀드린 방식은 LH공사 같은 데에서 이미 실험에 옮기고 있습니다. 특정한 지역에 젊은 신혼부부들이 대거 전입해왔다고 가정해볼게요. 이들이 낳은 아이들이 있을 테니 동네나 그 근처에 학교를 빨리 만들어야 합니다. 부모들은 아이들 덩치가 점점 커지고 있으니 집도 20평대 소형에서 30평대 중형으로 옮겨야만 할 테고요. 그러나 우리나라의 임대아파트는 노태우 정부 시절에 형성된 골격을 여전히 답습하고 있어요. 임대아파트에 대한 국민들의 인식이 부정적으로 굳어진 결정적 원인입니다.

　제 지역구인 강북구에도 물론 임대아파트가 있습니다. 1990년대 초반에는 이 아파트가 가히 주거의 혁명으로 통했습니다. 국가가 어려운 이웃들을 위해 안정된 터전을 마련해주니 이보다 더 좋을 수가 없었어요. 그런데 이때 임대아파트에 입주하신 세대주분들이 나이가 들고, 그분들 자녀들이 학교를 나와 자립하니까 그 일대가 마치 고령자 전용 거주지역처럼 바뀌면서 낙후되어간다는 분위기가 서서히 짙어졌습니다. 이제는 그와 같은 추세를 우두커니 지켜만 봐서는 안 되는 단계에 도달했어요.

공   노쇠화와 그에 따른 지역의 쇠락을 막을 대책이 있나요?

박   사회적 융합(Social Mix)이 그 해법이 될 수 있습니다. 임대아파트도 이제는 종의 다양성이 존재해야 한다는 뜻이에요. 대규모 임대아파트 단지를 조성할 경우 다양한 평수의 주택을 지음으로써 입주민들에게 그에 상응한 풍부한 선택지를 제공해야 합니다. 임대아파트가 사회적 약자들의 안정된 주거권음 보장해야 한다는 데는 이론의 여지가 없어요. 저는 이러한 전제 위에, 고급스러운 느낌을 주는 임대아파트에서 살기를 바라는 사람들의 여망도 충분히 존중될 필요가 있다고 봅니다. 기존의 임대주택 공급 정책이 이와 같은 다변화된 방향으로 전환될 필요가 있다고 생각해요.

제가 최근 한 가지 실험적 정책대안을 고민하고 있어요. 가칭 공공주택청을 설립하는 일입니다. 우리나라에서는 재개발과 재건축을 허가해주는 조건으로 사업대상 토지의 일부를 공원 부지 등의 용도로 기부채납을 받아왔어요. 저는 현행 기부채납 방식은 그것대로 유지하면서, 아파트를 분양하게 되면 그중 일정 비율을 공공주택청에 판매하도록 의무화하면 어떨까 하는 생각을 하고 있습니다. 그렇게 공공주택청이 매입한 집들을 사회적 배려와 보살핌이 필요한 분들에게 시장가보다 낮은 가격에 임대해주자는 게 저의 구상입니다.

임대 물건과 일반분양 물건을 구분해 아파트를 공급하는 방식은 이미 오래전부터 큰 사회 문제로 대두했습니다. 가령 아이들끼리 같은 단지 안에서도 무슨 동은 가난한 애들이 사는 집이래, 이러는 거죠. 저는 공공주택청이 외부로 드러나는 차별과 낙인을 막는 역할을 해낼 수 있다고 봐요. 또 공공주택청은 수중에 확보한 집들을 시장에 내놓을 수도 있습니다. 재개발이나 재건축 사업에 시행자로 참여해 지분을 확보할 수도 있고요. 이러한 방식으로 주택 수급을 조절하는 기능을 공공주택청이 적극적으로 떠안았으면 합니다.

공 고려와 조선 시대의 상평창은 식량 수급이 안정적으로 이뤄지게끔 이끄는 일을 했는데, 의원님께서 제언하신 공공주택청은 쌀값이 아닌 집값의 안정을 도모하는 국가기관으로 보입니다.

우 우리나라 주택금융공사에서 주택연금 업무를 시작한 지 꽤 됐습니다. 지금쯤은 상당한 물량의 주택이 확보됐을 것으로 보여요. 맨땅에서 출발하려고 하면 어렵지만, 주택금융공사가 확보한 아파트 물량이 이제는 적잖이 축적됐으니 이에 기반해 추가적인 임대나 구입을 하면서 전국적 차원에서 정책을 설계하면 공공주택청 구상도 충분히 설득력이 있습니다.

박 　서울 도심 지역에서 재건축과 재개발 공사를 허용해주면서 정부가 강제로 가격을 후려치는 일도 본질적으로 갑질에 해당합니다. 정당한 시장가격을 지불하되 국가가 우선매입권을 갖는 게 올바른 접근법이라고 생각해요. 그리고 우 박사님께서 잘 지적해주셨듯이 주택연금 정책으로 확보된 주택 물량이 공공주택청의 정책 집행에 큰 도움이 될 것으로 기대됩니다.

우 　여태까지는 정부가 돈만 쥐고 있었어요. 이제부터는 실제 주택 물건을 본격적으로 확보할 수 있을 거예요.

박 　주택금융공사가 확보해놓은 집들이 주택 가격 안정에 요긴하게 쓰이는 예비자원(pool)으로도 활용이 가능하겠다는 생각이 들었습니다.
　　정리하자면 민간주택시장에서의 공급정책 확대와 함께 신혼부부 등 생애첫주택 마련 희망자들은 갚을 능력이 된다면 한도를 늘려주는 일도 검토해야 합니다. 지금은 대출 한도를 너무 줄여놔서 주택담보대출 등이 막히니 신용대출로 확대되는 지경인데 갚을 능력이 된다면 대출 한도를 늘려줘서 민간시장에서의 주택 구입을 선택할 수 있도록 해야 합니다. 동시에 청년이나 신혼부부, 사회적 약자들을 위한 공공주택정책도 적극적으로 해야 합니다. 민간시장에서의 부동산 가격 안정과 공공임대주택의 확대는 국민 주거 안정의 쌍두마차입니다.

우 　집에 관한 이야기가 주제가 되니 역시나 예상대로 분위기가 화끈하게 달아오르네요. 사실은 제가 지금 굉장히 비싼 집에 살고 있습니다. 그래서 집 때문에 주변으로부터 욕을 엄청나게 먹어요. 집 없다고 혹은 집값 폭등한다고 남들은 여기저기에서 아우성인데, 혼자 왜 그렇게 좋은 집에 사느냐는 힐문이에요. 그래서 저는, 내가 집값 오르는 동네에 사는 것도 아니고, 투기 목적으로 집을 산 것도 아니라고 항변하곤 합니다. 저희 집이 패시브 하우스[10] 수준으로 굉장히 잘 고친 집입니다. 한겨울 난방비가 한 달 기준으로 10만 원밖에 나오지 않아요. 그래서 더 비난을 샀어요. 임대주택 늘리자고 주장하는 인간이 자기는 고가주택에 산다고요.

공   제가 잠실로 이사 오기 전에는 나중에 일반분양으로 전환된 월계동의 영구임대아파트에서 전세를 살았습니다. 2015년 9월에 이사 갈 때 전세가 1억 2천만 원, 집값은 1억 5천만 원이었어요. 대출을 받아서 사버릴까 하다 말았죠. 그 아파트는 10가구가 1라인인데, 라인마다 독거노인 세대와 장애인 세대가 거의 다 있었어요. 사회적으로 소외되고 불우한 이웃들이 몰려 사는 곳이었죠. 솔직히 저도 제 또래 기준으로는 소외되고 불우한 처지라 남들한테 함부로 측은지심 느낄 입장이 아니지만요.

박   노태우 정부에서 주택 200만 호 건설 정책을 시행하면서 대규모 임대아파트 단지도 더불어 조성했습니다. 그 아파트들이 지은 지 이제 30년이 됐어요. LH에서는 내심 분양해버리고 손 털고 싶어하는 것 같은데 그건 꼭 막아야 합니다. (동의) 정부가 이 임대아파트들로 적극적인 주택정책을 펼쳐야 해요. 공공임대아파트는 질 낮은 주거공간이라는 인식을 180도 전환시킬 시기가 왔습니다.

---

10   passive house, 첨단 단열공법을 이용하여 에너지의 낭비를 최소화한 건축물.

공   강북은 수익성이 떨어져서 그 흔한 재건축 사업조차 객관적으로 여의치
가 않습니다.

우   재건축도 돈이 있어야 진행할 수 있거든요. 그래서 강남구는 재건축 추
진이 주류였고, 송파구는 재건축보다 비용이 덜 드는 리모델링 시도가 많았
어요. 그래도 송파구 사람들은 나름 여유가 있으니 리모델링을 추진할 수 있
었습니다. 이후 분당도 리모델링을 하려고 보니 세대당 분담금이 1억 원에서
최대 1억 5천만 원까지 산출됐는데, '천당 밑에 분당'이라는 게 말만 그렇지
분당 주민들이 돈이 없는 거예요. 그 와중에 2011년 4월에 그곳에서 보궐선거
가 치러졌고, 그 선거에 손학규 당시 민주당 대표가 출마했었죠.

김   당시 저희 당 상대 후보가 강재섭 전 대표였습니다.

우   제가 풀면 안 된다고 말렸는데, 그때 손학규 대표가 꼭 당선되어야겠다
며 공약한 게 리모델링 수직증축 허용이었어요. 그렇게 막상 규제는 풀렸는데
여전히 주민들은 돈이 없어서 진행이 안 되고 있어요. 일산은 리모델링 꿈도
못 꾸죠. 세대당 1억씩 들여서 고치자고 할 때 한 세대만 반대해도 안 되는 거
니까요.

공   월계동은 1억은커녕 50만 원도 부담이 어려운 곳이었습니다. 그런데 그곳
에서, 중앙난방에서 개별난방으로의 전환공사를 12월에 시작해 2월에 끝내는
말도 안 되는 짓이 구청 허가를 받고 태연히 벌어졌어요. 당시 구청장이 지금의
더불어민주당 김성환 의원입니다. 이때 총 2천 가구 중 근 300가구는 끝까지 전
환공사에 착수하지 못했어요. 보일러 구입비용 50만 원이 부담돼서요. 한겨울
에 중앙난방 차단하면 온수공급도 함께 끊길 것 뻔히 알면서도 그랬습니다.

그래서 노원구 바로 옆 동네인 강북구에 계신 박용진 의원님께 조금은 곤혹스러운 질문을 드릴 수밖에 없겠네요. 의원님께서는 정부가 사회적 융합 정책에 강력하게 드라이브를 걸어야 한다고 힘주어 강조하셨습니다. 그런데 너무나 당연한 얘기이지만, 정부가 정책을 만들면 시장에서는 대책이 나옵니다. 정부에서 소셜 믹스 정책을 밀어붙이니까 강남구 주민들이 어떤 절묘한 대책을 마련했느냐? 숲이 보이는 숲세권 라인은 일반분양으로 돌리고, 대로변에 위치해 차량이 내뿜는 소음과 공해와 미세먼지에 시달려야 하는 세대는 임대 물건으로 처리했어요. 의원님께서 말씀하시는 아름다운 총론은 백이면 백, 현장에서는 살벌하고 무자비한 각론으로 구현될 게 틀림없습니다.

박　지금도 아파트를 지으면 의무적으로 임대아파트를 공급하도록 규정되어 있습니다. 일반과 임대가 같은 동 안에 배치되도록 명시됐어요. 그럼에도 차별행위가 공공연히 자행된다니 화나고 슬프고 답답합니다.

소셜 믹스가 지속가능한 발전을 낳는다

우　애들은 어른들이 그렇게 정책적으로 섞어놔도 몇 호 몇 동은 임대이고, 몇 호 몇 동은 일반이라고 깨알같이 다 압니다.

박　저는 일정한 비율을 계속 필수적으로 임대로 놔두면서 총 분양 물량의 일부를 정부가 우선적으로 매입할 수 있도록 제도를 개편했으면 합니다. 그 물량을 정부가 가령 탈북자 가정처럼 사회적 보호망이 절실히 필요한 계층을 위해 시장에 내놓으면 됩니다. 그러면 시세로는 10억 원이 넘는 아파트라도 매달 20만 원의 임대료만 내면 안심하고 살 수 있는 거죠. 국가 소유의 주택

"일정한 비율을 계속 필수적으로 임대로 놔두면서
총 분양 물량의 일부를 정부가 우선적으로
매입할 수 있도록 제도를 개편했으면 합니다.
그 물량을 정부가 사회적 보호망이
절실히 필요한 계층을 위해 시장에 내놓으면 됩니다.
국가 소유의 주택으로 국가적 의무를 수행하는 거죠."

으로 국가적 의무를 수행하는 겁니다. 저는 주택금융공사에서 기존에 보유한 물량에다가 신설되는 공공주택청이 신규로 확보한 집들이 더해지면 임대아파트 수요자들에게 충분한 집들이 삶의 보금자리로 공급되면서, 자연스럽게 사회적 융합의 목표도 실현될 것으로 낙관하고 있어요.

공   의원님 지역구에서 실제 그러한 목표에 도전해보셨나요?

박   네. 진행해오고 있습니다. 그것 때문에 박용진을 선거에서 떨어뜨려야 한다고 정말 난리도 아니었어요. 저는 저를 낙선시키자고 주장하는 주민분들께 저는 떨어져도 되지만 그럼에도 세상은 여러 사람과 함께 어울려 살 수밖에 없는 곳이라고 차분하고 깍듯하게 말씀드렸습니다.

　　　LH에서 고령자 주거복지동이라는 이름으로 공급되는, 268세대 전체를 고령자들만을 위한 아파트로 지으려 했습니다. 세대당 크기는 8평이었고 어르신들이 거주하는 공간이기 때문에 고령자 맞춤형 시설이 당연히 설치될 거고요. 1층에는 노인돌봄센터와 건강증진센터가 들어가는 형식으로 층별 구성이 계획된 건축물입니다. 전국에서 대략 20군데 정도에 이런 아파트가 건설될 예정인데, 제가 우리 지역구에도 고령자 주거복지동이 신축될 수 있는 예산을 마침 따냈습니다. 예산을 확보하면서 한 가지 단서조항을 달았어요. 어르신들만을 위한 사업에 머물지 말고, 전체 가구의 60% 이상을 대학생, 청년, 신혼부부 등의 젊은 사람들을 위해서 할당해달라는 조건이었습니다. 저는 이것과 더불어 평수도 조정해달라고 요구했습니다.

공   그래서 어떻게 귀결됐나요?

박   어르신들을 위한 집은 원래 예정됐던 가구 숫자의 40% 정도인 100세대가량을 넣기로 했습니다. 나머지 168세대는 신혼부부, 대학생, 사회초년생 등에게 각각 다른 평수의 주거공간으로 제공하고요. 이 부분이 왜 중요하냐면, 200세대 가까운 젊은 세대가 새로 입주하면 지역 전반에 활력과 생기를 크게 불어넣을 게 분명하기 때문이에요. 저는 1층 전체를 그 아파트뿐 아니라 그 지역 주민 모두가 사용할 수 있는 주민커뮤니티센터 공간으로 조성하자는 대안을 제시했습니다. 이것이 반영되어 추진 중이에요. 1층에는 공동육아나눔터, 노인복지시설, 주민공동시설이 들어설 예정입니다.

우　탁구장 같은 체육시설도 들어가겠네요.

박　아직도 일부 주민들께서 제 아이디어에 불만을 갖고 계시지만, 저는 해당 아파트가 막상 완공되면 모두 저를 칭찬해주실 거라고 믿어요. 현재 제 지역구 안에 소재한 2단지와 3단지가 30년 전에 건축된 임대주택입니다. 저는 이곳 역시 사회적 융합을 신장시키는 데 필요한 계획을 구체적으로 수립해 LH에서 재건축을 진행해야 바람직하다고 봅니다. 이걸 그냥 민간 건설업체에 내맡기면 기존 입주민들의 부담이 커지면서 사업이 좌초할 위험성이 큽니다.

우　제가 사회적 융합을 귀에 못이 박히도록 역설해온 이유가 있어요. 우리나라의 전통적 주거공간에서는 부자와 가난한 사람이 같은 동네에서 어울려 살았습니다. 부자는 고래 등 같은 집에 살고, 가난한 사람은 자그마한 초가집에서 생활해도 동네까지 다르지는 않았어요. 저는 바로 여기에 조선왕조가 500년 세월 동안 존속된 비결이 숨어 있다고 봅니다. 프랑스의 경우 HLM[11]이

11　habitation à loyer modéré, '임대료가 저렴한 집'을 뜻한다.

라고 불리는 대규모 공공임대주택을 건설하는 정책이 보수정권 시절에 추진됐는데, 이곳이 생활하기에 불편하다고 여긴 프랑스 중산층이 다른 지역들로 대거 이사를 나가는 바람에 여기가 결국에는 이민자 2세들의 집단거주지처럼 변모하고 말았습니다. HLM에서 수시로 격렬한 폭동이 발생해온 사회경제적 배경이에요.

박   파리 13구역에는 심지어 경찰관들조차 대낮에도 출입하지 못한다고 들었습니다.

우   파리 13구역만 해도 시내에 자리하고 있어서 지하철도 운행하는 곳입니다. 방류(banlieue)라고 불리는 시 외곽 지역들은 진짜 심각해졌어요. 동네가 계속 낙후되면서 버스 통행도 띄엄띄엄해지고, 병원들도 점점 노후화되어갔습니다. 그래서 이곳에서 소요 사태가 연이어 터지자 총리가 직접 주재자로 나서서 지역회생 방안을 논의하는 회의까지 개최됐어요. 스웨덴이나 다른 유럽국가들은 프랑스와 달랐습니다. 소규모 단지 위주로 작은 건물을 분산시켜 놓아서 그런 문제가 발생하지 않았죠. 우리나라의 도시개발 모델은 박정희 시대에 도입된 프랑스 모델이 골간을 이루고 있습니다. 프랑스 경험을 준용해 대규모 임대주택을 조성하다 보니까 박 의원님께서 우려하시는 제반 문제점들이 필연적으로 생겨났어요.

중남미는 우리보다 더합니다. 거기에서는 부자와 빈자의 주거공간이 완전히 격리되고 단절되어 있어요. 주거의 단절 현상은 국민경제의 성장 지체로 이어지는 경향이 농후합니다. 저는 그래서 당장은 힘들지언정 함께 가야만 한다고 확신해요. 통합성은 지속가능한 발전의 필수 전제조건이거든요. 주거공간의 단절은 집값 상승 이상의 문제를 낳습니다. 국가경영의 기본 틀 자체를 아예 망가뜨려요. 조선시대에 평민들이 양반들 흉을 막 봤어도, 근본적으로 가난한 사람과 부자가 한동네에서 살을 맞대고 살았던 게 우리나라입니다. 거주공간이 멀어진 지가 겨우 20-30년밖에 안 돼요. 저는 경제력의 차이 탓에 최근 계층별로 급속히 단절되어 온 한국 사회의 거주공간을 재연결하는 일이 절대 실현 불가능한 몽상만은 아니라고 판단하고 있어요.

지방소멸이라는 발등의 불

공   요즘 지방소멸에 대한 우려가 끊이지 않고 있습니다. 심지어 김 의원님 지역구가 위치한 부산도 인구가 급속히 줄고 있지 않나요?

김   네. 부산 역시 인구가 감소하고 있습니다.

공   지방소멸의 와중에서도 해운대와 그 주변 지역은 땅값이 서울 강남 부럽지 않게 치솟고 있다는 소식을 들었습니다. 부산은 쇠락하는데 해운대만 잘나가는 이유가 뭔가요?

김   글쎄요. 왜 그런지 잠시 생각해보니 프랙털 이론(Fractal Theory)이 떠오르네요. 단위만 다를 뿐이지 비슷한 현상이 모든 구조와 방면에서 벌어지고 있어요. 우리나라 전체를 염두에 두면 서울로 집중되고, 부울경 지역을 보면 부산에 집중되고 부산에서는 해운대로 쏠리는 식입니다. 저는 사회현상도 유심히 찾아보면 자연현상과 유사한 측면이 많다고 봅니다. 그리고 인간에게는 자연현상, 사회현상도 완벽하게 통제할 수 있는 능력이 없지 않습니까? 그러다 보니 어떤 단위로 설정하든 중심부로의 쏠림 현상이 발생하는 건 자연스러운 현상인 것 같습니다. 해운대에 들어선 초고층 건물의 아파트를 분양

빈은 사람들 중에는 부산시민들도 당연히 있겠지만, 수도권 거주자와 중국인 등 외국인들도 꽤 된다고 합니다. 수요가 지역에서만 발생한 게 아니니까요. 따라서 저는 해운대로의 쏠림 현상을 지역 차원의 문제로만 인식하기는 어려운 점도 있다고 생각합니다.

지방소멸의 위기국면을 타개하려면 그 해법을 다각적으로 볼 필요가 있습니다. 수도권 일극체제는 사회의 다양성을 저해합니다. 국가적 리스크 관리도 어려워지고요. 수도권으로의 일자리 편중과 수도권 자산 가격 상승으로 거주 지역에 따른 소득 격차와 자산 격차 또한 더 많이 벌어지기 마련입니다. 그런데 국토균형발전의 관점에서 보면 수도권 일극체제를 극복하기 위해서는 지방권역별로 발전의 핵이 되는 거점 형성을 하지 않을 수 없습니다. 왜냐하면 권역별 중핵 역할을 담당하는 곳까지 무너지면 가뜩이나 벌어져 있는 지방과 수도권 간의 격차가 더더욱 심화되거든요. 저는 그래서 지방 내의 작은 격차 발생을 다소 감수하는 한이 있더라도 지방의 중핵, 즉 우리 현실에서는 부산, 대구, 광주, 대전, 인천 등 광역시들의 역할을 키워서 서울과 지방 간의 대격차를 제어하는 게 바람직하다고 보는 입장입니다.

공   의원님께서 지방의 중요성을 강조는 하시는데, 그럼에도 도시에 방점을 찍고 계신 느낌입니다.

김   산업혁명이 시작된 이래로 도시화가 전 세계적으로 급속히 진행되어왔습니다. 그 결과 인구 1천만 명이 넘는 도시들이 지구상에 수십 개에 달하고 지금도 빠른 속도로 늘어나고 있어요.

우   그런 대도시들은 지금은 중국에 제일 많습니다.

김　새로운 혁신적 아이디어가 사람들이 모여서 부대끼며 살면서 만들어진 다는 점을 고려할 때, 더 높은 삶의 질을 보장하는 지속가능한 성장을 위해서 는 지속적 도시화가 불가피하다고 봅니다. 비용적인 면에서는 도로·전기·수 도·가스 등의 인프라를 외곽으로 분산시키지 않고 도심으로 집중시켜 구축하 면 그 건설비용이 15% 정도 절감될 수 있다고 합니다. 산출물 측면에서는, 특 히 창조적인 혁신산업 분야에서는 대도시에 형성된 지식 클러스터에서 발생 하는 집적효과와 그 시너지를 무시할 수가 없겠죠. 그래서 소득·저축·특허 출 원 건수 등의 경제지표는 인구가 두 배로 늘 때 1인당 15% 정도 증가한다고 합니다. 즉, 흩어져 있는 것보다는 모여 있는 게 비용은 줄이면서 편익은 높이 는 효과를 가져와서 도시화가 진전될수록 30% 이상의 생산성 향상 효과를 가져온다고 볼 수 있겠죠. 그렇지만 코로나 19 사태가 터지면서 전 세계적으 로 비대면, 곧 언택트 경제가 대세가 되었으니 기존의 도시화 모델이 앞으로 도 여전히 유효할지는 이 시점에서 한번 면밀하게 재점검해봐야겠다는 생각 이 듭니다.

우　출생률의 저하는 솔로 라이프의 확산과도 연관성이 있어요. 미국의 경우 에도 2008년 발발한 금융위기의 기저에는 나 홀로 삶의 사회적 추세가 있었 다고 하거든요. 베드타운(Bed Town)은 베이비붐 세대의 등장과 더불어 형성 된 주거 양태입니다. 가족들은 대도시 외곽에 거주하고 가정의 생계를 책임진 가장만 도심으로 출퇴근하는 형태였어요.

　　부양가족이 없는 솔로들은 전통적 의미의 가장들과는 라이프 스타일에 서 차이가 있습니다. 이들은 가족을 위해 희생할 필요가 없기 때문에 굳이 장 시간 통근을 자청할 이유가 없어요. 그래서 이동 거리가 짧거나 거의 없는 도 심 지역에 주거를 마련합니다. 미국 드라마 「섹스 앤드 더 시티」가 딱 뉴욕에 혼자 사는 사람들에 관한 이야기였어요. 이러한 삶의 방식의 확산으로 베드타

운의 주택에 공실이 생기면서 거품 낀 금융 시스템에 기대어 불안하게 지탱되어 온 주택 가격이 일시에 폭락한 것도 금융위기에 톡톡히 영향을 미쳤습니다.

한국도 미국과 상황이 크게 다르지는 않아요. 혼자 생활하는 청년세대의 숫자가 지금 엄청나게 많아졌습니다. 청년세대, 특히 20대 젊은이들이 제일 선호하는 거주지가 홍대 근방입니다. 홀로 지내도 외롭지 않고, 어디를 가도 맛집이 있다는 장점이 있거든요. 반바지 차림으로 혼밥과 혼술을 즐겨도 유행을 따르는 트렌디한 모습으로 비치는 곳이니까요. 서울에서 목도되는 현상은 김세연 의원님께서 언급하신 프랙털 이론처럼 수도권 도처에서도 전개되는 양상이에요. 수도권에서는 홍대 근처가, 경기도 서북부에서는 일산 호수공원 근처가 각광을 받고 있습니다.

이와 반비례해 현재 지방은 초비상 상태입니다. 청년들이 서울로 끊임없이 빠져나가기 때문이에요. 10년 전에도 지역 존폐의 위기는 이미 뜨거운 화두였습니다. 그렇다고는 해도 부산대학교나 경북대학교 같은 대도시 소재 국립대학들의 존립 문제가 당시에는 미래의 위기였지 현존하는 위기는 아니었어요. 그런데 제가 최근에 가서 확인해보니까 완전히 발등에 떨어진 불이 된 상황이었습니다. 등록을 포기하고 중도에 학교를 그만두는 학생들의 비율이 60~70%에 육박하고 있거든요.

학교를 중간에 관두는 학생들이 옮겨가는 학교가 꼭 서울의 명문대만은 아닙니다. 그럼에도 지방의 젊은이들이 자꾸만 지역을 벗어나려고 시도하는 건 수도권으로 삶의 거점을 옮기지 않으면 인생의 전망이 밝지 않다는 판단이 작용하는 탓이에요. 서울에서도 도심을 중심으로 생활권이 재구성되고 있습니다. 지방에서는 여태껏 지역의 거점 역할을 해온 도시들마저 속절없이 무너지고 있어요. 경제위기에 설상가상으로 코로나 19까지 겹치면서 경쟁력이 취약한 지방이 힘없이 연쇄적으로 붕괴하고 있습니다. 정말 올겨울을 어떻게 날지 지역들마다 걱정이 태산이에요.

김   KTX가 불러온 의료와 쇼핑의 수도권 쏠림 현상은 어제오늘 얘기가 아니죠.

공   코로나 이전에 명절 연휴 같은 때에 강남구 삼성동에 자리한 한국종합전시장을 가보면 강북과 수도권 위성도시에서 놀러 온 사람들로 바글바글했습니다. 제가 을지로와 충무로 쪽에서 학교를 다녔는데, 그때 한 가지 확실하고 화끈한 지역회생 방안을 강구했던 게 있어요. 강북 도심과 강남 번화가를 연결하는 한강 다리를 끊어버리자는 생각이었습니다. 을지로나 충무로에서 일하는 회사원들이 회식 때마다 3호선을 타고 압구정동이나 신사동으로 가버리기 일쑤였거든요. 최근에 제가 『정책의 배신』이라는 책을 보고 정말 제목 잘 지었다고 생각했던 게, 정부가 비싼 세금 들여서 사통팔달의 교통망을 구축하면 지역이 무너져 내려요. 이를테면 서울 9호선 지하철, 그것도 급행열차가 운행된 이후로 강서구 상권이 엄청 피폐해졌을 거예요. 예컨대 방화동과 삼성동이 환승 없이 직접 이어지면 강서구민이 강남에 와서 소비를 합니다. 그 반대는 사실상 전무하다시피 해요. 대한민국 위정자들이 의도는 참 좋습니다. 결과가 늘 개떡 같아서 탈이지.

우   그런 걸 '블랙홀 효과'라고 하는데, 블랙홀 이론은 1990년대 이후 정착된 이론입니다. 이 이론에 의하면 두 도시가 연결될 경우 힘이 센 데가 일방적으로 독식한다고 합니다. 흡수당하는 쪽은 방법이 없어요.

박   지역화폐가 뜨거운 쟁점이 됐을 때 제가 그러한 취지로 이야기를 했는데, 국감에서 이 문제에 대해 다른 의원님들과 결이 달라 좀 당황스러웠던 기억이 납니다.

교통망 확충 효과의 양면

김   블랙홀 현상은 교통기술의 발달에 수반되는 보편적 부작용이겠죠. 그렇다고 교통망을 확충하지 않을 수도 없고요. 또 기왕에 깔아놓은 도로와 철로를 다시 걷어낼 수도 없고 말입니다.

우   프랑스 최초의 떼제베(TGV)는 파리-리옹 구간을 운행했어요. 두 도시 사이의 거리가 서울-부산 간의 거리와 비슷합니다. 떼제베가 개통되니 리옹 여기저기에서 못 살겠다는 볼멘소리가 비등했어요. 파리는 정치와 문화의 도시입니다. 리옹은 공업과 금융의 중심지이고요. 두 도시를 고속전철로 이으면 프랑스가 더욱더 번영하고 발전할 거라고 기대했는데, 정작 바뀐 것이라고는 리옹의 기업주들과 그 가족들이 파리로 속속 이주하는 일뿐이었습니다. 떼제베 타고 파리와 리옹 사이를 편리하고 여유롭게 출퇴근할 수 있게 됐으니까요. 그래서 한동안 리옹이 심각한 위기를 겪었는데, 프랑스의 1인당 국내총생산이 2만 불을 돌파할 무렵이 되자 리옹 전체가 유네스코 문화관광유산으로 등재됐습니다. 그렇게 도시의 위상을 문화예술의 요람으로 완전히 재설정한 전략이 주효하면서 리옹이 소생하기 시작했어요.

김   거시적으로 정책을 다루는 당국자들이 본래 의도하지 않았을 부작용이 미시적으로는 어떤 사회구성원들에게 일종의 재앙으로 여겨질 수도 있습니다. 방금 예로 드신 서울지하철 9호선만 해도 마른하늘에 날벼락으로 느껴질 수 있어요. 하지만 강남에서 편리하게 쇼핑과 식사를 할 수 있게 된 강서구 소비자들의 편익과 선택권을 제약할 권리는 그 누구에게도 없다는 관점에서 보면 도덕적이고 윤리적인 가치판단을 들이대기 어렵다는 생각이 듭니다. 결국, 정치와 정부가 고민할 일은 정책의 결과로 발생하는 부작용을 어떻게 최소화할 수 있을지 그 대책을 내놓는 것이지 기술발전이 가져오는 변화를 가로막는 것은 답이 아니라고 생각합니다. 그런 면에서 리옹의 극적인 부활은 매우 유용한 정책적 시사점을 우리에게 제공해주는 것 같습니다.

상권의 변화를 보려면 스타필드 하남점을 꼭 가보라고 해서 그곳에 가봤더니 웬만한 기존의 백화점들보다도 더 여유롭고 쾌적하게 공간이 조성되어 있었습니다. 이런 공간이 만들어지면 그 근처에 사는 소비자들의 편의성은 많이 높아지겠지만 근처에서 생업을 영위하는 중소 상인들의 삶은 피폐해지겠죠. 과거 롯데마트에서 '통큰치킨'을 출시했을 때 동네 치킨집 다 망한다며 반발이 극심했었습니다. 대형마트에 더 많은 소비자들을 유치하고자 치킨을 일종의 미끼 상품으로 기획해서 던진 거니까요. 그래서 정치권에서는 동네 치킨집, 골목상권 망하게 하는 대기업에 대해서 규제하려고 나서는데, 막상 이해당사자 중 하나인 소비자들, 즉 정당과 정치인들에게는 유권자인 이분들로부터 "맛있는 치킨을 싼값에 먹을 수 있는 권리를 우리는 왜 누리지 못하게 하느냐?"는 반발을 샀습니다. 그러자 전선이 대기업 대 영세자영업자가 대립하는 구도에서 갑자기 '영세자영업자 및 행정부와 정치권' 대 '대기업 및 소비자'가 대립하는 구도로 급변하면서, 처음에는 전혀 예상치 못한 상황으로 전개됐어요. 소비자의 더 싸고 좋은 것을 선택할 권리와 영세자영업자의 생존권 사이에서의 합리적 균형을 어떻게 찾을 것인지는 여전히 풀지 못한 숙제로 남아 있습니다.

우   강남 집값으로 시작해 지역소멸에 이르기까지 여러 주제를 섭렵해봤습니다. 강남 집중은 정부 주택정책의 실패 탓도 있지만, 지역에서는 더 이상 희망과 비전이 보이지 않는 지방 자본이 서울에서 새로운 출로를 찾으려는 측면도 분명 있어요. 저는 우리나라가 국민들이 고루 잘사는 나라로 바뀌지 않는 한에는 강남 집값은 어떤 제도적 장치를 강구하고 정책적 수단을 동원해도 좀체 잡히지 않을 거라고 우울하고 비관적으로 전망하고 있습니다.

2장 바보야, 문제는 강남이 아니야

세금으로는 땅값 못 잡는다

박   제가 2년 전에 스웨덴의 수도인 스톡홀름을 둘러봤는데, 그곳 역시 집값이 어마어마하게 오르고 있었습니다. 스톡홀름뿐만이 아닙니다. 통일독일의 심장부인 베를린도 부동산 가격이 가파르게 상승하는 중이었어요.

우   유럽 역시 한국처럼 집값에 거품이 잔뜩 끼었다는 얘기가 무성합니다.

공   스톡홀름으로의 인구집중이 땅값 폭등의 주요 요인인가요?

박   그렇습니다. 그곳에 가야 일자리를 쉽게 얻을 수 있기 때문이죠.

우   금융위기 이후 많은 나라들이 돈을 시장에 마구 풀어서 경제를 어느 정도 부양시킬 수는 있었습니다. 그런데 그때 방출한 유동성이 아직도 제대로 회수되지 않고 있어요.

김   전 세계적으로 자산 가격에 거품이 계속 끼고 있을 겁니다.

공   스웨덴도 작은 중소 도시들이 잇달아 소멸하고 있나요?

박   그렇지는 않습니다. 유럽은 우리나라와는 사회경제적 토양이 달라요. 그들은 각 도시별로 경제적으로 자급자족하며 생활해온 문화와 전통이 강합니다. 이를테면 독일의 경우, 인구 10만 명 안팎의 중견 도시가 80~90여 개 정도 존재합니다. 그 도시들마다 고유한 정서와 풍속을 유지하면서 지역 간의 상생과 공존을 도모하고 있어요. 우리나라는 '말은 제주로 보내고, 사람은 한

162

양으로 보내라'는 속담이 증명하듯 중앙으로의 맹목적인 집중 경향이 굉장히 강력합니다.

정부가 최근에 서울 지역에 택지를 공급하는 정책의 일환으로 육군사관학교 부지와 태릉골프장을 아파트 건설 용지로 전환해 활용하겠다는 계획을 발표했습니다. 대통령의 말씀 한마디에 모든 결정이 일사천리로 진행됐어요. 그런데 정부까지 앞장서서 이렇게 서울로의 집중을 조장하면 수도권 인구분산과 지역균형발전은 공허한 구두선에 그치고 맙니다. 수도권의 주택공급정책과 인구분산정책 사이에서 적절한 균형을 잘 찾아야 합니다.

수도권집중 현상을 빚어내는 원인은 크게 셋이에요. 교육, 의료, 그리고 일자리입니다. 이 세 가지 원인으로 말미암아 서울이 과밀도시가 되고, 수도권이 포화상태에 이르렀습니다. 저는 서울의 과밀화와 수도권의 포화상태를 해소하려면 중앙정부가 종합적이고 거시적인 안목에서 문제를 들여다보고, 해법을 마련해야 한다고 생각해요. 하지만 문제 해결이 그리 간단하지 않은 게 우리나라에서 주택은 평생 땀 흘려 모은 자산의 대부분을 차지하기 때문입니다. 집이 노후 대비와 밀접하게 얽힐 수밖에 없어요. 더욱이 후손에게 물려줄 번듯한 집이 있어야 자식들에게 대접받는 사회적 풍토도 있고요.

집이 있어야 한다는 생각은 어르신들만의 고정관념은 아닙니다. 그분들의 자식세대인 저희들도 밥상머리에서 자기 집의 중요성을 교육받은 까닭에 내 집이 꼭 있어야만 한다는 인식에서 자유롭지 못해요.

공   요새는 그러한 사고가 아직 청년세대인 30대들에게까지 파급돼 '영끌'이라는 신조어마저 등장시켰습니다. 집 사려면 영혼까지 끌어모아라!

박   국민연금은 대다수 국민들에게 확실한 노후보장의 안전판이 되지 못합니다. 사람들이 죽기 살기로 집을 사려고 들지 않아도 되게끔 만들려면 대대직 연금 개혁과 더불어 국가가 국민들의 안정적 주거권을 보장해줄 수 있는 정책을 하루빨리 내놓아야 해요. 그래야 국민들이 제대로 된 미래설계에 나설 수 있습니다.

공   그런데 정부가 세금을 왕창 올리는 게 국민들로부터 집을 뺏어가기 위한 고도의 지능적 포석이라는 의구심이 지금 무서운 속도로 확산되고 있습니다.

박   그걸 보통 징벌적 과세라고 표현하더라고요. 부동산세는 본질적으로 자산에 대해 매겨지는 세금입니다. 이미 세금을 납부했음에도 불구하고 단지 비싼 집을 가지고 있다는 이유만으로 추가로 세금을 물리는 건 적절하지 않죠.
    그런데 어찌 보면 주택정책은 세대정책과도 연결될 수 있습니다. 서울 강남은 교육과 교통과 문화 인프라가 골고루 충실히 갖춰진 지역입니다. 그러한 강남에 이제는 현역에서 물러난 세대가 많이 거주하고 있어요. 저는 강남이 젊은 세대들에게도 열려야 한다고 생각해요. 만약 은퇴한 세대에게 세금이 큰 부담으로 느껴진다면 현재 직장에 다니고 있어서 담세 능력이 있는 젊은 세대가 강남에 진입할 수 있도록 길을 터줄 필요가 있습니다. 조세를 부담할 능력이 상대적으로 달리는 은퇴자들에게는 서울의 다른 지역으로 삶의 터전을 옮길 수 있는 방법과 대책을 정부에서 적극적으로 강구해주고요.
    지금 정부는 집을 두 채 이상 보유하고 있는 다주택자들에게 중과세를 때리고 있습니다. 빨리 집을 팔라는 신호이고 압박이지요. 하지만 저는 무조건 무거운 세금을 부과하기에 앞서서 다주택자들에게 기존의 부동산을 처분하고 정리할 수 있는 여유와 기회를 좀 더 부여해주는 게 맞지 않을까 생각합니다.

공   박 의원님께서 빙금 하신 말씀은 일정 기간 징수를 유예해주거나 일정한 액수를 감세해주는 방향으로 양도세와 취득세를 탄력적으로 적용하자는 의

미인가요?

박   정부가 세대 간의 격차를 줄이고 균형을 맞추는 정책을 지향한다면, 앞
으로도 계속 자산 보유에 따르는 조세 부담액은 현재처럼 높게 설정하되 양
도세와 취득세 등은 낮춰줄 필요가 있어요. 고가주택 소유주들 혹은 다주택
자들이 자산을 매각해 생긴 자금으로 걱정 없는 은퇴생활을 할 수 있도록 유
도하는 방안도 나쁘지는 않거든요. 그러나 지금은 고액의 양도세와 취득세가
부과되는 탓에 집주인들이 이러지도 못하고 저러지도 못하는 측면이 분명 있
습니다. 이런 부분에 대한 유연하고 융통성 있는 조정이 필요해요.

우   집 한 채만 갖고서 장기 거주한 사람들은 양도세가 그리 무겁게 부과되
지 않습니다. 집이 여러 채 있으니 세금이 많이 나오는 거죠.

공   요즘 들어 문제인 정부의 정책이 진보판 엔클로저[12] 운동을 꾀하는 것이
아닌가 하는 생각이 문득문득 듭니다. 고대 로마의 공화정 말기에 악명을 떨
쳤던 라티푼디움[13] 의 형성을 일부러 부추기는 것 같기도 하고요. 의도가 무엇
이었든 간에 결과적으로 벌어지는 사태는 인구를 인위적으로 교체하는 일이
거든요. 총성 없는 인종청소 같다는 으스스한 공포감마저 때때로 들 지경입
니다. 우 박사님께서 지적하신 바대로 의도적인 기획이나 큰 그림이야 애당초
없었을 테지만, 현실에서 실제로 나타나는 결과가 그래요. 결과가!

---

12   Enclosure, 미개간지·공유지 등 공동이용이 가능한 토지에 담이나 울타리 등의 경계선을 쳐서
          남의 이용을 막고 사유지로 하는 일.
13   Latifundium, 고대 로마시대의 대토지소유제도. 이탈리아반도의 정복과정에서 로마는 영토를
          확대하는 한편 점령한 토지를 국유화하였는데 귀족이나 상층 시민들이 국유지를 점유함으로써
          사유화되어 이것이 대토지소유제로 발전되었다.

2장 바보야, 문제는 강남이 아니야

우   문재인 정부가 그토록 멀리 내다보는 혜안을 갖고서 주도면밀하게 계산을 잘하는 정부였으면 부동산 정책을 대통령 취임 후에 무려 20차례 넘게 발표하는 일은 원천적으로 없었을 거예요.

박   한 가지 명확한 사실은 세금을 핵심적 정책수단으로 동원해서는 부동산 가격을 안정시키기가 대단히 어렵다는 점입니다. 단적으로, 다주택자나 건물주를 겨냥하는 세금은 세입자나 임차인에게 고스란히 전가될 게 불 보듯 뻔하거든요. 세금을 통해 일시적 후련함이나 당장의 징벌효과야 거둘 수 있을지도 모릅니다. 그러나 저는 세금으로 땅값을 잡으려는 기조의 정책은 궁극적으로 부작용과 역효과가 훨씬 더 클 거라고 예상합니다.

집값에 대한 적정한 세금

우   저는 종합부동산세에 대해 여태껏 찬성하지 않는 입장입니다. 미국의 경우 하와이 정도를 제외하면 집값의 2% 내외를 세금으로 부과해요. 주택을 보유하고 있으면 집의 크기나 집값에 상관없이 매년 그 정도를 납부하는 게 상식으로 자리 잡고 있어요. 우리나라는 무 자르듯 9억 원을 기준으로 위는 걷고, 아래는 놔둡니다. 저는 이에 따르는 조세 저항을 정부가 장기적으로 극복하기 어렵다고 봐요. 참여정부가 종부세를 도입할 때 제가 반대했던 건 세율의 높낮이 때문이 아니었어요. 일률적으로 적용하는 방식이 무리라고 생각했던 거죠.

김   부동산에 대한 보유세의 적정한 수준은 어느 정도면 좋을까를 단순하게 생각해보니, '내략 100년쯤 보유하면 집값만큼의 세금을 내게 되는 구조가 적절한 것 아닐까' 하는 생각이 들더라고요.

납세자들이 조세불복에 나서지 않고 감내할 수 있는 임계점이 어디까지일까 하는 관점에서도 고려할 필요가 있겠습니다. 저는 100년이 너무 길다면, 짧게 잡아 50년 정도를 갖고 있으면 집값만큼의 세금을 내는 게 하한선이 되지 않을까도 싶네요. 기간으로는 하한선이 될 거고, 세금 내는 정도로는 상한선이 되겠네요.

우　저 역시 50년에 걸쳐 집값을 나라에 세금으로 납부하는 수준이 납세자들이 상식적으로 납득할 수 있는 최고치라고 평가하고 있습니다.

김　OECD 평균 보유세율이 딱 2% 아래에서 형성되어 있는 걸 보니 지구 어디에 살든 사람들 생각은 다 비슷한가 이런 생각이 들더라고요.

우　미국은 모든 주들을 평균하면 1.5%쯤 나온다고 해요.

공　우리나라는 자산이 많은 사람과 소득이 많은 사람이 일치하지 않는 사례가 빈번합니다. 자산은 60대가 많은데, 소득은 40대가 높거든요. 그러니 60대들은 재산세가 지나치게 많다는 불만이 팽배하고, 40대들은 소득세율이 너무 높다고 또 그것대로 불평을 쏟아냅니다.

김　저는 폭증하고 있는 복지 재정 수요를 감당하기 위해서, 또 향후에 도입이 불가피하다고 예상되는 기본소득 지급을 감당하기 위해서라도 일정 부분 증세가 필요하다고 생각합니다. 다만, 세금 인상 이전에 방만하고 불요불급한 정부의 지출구조를 고강도로 구조조정하는 일이 선행되어야 합니다.

공　제가 은행이자만 한 달에 150만 원 넘게 부담하고 있습니다. 이자 내고 나면 그야말로 쌀 살 돈만 남더라고요. 한국처럼 과도한 빚의 무게에 짓눌리는 사람들이 엄청나게 많은 나라에서 기본소득 몇 푼 쥐여줘봐야 그게 무슨 의미가 있을까요? 차라리 이자를 경감해주거나 부채를 탕감해주는 편이 더 낫지 않을까요?

김 네. 지금 우리나라 가계대출 규모가 실로 어마어마하게 늘어나 있어서 궁극적으로는 은행들이 손실을 감수하지 않는 한에는 가계대출 규모를 어떻게 줄일 수 있을지 솔직히 모르겠어요.

우 박근혜 정부가 그나마 잘했던 게 배드뱅크를 설립해 사람들이 부채 다이어트를 할 수 있게끔 도왔던 일이에요. 결론적으로는 금융기관 배만 불려줬다는 비판도 있지만요. 어쨌든 파산신청 유도도 많이 해주었고요. 그 결과 20대를 뺀 나머지 모든 연령대에서 신용불량자 숫자가 조금은 감소했습니다. 저는 전임 정부인 박근혜 정부가 개인의 신용 문제를 중요한 정책의제로 분류해 해결을 도모한 건 나름 잘했던 일이라고 생각해요.

김 다행히 지금 전 세계적으로 저금리 기조가 이어지고 있어서 시간은 어느 정도 벌었다고 할 수 있죠. 코로나 사태가 터지면서 각국의 정부나 중앙은행들이 금리 인상에 신중해졌거든요. 그 여파로 유동성 회수도 지연되고 있고요. 그나마 이렇게 숨 쉴 시간이 늘어난 건 다행인데, 앞으로 금리가 인상되면 여기에 어떻게 대처해야 할지 걱정이 큽니다.

우 경기가 V자가 아닌 U자 곡선을 그린다 해도 4년 이내에 경제성장률이 위로 반등할 거예요. 경기가 상승하면 나라마다 유동성 회수에 나설 테니 지금부터 2~3년 후에는 금리 상승에 수반되는 문제들이 가시권 안에 들어올 겁니다.

한시적으로라도 양도소득세는 낮춰야 한다

공 　제가 세 분과 대담집을 만든다고 하니까 친한 선배님께서 "너만 우파네" 라고 말씀하시더라고요. 왜냐면 세 분 모두 증세론자로 국민들에게 알려져 있으니까요. 그래서 제가 집권여당에 계신 박용진 의원님께 이런 질문을 드리 겠습니다. 인류의 문명사가 시작된 이래로 선정을 베푼 군주들의 업적과 선행을 기록한 글의 내용은 늘 '세금을 낮춰주고'라는 서두로 시작됩니다. 심지어 '와신상담'의 복수극으로 유명한 월나라 왕 구천조차 오나라에 인질로 억류돼 있다가 귀국한 다음에 제일 먼저 취한 조치가 백성들의 조세부담을 덜어주는 일이었습니다. 이와 같은 도도한 인류사의 흐름을 역행하면서까지 세금을 팍팍 늘리는 게 과연 선정을 베푸는 길일 수 있을까요? (웃음)

박 　산업혁명 이전의 농경사회에서는 나라의 통치기능이 민중의 착취와 수탈에 집중됐습니다. 국가의 대국민 서비스 기능이 꾸준히 강화되어 온 현대에는 세금이 부의 재분배 기능도 아울러 담당하고 있어요. 국민의 4대 권리가 국가에게는 4대 의무가 됩니다. 이러한 봉사 기능을 차질 없이 수행하려면 당연히 그 비용이 세금 형태로 충당되어야만 해요.

우 　제2차 세계대전이 종전된 1945년부터 1975년까지는 역사상 중산층의 숫자가 가장 많이 늘어난 시대였습니다. 그때서야 비로소 노동자들도 편안히 독서를 즐길 수 있었죠. 이 번영과 행복한 30년 세월은 증세의 토대 위에서 꽃 피었습니다. 우리나라도 1980년대를 거치며 외환위기가 터지는 1997년까지는 세금도 술술 잘 들어오고, 중산층도 왕성하게 형성되는 시기였어요. 자동차 소유가 보편화되는 '마이카 시대'도 이때 열렸고요. 정부가 꾸준히 증세에 나섰음에도 불구하고요.

이쯤에서 서희도 여론조사 한번 해볼까요? 양도소득세 인하에 찬성하시는 분, 손 들어주세요.

김   보유세를 올려놨으니 양도세는 낮춰야 한다고 생각합니다.

공   저도 낮추자는 입장입니다. 집 한번 사보게.

우   양도소득세를 낮춘다면 영구적으로 낮출지, 아니면 임시적으로 낮출지를 결정해야 해요. 이명박 정부 때에는 한시적으로 인하했었습니다.

김   보유세가 급등하는 국면에서 다른 쪽으로 출구를 열어주지 않으면서 납세자를 쉬지 않고 몰아붙이는 일은 문제가 있습니다. 양도세 인하로 최소한 한시적 출구라도 만들어줄 필요성을 정부도 인정해야만 합니다.

우   저는 항구적 인하도 진지하게 고려할 수 있다고 봐요. 재산세를 가뜩이나 높여놓은 상태에서 동일한 부동산에 대해 양도세까지 중과세할 수는 없는 노릇이잖아요. 보유세를 높여놨으니 거래세는 OECD 평균 수준으로 낮추는 게 바람직합니다.

김   항구적 인하에 분명 일리는 있습니다. 하지만 정부 재정의 관점에서 바라보면, 양도세를 인하하면 세수 전반이 확 줄어들 거라 이 문제는 좀 더 신중하게 판단할 필요도 있겠네요.

우   가장 현실적 방안은 행정적 차원에서 한시적으로 낮춰주는 방침이에요. 이러면 구조에는 손을 안 대도 되거든요. 항구적으로 낮추면 정부가 부동산에서 발생하는 불로소득을 방치한다는 비난과 원성이 쇄도할 게 뻔합니다. 그러니 제가 청와대에 있었어도 항구적이 아닌 한시적 인하를 추진했을 것 같아요. 영구적 인하를 국민들에게 설득하기는 상당히 어렵거든요.

김   그건 정책의 효과를 더 지켜보고서 추가적 판단을 내리는 게 맞을 것 같네요. 그럼에도 일단 한시적으로 낮추는 건 필요해 보입니다.

우   거래세를 낮췄는데 집값도 내려가지 않고, 거기다가 매물까지 나오지 않으면 정책당국자들은 도망갈 곳 없는 외통수에 걸리게 됩니다. 그래서 저는 아마도 한시적 인하에 여론의 공감대가 형성될 것으로 봅니다. 왜냐면 한시적 인하조차 거부하면 집주인들은 진퇴양난의 궁지에 빠지거든요.

공   세율 인하와 더불어 1가구 1주택인지, 실제 거주기간은 몇 년인지에 대한 섬세한 참작도 요구되지 않을까요? 양도되는 물건의 성격에 따라 차별성을 두어야 하니까요.

우   집으로 돈 벌었으면 당연히 세금은 내야죠.

김   부동산 가격 상승으로 벌어들이는 돈을 불로소득이 아니라고 하기는 어렵죠.

박   납세자들 측에서는 당사자도 원하지 않았던 불로소득으로 여겨질 수 있습니다.

공   본인도 모르게 불로소득을 당한 거죠. 그렇기 때문에 범죄수익처럼 단죄하기도 애매해요. 어떤 사람이 30년 동안 특정 자산에 자기 나름으로는 착한 투자를 꾸준히 해서 소득이 발생했는데, 정부가 이걸 징벌적 세금으로 회수해가면 입이 댓발 나오지 않을 수가 없거든요.

우　토지는 금이나 다이아몬드 같은 귀금속과는 속성이 달라요. 땅은 한정되고 공공적인 재화의 성격이 강해요.

공　그러니까 그동안의 재산세 내는 건데, 금값이 올랐다고 금에다가 보유세를 매기지는 않잖아요.

우　금은 매년 계속 생산이 되죠. 게다가 생산의 필수 요소도 아니고요. 금싸라기 같은 땅에서 장사는 해도, 금 깔아놓고 장사할 수는 없죠. 금 깔아놓을 땅이 필요하니까.

평등한 사회서비스를 누릴 수 있는 권리가 우선이다

우　한국의 강남 문제에는 투기 문제의 측면도 명백히 포함되어 있습니다. 제가 강남에서 강북으로 이주하기로 마음을 굳힌 결정적 동기 중 하나가 강남좌파라고 자꾸 욕먹는 게 너무 싫었기 때문이에요. 돈이라도 많으면서 욕먹으면 억울하지나 않죠.

공　원수는 외나무다리에서 만난다고, 제가 강남좌파 개념을 제일 먼저 창시해 강남권에 집 가진 진보좌파 진영 인사들에게 첫 빠따를 휘두른 인간입니다. 그런데 강북 중에서도 나름 부촌인 평창동으로 이사를 하셨네요?

우   평창동도 강북은 강북이잖아요. 제가 강남을 떠나기로 결심한 데에는 교통이 너무 불편하다는 사실도 큰 영향을 미쳤습니다. 저는 강남 교통이 편리하다는 소리를 도저히 이해하지 못하겠어요. 예컨대 주말에 집 밖으로 외출하기가 너무 불편합니다. 아내와 함께 어디 가서 점심이라도 먹고 오려면 가까운 곳도 왕복 1시간이 걸리기 일쑤거든요.

영동대개발 당시에 상정한 강남의 적정한 인구 숫자는 이미 넘어선 지 오래예요. 제가 수많은 차량들로 도로들마다 꽉꽉 막히는 강남에 살다가 강북에 오니까 주말에 외출하기도 쉽고 너무 좋더라고요. 강남은 편하고 안락한 곳이 아니에요. 인간에게 공간적으로 매우 피곤하고 고달픈 곳입니다. 그럼에도 사람들이 이곳에서 계속 버티려는 건 집값 상승에 대한 막연한 기대감 때문입니다. 삶의 질을 따진다면 강남 집값의 지속적 상승은 전혀 자연스럽지가 않아요. 저는 강남의 일부 계층이 바라는 대로 층수 제한 없이 100층이든 200층이든 원 없이 한번 올리도록 허용해봤으면 좋겠다는 생각이 들 때가 있어요. 그러면 어떤 지옥도가 펼쳐질지 그분들이 직접 겪어볼 수 있을 테니까요.

박   저는 강남 3구 집값에 지나치게 신경 쓰지 말았으면 합니다. 징벌적이라는 표현이 나올 만큼 무겁게 부과되는 종부세와 재산세의 굴레에서 벗어나고 싶어 하는 사람들에 대해서는 세금을 낮춰주는 게 마땅합니다. 그렇게 거래세 내고 강남으로부터 빠져나와 다른 곳에서 여생을 지내기를 바라는 분들이 계시면 인심 좋고, 교통 좋고, 국립공원을 끼고 있는 강북구로 오셔서 노후를 보내시라고 자신 있게 권유하고 싶어요. 노후는 강북구에서! (웃음)

공   저는 다른 분들과 생각이 완연히 다릅니다. 직접 겪어보니 강남이 좋아요. 좋아도 보통 좋은 게 아닙니다. 강남권에서는 빠른 걸음으로 10분이면

2장 바보야, 문제는 강남이 아니야

어디든 지하철역이 나타납니다. 지하철에서 내린 다음 좁고 낡은 마을버스에 몸을 맡길 필요가 없어요. 더 좋은 게 뭔지 아세요? 제가 월계동에서 생활했을 때에는 집의 인터넷 전화가 수시로 끊겼어요. KT 기사님들을 몇 번이나 불러서 이것저것 다해봤는데 접속 장애가 도무지 고쳐지지 않더라고요. 그러다 지금 사는 잠실로 이사를 오니까 그냥 저절로 해결됐습니다. 하도 신기해서 기사님께 이유를 물었더니 한마디로 명쾌하게 정리해주시더라고요. "망이 달라요!"

박   하아…

공   저 같은 평민들이, 양민들이, 일반인들이 생각하기에는 우 박사님께서 피력하시는 강남에 대한 회의감과 피로감은 이것저것 다 해본 하이클래스들의 세계관일 수가 있습니다.

박   저는 값비싼 세금을 계속 납부하너라도 강남에서 살겠다는 사람들은 나라에 돈 많이 내는 걸로 사회에 기여하게끔 놔뒀으면 해요. 정부가 진짜로 관심을 기울여야 할 사항은 '강남아파트가 평당 몇 억이냐'가 아닙니다. 이건 세금만 꾸준히 물리면 됩니다. 핵심은 강북에 살건, 강남에 살건 지역 차이에 관계없이 시민들이 동일한 통신선을 사용하고, 아이들이 똑같은 환경에서 뛰어놀고, 어르신들이 차별 없는 복지혜택을 누려야 한다는 점이에요. 이건 사실 저처럼 강북에 지역구를 두고 있는 정치인들이 잘할 수 있는 일이기도 합니다. 그런데 현재 강남에는 어디를 가도 가까운 거리에 수영장이 있지 않나요?

우   강북에 와보니까 수영장 다니기가 강남에서 살 때와 달리 쉽지가 않더라고요.

박   강북구에는 수영장이 몹시 드물어요. 제 지역구에 수영장이 화계초등학교 실내수영장 딱 한 개뿐입니다. 이게 말이 되느냐고요!

우   송파구에도 몇 군데 없었는데 민주당 소속 구청장이 열심히 만들어서 지금은 그 개수가 늘어났더라고요. 김성수 구청장 시절에요.

박   지금 저희 동네에 수영장 하나를 신축하는 중입니다. 제가 구민들께 걸어서 갈 수 있는 거리 안에 실내수영장을 만들어 드리겠다는 공약을 선거 때 내걸었었어요. 이는 아주 기본적 사회서비스거든요. 부모가 단지 강북구에 산다는 이유만으로 왜 애꿎은 아이들이 차별을 받아야 합니까? 이건 강북구의 문제인 동시에 서울시의 문제이기도 해요. 대한민국 정부는 이런 차별과 불평등에 대해 국민들께 죄책감을 느껴야 합니다.
     평등한 사회서비스를 누릴 수 있는 권리는 주거권과도 연계됩니다. 이런 권리를 제때 정상적으로 챙겨주지도 않으면서 강남만 때려잡는다고 문제가 해결되나요? 변사또 엉덩이에 곤장만 열심히 내려치면 뭐합니까? 정작 춘향이의 한은 이몽룡을 만나야만 풀리는데. 저는 우리 동네 실내수영장 문제를 생각하면 할수록 열이 막 올라요. 어우 열 받아. (웃음)

공   외지 사람인 제가 생각해도 성질, 아니 승질이 마구 뻗치네요. 그런데 태릉골프장에 아파트 짓는 게 확정인가요? 골프장을 구태여 계속 존치할 필요는 없겠지만, 그 자리에 강북의 서민 대중을 위한 공원시설 등을 꾸미면 널리 혜택이 돌아갈 텐데. 홍익인간의 이념이 바로 그런 거 아니겠습니까? 지금은 강북 3구도 아파트 천지라 교통난이 장난이 아닙니다. 인프라 확충도 하지 않은 채 덜컥 아파트 단지만 조성하면 그 뒷감당을 어찌할 셈인지 염려가 되네요.

"주거권과 문화향유권은 바늘과 실의 관계라고 봐요. 함께 가야 합니다. 도서관과 공원, 그리고 체육시설 접근성 등 여러 가지 지표들에 입각한 지역들 간의 편차가 줄어들도록 지자체에 대한 정부의 지속적 예산지원이 절실히 요구되고 있어요.**"**

박　정부의 부동산 대책에는 중차대한 맹점이 있어요. 첫 삽 언제 뜨겠다고 계획을 세우면 실제로 완성되는 데는 10년이 걸립니다. 정책의 수혜는 그 다음다음 정권이 누리는 체계예요.

우　태릉골프장에 아파트를 짓지 못할 수도 있습니다. 주민들이 이번만은 대차게 붙겠다며 단단히 벼르고 있거든요.

공　부산 금정구 시선에서는 서울 상황이 굉장히 부러운 이야기 아닌가요?

김　제 지역구인 금정구가 부산에서는 상대적으로 상황이 괜찮은 곳으로 평가받는데도 불구하고 막상 서울과 비교하면 하드웨어가 턱없이 모자랍니다. 금정구에는 국민체육진흥기금으로 지은 것 하나, 시립으로 건설한 것 하나, 그리고 민간에서 운영하는 스포츠센터 하나 해서 실내수영장이 통틀어 세 군데 있습니다. 강북구보다야 어쩌면 나을 수도 있겠지만, 강남과는 비교가 안 돼요. 저는 주거권과 문화향유권은 바늘과 실의 관계라고 봐요. 함께 가야 합니다. 그런데 이 두 가지 전부 단기간에 충족되기 어려운 성격이 있어요. 저는 15년에서 20년 사이에 걸쳐 착실하고 체계적으로 실천에 옮겨질 국가적인 종합계획에 기초해서 이 문제에 접근할 필요가 있다고 생각합니다. 도서관과 공원, 그리고 체육시설 접근성 등 여러 가지 지표들에 입각한 지역들 간의 편차가 줄어들도록 지자체에 대한 정부의 지속적 예산지원이 절실히 요구되고 있어요.

강북사람들도 고급예술을 즐기고 싶다

박 재정운영의 원칙부터가 기본적으로 잘못됐습니다. 지금은 매칭펀드[14] 방식이 표준인데, 여기에 준거할 경우 만약 사업비가 100이라면 중앙정부가 50, 서울시가 25, 기초자치단체가 25로 나누어 부담하는 구조예요. 문제는 강북구와 금천구 같은 지역은 75를 받고 싶어도 25가 없어서 그럴 수 없다는 거죠.

김 부산은 기초단체 재정이 서울과는 비교할 수 없을 정도로 더 열악해서 25는커녕 10도 부담하기 쉽지 않고 5만 내는 경우도 있습니다.

박 매칭펀드 방법을 고집하면 오페라 하우스 같은 고급 문화예술 시설은 또 강남구나 서초구만 유치할 수 있어요. 강남과 강북 간의 부익부빈익빈 현상은 수도권과 지방 사이의 부익부빈익빈으로 확대재생산되어 왔습니다. 제가 의아하게 생각하는 부분은 농촌은 중앙에서 100% 다 해준다는 짐입니다.

김 그건 행정안전부의 지방교부세 배분에서 농촌이 늘 우선순위이기 때문이에요. 그러다 보니까 인구밀도가 높은 대도시의 낙후지역과 인적이 드문 농촌지역의 주민 1인당 국가예산 지원금액을 비교하면 후자가 압도적으로 높습니다. 돈에 여유가 있으니 이용하는 사람이 매우 적음에도 불구하고 길 닦고, 다리 놓고, 마을회관을 짓습니다. 과거 농업시대에서 산업시대로 이행할 당시에는 인구가 급속히 빠져나가는 농촌지역에 대한 보상으로 이러한 비대칭 재

---

14 Matching Fund, 중앙정부가 지방자치단체나 민간에 예산을 지원할 때 자구 노력에 연계해서 배정하는 방식을 말한다.

정지원 정책이 정당성을 가졌을지 모르나, 이제는 이런 불합리한 재정운용 시스템을 전면적으로 손질해야 할 때가 됐어요. 선거법상 도시와 농촌 지역 표의 등가성 원칙의 기준이 헌재 결정에 따라 4:1에서, 3:1을 거쳐 2:1로 줄어들지 않았습니까? 마찬가지로 인구 1인당 정부 예산지원도 일정한 준칙을 만들어서 현재 도시와 농촌 간 격차가 벌어진 부분을 좁히는 노력이 필요하다고 봅니다.

우   제가 강남을 쭉 혹독히 비판하다가 딱 멈추는 지점이 있어요. 문화적 수요와 공급에 관한 측면입니다. 연극 분야를 예로 들어볼게요. 대학로에서 공연을 하면 어떻게 해도 손해를 봅니다. 하지만 대학로에서 쌓은 평판을 바탕으로 강남에 자리한 예술의 전당으로 가게 되면 관객이 만원을 이루면서 2~3주 안에 본전 다 뽑고 이익까지 남습니다. 강남사람들의 문화수준이 꼭 높은 건 아니에요. 후진적 요소도 당연히 있습니다. 그렇지만 풍부한 수요가 존재하는 덕분에 강남이 한국 공연시장의 최종소비지 기능을 담당해왔습니다. 만약에 예술의 전당이 강남이 아닌 강북에 위치해 있었다면 이러한 선순환 구조가 형성됐을지 솔직히 저도 자신하지 못하겠어요.

박   우리 강북구도 봐요! 왜 안 본다고 그래요! (웃음)

공   강남아줌마들의 두둑한 돈지갑을 노리는 원투펀치가 있습니다. 하나는 부동산 개발업자이고, 다른 하나는 인문업자들입니다. 인문학이 한강을 건너면 인문업이 되더라고요.

박   우아하게 수금을!

우   연극시장을 분석해보면 초연은 강북에서 하면서 흥행성을 타진합니다.

그래서 흥행성이 검증되면 강남으로 가요.

공 내재적 해외진출이네요.

우 강북에서 관중 동원에 호조를 띠어야 예술의 전당행이 가능합니다. 연극을 비롯한 우리나라 공연시장의 위계와 질서가 현실에서는 이렇게 짜여 있어요.

박 현재 강북에 존재하는 공연 관련 하드웨어로는 수준 높은 문화 콘텐츠를 유치하기가 힘들어요.

우 장기적 안목의 문화디자인이 그래서 요구되는 것이죠. UN에는 '휴먼 세틀먼트(Human Settlement)'라는 용어가 있습니다. 우리말로 옮기면 '정주권' 정도로 번역되는 말인데, 어떻게 하면 사람들이 살기 좋은 공간을 만들지에 대한 문제의식이 담긴 표현입니다. 살기 좋은 공간일수록 집값이 높은 측면은 분명 존재해요. 그럼에도 저는 반드시 집값이 비싸지 않아도 질 좋은 삶을 보장해줄 수 있다는 믿음을 갖고서 평등하고 문화적인 사회적 주택에 관한 고민을 20년 동안 계속해왔어요. 그러나 제가 부동산업자들을 이긴 적이 아직까지는 한 번도 없는 것 같아요.

김 역대 정부가 펼친 모든 주택정책을 통틀어 그나마 호평을 받은 게 노태우 정부의 200만 호 건설이었습니다. 과정에는 우여곡절이 많았지만 이 정책 덕분에 당시에 결과적으로 집값이 안정됐어요. 그로부터 20년쯤 후에 이명박 정부가 추진한 행복주택과 보금자리주택에 대한 여론도 비교적 우호적이었습니다.

우 저도 그 정책은 괜찮았다고 평가하는 입장이에요.

김 그러나 MB 정부의 주택정책에는 큰 허점이 있었습니다. 새로운 문제는 아니지만, 10년을 거주하면 살고 있던 임대아파트를 분양받을 수 있도록 계속 허용한 거죠. 이것 때문에 행복주택과 보금자리주택이 분양을 받은 입주자들과 건설회사들에 막대한 이익이 돌아가는 로또가 되고 말았습니다. 우리나라의 공공임대주택 비율은 전체 주거형태 중에서 5% 정도에 머물다가 바로 행복주택과 보금자리주택 사업 덕분에 조금 올라가서 7-8% 수준에 와 있습니다. 위 주택들의 분양전환이 이루어지면 또 내려가겠죠. 저는 이걸 선진국 수준인 30% 선까지 올리기 위한 조치들이 필요하다고 생각해요.

우 30%의 절반인 15% 목표만 달성해도 주택시장에 놀라운 변화가 생겨날걸요.

김 양상이 많이 달라지겠죠. 그러려면 공공주택으로 입주된 아파트를 나중에 민간분양으로 돌리지 못하게끔 해야 합니다.

박 이미 시장에 나온 물량은 어찌할 도리가 없을 텐데요.

김 과거에는 그랬다고 쳐도 앞으로는 그러지 말아야죠.

지금은 주택정책의 패러다임을 바꿀 때

우 제가 주택정책의 패러다임을 이제는 바꿀 때라는 이야기를 꽤 오래전부터 하고 있어요. 그럼에도 바뀌는 게 없습니다. 간단히 바꿀 수 있는 방도가 있는데도, 정부는 그 쉬운 길을 놔두고 특단의 해법만 매일 찾고 있어요. 조세만 갖고는 땅값이 잡히지 않는데도 말이에요. 이게 제가 김현미 장관에게 제일 불만스러웠던 대목입니다. 미국이 보유세가 적어서 집값이 막 오르고 버블 생기고 그러는 게 아닙니다.

공　김현미만 떴다 하면 땅값이 올라서 김현미를 아파트 광고모델로 기용해야 한다는 우스갯소리도 있습니다. (폭소)

우　정부는 핀셋규제라고 주장하는데, 핀셋이 아니라 해머를 들고 와도 안 되는 일이에요. 당국이 정책을 들고 나오면 민간에서는 그 즉시 대책을 만들어내잖아요. 네가 이럴 줄 알고 나는 벌써 우회로를 찾아 놨지, 3년째 이러고 있는 거죠.

공　알고 보면 핀셋규제가 아니라 핀셋부양책이었습니다. 오죽하면 재개발조합이나 재건축조합에서 김현미만 자기 동네에 나타나기를 오매불망 기다리고 있겠습니까? 김현미 장관이 아파트 분양으로 돈 버는 사람들에게는 꼭 한번 모시고 싶은 부동산 시장의 법륜스님이에요. (웃음) 저는 다음에 들어설 정부는 집값보다는 집을 먼저 생각하는 정부가 되었으면 좋겠습니다. 그런데 강남 집값에는 관심이 많은 문재인 정부가 재벌들이 많이 거주하는 한남동의 주택가격이 급등하는 데에는 너무나 태연하더라고요. 그 일엔 아예 성불했나?

우　시민단체들에서는 한남동 공시지가가 낮아도 너무 낮다고 지속적으로 문제 제기를 해왔습니다. 그래서 저는 징벌적으로 세율을 높이는 게 바람직하지 않다고 봐요. 누구나 보편적으로 납득할 수 있는 예측 가능한 부동산 세율을 어서 획정해야 합니다. 그러지 않으면 조세 저항 사태는 필연이에요.

공 광화문이나 청계광장에서 태극기부대가 집회를 열면 강남에서 강북으로 향하는 2호선 지하철이 인파로 미어터집니다. 제가 우파 유물론자거든요. 저는 태극기부대가 시내로 쏟아져 나온 건 문재인 탄핵이나 박근혜 석방을 위해서가 아니라 세금 때문에 나왔다고 봅니다.

우 저희 아버지는 세금도 안 내시는데 왜 나가셨는지 모르겠어요. 저희 어머니가 "너희 아버지 또 거기 나간다"라고 저한테 명절 때 제보해주시거든요. 제 아버지께서 서울사범학교를 졸업하셨어요. 아버지 말씀을 들어보니 나이 드신 동문은 거의 전원이 태극기집회에 꼬박꼬박 참석하는 눈치더라고요. 그분들이야 돈도 많고 건물도 몇 채씩 있지만, 제 아버지는 종부세도 부과되지 않는 자그마한 집 하나가 전 재산인데.

공 태극기부대가 대단한 게 전광훈 목사가 ARS도 아니고, 계좌이체도 아니고, 집회 현장에서 순수하게 현금만 받아서 단 10분 만에 억 단위의 거금을 모았다고 합니다. 태극기집회에 나오는 부유한 어르신들 지갑에 신사임당 대여섯 장은 기본이거든요. 전광훈 목사가 정말 절묘한 비즈니스 모델을 개발한 셈입니다. 그렇게 모금한 돈을 모금이 아닌 헌금으로 처리해 세금을 깎으려고 시도하다가 욕을 바가지로 먹었죠. 그 양반, 수완 하나는 참 대단해요.

우 부동산 불로소득보다 더하네요.

박 참 기발한 사람입니다.

공 저는 박용진 의원님께서 의원님의 본의와는 다르게 더불어민주당의 대표적 감세론자 내지 규제완화론자로 자리매김을 당하실 것 같습니다.

2장 바보야, 문제는 강남이 아니야

우 　 박 의원님은 그래도 됩니다. 유치원 3법 입법 과정에서 탁월한 문제 해결 능력을 이미 입증했거든요. 그 일은 이념적 사안이 아니었어요. 절박하고 필수적인 일상의 문제였습니다. 저는 박용진 의원님이 그때 했던 것처럼 협상과 조율을 또다시 잘해간다면 세금 문제와 주택 이슈에서도 국민들의 박수갈채를 받으리라고 확신합니다.

AI 시대의
교육과 신기술

#학교붕괴
#코딩교육
#무상의무교육
#대학서열
#기계참정권

코로나가 드러낸 한국 교육의 민낯

우   이번에는 대한민국 국민 모두가 전공자라고 말하는 교육 이야기를 해보겠습니다. 지금의 우리나라 교육이 AI(인공지능) 기술로 상징되는 미래시대에는 전혀 부합하지 않는다는 비판과 지적은 오래전부터 제기되어 왔습니다. 이렇게 총론에서는 합의가 됐는데, 구체적으로 무엇을 고쳐야 할지 각론에 들어가면 선뜻 동의가 이뤄지지 않고 있어요.

저희 부부가 열 살과 여덟 살 된 아들 둘을 두고 있는데 저희 어머니께서 저에게 참 나쁜 아비라는 질책을 자주 하셨어요. 아이를 영어유치원에 보낼 나이가 됐는데도 아빠로서 전혀 그럴 기색이 없다는 거죠. 어느 날인가는 어머니께서 당신이 비용을 부담할 테니 제발 아이들을 영어유치원에 보내라고 독촉하시기에 제가 그런 곳은 애들 교육에 결과적으로 도움이 되지 않는다고 말씀드렸더니 당신께서는 저를 그렇게 키우지 않으셨다며 섭섭함을 토로하시더라고요. 저희 형제가 저까지 포함해 셋인데, 그중 둘이 박사입니다. 저희 아내 친형제들은 전원이 박사 학위 소지자이고요.

아이들을 영어유치원에 보내지 않기로 한 일은 저희 형제 모두의 일치된 의견이었습니다. 저희 어머니께서는 나중에 제가 아이를 사립초등학교에 입학시키지 않은 일에 대해서도 무척이나 못마땅하게 여기고 계십니다. 제가 복에 겨워서 아이들을 방치한다고 노여워하세요. 제가 딴 데서는 '빨갱이' 소리 많이 듣지만 저희 부모님께는 들어본 적이 없었는데 애들 교육 문제 때문에 '빨갱이' 소리를 들었습니다. 그런데 아이가 초등학교 2학년이 되니 우리 사회에서는 당연히 영어학원을 보내야 한다는 통념 같은 게 작용하더라고요. 저는 굳이 세계 표준에 발맞춰야만 한다면 최소한 프랑스나 독일의 교육체계에 눈높이를 맞춰야 한다고 생각해요. 대학입시를 비롯한 우리나라에서 통용되는 단계별 기준에 아이를 맞추고 싶지는 않습니다. 제가 문재인 정부를 향해 쓴소리를 자주 해왔는데, 특히나 교육에 관해서는 지금 정부가 선거 당시의 공약을 지키지 않는 건 둘째치고 도대체 한 게 뭔지 모르겠어요.

우리나라에서 교육 개혁 소리가 나온 지는 한참 됐습니다. 그러나 일본이 서울에다가 대학교로는 경성제국대학을, 고등학교로는 1고, 2고 체제를 만들어 놓은 이후로 이 틀에서 우리가 본질적으로 과연 벗어난 적이 있는지 진지하게 묻고 싶습니다. 이 자리에 대담자로 참석하고 계신 분들 모두 아직 학부형 입장으로서 성장기의 아이들을 키우고 계십니다. 여전히 명쾌한 정답이 없는 문제일 수도 있겠지만, 대한민국의 교육을 어떻게 바꿔나가야만 할지 각자 나름의 소신과 철학을 갖고 계실 거예요. 제가 박용진 의원님과도 이야기를 나눈다고 하니까 많은 분들이 교육 개혁은 유치원 3법 입법할 때처럼만 하면 된다는 말씀을 일제히 해주시더라고요.

박   그때 죽는 줄 알았어요. (웃음)

우   한국에서 교육을 바꿀 수 있는 사람은 박용진밖에 없다며 기대감이 대단했습니다.

박   코로나 사태가 터지면서 우리는 한국 교육의 민낯을 느닷없이 보게 됐어요. 우리 학교 다닐 때도 마찬가지였습니다만, '19세기 교실에서 20세기 교사가 21세기 아이들을 가르친다'는 말이 한국 교육을 설명하는 데 아주 적절한 표현입니다.

김   미국의 미래학자인 앨빈 토플러가 생전에 그런 날카로운 진단을 했었죠.

박   교육의 3요소가 이렇게 따로따로 놀고 있으니 코로나 19가 걷잡을 수 없이 확산되면서 우리나라 교육이 완전히 하늘로 붕 뜨고 말았습니다. 학교가 대관절 무엇을 하는 곳이냐는 근본적 문제 제기가 고개를 쳐들었어요. 아이들을 정해진 시간에 정해진 장소로 몰아넣기만 하면 그게 학교냐는 본원적 질문이었습니다.

우 일단은 무조건 보내는 거였죠.

김 재수 없으면 아침부터 학주 샘한테 한 대 쥐어터지고. (웃음)

박 일정한 시간에 일정한 장소로 학생들을 소집하는 건 근대 산업국가의 노동자들을 양성하기 위한 필수 절차였습니다. 정해진 시간에 정해진 장소로 정확히 나올 수 있는 기본적 역량을 체화시키려는 목적에서였어요. 분업에 기반한 산업현장이 차질 없이 돌아가려면 순종적이고 질서정연한 유형의 인간들이 대규모로 필요했거든요. 공장에서 신속히 제품 찍어내듯이 학교에서는 학생들을 일사불란하게 찍어낸 것이죠. 그게 바로 19세기에 뿌리 내린 자본주의적 생산양식에 조응하는 교육방식이었습니다. 이러한 전통이 100년도 넘게 면면히 이어져 내려오다가 갑자기 학교를 가지 말라고 하니 학생도 당황하고, 학부모도 당황했습니다. 전 사회가 당황하는데 제일 당황한 사람들이 학교를 일터로 삼고 있는 선생님들이에요.

　　선생님들에게는 기존에 학생들을 가르쳐오던 고유한 관행과 방법이 있습니다. 그런데 컴퓨터 화면을 통해 비대면으로 아이들을 지도하라고 하니까 선생님들이 대략 두 가지 양태로 나뉘더라고요. 첫 번째 범주의 선생님들은 변화된 환경 속에서 아이들의 관심과 열의를 이끌어내 교육의 성과와 목표를 달성하려고 하십니다. 두 번째 범주의 선생님들은 약간은 체념과 포기한 인상을 주시는 분들입니다. 영상 하나 올려놓고서 다 봤으면 댓글 달라는 말이 수업의 거의 전부더라고요. 두 번째 경우에는 아이들도 나름 대처법을 개발합니다.

공 　선생님의 정책에 아이들은 대책을 만들어내네요! (웃음)

박 　그 대처법이 뭐냐 하면 영상을 1.8배속으로 시청하는 거예요. 그러면 소리도 다 알아들을 수 있어요. 그렇게 눈 깜짝할 사이에 동영상을 전부 보고서 자투리 시간에는 곧바로 게임을 하더라고요. 어떨 때 보면 모니터에다가 엄청난 개수의 창을 열어놓고서 멀티태스킹을 하는데, 선생님 보면서 게임은 게임대로 하고, 채팅은 채팅대로 하면서 그와 동시에 엄마가 자기를 감시하고 있는지를 또 역으로 감시하고 아빠는 왜 안 나가시지? 이러고 있어요. (웃음) 이런 21세기 아이들을 데리고 낡은 교육 패러다임을 고집하고 있으니 학교가 붕괴하지 않으려야 붕괴하지 않을 수가 없죠.

　　학교가 무너지면서 기존의 지식전달 체계와 학습평가 체계도 아울러 무너졌습니다. 코로나 때문에 올 것이 조금 더 빨리 온 거죠. 우리가 학교의 발견, 아니 재발견에 싫건 좋건 나설 수밖에 없는 상황과 분위기가 조성되고 말았어요. 이럴 줄 알았으면 예전에도 집에서 동영상 보고 있었으면 되는 거였나? 하는 학교의 재발견이 시작된 겁니다.

　　그런데 학교는 아이들에게 지식만 전달하는 단순한 물리적 공간 이상의 의미를 지니고 있어요. 학교는 한 인간의 본격적 사회화가 진행되는 곳이기도 하니까요. 제 둘째 아이가 2020년에 초등학교를 졸업하고 중학교에 진학했습니다. 그런데 담임선생님 얼굴 한번 제대로 못 보고, 같은 반 아이들이 누군지도 몰라요. 학교가 집 근처에 위치해 있으니 어딘지는 당연히 알겠지만, 교실도 못 가보고 변변한 입학식도 치르지 못했을 뿐더러, 장만한 교복은 며칠 입어보지도 못했어요. 이걸 떠올리면 아이가 너무 딱하고 불쌍합니다.

　　　　　　　　　　　　　　　　3장 AI 시대의 교육과 신기술

우   그러면 학창시절의 추억이고 뭐고 없죠.

박   맞아요. 추억을 만들 계기도, 자기 또래의 아이들 집단과 어울려 사회화 경험을 쌓을 수 있는 기회도 싹 사라졌어요. 지금의 학교는 19세기에나 어울릴 법한 인간들을 양산하려 시도해왔습니다. 사람들을 규칙적인 육체노동에 길들이는 것을 목적으로 운영됐어요. 저는 코로나 19가 현존 교육체계의 시대착오적 성격을 백일하에 폭로했다고 생각합니다. 이 고질적인 낡아빠짐은 코로나가 극복된다고 해서 아무 일 없었던 듯 되돌아갈 문제가 아닙니다. 우리 아이들이 살아갈 미래에 조응하는 교육을 만들어내는 과제가 코로나로 인해 명확하게 제시된 거죠. 그동안 문제가 많다던 한국 교육의 민낯이 다 드러났고, 선생님들도 자신의 민낯을 다 보였고, 아이들이 학교에 가지 않는 게 부모의 삶을 얼마나 무너뜨리는지도 뼈저리게 체험했고요.

    물론 긍정적 각성도 있었습니다. 어렴풋이 느껴오던 문제의 실체와 현주소를 명징하게 깨달은 일이에요. 그로 인해 제일 먼저 부각된 게 더는 방치해서는 안 될 심각한 개인 간, 가정 간, 계층 간 교육격차예요. 부모가 모두 밖에서 일하는 경우에 발생할 수 있는 교육의 사각지대, 또 적절한 온라인 교육기기가 없는 아이들에 대한 교육의 사각지대도 처음 범사회적으로 조명됐습니다. 학교는 교육과 보살핌 두 가지 기능을 수행하는 장소입니다. 코로나 19는 돌봄의 책임자로서의 학교가 그간 해온 역할이 얼마나 크고 소중한 것이었는지 우리 사회에 선연하게 일깨우고 있습니다. 가정에서 충분한 돌봄과 보살핌을 누릴 수 없는 아이들에게 무턱대고 집에만 머무르라고 다그치는 건 매우 야만적이고 폭력적인 조치일 수 있어요.

교육 개혁의 전제는 교육의 폐쇄성 타파

김　　제가 12년간의 의정활동 중에서 8년을 교육 관련 상임위에서 일했습니다. 교육과학기술위원회에서 5년 가까이, 교육문화체육관광위원회에서 3년 남짓을 각각 활동했어요. 저는 한국 사회의 난제들 대부분이 시간이 걸리더라도 교육을 통해 풀릴 수 있다고 믿으면서 다양한 제안과 입법 활동을 위해 노력했는데, 법안과 제도로 반영시키는 것은 대단히 어려운 일이었습니다. 그래서 저는 지금 시대에 학교에서 꼭 배워야 함에도 불구하고 그러지 못하는 것들이 무엇일까 고민해봤습니다. 몇 가지만 말씀드려보겠습니다.

먼저, 살아 있으면서 자신과 세상을 바라보는 관점인 인생관과 세계관을 넘어서는, 삶과 죽음의 문제까지 확대해서 자신을 성찰할 수 있는 '생사관'을 정립시켜주는 것이라고 생각합니다.

생사관에 대해서 진지하게 성찰하게 된 계기는 약칭 '연명의료·호스피스법'을 국회에서 대표발의하면서였습니다. 1997년 12월 초순에 보라매병원 사건이 발생했어요. 뇌 수술 이후 자가 호흡을 하지 못하게 된 남편을 병원 측의 반대를 무릅쓰고 보호자인 부인이 퇴원을 시킨 후 남편이 사망했는데, 그 결과 보라매병원의 담당 의사들이 살인방조죄로 유죄 판결을 받았어요. 이 사건 후에 의료현장에서는 의료진이 형사처벌을 피하기 위해 환자의 상태가 조금만 나빠져도 병원에서 무조건 산소호흡기 꽂고, 기도삽관을 하는 등 방어적 과잉진료에 나서게 됐어요. 임종을 앞둔 환자가 가족들과 함께 평화롭고 존엄하게 삶을 마칠 권리가 완전히 가로막히고 만 거죠. 저는 이런 모순을 타개시키는 데 필요한 연명의료법과 호스피스법 입법을 준비하면서 죽을 때까지 삶과 죽음을 바라보는 성찰의 기회를 제대로 가져보지도 못하고 죽음을 맞이해야 하는 사회는 무언가 중대한 결함이 있다는 생각이 들었습니다. 또, 자살공화국 이야기가 나올 정도로 자살 문제는 정말 심각한데, 생사관 교육이 이루어진다면 자신의 문제를 다르게 볼 수 있는 계기도 되지 않을까 합니다. 어떠어떠하게 살아라, 하고 가르치는 것보다 결국 누구나 죽음을 맞이할 건데 그때 세상을 어떻게 떠날 것인가 하는 본질적인 성찰을 할 수 있는 사람이 되면 어떻게 살 것인가 하는 문제는 자연스레 해답을 찾게 되지 않을까요?

그리고 많은 분들이 현실에서 고통받고 있는 것들 중 하나가 바로 섣부른 계약이나 잘못된 투자 유도 등 사기 피해 사건들일 텐데요. 이런 것들은 경제·금융 지식이나 법률 지식의 부족에서 비롯된다고 생각합니다. 따라서 교과서 안에 생명력 없이 머물러 있는 교과목이 아닌, 현장에서 살아 움직이는 경제·금융 교육이나 생활법률 교육의 강화가 절실합니다. 지금은 사회과목 내 경제학원론으로 어렵게 금융을 가르치는데, 이걸 어릴 때부터 올바른 투자법에 대한 교육 등 현실적 재무관리 능력을 배양시켜주는 쪽으로 방향 전환을 해야 합니다. 올바른 재무관리 능력을 익히지 못하면 가령 국가에서 기본자산을 제공해서 목돈이 생겼다고 해도 리스크 관리를 잘못해 한 번에 다 털어 써버릴 가능성이 있거든요.

우   다단계 조직의 유혹에 넘어갈 위험성도 있죠.

김   금융과 투자에 대한 교육을 충실히 받지 못하면 제2의 저축은행 사태나, 또 최근 큰 문제가 된 펀드 사기처럼 각종 금융사고의 재발을 막을 수가 없습니다.

그리고 아직은 취약한 민주적 사회 운영의 원리가 정말로 깊게 뿌리내릴 수 있도록 이와 함께 협상론의 조기 교육도 서둘러야 한다고 봐요.

공   거래의 기술을요?

김 '거래의 기술'은 트럼프가 쓴 책 제목이라 썩 내키지 않지만(웃음) 우리 인식 속에 뿌리 깊게 깃들어 있는 승자 독식의 문화, 비타협의 문화, 권력을 쥔 다음에 빠지는 독점과 탐욕의 함정에서 벗어나기 위해서는 근본적으로 공동체 동료 구성원들에 대한 인정과 존중, 그리고 이들과 협상을 통한 합리적 타협을 이루어내는 기술을 배우지 못하면 언제든 이분법적 흑백논리에 빠져들 거라고 봅니다. 어린 시절부터 타협하고 절충하는 훈련을 꾸준히 쌓아온 민주시민의 숫자가 사회에 많아져야 민주적으로 선출되었으나 독재정부의 성향을 띠는 패턴을 깨고, 대화와 절충의 원리로 돌아가는 정상적인 민주공화정을 튼튼하게 꾸려갈 수 있다고 확신해요.

하지만 토론과 협상의 토양이 척박한 현실에서는 이런 변화가 좀처럼 일어나기 어려웠습니다. 이를테면 21세기에는 코딩이 중요하다, 그래서 과학 과목 안에 코딩 교육을 넣자고 하면 이 결정에 영향을 받는 사범대 교수님들께서 자기 과목의 수업 시수가 줄어든다며 반발하시게 되죠. 결국 전통적인 교과 과목의 구분 안에 제대로 자리를 잡기 어려웠던 코딩 교육은 실과 시간으로 편입되었습니다.

우 요즘 같았으면 학교들마다 자기들이 먼저 코딩 교육 실시하겠다고 난리를 쳤을 텐데 말이죠.

김 그때도 현장의 수요는 분명히 높은데, 정작 교과 시수는 안 내놓는 교육계의 이기적인 현실을 목격하며 우리나라 교육의 폐쇄성을 생생히 실감했습니다. 이뿐만이 아니에요. 교육 과정 개정을 주제로 공청회를 개최하려고 필요한 정보를 요청했더니 국회의 소관 상임위에조차 자료를 거의 내주지 않았습니다. 완전 카르텔이고 마피아였어요. 교육 공급자의 인식이나 행태를 바꾸는 게 여간 어려운 일이 아니더라고요. 변화의 시도들이 이렇게 봉쇄딩할 비에는 제대로 된 교육 개혁을 위해서는 변화를 거부하는 한국의 공교육이 빨리 붕괴해버리는 게 오히려 더 빠른 길이 되겠다고 판단했는데, 마침 코로나 사태가 닥치면서 기존 질서가 깨져나가는 시점이 엄청나게 앞당겨진 거죠.

제자들을 열과 성을 다해 헌신적으로 지도하는 선생님들도 많이 계시다는 걸 물론 잘 알고 있습니다. 하지만 시대의 변화를 인식하지 못한 채 권위주의적 사고의 굴레에 갇혀서 학생들 위에 군림하려는 선생님들 또한 여전히 계신 게 현실이에요. 한편, 코로나 이후 등교가 어려워지면서 대학교부터 초등학교, 아니 유치원까지 화상수업을 하니까 일타강사와 경쟁해야 하는 선생님들은 얼마나 힘드시겠습니까? 이런 현실에 적응하고 생존하려면 정말 힘이 들 것 같은데, 어쩔 수 없죠. 세상이 그렇게 변했으니까요.

우리나라 교육은 고용 제도나 복지 시스템과 마찬가지로 20세기 산업화 시대의 기준과 관점에 상응하도록 설계되고 운용되어 왔습니다. 산업화 시대가 저무는 지금, 따라서 현재의 교육 시스템도 폐기되는 운명을 벗어날 수가 없어요. 그러나 저는 산업화 시대 이후를 너무 지나치게 걱정하고 불안해할 필요는 없다고 생각합니다. 산업화가 물러난 이후에 생겨난 공백 상태를 채워줄 다양한 시도와 실험들이 자연발생적으로 일어날 거라고 믿고 있거든요. 교육부는 정부 부처들 중에서도 가장 변화가 느리다는 평을 받기도 합니다. 그래서 교육부가 이제 뭔가를 해보겠다고 하면 아주 파격적으로 갈 필요가 있다고 봐요.

공   김 의원님은 어떤 파격을 상정하고 계신가요?

김   이를테면 학교의 설립 요건을 대폭 완화해주는 방안이 있을 겁니다. 지금은 건물 평수나 교사 정원 등과 관계된 요건들이 엄격하고 까다롭습니다.

지금 사립학교도 국가의 재정지원을 받으며 반 공립학교처럼 운영되고 있죠. 어떤 문제에 대한 해결책을 찾을 때 먼저 확인해봐야 할 것이 그 문제가 독점에서 비롯되고 있는 건 아닌지 하는 겁니다. 만약 공급의 다양성의 부족이 문제라면, 다양성을 높여주는 방향으로 가보자는 거죠. 우리 경우에는 그런 취지로 도입된 특목고, 자사고 등이 대학입시와 맞물리면서 교육 스펙트럼의 수평적 다양성보다는 고교 서열화를 심화시킨 부작용이 있었기 때문에 지금 각 교육청에서는 자사고 폐지에 나서고 있는데요. 이렇게 학교 유형을 신설하거나 확대하는 방안은 비슷한 결과를 낳을 수도 있다는 점을 염두에 두면서 봐야겠고요. 또 다른 방안으로는 아마 논란이 따르겠지만 학교와 학원의 구분을 사실상 없애다시피 공교육과 사교육의 장벽을 낮추는 방법도 있겠죠. 마치 고용 문제의 해법으로 정규직과 비정규직 사이의 장벽을 사실상 철폐하는 것을 시도할 필요가 있는 것처럼 말이죠. 이제 학생들에게 단순히 지식을 전달해주는 길은 무궁무진하게 열린 거고요.

공　거기에는 디지털 기술 발달의 공이 큽니다.

김　지식 전달은 이제 거의 민주화가 이뤄졌다고 할 수 있습니다. 그래서 최근에는 교육의 핵심 요소들로 '4C'를 드는 경우도 있습니다. 비판적 사고(Critical Thinking), 소통(Communication), 협업(Collaboration), 창의성(Creativity)의 머리글자를 딴 것인데요. 교육에서 단순한 지식 전달의 비중보다, 이제는 최고 콘텐츠를 접하는 기술적 인프라를 깔아서 제공해주고, 정말 사람 대 사람으로 교육과 학습과 체험과 깨달음이 수반되어야 하는 분야에 집중하고, 기계 노동의 시대에 인간이 일을 하기 위해서 꼭 갖추고 있어야 할 역량들을 학교에서 길러주자는 거죠. 물론 평생 건강하게 살아갈 수 있도록 신체건강을 고르게 증진시키는 것도 공교육의 역할이 되어야 할 겁니다. 코로나 사태를 계기로 그 전부터 위태위태하던 공교육이 생존의 문제에 부딪혔을 때, 바로 이런 계기에 과연 교육과 학습이란 무엇이고, 나아가 미래의 노동과 삶과 인간 자체란 어떠할 것이고 어떠해야 하는가에 대한 근본적인 질문들을 던지고 답을 찾아보자는 거죠.

우리나라 공교육 붕괴의 웃픈 현실은, '스승의 날'에 진심으로 존경하는 선생님의 이름을 말해보라고 하면 아이들이 학원 선생님의 이름부터 말한다는 이야기가 진작부터 있어 왔다는 데에서 확인됩니다. 교사들의 권위가 크게 실추됐다는 거죠. 학교가 이전처럼 해서는 21세기에 유의미한 기관으로 생존하기 어려운 상황이란 걸 누구나 알게 됐죠. 많은 선생님들이 여러 변화를 시도했지만 현실의 장벽에 막혀 좌절하면서 처음의 열정이 식고 현실에 적응할 수밖에 없었던 사정들도 많이 들었습니다. 뭔가 열정적으로 하려고 하면 왜 그렇게 동료들 피곤하게 만드냐며 주변에서 그렇게 타박을 많이 한다고 합니다. 하지만 아직도 많은 선생님들의 열정이 수면 아래 잠재되어 있다고 믿습니다. 반면, 장벽 바깥에 자리 잡은 학원과 강사들의 경우에는 학생들로부터 선택받지 못하면 곧 폐업이나 퇴출로 이어지기 때문에 하루하루 생존을 위해서 뼈를 깎는 노력을 할 수밖에 없고, 그 절실함의 차이가 교육서비스의 질에서 비교할 수 없을 정도로 큰 차이를 만들어내고 있다고 봐야죠. 그래서 기존의 타성과 관성이 지배적인 환경과 역동성과 다양성이 지배적인 환경 사이의 장벽을 낮추거나 허무는 정도의 변화를 생각해보자는 겁니다.

그렇다고 해서 입시 지옥을 더 공고하게 만들자는 주장은 결코 아닙니다. 아이들을 문제풀이 기계로 만들 것이 아니라 앞서 말씀드린 '4C'를 제대로 구현하는 교육을 만들어야죠. 교육 공급자의 다양성을 교육에 더욱 불어넣자는 취지예요. 아마 지금 상태로 가만두어도 빠르게 퍼지고 있는 대안학교 설립 움직임이 더 확산되고 전체 학생 중 대안학교에 다니는 학생 비중이 지속적으로 높아져서 자연적으로 다양성은 높아질 겁니다. 그런데 코로나 같은 의외의 계기가 왔을 때 큰 틀에서 전면 재점검해서 가속화해보자는 뜻이에요.

우리나라 학교 교육이 왜 지금처럼 황폐화됐겠어요? 30년 전이나 지금이나 동일한 교사 양성체계를 유지해온 탓이 큽니다.

공   대안이 뭐가 있을까요?

김   교육전문대학원 체제를 도입했으면 합니다. 다른 전문직 분야에서의 고등교육과정 개혁 사례를 보면 법학전문대학원과, 지금은 의대로 대부분 회귀하기는 했으나 의학전문대학원도 도입됐습니다. 다양한 학부 전공자들이 전문직 커리어로 들어올 수 있도록 해서 다양성과 전문성을 높이자는 취지죠. 이렇게 본다면 현행 사범대학 체제를 교육전문대학원 체제로 개편하는 것도 좋은 방법이 될 수 있을 거라고 봅니다.

우   '교육 MBA'라는 이름을 붙이면 멋있겠네요.

김   만약 교육전문대학원 체제를 실시하기 어렵다면 다른 어떤 방향으로라도 현재의 교원 양성 방식은 반드시 개선돼야 합니다.

우리는 왜 전교조의 출현에 열광했는가

박   저는 한국 교육을 혁신할 내용과 방향에 관해 미래학자를 비롯한 더 많은 전문가들의 분발이 필요하다고 생각합니다. 제가 아이를 키워보니까 우리 아이들 세대는 우리와는 인종 자체가 다르다는 느낌을 받습니다. 아이들의 가능성과 잠재력을 교과서와 참고서 달달 외우는 능력만으로는 정확히 평정

3장 AI 시대의 교육과 신기술

하기가 불가능해졌어요.. 사실 그러한 평가는 저희가 중·고등학생이었던 시절에도 한계를 드러내긴 했었죠.

우리나라에서 모범생은 기존의 틀과 규칙에 군말 없이 순응하는 사람을 뜻합니다. 제가 고등학교를 졸업한 지 30년이 됐는데, 졸업 30주년 기념행사를 동기생들과 함께 준비하면서 유심히 관찰해보니까, 학교에서 선생님 말 안 듣고 허구한 날 혼나던 친구들이 지금은 돈 잘 버는 번듯한 사업가가 되어서 모임을 주도하더라고요. 반면에 조용히 순응하며 얌전히 자리에 앉아 공부만 하던 애들은 전문직 종사자가 되기는 했는데, 알고 보면 남들 뒤치다꺼리하는 삶을 살고 있어요. 한 친구는 치과의사인데 맨날 남의 입 속 들여다보고 있고, 사법시험에 합격해 판사로 임용된 친구는 말도 안 되는 남의 이야기 듣느라 힘들어 죽겠다고 그러고요. 이 모범생 친구들이 현재 사회에서 가장 정형화된 좋은 코스를 갔다고 하지만, 잘 모르겠어요. 누가 더 행복한 건지. 누가 더 자기 능력을 잘 발휘했는지.

우   대신에 다들 연봉이 세잖아요.

박   정말 큰돈은 학교 때 껄렁껄렁하던 애들이 벌고 있습니다. 제가 경험한 우리나라의 교육은 순응적이고 평균적인 사람만 양산해내는 교육이었습니다. 개성을 만발하게 해주는 교육이 아니었어요. 전국교직원노동조합이 참교육의 기치 아래 처음 출현했을 때 학생들이 왜 환영했겠어요? 교육민주화의 대의에 공감한 것도 있지만, 그에 못지않게 아이들의 목소리에 진지하게 귀를 기울여준 스승이 전교조 선생님들이었거든요. 제가 고등학교 3학년 신분으로 학내 시위를 주동했던 것도 우리 얘기를 들어주는 선생님 말씀을 이번에는 우리가 한번 들어줘야 한다고 생각했기 때문이에요. 그래서 "이승훈 선생님을 처벌하지 말라"는 시위에 학생들이 대거 동참했어요.

공   감수성 예민한 10대 청소년들에게 자기 이야기 들어주는 어른은 정말 엄청나게 소중하게 다가오죠.

박   그렇죠. 칠판에 적은 내용을 군말 없이 받아 적으라고 다그치는 교사들은 많았습니다. 그러나 학생들의 이야기를 들어주는 선생님은 매우 드물었죠. 그때나 지금이나 아이들이 느끼는 답답함은 본질적으로 차이가 없어요. 게다가 지금 아이들은 인터넷을 쉬지 않고 돌아다니며 다양한 지식을 얻어오거든요. 식구들끼리 밥을 먹다가 제 아이가 역사에 대한 이야기를 하는데, 역사광을 자부해온 저도 처음 듣는 내용이 무지 많아요. 제 아내가 영어와 수학은 엄마에게 묻고, 역사와 사회는 아빠에게 물으라고 했는데, 이런 역할분담 구도가 이제는 소용없게 됐어요. 왜냐면 제가 해주는 이야기들은 아이들이 인터넷 검색을 통해 이미 다 훤히 꿰고 있는 얘기들이거든요. 가령 링컨에 대해서 말하면 아이가 더 소상히 정리된 지식을 알고 있어요. 그것도 다양한 유튜브 채널을 비교해 시청하며 교차 확인한 사실과 지식들이더라고요.
　　　지식 습득의 속도에서 아이들은 어른과 비교해 훨씬 빠릅니다. 저는 우리나라의 교육학자와 미래학자들이 아이들의 개성을 존중하고 창의성을 신장시키는 방향으로 한국의 학교 교육이 나아갈 수 있는 방법을 명쾌하게 제시해줬으면 좋겠어요. 우리나라에 시급히 필요한 인재상은 혁신적 방식으로 미래를 선도할 수 있는 창조적 인물이기 때문입니다.

무상의무교육은 국민과의 70년 된 약속

박   교육에 있어서 대한민국은 또 하나, 국민과의 70년 된 약속을 반드시 지킬 의무가 있습니다. 이승만 대통령이 우리 역사에 처음 등장했을 때의 역할이 사람들을 가르치는 일이었습니다. 계몽주의자였거든요. 이승만은 교육의 중요성을 자기 나이가 20대였을 때부터 설파했던 사람이에요. 대한민국 초대 대통령에 선출된 후 바로 이듬해인 1949년 12월에 교육법을 제정했는데, 거기에서 무상의무교육을 약속했습니다. 초등학교만 무상이라고 한정하는 메시지는 없었어요. 모든 교육 단계에서 무상의무가 원칙이었습니다. 변변한 학교 하나 제대로 세울 돈도 없고, 일제가 만들어 놓은 식민지적 교육 체계가 여전히 건재한 상황에서도 그와 같은 선언을 했어요. 그것을 바탕으로 우리는 초등학교를 거쳐 중학교를 지나 고등학교까지 무상교육을 실시할 수 있는 수준으로 발전했습니다.

그런데도 무상의무교육의 사각지대가 아직도 있습니다. 뜻밖에도 유치원입니다. 그리고 고등교육기관인 대학입니다. 국가가 국민에게 약속한 의무교육의 약속을 아직도 지키지 못하고 있는 셈이에요. 우리나라 유치원은 국공립조차 무료가 아닙니다. 학부모들의 경제적 부담을 요구해요. 사립의 경우에는 국가로부터 1년에 2조 원이 넘는 재정지원을 받고 있어요. 그럼에도 원아들의 부모로부터 또 돈을 거둡니다. 유치원에 세제지원이 다양하게 제공되고 있는데도 그렇습니다.

유치원 3법이 왜 국민들로부터 호평을 받았냐면 유치원 운영상의 회계 투명성을 획기적으로 높여놨기 때문이에요. 종전에는 회계 투명성이 담보되지 않으니 아무리 국가가 재정을 투입해도 밑 빠진 독에 물 붓기였을 뿐입니다. 일부 유치원 운영자들의 개인주머니로 들어가는 사례도 적지 않았고요. 그래서 유치원에 대한 불신이 대단히 팽배했는데 유치원 3법이 국회에서 통과되면서 그러한 부정이 불가능해졌습니다. 게다가 이상한 짓을 할 경우에 대한 확실한 처벌 근거도 마련됐고요. 저는 유치원의 회계 투명성이 확보된 지금이야말로 유아교육기관에 대한 정부 지원을 대대적으로 늘릴 최적기라고 판단하고 있어요. 무상교육의 약속을 하루라도 빨리 이행해야죠.

"교육에서의 평등의 핵심은 다양한 교육 기회에 평등하게 접근할 수 있는 기회의 평등에 있다고 봐요. 전면적 무상교육 실시와 과감한 혁신교육의 도입, 이 두 가지가 우리나라 교육현장에서 꼭 접목되기를 희망하고 있습니다."

공   대학교 무상교육 약속은 어떻게 진전되고 있나요?

박   대학교에도 현재 굉장히 많은 재정이 투입되고 있습니다. 사립대학들에만 국한해도 한 해에 거의 7조 원이 지원되고 있어요. 정부 지원이 더욱 효율적으로 집행되기 위해서는 장학제도를 포함한 여러 가지 제도들을 손질해야만 해요. 저는 만약에 사립이 여의치 않을 시에는 국공립대학들부터 먼저 전면 무상교육을 해야 된다고 생각합니다. 대한민국에서 부모의 경제적 형편 때문에 공부를 포기하는 불행한 사태는 이제는 없어야 합니다. 열심히 공부하겠다는 각오 아래 부지런히 실력을 갈고닦으면 국가가 대학 졸업까지 학생을 책임져주는 시스템이 굳건히 확립돼야 해요. 그런데 지금의 무상교육은 학교에 가서 수업 듣는 것만 무료로 하는 구조입니다. 저는 여기에 만족하지 않고 생활까지 책임지는 사회보장 시스템이 만들어져야 70년 전에 대한민국이 국민들에게 했던 약속이 비로소 온전히 지켜지는 거라고 생각합니다. 국민과의 약속을 지키는, 혁신과 미래를 지향하는 담대한 교육 개혁을 지금 당장 시작해야만 해요.

공   나라 곳간에 그럴 수 있는 돈이 있다는 말씀인가요?

박   대한민국의 재정 규모가 무려 558조 원입니다. 여기서 1조 원만 가져오면 국공립대학 전체를 무료 의무교육기관으로 바꿀 수가 있어요. 그런데도 돈이 없어서 이걸 못 한다니 정말 말도 안 되는 소리예요. 문제는 돈이 아니라 위정자들의 정치적 결단과 의지입니다.

    제가 교육 전문가는 아니지만 우리나라 교육에 혁명적 변화가 필요하다는 사실은 분명히 알고 있습니다. 이명박 정부 당시에 혁신교육을 하겠다며 자사고 제도를 도입했는데 나중에 보니까 또 하나의 입시학원이 되어버리고 말았어요.

공   자율형 사립고가 학교 교육의 형평성을 저해한다는 비판이 무성했습니다.

박   저는 획일화로 귀결되는 형식적 평등교육은 바람직하지 않다고 생각해 왔습니다. 이건 제가 제 아들들의 성장 과정을 가까이에서 지켜보며 터득한 교훈이기도 해요. 다양성은 21세기 교육의 생명입니다. 교육을 입시를 돕는 종속적 수단, 서울대 보내는 과정으로만 여기다가 어떤 결과가 빚어졌나요? 성적이 안 좋았던 학생들이, 점수 나빴던 친구들이 사회로 진출해서는 오히려 더 성공적이고 행복한 삶을 사는 경우가 많습니다.

우   대학 나온 박용진 의원은 오늘이 일요일인데 쉬지도 못하고!

박   오늘 이 대담 끝나도 저는 못 쉬어요. 끝나자마자 부리나케 광주에 가야 되거든요. 어떻게든 살아보려고! (웃음)
      저는 교육에서의 평등의 핵심은 다양한 교육 기회에 평등하게 접근할 수 있는 기회의 평등에 있다고 봐요. 전면적 무상교육 실시와 과감한 혁신교육의 도입, 이 두 가지가 우리나라 교육현장에서 꼭 접목되기를 희망하고 있습니다.

대학교 교명을 숫자로 바꾸자

공   의무교육의 요체는 일정한 나이에 도달하면 예외 없이 학교에 입학하는 데 있습니다. 그런데 단지 태어난 해가 같다는 이유만으로 학교 졸업하면 평생 얼굴도 보지 않을 인간들과 10여 년을 같은 공간에서 지낸다는 게 저는 아무리 생각해도 시간낭비로만 여겨집니다. 사회 나오면 거의 만날 일이 없는 무리가 동갑내기들이거든요. 박용진 의원님이 말씀하신 의무교육의 취지야 물론 좋지요. 그렇지만 획일화를 지양하는 의무교육이 과연 가능할까요? 맞춤형 의무교육을 하겠다는 건 벽돌 가지고 초가집을 짓겠다는 것처럼 뭔가 아귀가 맞지 않습니다. 의원님은 의무교육과 맞춤형 교육 사이에 필연적으로 발생하기 마련일 불협화음을 해소할 복안을 가지고 계신가요?

박　의무교육에서의 의무는 국가의 의무와 국민의 의무를 동시에 의미합니다. 여기에서 국민의 의무란 학부모의 의무이자 학생의 의무이기도 해요.

공　쌍방향적 의무라는 말씀이네요.

박　단지 나이가 같다고 해서 동일한 장소에 모아놓는 일은 전형적인 19세기 방식이에요. 심지어 조선시대 서당조차 그러지 않았습니다. 부모가 아이들 데리고 와서 훈장님께 큰절을 시킨 다음 적절한 월사금을 내놓으면 연령에 구애받지 않고 누구나 보편적으로 들어갈 수 있었어요. 그곳에서는 머리 나쁜 열다섯 살짜리가 어렵사리 천자문을 떼고 있는 한편에서, 일곱 살짜리 신동이 소학을 읊조렸습니다. 서당 훈장님은 학동들의 발달 단계에 상응하는 맞춤형 교육을 실시했어요. 저는 현재의 우리 교육이 다양성의 견지에서는 조선시대 서당만도 못하다고 생각해요. 과거나 현재나 똑같은 교육과정과 교육 시스템을 그대로 놔둔 채 사회시간에 5·16을 가르치느냐, 5·18을 가르치느냐를 둘러싸고 어른들끼리 허구한 날 싸우고 있거든요.

　　저는 교육의 다양성을 증진하려면 일선 학교 현장의 선생님들께 더 많은 재량권이 주어져야 한다고 봐요. 그런데 정부는 바로 그런 사태를 두려워해요. 선생님의 개성이 중시되면 평균적인 아이들을 대량생산하는 데 차질이 빚어지니까요. 그렇게 12년 동안 아이들을 평균적으로 만들고는 대학입시라는 단판승부로 결판을 내려고 해온 게 우리나라 교육이에요. 교육의 모든 것이 여기에 다 종속되어 있어요. 저는 교육의 다양성을 보장해주는 경로를 어떻게든 빨리 만들어내지 않으면 안 된다고 봅니다.

공　저는 차라리 평생 10년에 한 번씩 대학시험을 치도록 했으면 좋겠어요. 제가 스무 살 때보다는 서른 살 때, 서른 살 때보다는 마흔 살 때의 학력 수준이 더 높았던 굉장히 특이한 인간이거든요. 그런데 스무 살 넘어서 공부하는 건 이 한국 사회에서는 인정을 안 해줘요.

박　대학 한 번 더 가시죠.

공　그건 시간낭비고요. (웃음)

박　저는 지금 대학입시 지원방식이 너무나 복잡해서 다시는 대학 입학시험을 치르지 못할 것 같아요. (웃음)

우　1990년에 제가 프랑스로 처음 유학을 갔는데, 그때 프랑스에는 입학시험이 없다고 들었습니다. 그런데 실제로는 있었어요. 붙을지 말지도 모르는 채 대학원 입학시험에 응시했는데 다행히 꼴찌는 아니었습니다. 극적으로 붙었어요. 그런데 제가 그때만 해도 불어가 거의 까막눈이라 행정용어들이 아주 생소했습니다. 학교에 등록을 하려고 하니까 6만 원을 준비하라고 해서 가져갔어요. 당시 우리나라 대학등록금이 백만 원대에 진입한다고 해서 떠들썩한 시절이었거든요. 6만 원을 내고 나니까 이게 서류 접수비용인지 등록금인지 헷갈리더라고요. 계약금 아닌가 싶었어요. 1년 단위로 등록을 하는데 등록금치고는 너무 싸니까요. 그러다가 여름방학쯤 되어서야 등록이 무사히 잘 되었다며 등록증이 도착했습니다. 그때 혹시나 해서 가지고 있던 돈으로 바로 서울 가는 왕복 비행기표를 샀어요. 돈이 너무 안 들어서 실감이 나지 않더라고요.

공   당시 물가 기준으로 등록금이 6만 원이면 거의 공짜였네요. 어느 학교를 다니셨나요?

우   제가 파리 10대학을 나왔습니다.

박   저는 그해 등록금으로만 93만 원을 낸 걸로 기억하고 있어요.

우   유학한 지 5년째가 되어 박사 논문을 제출하려니까 12만 원을 납부하라고 하더라고요. 가난한 유학생이 무슨 돈이 있느냐며 10만 원이나 넘게 낼 수는 없다고 학교 교직원에게 격렬히 항의했습니다. 6만 원만 내고 입학한 일을 새카맣게 까먹고 그렇게 난리를 피웠어요.

제가 하도 난리를 치니까 왜 12만 원을 내야 하는지 차분하게 설명을 해주더라고요. 제가 그해에 박사 학위를 취득하는 일에 저를 가르친 지도교수들에게 논문심사비로 전부 백만 원이 나간대요. 그러니 너도 약간은 부담해야 맞지 않겠느냐며, 저에게 박사 학위를 주기 위해 들어갈 최소한의 행정비용만 받는 거라고 하더라고요. 제가 나는 모르는 일이라며 계속 버티니까 가난한 학생을 배려하는 특례를 적용하겠다며 2만 원을 깎아줬어요. 그렇게 프랑스에서 공부한 다음 한국으로 귀국하니 적응이 안 됐습니다.

제가 나온 학교는 사회당 성향이 강했어요. 학생들이 졸업한 후에 공공기관으로 많이 진출했죠. 이를테면 우리나라 산업은행 같은 직장에 취업하려면 파리 10대학을 나오는 게 유리했습니다. 한국에 돌아와서는 프랑스도 보수정권이 들어서면 비싼 학비를 받는 사립대학이 미국처럼 많이 생길 거라는 전망을 자주 들었습니다. 하지만 68혁명의 성과물로 등장한 프랑스의 대학교육 체제는 의연히 건재해 있어요. 스위스의 등록금이 물가상승과 연동해 오르기는 했는데 그래 봤자 40~50만 원 수준입니다. 사실상 무상교육인 셈이에요.

제가 현 정부의 대통령 선거 공약 중에서 특히 주목했던 부분이 국공립 대학 네트워크 구축 약속이었습니다. 프랑스는 도시 이름을 앞에 내세우고 뒤에 일련번호를 붙여 대학 이름을 불러요. 파리 1·2·3·4, 리옹 1·2·3 대학, 이런 식이죠. 저는 프랑스에서 유학생으로 생활하는 동안에 이러한 호명 방법에 전혀 불편함을 느끼지 못했어요.

공   번호는 어떻게 정한 건가요?

우   진보정권은 말만 하고 오히려 못했던 것을, 68혁명 때 보수정권의 교육부 장관이 대학교 총장들을 전부 불러다 놓고 정권이 위태로우니 번호표 주고서 뽑으라고 했답니다. 한국에도 잘 알려진, 프랑스에서 가장 오래된 대학인 소르본 대학이 4번을 뽑았고, 가장 나중에 설립된 개방대학이 8번으로 낙착돼 8대학으로 정해졌습니다. 요즘에는 번호에 더해 이름도 부르는 걸 허용하는데, 프랑스가 이렇게 대학교 교명을 변경하거나 확정하자 유럽 다른 나라들이 프랑스의 선례를 자국의 현실에 알맞도록 변용해 따라갔어요.

제가 우리나라의 대학교육에 관여하며 그 실태를 겪어보니까 지방 소재 대학들이 너무나 급격한 속도로 무너지고 있다는 걸 느꼈습니다. 지잡대라는 비하적인 말이 있습니다만, 이제는 그 대학 자체가 없어지니 지잡대라는 말도 없어질 판이에요. 지역마다 특성화된 대학을 키우겠다는 공약은 많은 정치인과 정당들이 국민들에게 했던 약속이에요. 그런데 지금은 지역 교육의 거점

3장 AI 시대의 교육과 신기술

역할을 수행할 특성화 대학 육성은 바라지도 않는 분위기입니다. 지역의 국립대학만 유지시켜줘도 감지덕지할 정도로 상황이 아주 좋지 않아요.

김   박용진 의원님께서 이승만 전 대통령에 대한 재평가를 시도하시는 모습이 저에게는 상당히 인상적이었습니다. 문화대혁명을 일으킨 모택동에 대해서도 그 최대 피해자 중 하나라 할 등소평이 '공칠과삼'으로 평가했는데, 저는 보수건 진보건 자기 마음에 좀 안 드는 전직 대통령이더라도 역사적 평가는 냉정하게 할 건 하되, 이분들을 절대악으로 몰고 악마화할 것이 아니라 항상 공칠과삼의 균형 잡힌 시각으로 볼 필요가 있다고 생각합니다. 그건 이승만, 박정희 대통령에 대해서도, 김대중, 노무현 대통령에 대해서도 공칠과삼의 잣대로 바라볼 수 있어야겠죠. 그런 의미에서 이승만과 박정희 두 전직 대통령에 대한 재평가가 사회 전체로 확산될 수 있기를 바랍니다. 박정희 대통령에 대한 평가는 동시대를 살아오셨던 분들이 지금도 계시고, 또 그때 이룬 물적 토대 위에 우리가 살고 있기 때문에 다른 측면도 있으나, 이승만 대통령에 대한 평가는 그간 섣불리 시도하기 어려웠거든요. 제가 지금은 김문수 전 경기도지사님과 정치적인 입장이나 관점이 많이 달라져 있지만 예전에는 제가 대단히 존경했던 선배님 중 한 분이었습니다. 과거 노동운동 하실 때나 북한 인권운동 하실 때도 그랬지만, 사회 분위기가 전혀 그렇지 않았던 상황에서 이승만 재평가 운동을 하실 때에도 강단을 가지고 나섰던 용기가 대단하다고 생각했습니다.

공   김문수 전 지사의 그와 같은 시도는 저처럼 중도보수 성향의 국민들에게는 강단이 아닌 무모한 일탈로 비칩니다. (웃음)

교정행정에 교육철학이 담겨 있다

김　먼저 시대적 고찰이 필요하겠네요. 제가 자료를 하나 살펴보니까 일제에서 해방된 1945년에 우리나라의 문맹률이 78%에 이르렀습니다. 광복 이후 문맹퇴치운동을 강력하게 전개한 게 주효해 3년 후에는 그 비율이 41%까지 떨어졌어요. 거의 절반으로 낮아졌죠. 그렇게 문맹퇴치가 중차대한 급선무였던 나라에서 의무교육은 어쩌면 꿈속에서나 가능한 일이었을지도 모릅니다. 해방 이후 우리나라는 경제적으로 엄청나게 발전했어요. 그런 면에서 의무교육이 확대되는 방향으로 가는 건 바람직하다고 생각합니다. 4차 산업혁명 시대에 많은 일자리들이 없어지거나 일하는 시간은 줄어들겠지만 인간의 인지 역량은 계속 높아져야 할 테니까요. 우 박사님 말씀하신 서울대 폐지론에 대해서는 시각에 따라 일리가 있을 수도 있지만…

공　김세연 의원님처럼 서울대 나온 인물들이 그런 말씀을 해야만 말발이 먹힙니다. 저 같은 사람이 그런 주장을 펴면 콤플렉스의 발로라는 몹쓸 면박만 당하기 십상이니까요.

우　일단은 교명부터 바꿨으면 해요. 1번 대학은 가급적 제주도에 소재한 대학교에 부여하고요. 그러나 제가 서울대를 아예 없애자는 입장은 아닙니다.

공　갑자기 소심해지시는 건가요?

우　일련번호로 대학교 명칭을 수정하는 게 당연히 개혁의 전부는 아니에요. 하나의 시스템으로 포괄시켜 학점도 교류하게끔 유도해야죠.

공 졸업장을 아예 통일시킬 필요도 있고요.

김 기존의 단선적인 대학 서열이 무의미해지도록, 즉 기준이 훨씬 더 다양화되도록 하는 변화가 오면 대학 입시 문제까지도 함께 해결할 수 있지 않을까 싶습니다. 즉, 전공에 따라서는 종합평가와는 전혀 무관하게 랭킹이 매겨지면 굳이 서울대 가려고 올인하지 않아도 되게끔 바뀌겠죠. 근본을 건드리지 않는 상태에서 제도에 땜질만 거듭해오다 보니 우리나라 입시정책과 부동산 정책은 손만 댔다 하면 상황이 악화되고 난리가 나는 공통점이 있습니다.

우 우리나라는 계속 복잡해지기만 했죠.

박 그러니 이제는 아예 입시제도 자체가 이해가 되지 않을 지경입니다.

김 그래서 다음 대통령 선거에서 가장 지지를 많이 받을 수 있는 교육정책은 5년 동안 입시제도를 바꾸지 않겠다고 선언하는 거라는 이야기끼지 있습니다.

공 교육부를 아예 없애겠다고 선포하면 더 많이 득표할 수도 있습니다.

우 과연 그럴까요?

김 탁상에서 만드는 정책보다는 현장 사정에 밝은 전문가들의 의견을 잘 들어서 반영하는 것이 정책의 성공 가능성을 높인다고 생각합니다. 우 박사님과 민주연구원에 같은 시기에 계셨을 텐데, 교육평론가이신 이범 전 민주연구원 부원장님이 최근에 쓰신 칼럼 내용을 하나 인용하겠습니다.

우   이범 전 부원장이 저와는 아주 막역한 사이예요.

김   그러시군요. 그분이 서울대 폐지론의 다른 이름인 국공립대 네트워크를 구축하면 그다음에는 사립대 카르텔이 기승을 부릴 거라고 우려하시더라고요. 서울대가 사라지면 연고대가 그 공백을 즉시 메울 거라는 지적이었습니다. 따라서 서열의 장벽이 없어지지 않고 그대로 남아 있을 거라는 예측이었어요. 서울대학교가 정운찬 총장 때 지방균형선발 전형을 도입했습니다. 전국 각 기초지자체별로 적어도 한 명씩은 교장 추천을 통해 서울대 입학의 통로를 열어주겠다는 거였어요. 아무리 교육 여건이 대도시에 비해서 열악한 지자체라도 적어도 한 명의 서울대생은 매년 배출할 수 있게 된 거죠. 점수로만 뽑는 기존 방식이 아니라 전인적인 평가를 통해 신입생 선발하는 '입학사정관제'도 서울대나 카이스트 같은 국립대나 국립대 성격의 특수법인에서 선도 도입했어요. 상당히 좋은 효과를 발휘하며 순항하고 있었기에 제가 입학사정관제 확산을 18대 국회 때 상임위에서 지속적으로 주장했습니다. 그런데 중간에 교과부에서 너무 욕심을 내서 입학사정관제 도입 확산을 좀 무리하게 밀어붙이는 바람에 시간과 노력이 들어가는 전인적인 평가보다는 객관성 높은 기존 방식으로 운영되는 부작용을 낳았습니다. 준비시간을 주었다면 지금쯤은 도입의 목적과 효과가 훨씬 더 훌륭하게 발휘되고 있을 거라고 믿습니다. 도입 과정에서 제도를 너무 급하게 밀어붙이면서 더 단단하게 영글고 숙성될 기회를 잃었다는 아쉬움이 있어요.

말씀드리고 싶은 바는, 연고대로 대표되는 사립대들보다는 서울대나 카이스트 같은 정부 재정으로 운영되는 국립대학들이 선발 과정에서부터 공공적 책무성을 의식하고 이것이 자신들의 중요한 사명 중 하나임을 깊이 인식하고 있었다는 겁니다. 반면 면접시험에서 매우 고난이도의, 사실상 본고사 문제를 내면서 고등학교에서의 학업 성적이 우수한 학생들을 걸러내어 입도선

매해가는 사립대들의 이기적 행태에 대해서는 지속적으로 지적을 해도 잘 바꿔지 않았습니다. 서울대를 실질적으로 폐지할 때 사회 전체적인 조화와 공존보다는 자기 학교의 이익에만 치우치는 행위를 반복해온 사립대들에 한국 대표 대학의 지위를 넘겨주는 결과를 낳을 수도 있다는 점을 함께 고려해야 할 겁니다.

박   제가 2000년에 수감생활을 했었는데 교도소장이 저를 자주 불러 차담을 하면서 안에서 데모하지 말라고 달래더라고요. 그때 흥미로운 이야기를 들었습니다. 그 교도소장이 교도행정 박사 과정 밟으면서 다양한 자료들을 뒤져보다가 역대 정권의 가석방 기준이 달랐다는 사실을 발견했다는 겁니다.

이승만 정부 시절에는 감옥에 들어와 한글을 깨치면 빨리 내보냈다고 합니다. 그럴 만도 한 것이, 1950년대에는 한글을 충분히 익히고 더하기 빼기만 능숙하게 해도 웬만한 일터에서 사환 정도로는 일할 수 있었습니다. 글을 읽고 쓰는 문해력과, 계산을 할 줄 아는 능력을 체득한 인력에 대한 수요가 많았거든요. 교육입국의 토대가 이때 나져졌어요. 초등학교 의무교육을 마친 사람들이 박정희 시대에는 경공업 분야의 제조업에 취업해 수출한국을 견인하는 원동력이 되었어요. 고도성장에 요구되는 양질의 풍부한 인적 자원을 이들이 제공했죠.

박정희 정부 때는 감옥에 있으면서 용접 기술 등 각종 실용적 자격증을 취득하면 형기를 단축해줬다고 해요. 이들이 사회로 돌아가 긴요한 산업역군 역할을 해줄 수 있었으니까요.

제가 갇혀 있을 때가 '국민의 정부'가 집권했던 시기라 김대중 대통령의 교도정책의 기조를 물었더니 교도행정 관리자들은 구식 전동타자기를 사용하고 있는데, 재소자들 가운데 모범수들은 386 컴퓨터를 이용해 프로그래밍 교육을 받고 있다고 하더라고요. 전산 관련된 자격증을 따면 사회로 빨리 복귀할 수 있었다고 합니다. 교도소의 행정가석방 기준에 정부가 어떤 나라를 만들려고 하는지에 대한 통치철학과 이념적 지향성이 오롯이 담겨 있었어요.

김   대단합니다.

우   이번 정권은 어디에 역점을 두고 있나요?

박   제가 지금은 교도소 밖에 있어서 잘 모르겠습니다. (폭소)

공   인터넷 돌아다니며 여기저기 댓글 많이 달면 혹시 조기에 내보내주지 않을까요? (폭소)

박   저는 이승만 정부가 정부 수립 직후의 혼란기에 지독히도 가난했던 나라 형편에도 불구하고 교육법을 제정해 무료 의무교육의 원칙을 천명한 건 매우 중요한 국가적 기틀을 확립한 사건이었다고 평가합니다. 이후로 우리는 벽돌 찍어내듯 학교에서 학생들을 찍어내 여기까지 왔어요. 그 시대 상황 속에서는 옳은 선택이었다 하더라도 이제는 우리가 새로운 전환점에 직면했다고 봐요. 학생들 숫자는 줄어들었고 국가의 재정적 역량이 몰라보게 강하고 충실해졌으니 획일적인 단색의 벽돌이 아니라 각각의 고유한 색깔과 무늬를 지닌 다채로운 형상의 명품 도자기를 만들어낼 때입니다.

    그런데 섣부른 서울대 폐지론은 본질을 희석하고 초점을 분산시킬 위험성이 있어요. 우리나라는 자기 집도 없는 사람들이 종부세 인상을 걱정하고, 물려받을 재산도 없는 서민들이 삼성전자 이재용 부회장의 상속세를 깎아주자고 주장하는 나라입니다. 서울대 폐지론을 제기하면, 그러면 우리 아이 서울대 못 가게 된다고 수많은 학부모들이 들고일어날 가능성을 배제하기 어려워요. 저는 불필요한 논쟁을 지양하고 교육의 과정이나 평가 등 시스템 자체의 개선 문제에 집중했으면 합니다. 그러자면 서울대 폐지부터 이야기할 것이 아니라 국공립대를 효율적으로 묶어 세우는 방안을 우선적으로 진지하게 논의해야 해요. 가령 충청남도 공주시에 소재한 대학에 진학하더라도 서울대학교 수업을 들을 수 있도록 배려하는 개방적 대학 운영체제도 그 방안 중 하나입니다. 학사 학위 두 개 동시에 주면 좀 어때요. 충청도에 있는 대학에 다니면서도 서울대 미학과 수업을 듣고 싶은 학생에게는 그럴 기회를 허용해서, 비록 그 사람은 절 싫어하지만 제2, 제3의 진중권이 나오도록 해야 합니다.

김   BTS의 아빠, 방시혁 대표도 서울대 미학과를 졸업했습니다. (웃음)

공   (변)희재도 미학과예요. (웃음)

박   대학 졸업장을 한 번에 여러 개 받는 게 반사회적 행동은 아니잖아요. 저는 국공립대학부터 전면적으로 활짝 개방하면 좋겠습니다.

대학 간의 빅딜이 지방을 살린다

우   지역이 더 이상 붕괴되기 전에 지방대학 육성을 비롯한 지역 회생 방안을 빨리 찾았으면 합니다.

김   제가 '지방대학육성법'을 대표발의했었고, 또 부산대학교가 제 지역구였던 부산 금정구에 위치해 있습니다. 대학 회생을 통한 지역 회생에 대한 고민이 클 수밖에 없죠. 저는 대학무상교육을 실시할 경우 수도권은 순서상 뒤로 미루는 게 맞는다고 봅니다. 현재의 우리나라는 수도권 단극체제예요. 다극체제를 지향하려면 최소한 각 권역을 대표하는 거점 국립대들인 부산대·경북대·전남대·충남대 정도는 서울대를 당장 능가하지는 못해도 그에 버금갈 만큼 위상이 올라가야 한다고 봐요. 그런데 현실에서는 부산대에 올해 2학기 등록 예정 학생 4명 중 3명이 등록을 하지 않았다고 합니다.

박   부산대가요?

우   부산대마저 거의 방법이 없는 걸로 알고 있어요.

김   학생들로부터 등록금을 받아야 학교는 운영에 필요한 재정의 상당 부분을 확보할 수 있습니다. 그런데 학생들이 지금 졸업해봐야 취업이 안 된다고 생각하며 휴학을 선택하고서 시간을 버는 거죠. 이런 상황이 그냥 방치되면 지방대의 붕괴는 더 가속화됩니다. 저는 전국의 국립대학들을 통틀어 하나로 묶는 해법에는 찬성하지 않습니다. 그것보다는 소위 UC[15] 체제, 캘리포니아 주립대의 거버넌스 체제를 참고하는 게 더 좋을 것 같습니다. 즉, UCLA나 UC 버클리처럼 각각의 캠퍼스가 실질적으로 하나의 대학으로 기능하되, 상위의 거버넌스로는 크게 하나의 우산 안에 들어가 있는 방식이 되겠죠. 이렇게 되면 지역의 국공립대들이 권역별로 하나의 규모 있는 연합대학으로 업그레이드되고, 지금까지처럼 상호 경쟁 관계가 아니라 상호 보완 관계로 전환될

---

15   University of California, 미국 캘리포니아주에 있는 주립 종합대학군(群)으로 캘리포니아대학교 시스템, 캘리포니아커뮤니티칼리지 시스템과 함께 캘리포니아주의 3대 고등교육 시스템을 이룬다. 대학교 시스템은 미국에서 운영되는 특수 체제로 이 시스템에서는 여러 캠퍼스가 독립성을 유지하면서 통합적으로 운영된다. 캘리포니아대학교 시스템을 구성하는 대학은 모두 UC라는 약칭을 사용한다.

수 있고, 중복되는 부분들을 정비하면서 경쟁력이 강한 부분에는 더욱 특화할 수 있는 여력들이 생겨날 수 있기 때문입니다. 이렇게 각 지역별로 강력한 거점 대학을 구축하는 방식이 좀 더 나은 대안이 될 수 있겠다고 봐요.

박   저는 서울대 법대를 부산대 법대와 통합하고, 서울대 공대는 제주대 공대와 합치면 어떨까 하는 생각을 해봤습니다. 거점 국립대학들을 특성화시켜 막대한 재정을 지원하면 굳이 서울대에 갈 필요가 없어질 거예요. 지금 우리나라에는 AI를 전문으로 공부하는 대학 학과가 없어요. 더 큰 문제는 AI 전문 학과를 개설하고 싶어도 정원에 묶여 여의치 않다는 점입니다.

공   아까는 서울대 해체가 관건은 아니라고 말씀하셨는데요.

박   지역사회의 거점 구실을 할 지방 국립대학들을 집중적으로 육성해 그 권위와 기능을 강화하자는 게 제 발언의 요지예요. 방금 말씀드린 것처럼 서울대에 있는 많은 학과들의 교육 기능을 지방에 있는 여러 국립대학들의 같은 과들과 공유하도록 유도한다면 지방대에 다니면서도 서울대를 졸업한 것과 마찬가지인 효과를 거둘 수 있습니다. 그러면 서울대가 스펀지처럼 빨아들여 온 전국 각지의 인재들을 고르게 분산시킬 수도 있고요. 아직은 초보적 아이디어 차원의 생각이고 물론 부작용도 따르겠지만, 저는 지방의 거점 대학 육성을 위해서는 보다 과감한 발상의 전환이 요구된다고 생각해요.

공   저는 학생운동권이야말로 남조선이 철저한 학벌사회임을 적나라하게 보여주고 있다고 생각합니다. 운동권에서는 졸업장은 필요가 없잖아요. 입학 여부만 중요하지. (폭소) 돌아가신 분 얘기해 뭐하지만 박원순 전 서울시장의 경우도 졸업은 분명 다른 대학교에서 했는데 서울대 출신으로 분류되거든요.

그래서 저는 박용진 의원님 말씀이 선뜻 납득되지 않는 게, 이 부분에서도 정부에서 정책을 만들면 민간에서는 대책을 만들 게 명백합니다. 지금은 어떤지 모르겠지만, 옛날에는 대기업 입사지원서의 출신학교 표기란에 본교와 분교 코드번호가 아예 달랐다고 해요.

우 졸업장 졸업번호도 달랐어요.

김 총장도 따로 있습니다.

공 저는 박용진 의원님이 회심의 아이디어로 승부수를 띄우신 정책에 대해 좀 강하게 말하자면 보름 안에 서울대에서 형해화시킬 대책을 내놓을 거라고 확신합니다.

김 저는 서울대를 없애거나 다른 대학교와 합치는 방법보다는 특정한 분야에서 서울대를 능가하는 대학들이 차례로 빨리 나올 수 있도록 지원하고 육성하는 게 더 효과적일 거라고 생각해요. 기존 서울대 학과 교수들의 반발이야 있겠지만 저는 의공학이나 생명공학 같은 첨단 분야를 중심으로 이러한 육성작업이 조기에 시작됐으면 합니다.

우 뇌과학도 있습니다.

박 AI 전문 공대도 있겠고요.

김 네. 카이스트는 의대는 없지만 의과학대학원은 있더라고요. 카이스트야 워낙 앞서 있지만, 그런 개념으로 새로운 분야에서 다른 대학들이 앞서서 치

"기술적 대안만 찾으면 실행 가능한 대안도 있습니다.
이를테면 한국은행에 취업하는 데 필요한 대학,
한국전력에 입사하는 데 도움이 되는 대학을
수도권 이외의 지역에서 육성할 수 있습니다.
그러면 지역에 확실히 활기와 온기를 불어넣을 수 있어요.
비록 이해관계자들의 저항이 만만치 않겠지만요."

고 나갈 수 있는 환경을 만들어주자는 거죠. 종합적 수준은 힘들지언정 특정 분야에서만은 서울대학교를 압도할 정도로 다른 대학들의 경쟁력을 강화하려면 선택과 집중의 전략을 고려해봐야 합니다. 이러한 목적으로 빅딜 개념의 학과 스와핑도 고려해볼 필요가 있다고 봐요.

예를 들면 A대학이 생명공학이 강하다면 B대학에 있는 교수들을 A대학으로 옮기게 해주고, B대학에 있는 경쟁력 있는 학과로 A대학의 같은 과 교수들이 갈 수 있게끔 문호를 개방해주면 됩니다. 쉽진 않겠죠. 그런데 지금 대학들이 하고 있듯이 한 대학 안에서만 학과 구조조정을 하다 보면 서로 별 관계 없는 학문들인데 뜬금없이 같이 엮인 경우도 많고, 앞으로 전망이 그리 밝지 않은 학과 두세 개를 억지로 합쳐놓은 학부 안에서는 옛 학과별로 파벌 싸움이 또 일어나고… 이런 것보다는 아예 대학들이 큰맘 먹고 모두가 특화된 전공 분야를 키울 수 있게 빅딜에 나서는 게 훨씬 나은 대안이 될 거라고 봅니다. 교육부에서도 정원 조정 등에 적극 협조해야겠죠.

우 기술적 대안만 찾으면 실행 가능한 대안도 있습니다. 이를테면 한국은행에 취업하는 데 필요한 대학, 한국전력에 입사하는 데 도움이 되는 대학을 수도권 이외의 지역에서 육성할 수 있습니다. 그러면 지역에 확실히 활기와 온기를 불어넣을 수 있어요. 비록 이해관계자들의 저항이 만만치 않겠지만요.

김 지방에 소재한 대학들 중에는 여전히 많은 부분에 걸쳐 있는 종합대학 성격의 학교들이 매우 많습니다. 지방대들이 여기에서 선택과 집중에 나서는 것만이 생존하는 길이라는 말씀을 더 드리고 싶어요. 최근에는 미국 실리콘밸리의 요람인 스탠포드 대학교의 졸업생 절반 가까이가 전공이 컴퓨터공학(Computer Science)이라고 합니다. 10년 전에는 스탠포드도 지금처럼 컴퓨터공학 전공자 수가 압도적이지는 않았는데, IT 전문가에 대한 사회와 기업의 수요가 폭발적으로 증가하자 여기에 반응해 정원을 조정한 결과라고 하네요. 그러나 우리나라는 이렇게 자유로운 학과 정원 조정이 가능하지 않죠. 교수들의 기득권, 특히 교육부의 통제권이 작용하여 강력한 현상 유지의 관성이 작동하고 있으니까요. 세부적인 방법은 연구를 더 해봐야겠지만, 원칙적으로 이러한 족쇄를 풀어주면 대학들이 변화하는 현실에 훨씬 더 유연하고 능동적으로 자유롭게 대응할 수 있을 겁니다.

공   저는 SKY대에 연극영화과가 없기 때문에 한류가 일익번창하고 있다고 생각해요. SKY대에 연극영화과가 있다고 가정해보세요. 창의성은 꽝인데 암기력은 극강인 친구들이 지금쯤 대한민국 연예산업을 주도하고 있을 게 뻔합니다. 그럼 당연히 한류도 없었을 테고요.

우   100% 동의합니다. (웃음)

공   아, 그런데 SM 엔터테인먼트 이수만 회장과 JYP 박진영 PD가 스카이네요. 하지만 보아나 소녀시대 태연은 대학 근처에도 안 갔습니다.

여혐과 남혐 의식은 중학교 2학년 때 완성된다

우   대학을 얘기했으니 다음에는 중학교와 고등학교에 관련된 논의에 착수해보겠습니다. 제가 10대 청소년 연구를 오랫동안 수행해왔어요. 『88만원 세대』가 원래는 20대 연구서가 아니었습니다. 20대가 된 10대들에 관한 보고서였어요. 제가 최근에 10대 연구를 재개해서 내린 잠정적 결론은 중학교 2학년 시절이 한 사람의 인생에서 아주 중차대한 분기점을 이룬다는 사실입니다. 중학교 2학년을 변곡점으로 해서 이전과 이후의 지표가 확 바뀌기 때문이에요.

제가 10대 연구에 나선 동기는 게임 중독을 다루려는 데 있었어요. 다른 나라들도 그렇겠지만 우리나라 부모들은 아이들이 게임에서 손을 떼게 하려고 정말 별짓을 다 합니다. 그러나 부모들의 노력에 아랑곳없이 아이들이 게임의 세계에 걷잡을 수 없이 빠져들게 되는 때가 중학교 2-3학년, 더 특정하면 2학년 무렵입니다. 이 시기에 게임에 과도하게 탐닉하지 않는 아이들은 이후에도 게임중독증에 잘 걸리지 않더라고요.

독서지표도 이즈음 분수령에 도달합니다. 우리나라 성인 평균 독서량은 7.3권입니다. 독서인구만 따로 추리면 평균 독서량은 13.2권이에요. 한 달에 한 권 정도 읽으면 독서인으로 분류가 되는데, 이건 연령대에 따라 크게 달라집니다. 초등학생은 연평균 독서량이 69.8권입니다. 교과서와 참고서를 제외한 집계예요. 고등학생이 8.8권, 성인이 7.3권이니 책을 멀리하는 평생 습관이 고등학교 시절에 완성되는 셈이에요.

중학생은 1년에 20.1권을 읽습니다. 70권 가까이 보던 초등학생이 중학생이 되면 20권으로 독서량이 확 줄어요. 중학교가 변곡점이 되는 거죠. 학년별로는 1학년 25권, 2학년 17.3권, 3학년 18.3권입니다. 흥미로운 현상은 중2가 중3보다 더 책을 읽지 않는다는 점이에요. 그러다가 고등학교에 진학하면 성인과 크게 다름없는 독서 양태를 띕니다.

우리나라는 현재 여혐과 그 반작용인 남혐이 심각한 사회 문제로 대두되고 있어요. 그러면 남자들의 여성 혐오와 여자들의 남성 혐오가 언제 시작되느냐? 이게 독서와 유사한 추세를 보여줍니다. 제가 선생님들과 이야기를 나누고 이것저것 자료들을 수집해 살펴보니까 중학교 2학년에 해당하는 시기에 이성에 대한 혐오감이 싹트더라고요. 남자아이들의 경우 중학교 2학년 무렵이 되면 여자들 때문에 자기들 인생이 위협받고 있다는 증오심이 마음속에 본격적으로 꿈틀거리기 시작합니다.

3장 AI 시대의 교육과 신기술

공   증오감은 피해의식과 병행하죠.

우   맞아요. 그렇게 증오심이 쭉 고조되다가 대학생이 되면 하나의 이념으로서의 여혐이 완전한 모양새를 갖추게 됩니다. 언론에서는 20대 남성들이 자꾸만 보수화되는 이유가 뭐냐고 계속 저를 찾아와 묻는데, 20대는 결과로서의 나이이지 원인으로서의 연령대가 아니에요.

공   그럼 원인 분석 대신에 어떤 말씀을 들려주시나요?

우   20대의 여혐은 완성형입니다. 솔직히 말씀드리면 아직은 뾰족한 대책이 없어요. 그래서 저는 여성 혐오를 정말로 멈추지 못하겠다면 대신에 데이트 폭력 같은 물리적 폭력만은 절대 써서는 안 된다고 언론을 매개로 간절히 요청해왔어요. 여성이 아무리 싫고 미워도 양성 간의 평화로운 공존은 반드시 필요한 덕목이라는 호소를 덧붙여서요.
     그렇다면 아이들이 왜 중학교 2학년을 기준으로 혐오의 감정을 생성하느냐? 그건 이 무렵에 분리교육이 시작되는 것을 아이들이 깨닫기 때문이에요. 우리나라에서 인생 최초의 도전 관문이라고 할 수 있는 특목고 진학의 성패가 이때 갈리거든요. 몇몇 아이들은 선생님이나 엄마가 자기를 특목고 가지 못할 애라고 판단하고는 무시하고 홀대한다는 불평을 늘어놓기도 합니다. 그래서 많은 남성들이 중학교 2학년 무렵에 이생망, 즉 '이번 생은 망했다'는 패배감과 좌절감을 처음으로 경험하게 돼요. 그 허탈감과 상실감을 달래주는 유일한 친구가 바로 게임입니다. 골치만 아플 뿐, 당장의 위안거리가 되어주지 못하는 책을 그러니 누가 구태여 읽으려고 하겠어요? 이렇게 중학교를 마치고 고등학교를 가면서 책 안 보는 인간으로 철저히 낙착되고 맙니다. 여성 혐오도, 독서 기피도 중학교 2학년 시기에 거의 불가역적으로 완성돼버려요.

여학생들도 남학생들과 유사한 경로를 밟습니다. 남자들은 고약한 존재이니 결혼해선 안 되겠다는 결심을 중학교 2학년 무렵에 여학생들이 굳히거든요. 기성세대는 아이들의 그런 심리적 변동추이를 이해하지 못하고, 청년들이 20대에 이르러 미래의 불확실성 때문에 비로소 결혼과 출산을 포기한다고 착각하고 속단해요. 아이들은 일찍이 중학교 2학년 무렵에 이미 인생의 결론을 체화하는데 말이에요.

제가 2년 전만 해도 아이들과 나눌 얘기가 별로 없었어요. 저는 아이들에게 게임을 하지 말라고 억지로 강요하지 않습니다. 대신에 아이들에게 이것저것 많은 질문을 던집니다. 제가 아이들과 대화를 잘 나눌 수 있게 된 비결이에요. 물론 게임을 하지 않는 아이들에게는 잘한 선택이라고 칭찬해주는 걸 잊지 않고요. 분리교육을 없애는 것이 이상이지만 빠른 시간 내에 없앨 수 없는 현실이라면 어른들이 아이들에게 대안을 만들어줘야 해요. 다짜고짜 게임하지 말라고 윽박지를 게 아니라 영화건, 연극이건, 당분간은 힘들겠지만 해외여행이건 아이들이 굳이 게임에 의지하지 않아도 흥미를 갖고서 즐겁게 몰두할 수 있는 선택지를 제시해줘야만 합니다. 이는 우리 사회의 통합성과 건전성을 유지하기 위해 꼭 해야만 할 일들이에요. 조희연 현 서울시 교육감에게도 이런 이야기를 했습니다.

공   조희연 교육감은 어떤 반응을 보이던가요?

우   제 얘기가 맞기는 하지만 교육청에 그런 프로그램을 운영할 수 있는 권한과 예산이 없다고 하더군요. 문제의 시원은 중등교육에 있는데. 저는 김세연 의원님이 말씀하신 생사관에 대한 교육도 중학교 1~2학년 시기에 이뤄져야만 한다고 봐요. 아이들이 스스로 목숨을 끊지 않도록 하는 자살 예방 교육도 이 시기에 함께 진행되어야 하고요. 독서량의 급격한 감소가 보여주는 것처럼 변화가 이 시기에 일어나니까요. 교육을 바꿔 좋게 만드는 것은 메가 프로그램이고 당장에 시급하게 무언가를 하려면 중학생에게 해야 합니다. 게임 중독에 대한 집중적 치료도, 대학 진학 이외의 다른 진로에 대한 진지한 탐색도 중학교 2학년 이전에 시작되어야 해요.

김　경직된 기존 교육 방식에서 탈피해서 학교 교실을 능동적이고 창의적으로 만들 수 있는 방법 중에, 교육학계에서 오랫동안, 대략 90년대 초부터 논의되었던 '역진행수업(flipped learning)'이라는 방법론이 있습니다. 즉, 온라인 학습을 통해서 먼저 교과내용을 선행학습한 후에 실제로 학교 교실에서는 선생님과 토론식 수업을 하면서 지식 전달보다는 의미의 이해로 중심을 옮기는 방식이에요. 우리나라에서는 정찬필 전 KBS PD께서 학교 혁신을 주제로 다큐멘터리를 촬영하면서 실제 이 방법이 아이들을 바꾸고 선생님을 바꾸고 학교를 바꾸는 모습을 확인하고는 '거꾸로 교실'이라는 이름으로 운동을 시작하셨고, 지금은 '미래교실네트워크'라는 사단법인으로 발전됐습니다. 제가 아까 공교육의 문제점에 대해서 신랄하게 비판을 했지만, 사실 미래교실네트워크의 연수를 거쳐간 학교 선생님들이 학교 현장을 근본적으로 바꾸는 역할을 하고 있다고 합니다. 이렇게 기존 시스템 안에서도 변화가 가능하다는 것을 실제로 증명하고 있는 분들 덕분에 학생들의 학습동기와 참여의지가 훨씬 더 강하고 친구들끼리 서로 도우면서 자기주도적 학습을 해나갈 수 있게 될 거고요. 성공 사례들이 계속 축적되고 있기 때문에 기존 시스템 내부에서도 아직은 작지만 의미 있는 변화를 만들 수 있는 방법이 발견된 건 다행스럽습니다.

　그런데 우 박사님 말씀 중에 초등학생의 독서량이 더 많은 건 책 읽고 독후감 쓰는 숙제가 중학교보다는 훨씬 더 의무적이어서가 아닐까요?

우　심층면접에 기반한 조사라 결과의 신빙성은 충분히 담보될 것 같습니다.

김 성장기에 있는 아이들은 부모님이나 선생님과의 충분한 대화를 통해 사고의 성숙이 이루어질 필요가 있어요. 그렇지만 우리 사회에서는 세대 간 소통과 교감을 뒷받침해온 관계들이 심하게 파괴되고 단절됐습니다. 지금은 맞벌이하는 부모의 비중이 크게 늘어났을뿐더러, 맞벌이가 아닌 가정 역시 부모와 자식 사이의 대화가 대단히 부족한 현실이에요. 이렇게 고립된 아이들은 자기들끼리의 협소하고 폐쇄된 세계에 갇히기가 쉽겠죠.

우 그럼에도 대부분의 어른들은 이른바 중2병을 2차 성징 정도로만 이해하고 있더라고요. 중학교 2학년 시기에 많은 사건들이 생긴다는 것은 경험적으로 아니까 중2병이란 이름은 붙여 놨지만 그러한 일들이 어떤 성격의 일인지에 관해 어른들은 매우 무지합니다. 단순히 아이 개인의 이유 없는 반항쯤으로 치부할 뿐이지, 구조적이고 본질적 측면에 대한 문제의식을 느끼지 못하거든요. 그러니 북한이 남한의 중2들이 무서워서 남침을 못한다는 것 같은 싱거운 우스갯소리만 나돌 따름이에요.

교육 개혁과 사회 개혁은 더불어 가야 한다

박 학생들이 다양한 경험을 할 수 있는 대안교육이 자리 잡아야 한다는 데 저도 전폭적으로 동의합니다. 그런데 저는 교육 시스템만 바꾸면 교육 문제가 해결된다고 생각하지는 않아요. 교육 문제는 사회 문제와 연결되어 있기 때문입니다. 초중고 12년 교육이 입시 중심의 교육에 꽁꽁 묶여 있는 건 이른바 명문대학을 나오지 않으면 사회에서 낙오된다는 경험적 두려움이 심리적으로 깊게 작용한 탓이 커요. 하지만 굳이 대학을 나오지 않아도 어떤 형태의 노동이든 간에 하루 8시간 성실하게 일하는 걸로 여유 있게 먹고살 수 있게

225

"교육 문제는 독립된 이슈가 아니라
사회의 다른 영역들의 문제점들과 서로 얽혀 있어요.
저는 학벌로 서열과 계급이 만들어지는
전근대성을 극복하는 길은
우리 사회 전반에 다양성과 합리성을
깊숙이 침투시키는 것 외에는 없다고 생각해요."

된다면 입시지옥이 되어버린 우리나라 교육이 몰라보게 바뀔 겁니다.

저는 우리 사회가 노동의 가치를 제대로 보상하고 보다 안정적인 사회 보장 시스템이 만들어지면 아이들을 한쪽 방향으로만 줄을 세워서 등수 경쟁을 강요하는 폭력적 교육 현실에 마침표가 찍힐 거라고 생각해요. 교육 개혁과 사회 개혁이 더불어 가야만 한다고 제가 주장하는 이유입니다.

김 　교육 문제는 독립된 이슈가 아니라 사회의 다른 영역들의 문제점들과 서로 얽혀 있어요. 저는 학벌로 서열과 계급이 만들어지는 전근대성을 극복하는 길은 우리 사회 전반에 다양성과 합리성을 깊숙이 침투시키는 것 외에는 없다고 생각해요. 그렇게 하기 위해서는, 앞선 논의의 예를 들자면 각 전문 분야에서 서울대를 압도적으로 능가하는 경쟁력을 확보한 학교들이 많이 등장해야 합니다. 그렇지만 구체적 현실에서는 그렇게 되기가 쉽지 않죠. 특히 대학 입시를 앞둔 수험생과 학부모 입장에서는 기존 대학 서열 구조를 벗어나는 선택을 하는 위험 부담을 감수하기 어려울 테니 말이죠. 하지만 기존 대학 질서가 크게 한번 바뀔 수밖에 없는 때가 왔습니다. 학령 인구가 급속히 감소하는 시기가 이제 막 시작되었기 때문입니다. 현재는 4년제 200개 정도, 2년제 150개 정도로 총 350개에 가까운 우리나라 대학 숫자가 머잖아 학령 인구 급감으로 절반 정도로 줄어들 수밖에 없는 상황이에요. 저는 이러한 급격한 인구 변동의 파도가 올 때를 잘 활용해서 지금보다 더 나은 고등교육 질서가 새로 한번 세팅이 되면 좋겠습니다.

우 　어쩔 수 없이 프랑스의 사례를 또 소개해야겠네요. 제가 프랑스에서는 '유니베르시떼(université)'라 부르는 대학을 나왔습니다. 프랑스의 '그랑제꼴(Grandes Écoles)'은 한국에 대입하면 학부는 없고, 대학원만 있는 학교예요. 박사 과정은 별로 개설되어 있지 않습니다. 그랑제꼴에 들어가려면 '프레파

(prépa)'로 불리는 준비반을 3년쯤 다녀야 해요. 대표적으로 사르트르가 졸업한 고등사범학교는 선생님이 되고 싶은 학생들이 진학하는 교육기관이고요. 그러한 연유로 고등사범학교 학생들 가운데에는 유니베르시떼의 대학원에 중복으로 등록해 다니는 경우도 적지 않았어요.

당시 프랑스에서는 일반 대졸자들보다는 에꼴(Écoles) 출신이 정부 기관장 같은 요직으로 출세하기에 더 유리했었습니다. 이와 같은 서열구조가 전복되는 사태가 공교롭게도 제가 프랑스에서 공부하던 대학에서 터졌어요. 제가 사르코지 대통령을 굉장히 싫어합니다. 그럼에도 사르코지가 프랑스 사회에 기여한 한 가지 공적만은 기꺼이 인정하고 있어요.

공   사르코지가 어떤 치적을 남겼나요?

우   사르코지도 제가 나온 10대학을 나왔어요. 그는 법대 출신입니다. 사르코지가 정권을 잡기 전에는 에꼴 졸업생들이 권력의 상층부를 독점하다시피 해왔습니다. 그런데 사르코지의 대통령 당선을 계기로 에꼴 전성시대가 저물고 보통의 대졸자들에게 기회가 열리기 시작했어요. 이렇게 사회가 평등해지는 데 무려 한 세대가 걸렸습니다.

공   자유, 평등, 박애의 나라 프랑스에서요?

우   귀족적이고 특권적인 에꼴과 일반 서민들도 입학할 수 있는 시민적이고 민중적인 대학 사이에 균형이 맞춰지는 일에 그렇게 짧지 않은 세월이 흘러가야만 했어요.

서울내를 포함한 소위 일류대의 특권과 독식 문제도 다른 학교들을 키우는 방향에서 해결하고 극복하는 게 원칙적으로는 바람직합니다. 그렇지만 긴 시간을 필요로 한다는 점만은 우리가 직시했으면 해요. 제가 10대들을 연구하는 작업에 역점을 두게 된 건 거시적 개혁이 성과를 거두려면 한 세대, 즉 30년 정도의 시간이 요구되기 때문이에요. 저는 제 아이들이 자신의 아이들을 낳을 때의 세상은 좋은 세상일 거라고 믿어요. 그런데 이 아이들이 벌써 몇 년 후면 중학교에 들어가야 하는 나이에 이르렀어요. 그러다 보니 긴 시간이 필요한 거시적 개혁과 별개로 학교 가기 싫어하는 중학생들을 위해 프로그램 몇 개만 보완하면 되는 빠른 대응도 이루어지길 바랍니다.

김 저는 정운찬 전 국무총리가 서울대 총장으로 재직하던 시절에 연세대와 고려대의 이기적인 행태를 너무 생생하게 목격했어요.

우 이왕 없앨 거면 서울대와 연고대를 동시에 없애야 하지 않을까요?

공 그러면 그다음인 서강대나 성균관대가 대장 노릇 하려고 들 게 뻔합니다. (웃음)

우 그래도 한 세대 동안은 서울대 연고대 없는 좋은 시절을 살 수 있지 않을까요? (웃음)

김 과거 개혁 조치로 서울대가 학부 정원을 대폭 줄이면서 대학원생 숫자는 확 늘렸습니다. 지금쯤은 서울대 대학원에 서울대학교에서 학부를 나오지 않은 학생들이 훨씬 더 많을 거예요.

공 우리나라는 학력 사회이고, 기본적으로 교육 문제는 계급 문제입니다. 적나라한 사례를 들자면, 저는 더불어민주당 정청래 의원이 그토록 노이즈

마케팅에 품격 없이 열중하는 걸 동의는 못 해도 솔직히 이해는 합니다. 왜냐? 똑같이 학생운동을 했어도 서울대에서 하면 대선주자가 됩니다. 연고대에서 하면 금배지를 달고요. 나머지 기타 대학들은 시쳇말로 가방모찌가 되죠. 제일 진보적이라고 떠들어대는 운동권판의 실상이 그래요. 그러니 자라나는 애들이 이걸 보고 뭘 배우겠어요? 수단방법 가리지 말고 서울대, 정 안 되면 연고대라도 가야지, 라고 독하게 다짐합니다.

그래서 저는 더불어민주당이나 국민의힘 어느 정당이든 간에 다음번 총선과 지방선거에서는 서울대와 연고대에 일단 입학했던 인사들을 단 한 명도 공천하지 않겠다는 걸 1호 공약으로 내걸었으면 좋겠어요. 당장 정치권에서부터 스카이 나온 사람이 단 한 명도 공천을 받지 못하면 그게 바로 최고의 교육 개혁이자 사회 변혁의 신호탄이 될 겁니다.

박   우리나라는 상고 출신 대통령을 세 명이나 배출한 나라입니다. 경희대 나온 대통령도 계시고요. 그런 면에서는 대선이 제일 공정하고 평등한 경쟁의 장인지도 모르겠습니다. 아, 육사 나온 분도 계시는구나. (웃음)

공   경희대 출신 대통령이 등장하니까 한국 정치사에 전무후무할 집권대가 출현하더라고요. 특정 대학 출신들이 집권당을 대신해 당정을 꽉 틀어쥐고서 권력을 쥐락펴락하는 형국이에요. 윤석열 검찰총장 찍어내기 작전에 총대를 멘 이성윤 서울중앙지검장부터가 대통령과 같은 대학교 같은 과 후배잖아요. 집권여당의 원내대표인 김태년 의원도 경희대 출신이고요. 청와대 대변인을 지냈던 고민정 의원은 본인은 물론이고 남편까지도 경희대입니다.

말이 좀 엇나갔는데, 저는 우 박사님이 말씀하신 해법은 국민들로부터 빌다른 공명과 반향을 얻지 못할 것 같아요. 우리나라 국민들은 기질적으로 속전속결을 열망합니다. 그러니 30년이나 걸려야 약효가 발휘되는 정책에는 콧방귀도 뀌지 않을 겁니다. 따라서 최소한 3년 안에 승부를 내야만 해요. 30년 후에 효과가 나타날 정책이라면 차라리 하지 말라는 야유 가득한 반응만 돌아올 게 명확하거든요.

우   화끈한 국민성에 맞추려면 우선은 헌법부터 고쳐야겠죠. 서울대와 연고대 출신은 아예 피선거권이 없다고 못을 박아야겠고요. (웃음)

공   그러면 당장 이낙연 더불어민주당 대표부터 들고일어날 것 같습니다.

박   특정 대학을 제어하려면 서울대 법대를 대상으로 삼아야 할지도 모르겠습니다. 서울대 법대 출신이 너무 많고 아무리 법을 다루는 일이라고 하지만 법조인 출신 정치인이 너무 많아요.

김   선거에서 낙선한 다음 생계를 걱정하지 않아도 되는 직군으로는 변호사를 능가할 직종이 없어요. 미국도 정치인들 가운데 변호사들의 비중이 월등히 높습니다. 그러니 법조인 출신이 아닌 정치인들이 기본소득 도입에 은근히 많이 찬성할 수도 있습니다. (웃음) 선출직 공직자로 갖은 의전과 예우를 만끽하고 있다가 이게 한순간에 없어지면서 생계까지 막막해지면 그로부터 비롯되는 금단 현상이 보통이 아닐 거거든요.

공   2017년 봄에 치러진 국민의당 대선후보 선출 경선을 보고 제가 기함할 뻔했습니다. 본래의 의도는 당연히 아니었겠지만 결과적으로 공당의 경선이 아닌 서울대 총학회장 선거를 하고 있더라고요. 안철수 서울대 의대, 손학규 서울대 정치학과, 천정배와 박주선은 서울대 법대. 당시 영입설이 꾸준히 나돌던 서울대 상대 출신의 정운찬 전 총리까지 가세했으면 완전체였는데!

우 그렇게 출신 대학이 같으면 곧바로 출신 고등학교를 따지기 시작하더라고요.

공 아까 박사님이 하신 말씀 가운데 무릎을 탁 치며 공감한 부분이 있습니다. 중학교 2학년쯤 되면 자기 인생의 성패를 예감할 수 있다는 대목이에요. 인생 실패했다고 느낀 중학생이 사실 할 수 있는 일이 게임밖에 더 있겠습니까?

우 제가 그 얘기를 여러 중고등학교 선생님들과의 워크숍에서도 하고 아까 말씀드렸듯이 조희연 교육감에게도 했습니다. 조 교육감에게는 특목고에 진학하지 않을 대다수 아이들을 위한 정책을 만들어달라는 요청도 덧붙였어요. 제 이야기를 들은 지방에 계신 선생님들 말씀이, 게임중독은 서울 아이들이 착해서 그런 거고 지방 학생들은 게임중독 단계를 넘어 직접 게임사이트를 개설해 대놓고 돈벌이에 나서다 형사사범까지 나왔다는 거예요. 게임중독이 아니고 아예 게임사업을 한다는 겁니다. (웃음)

박 제 친구 아들이 영국 프리미어 리그와 관련된 내기 관련 사이트를 만들었대요. 판돈은 토스로 받는데, 그걸 운영하며 한 달에 50만 원 정도를 번다고 합니다. 그래서 엄청 혼을 냈다가 혹시 그쪽에 자질이 있나 싶어서 지금은 지켜보고 있답니다. (웃음) 저는 이런 식으로 하다가 사회적 행위로 나가는 것과 새로운 재능을 발견하는 것은 그야말로 깻잎 한 장 차이라고 봅니다.

김 저는 불법적이거나 반사회적인 일탈을 어른들이 그냥 무책임하게 방치해서는 안 된다고 생각합니다. 그렇지만 도박 사이트 개설 같은 바람직하지 않은 일들이 아니라면 새로운 영역을 개척하려는 아이들의 시도를 어른들이 가로막아서도 안 된다고 봐요. 저는 기성세대가 현실에서의 단순한 도피처로서가 아닌 새로운 삶의 공간으로서의 게임의 긍정적 기능에 좀 더 주목하기를 바랍니다.

더욱이 앞으로 인간의 일자리 총량은 점점 더 줄어들 것으로 예상됩니다. 육체노동은 지식노동으로 꾸준히 대체되어 왔습니다. 그런데 돌봄 서비스 등의 몇 가지 제한된 영역을 제외하면 사라진 지식노동의 빈자리를 채워 넣을 대안은 현재까지는 딱히 마땅하지가 않아요. 그래서 저는, 요즘엔 메타버스(Metaverse)로 불리는 '가상공간'의 대대적 확장에 희망을 걸고 있어요. 일자리가 축소되는 미래를 살아가야만 하는 아이들에게 가상공간이 직업적 탈출구가 될 수 있거든요. 저는 10대 청소년들이 가상현실이나 증강현실에 관계된 일들을 통해 자신의 잠재된 재능과 역량을 계발할 기회가 열렸으면 합니다.

공 바로 그런 이유로 의원님이 코딩 교육의 중요성을 각별히 강조하신 건가요?

김 더 급진적 견해를 가진 분들은 코딩 교육조차 조만간 불필요한 시대가 올 거라고 예견합니다. 기술 분야 매거진 『와이어드(WIRED)』의 표지에 '코딩은 죽었다(Coding is dead.)', 이런 문구가 나온 적도 있어요. 앞으로 인간을 대신해 AI가 코딩을 해줄 것이기 때문입니다. 단순한 코딩 작업은 인공지능이 인간 대신에 이미 수행하기 시작했어요. 몇 가지 조건들만 설정해주면 간단한 앱 만드는 걸 벌써 인공지능이 하기 시작했습니다.

우 그래도 알고리즘에 관한 지식은 필수적이에요.

김 저도 마찬가지 입장이에요. 미래가 어떻게 될지 모르기 때문에 기계에

징복당하지 않기 위해서라도 학생들에게 기계와 의사소통할 수 있도록, 그 로직의 내부를 들여다볼 수 있도록 기계와 소통할 수 있는 언어를 익히게 할 필요성이 있습니다.

우   제가 고등학교 때 전산반으로 활동했습니다. 때마침 다른 친구들보다 먼저 집에 컴퓨터를 들여놔서 중학교 2학년 때부터 프로그램을 짰어요. 컴퓨터 공부를 좀 해놓으니까 너무 편하더라고요. 유학 가서 배운 지식은 쓸 일이 아주 가끔씩만 있는데, 컴퓨터로 공부하고 오락하며 습득한 기술들은 하드웨어 관련이든, 소프트웨어와 관계됐든 여러모로 요긴하고 유용합니다. 남들 고장 난 컴퓨터를 곧잘 고쳐주던 시절도 있었어요. 저는 코딩 교육이 한글이나 천자문처럼 아주 기초적 지식으로 정착될 거라고 생각합니다. 그래야 기계와의 대화가 가능하니까요.

코딩 교육은 필수

김   영어를 국제어로 기본으로 익혀야 하듯이 앞으로는 코딩, 그러니까 프로그래밍 언어도 반드시 배워두어야 합니다. 코딩을 모르면 세상 모든 사물과 서비스가 마치 두꺼운 블랙박스에 싸여 있는 것처럼 캄캄하게만 느껴질 거거든요. 그 원리를 이해하면 디지털 세계의 작동 원리도 어렵지 않게 파악할 수가 있습니다. 디지털 세상에서 살아가야 할 사람들의 인식의 지평을 크게 넓혀줄 것으로 기대해요.

우   워드 프로그램만 쓸 줄 아는 사람과 워드 프로그램을 어떻게 개발하는지 아는 사람의 차이는 분명히 나거든요. 엑셀 프로그램도 사용자가 조금씩 코딩을 가미하면 엄청나게 개인화시킬 수 있습니다. 앞으로의 세상은 설계와 통합에 능숙한 사람들이 각광받을 거예요. 머지않아 타이핑도 인공지능이 사람 대신 쳐줄 텐데, 저는 AI가 가져올 대충격 이후의 인류 역사에서 새로 생겨나는 일자리들이 사라지는 낡은 일자리들보다 결국에는 더 많아질 거라고 확신합니다. 그러자면 인간과 기계의 무리 없는 통합을 기획하고 추진할 수 있는 인재들이 많아야만 한다는 전제조건이 충족되어야 해요. 저는 인간과 기계의 원만한 통합 위에서 인류문명이 한 차원 더 높게 업그레이드 될 거라고 낙관하고 있어요.

김   저는 낙천적 시선으로 미래를 바라보고 계신 박사님과는 다르게 비관적 관점을 의식적으로 더 많이 가지려고 노력하고 있어요. 새로운 일자리들은 당연히 많이 창출되겠죠. 그럼에도 실제로 돈을 많이 버는 사람들은 플랫폼을 구축하고 소유하는 사업자들 일부에 한정될 가능성이 커 보입니다.

우   그런 사람들은 정말 엄청난 부를 손에 움켜쥘 거예요.

김   저도 그렇게 생각합니다. 따라서 기초적인 코딩 교육은 어찌 보면 생존 차원에서 꼭 갖추어야 할 필수 조건 같은 것이 될 거고요. 다음 시대에 더 앞서 나가기 위해서는 기계의 작동 원리에 대한 더욱 심층적 이해가 요구될 겁니다. 지금 현실 세계에서의 일자리들은 많은 경우 단순반복적인 직무들입니다. 고급 서비스 직종에서도 역시 하나하나 내용을 뜯어보면 반복적인 업무 비중이 높겠죠. 이런 직무들은 머잖아 기계에 의해 대체될 게 분명해요.
　　지금부터는 시간을 조금 더 건너뛰어서 미래를 보자면, 저는 인간의 활동 영역이 지구에만 머무르지는 않을 거라고 봅니다. 우주가 장래에 인류의 또 다른 활동 영역이 될 텐데, 일부 인류는 선도적으로 시도할 것이나 현재까지의 과학기술로는 중력의 차이와 이에 대한 인간 신체의 적응력 한계 때문에 단기간 내 대기권 바깥으로의 진출은 쉽지 않을 것 같습니다. 그래서 정말 비약이라고 보일 테지만, 저는 본격적 우주개척의 시대는 기계 신체에 의해 21세기 말이나 22세기 초 정도에 본격적으로 열리지 않을까 싶어요. 이때, 인류의 이러한 활동 공간 확장은 인간과 기계의 협업에 기반한 형태로 진행될 것이고, 우주로 나가지 않는 인간들은 상당히 많은 시간을 가상공간 속에서 보내고 있을 것 같습니다. 이미 현실 세계에서는 소득을 벌어들일 수 있는 일자리가 충분히 공급되지 않을 것이기 때문에 노동과 유희의 중간 정도의 활동을 하면서 가상공간 안에서 새로운 경제생태계가 만들어질 것으로 보입니다.

우　「공각기동대」에서 이미 예견된 세상이네요.

김　저는 「레디 플레이어 원」이나 「공각기동대」에서 묘사되는 세계가 현실 세계에서 구현될 날이 머지않은 것 같습니다.

우　그러려면 전뇌도 부착해야죠.

김　일론 머스크가 운영 중인 '뉴럴링크(Neuralink)'에서 개발하고 있는 솔루션이 바로 그런 목적인 것 같습니다.

AI 시대에도 인간다운 삶을 누리기 위해

박　혁신기업들 가운데 '프레시지'란 기업이 있어요. 프레시지는 프레시(fresh)와 이시(easy)를 힙친 이름입니다. 이 회사에서는 미리 준비된 식재료를 냄비에 넣고 끓이거나 전자레인지로 데우기만 하면 먹을 수 있는 밀키트를 소비자에게 판매합니다. 이 회사가 무려 1천 명의 직원을 고용하고 있어요. 그런데 상품 주문은 인터넷으로 처리할 수 있지만 제품을 최종적으로 포장해 배송하고, 고객들의 불만사항에 대처하는 업무는 사람이 합니다. 저는 이런 회사에서 단순작업으로 보이는 일을 하는 노동자들이 한 달에 300만 원 정도는 월급으로 받아가야 한다고 생각해요.

　　기업들이 사업을 영위할 수 있는 도로망과 통신망은 기업들 스스로 닦아 놓은 게 아니에요. 국민들의 세금으로 만든 인프라를 이용해서 사업을 하는 거니까 국민들에게 그 편익을 다시 환원해서 대접해야죠. 그러면 AI 시대가 와도 인간이 자신의 일터에서 쫓겨나 가상공간에서나 정신적 위안을 찾지 않고, 기계의 지원과 보좌를 받아 충분한 소득을 누리며 인간다운 삶을 누리게 될 겁니다.

우　　게임도 자유롭게 즐기면서요.

박　　제 아이가 「야인시대」라는 드라마가 매우 재미있다고 하더라고요. SBS가 창사특집 10주년으로 제작해 방영했던 오래된 드라마인데, 많은 아이들이 「야인시대」를 소재로 한 합성된 이미지와 편집된 동영상, 소위 '짤'을 너나없이 인터넷과 유튜브에 부지런히 올립니다.

김　　요즘 대세가 레트로(retro)잖아요.

박　　제 아들이 수학공부 한다면서 방문까지 잠가놓고 짤을 만들고 있기에 그게 뭐가 그렇게 재미있느냐고 아이에게 물어봤더니 어른이 된 김두한 역의 배우 김영철 씨가 "4딸라!"를 외치는 장면이 무지 웃기다고 하더라고요. 사람들이 거기에서 파생되는 콘텐츠를 엄청 좋아한다면서요. 원래는 이용자들이

SBS에 저작권료를 지급해야 맞는데, 현실에서는 SBS 측에서 그냥 모른 체한다고 합니다. 그래야 방송사가 수익을 더 올릴 수 있으니까요. 대중의 관심과 취미가 기업에게 부가가치를 창출해주는 시대가 되었어요.

공   '원 소스 멀티 유즈' 시대에는 소스 가진 쪽은 앉아서 편안히 돈을 버는 거죠.

박   저는 제 아들이 평범한 대학의 경영학과를 나와서 이를테면 혁신 신생기업인 프레시지 같은 곳에 취직해 인터넷으로 주문을 받고, 손으로 제품을 포장해주는 일만 하고 있어도 안정된 생활을 할 수 있는 세상이 빨리 와야 한다고 생각해요. 만약에 아이가 사내에서 연애해 결혼할 경우 부부의 연봉을 합치면 1년에 7천만 원이 됩니다. 고용의 안정성과 튼튼한 사회안전망이 모두 보장된다고 가정하면 살기에 빠듯한 수입은 아니에요.

집값이 조속히 안정돼 두 사람의 소득을 합산한 금액에서 10%가량을 지출하면 자가든 임대든 아늑한 주거공간을 확보할 수 있고, 아이도 마음 놓고 낳아 안심하고 키울 수 있는 대한민국을 만드는 게 저 같은 정치인들이 반드시 완수해야 할 목표라고 생각합니다. 그래서 제가 인간을 존중하는 교육을 해야 한다고, 국민을 섬기는 나라가 되어야만 한다고 오래전부터 주야장천으로 외쳐왔어요. 기업에게 이익은 회사의 사활을 좌우할 만큼 매우 중대한 요소입니다. 하지만 기업이 존재하도록 만들어준 국민들을 번듯하게 대접하는 기업가 역시 많아져야 합니다. 그런 좋은 기업들이 많아질 수 있도록 정부와 정치권이 가이드라인을 세워나가야 하고요.

우   앞으로 많은 직업이 소멸할 텐데 국회의원이라는 직업은 생존할 수 있을까요?

박   저는 정치인이라는 직업은 너끈히 살아남을 거라고 봐요. 「스타워즈」에
도 정치인이 등장하잖아요. 게다가 AI가 정치인을 절대 대체하지 못합니다.
기계가 대신 술을 마셔줄 수는 없잖아요? (웃음) 업무상, 선거 관련, 사람 만나
다 보면 어찌나 술을 마셔야 하는지.

우   「스타워즈」에서의 정치인은 로마의 원로원, 미국의 상원의원을 의미하
는 세네이터(senator)로 표현됩니다. 그럼에도 정치인이 결정만 담당하는 직업
이라면 인공지능으로 바뀌어도 무방하기는 합니다.

공   정치인의 중요한 역할이 책임지는 일이고, 책임의 상당 부분은 국민들로
부터 욕먹는 데 있습니다. 기계를 욕해서는 사람들의 분이 풀리지가 않아요.
인간을 닦달해야 스트레스가 해소됩니다. (폭소)

김   초기에는 인공지능이 반대의견이나 참고의견을 개진하는 정도까지의
선출직 업무에 보조적인 역할로 관여할 수 있겠죠. 가까운 시일 안에 정치인
이 인공지능으로 교체될 것 같지는 않지만, 특이점을 통과한 이후에도 인간
정치인에 대한 불신이 계속되고 있다면 여러 가능성들이 열릴 수 있을 겁니
다. 다음 세기쯤 가서 기계에 법인격이 부여된 이후에는 선거권에 이어 피선
거권 부여 논의도 핫한 이슈가 될 날이 올 수 있지 않을까요?

우   통치(governing)와 관련된 직무는 설령 기능적으로는 AI가 맡을 수 있을
지라도 사람들이 기계에 위임하려고 들지는 않을 것 같아요. 저는 그와 같은
연장선상에서 생각보다 많은 직업들이 해당 직업에 대한 실질적 수요와는 무
관하게 끈질기게 살아남을 것으로 예상합니다. 게다가 인공지능을 관리하는
직업도 곧 나타날 테고요. 제가 근래에 많이 받는 질문이 자기 아이가 나중에

어떤 직업을 선택하면 좋겠느냐는 거예요. 솔직히 저도 제 아이들이 커서 무슨 일을 해야 좋을지 모르겠는데. (웃음)

박   저도 자식 문제에서는 박사님과 비슷한 처지예요.

우   박 의원님은 저보다는 쉽게 응답하실 수 있을 것 같아요. 아이들을 국회의원 시키시면 되죠. 미래에도 사라지지 않을 몇 개 되지 않는 직업 중 하나인데요.

김   그런데 그 일자리 숫자가 300개밖에 안 돼서. (웃음)

공감할 수 있어야 상상할 수 있다

우   IMF 관리체제를 겪으면서 우리 사회에서 리더십의 중요성이 새롭게 조명되기 시작했습니다. 리더십을 주제로 쓰인 책들이 서점가에 엄청나게 쏟아져 나왔어요. 저는 인공지능 시대에 사람이 가질 수 있는 제일 큰 지도자적 자질은 '공감'이라고 생각합니다. 타자에게 감정이입할 수 있는 능력 말이에요. 저는 아이들을 유치원에 보내지 않고 어린이집만 보냈는데 거기서 '어린이 리더십'이라는 걸 아이들에게 가르치더라고요.

공   그게 뭔가요?

우   솔선수범을 하고, 적극적으로 자기주장을 펼쳐서 통솔력 있는 사람이 되자는 거예요. 반장을 해야 유리하다고 하니까, 반장 되는 법에 대한 지침서 같은 겁니다. 문제는 정말로 그렇게 했다가는 아이들 사회에서 왕따가 된다

240

는 거죠. 그렇다면 또래 아이들 사이에서 실제로 인기 있는 유형은 뭐냐? 바로 리액션 잘하는 아이들입니다. 다른 아이가 만든 레고 블록에 멋있다고, 예쁘다고, 잘했다고 박수 쳐주는 아이가 호감을 삽니다. 반면에 다른 아이들에게 '이런 놀이 하자'고 제안하는 아이들은 머지않아 비호감이 되고요. 저는 아이들 사회에서 벌어지는 일이 미래사회의 바람직한 리더십을 전망하는 데 큰 시사점을 제공한다고 봐요.

예전에는 육체적 힘과 같은 남성적 완력이 중요했어요. 하지만 지금은 소통과 공감으로 상징되는 여성적 특질이 오히려 더 결정적입니다. 제 첫 직장이 현대그룹이었습니다. 현대그룹 비서실에는 배구선수 출신 여직원들이 많이 근무했어요. 당시에는 운전대가 지금과는 달리 파워 스티어링(power steering)이 아니라서 몹시 뻑뻑했습니다. 그래서 지프차는 여성들이 몰 수 없는 차종이었어요. 남자인 저조차 두 손으로 핸들을 돌려야 했거든요. 그런데 배구선수 출신 비서실 여직원들이 남성도 버거워하는 지프차를 여유 있게 운전하는 모습이 정말 멋있었습니다. 그만큼 여성들에게 불리하게 작용하는 물리적 장벽이 높고 두터웠어요. 지금은 돈이 없어 몰지 못하는 경우는 있어도 힘이 없어 몰지 못하는 자동차는 없습니다. 기술의 급격한 발전으로 인해 남성의 근력이 사회생활에서 무의미해지는 시대가 됐다는 뜻이에요.

경제사를 보면 가장 처음 나오는 내용이 인류가 심경(深耕)을 하면서 남성 중심 사회가 확립됐다는 학설이에요. 현재는 심경이 당연히 불필요한 세상이 됐습니다. 지금 남아 있는 인간의 고유한 가치는 좋은 머리와 뛰어난 판단력 같은 게 아니에요. 코딩하고 연산하는 일은 기계가 더 잘할 테니까요. 저는 남들의 생각과 행동에 공감하고 반응할 수 있는 사람들이 인공지능이 대체할 수 없는 부문과 직종을 주도할 것으로 예상해요. 공감은 사람만 할 수 있는 일입니다. 타인의 희로애락을 포착할 수 있는 역량이 있어야 미래에 먹고살 수 있어요. 이러한 시각에 미국, 유럽, 심지어 일본에서도 다 동의하는데 유독 한국, 더 특정히자면 한국 남성들은 그리 동조하지 않습니다. 물론 그들도 자기들이 공감의 중요성을 잘 알고 있다고 말은 하는데, 실제 보여주는 모습은 전혀 그렇지 않아요. 우리나라 교육이 지식과 정보를 습득할 수 있는 능력은 학생들에게 효율적으로 잘 전수해왔어요. 그러나 사람에게 공감하고 반응하는 역량은 여전히 제대로 가르치지 못하고 있습니다.

김   공감 능력의 중요성은 이미 현실정치에서 유감없이 증명됐습니다. 박근혜 전 대통령의 탄핵에도, 문재인 대통령의 당선에도 결정적으로 영향을 미친 게 박 전 대통령에게는 공감 능력이 없고, 문 대통령에게 있다고 생각한 국민들의 판단이었거든요.

박   제가 재미있는 예화 한 가지 말씀드릴게요. 선거 중에서 판세가 가장 예측불가한 선거가 원내대표 경선입니다. 이 선거의 승패는 평상시의 소속 계파로도 결정이 안 나고 선거 당일의 현장 연설 분위기도 꽤 중요합니다. 거대 정당의 원내대표에 출마할 정도의 정치인이면 보통 3선 이상을 기록한 중진 정치인들이에요. 10년 넘게 의정생활을 했으니 여의도에서 웬만한 사람들과는 밥을 몇 번씩 함께 먹어봤을 테고요. 그 과정에서 남에게 어떻게 상처를 줬는지, 상처를 준 사람은 모르고 상처받은 사람만 알아요. 나는 당연히 A의원이 B의원을 찍을 줄 알고 "A의원님은 B후보 찍으시겠네요" 했더니 "그 XXX…" (웃음) 그래서 왜 그러냐고 물어보니 "10년 전에 OO에서…" 이러면서 자기 무시한 얘기를 하더라고요. 또 C후보는 후보 자체는 좋은데 그 후보가 자기가 싫어하는 D와 가까워서 안 된다 그러고. (웃음) 상처 준 사람은 몰라요. AI도 몰라요. (웃음) 인공지능으로는 감지할 수 없는 사람만이 가지고 있는 어마어마하게 광범위하고 포괄적인 인간관계망의 총체적 결과가 원내대표 선거의 승자와 패자를 갈라요. 원내대표 선거를 해서 당선 결과가 나오잖아요.

십중팔구는 다 놀래요. "어떻게 저 사람이?" 이러면서. (웃음) 그런 의미에서 정치 공간을 포함해 사람이 사람을 대하는 문제는 어디에서 어떻게 훅 달라질지 몰라요. 제가 김세연 의원님과 서로 얼굴 맞대고 대담한 이 일이 10년 뒤에는 어떤 결과로 귀결될지는 모르는 거죠.

공   그래서 실질적인 인간적 친소관계는 예전에 박상천과 박희태 두 전 법무부 장관의 경우처럼 당의 구분을 뛰어넘는 경우가 많더라고요.

박   저는 국민의힘 오신환 전 의원과 현재까지 돈독한 친분을 유지해오고 있습니다. 오 전 의원과 함께 해외출장을 간 경험이 있는데, 서로 소속 정당은 달라도 대화와 타협에 기반한 합의 민주주의를 실현할 수 있는 좋은 동반자라는 느낌이 들더라고요. 그때 오 의원 숙소로 와인 한 병 들고 찾아가 속 깊은 이야기를 나누며 폭넓은 공감대를 형성할 수 있었습니다. 우리나라 교육은 공감 교육의 측면에서 굉장히 취약해요. 저는 공감할 수 있는 능력이 있어야 상상할 수 있는 힘도 생긴다고 봐요. 공감의 능력이 있기에 우리는 화성을 탐사할 수 있고, 더 멀리 우주의 비밀을 탐구할 수 있으며, 상대의 얼굴 표정만 보고서도 그 사람의 애환을 단번에 짐작할 수 있어요. 공감의 능력, 상상의 능력을 키우는 일이 지금의 우리에게는 매우 필요합니다.

공   저는 한국 사회의 공감 능력이 좋으면 좋았지 나쁘지는 않다고 평가합니다. 문제는 자기보다 힘세고 돈 많은 사람을 향한 공감 능력만 비대하게 발달한 데 있어요. 상향식 공감 능력만은 한국인이 가히 세계 최강이에요. (웃음)

박   저는 이번에 사람들이 이재용 상속세 걱정해주는 걸 보고 진짜 깜짝 놀랐습니다. (웃음)

인간과 기계의 결합을 통한 인류의 진화

공　제가 가만 보니, 김세연 의원님은 우리나라의 미래는 낙관하시면서도 인류의 미래는 비관하시는 것 같습니다. 제 소감을 좀 풍자적으로 풀자면, 의원님이 하신 말씀은 SM 엔터테인먼트의 미래는 밝다고 전망하면서도 동시에 K-POP은 망할 거라고 경고하는 것처럼 뭔가 아귀가 잘 맞지 않는 느낌이거든요. 한국의 미래는 긍정하면서 인류의 미래는 부정하는 괴리를 어떻게 이해하면 될까요?

김　저는 이 추세로 기술이 발전한다면, 인간이 아무리 지혜를 짜낸다고 해도 기계와의 경쟁에서 계속 앞서갈 수 있다는 보장이 없을 것 같습니다. 그러니 인간과 기계가 경쟁하거나 대립하기보다는 상호보완적으로 공존할 수 있는 체제를 만들려는 노력을 향후 몇십 년 동안 지속적으로 기울일 필요가 있다고 생각합니다. 그러지 않고 인간이 기계를 무한정 완벽하게 통제할 수 있다고 생각하고서 이 문제에 오만하게 접근하다가는 인류의 생존 자체가 위태로워질 가능성을 배제할 수 없다고 봅니다.

　　인간과 기계가 두뇌와 신체에서 점차 통합되는 방향으로 나아갈 것이라는 예상은 아직은 초기 단계이긴 하겠지만, 이미 현실에서 구현되기 시작했다고 할 수 있습니다. 요즘 전화번호 일일이 기억하고 다니는 사람 거의 없지 않습니까? 스마트폰이 데이터 저장의 측면에서 나의 확장된 뇌 구실을 하고 있는 거고요. 구글이나 네이버나 위키피디아를 검색하면 웬만한 데이터나 자료는 금방 다 찾을 수 있게 됐거든요. 그러니까 이미 검색엔진이나 온라인 백과사전을 통해서 확장된 뇌를 인류가 공유하고 있는 거죠. 저는 기계와 혼종(混種)이 되는 방향으로 인간의 진화가 진행될 거라고 예견하는 입장이에요. 두뇌가 아니라 신체로 가면 의족, 의수, 의안 등 장애를 극복하는 것으로 시작되는 인간과 기계의 결합이 점차 장애 극복과 기능 향상의 경계가 흐려지는 단계를 거쳐 결국 인간 신체의 일부를 기계가 대체하게 되면 말 그대로 사이보그로 진화하는 결과가 되는 것이죠.

공   인간과 기계의 합성이 영화 속에서는 멋있게 보이지만 막상 실제 현실이 되면 상당히 징그럽지 않을까요?

김   저는 인간과 기계와의 결합을 통한 인류의 진화라는 큰 흐름에서도 우리나라가 테스트베드(test bed) 역할을 할 가능성이 높지 않을까 전망합니다. 개화기 때, 이미 다른 나라에서 보편화된 두발 양식을 따라가기 위해 상투를 자르도록 한 단발령에 대해 격하게 반발하며 자결하는 사람들이 나올 정도로 신체에 가해지는 어떠한 변형에 대해서도 매우 엄격한 관점을 가졌던 시절도 있었는데, 현재는 미용 목적의 성형외과 수술이 세계에서 가장 앞선 실정입니다. 지난 100여 년 사이에 우리의 국민적 기질이 역동적이고 창의적으로 바뀌어 새롭고 도전적인 시도를 하는 데 대한 거부감이 높지 않다는 점을 고려할 때, 과거에 영국이 증기기관의 발명으로 촉발된 제1차 산업혁명을 계기로 19세기를 주도했듯이, 인류 역사 발전의 새로운 장의 첫 페이지를 먼저 쓰는 국가가 되어 그 시대를 주도할 가능성이 있다고 봅니다. 저는 출생률 급감으로 인한 인구 위기의 돌파구를 결과적으로 사회통합의 새로운 고민거리를 던져줄 이민에서 찾기보다는 기계와의 결합과 공존을 통해서 '인간 인구'가 늘지 않더라도 산업 현장이나 서비스 현장에서 일하는 '기계 인구', 즉 기계의 개체 수를 늘리는 방식과, 여기에서 더 나아가 인간과 기계가 점차 두뇌와 신체를 결합하는 방향에서 찾아야 생산성을 올리면서 동시에 인구 문제를 해결하는 접근법이 될 수 있다고 생각합니다. 약해진 시력과 청력의 향상을 위해서, 혹은 아픈 관절의 치료와 근력의 강화를 목적으로 인체와 기계기 결합하는 것에 대해서는 정서적 반감이나 윤리적 논쟁이 크지 않을 것으로 보여요. 꼭 사지를 절단하거나 안구를 이식하는 등 '대체'의 방법만 있는 게 아니라 넓게 보면 오랫동안 착용해온 안경이나 보청기 같은 시력이나 청력을 '보완'하는 역할을 하는 보조기구의 성능을 강화하는 방식으로 생각해볼 수도 있을 것이고요. 요즘 한창 뜨고 있는 외골격(exo-skeleton) 계 로봇 방식으로 걸을 수 없는 사람을 걸을 수 있게 하는 등의 방법도 있을 수 있겠습니다. 물론 이런 방법들은 인간과 기계의 결합의 낮은 단계 사례들이지만요.

제가 처음부터 인구 문제에 대한 해법을 이렇게 생각한 건 아니었습니다. 한때 세계에서 고령화 속도가 제일 빠르다는 소리를 들어온 일본보다 우리가 고령화 속도가 더 빠르다는 점을 고려할 때 서둘러 대책을 세워야겠다고 보고 이민을 통한 인구 문제와 노동력 부족 문제 해결 방안을 열심히 모색했습니다. 제가 국회에 들어가서 제일 처음으로 대표발의한 법안이 2008년도에 냈던 '미등록 외국인', 다른 표현으로는 '불법체류자' 자녀에 대한 교육권 보장을 위한 '초중등교육법 개정안'이었습니다. 부모의 국내 체류 시위가 불안정하면 그 자녀들이 초등학교에는 입학이 되어도 그 당시만 해도 중학교 입학은 사실상 거부당하고 있는 현실이었습니다. 우리가 유엔 아동권리협약 가입국으로서 국제법 준수를 못하고 있는 거였죠. 제노포비아[16] 단체에서 제 홈페이지에 들어와서 하는 게시판 도배질을 그때 처음 당했습니다.

그런데 이후 몇 년간 파키스탄, 터키, 아프리카 계열의 이민을 각각 대거 받아들인 영국·독일·프랑스 등에서 사회통합에 어려움을 겪는 사정들을 접하면서 이민 문제를 좀 더 신중히 볼 필요가 있겠다는 생각이 들었습니

---

16   Xenophobia, 자신과 다른 민족이나 국외 사람 또는 다른 종교나 문화를 가진 사람이나 집단에 대하여 강하고 지속적으로 배척하고 증오하는 상태.

다. 단지 우리의 노동력 부족 문제를 해결하기 위해 인종과 국적, 종교까지 다른 이민자들에 대한 문호를 열어, 안 좋게 표현하면 사람을 수입해서 머릿수를 맞추는 거죠. 이렇게 경제적 동기에서 출발해 매우 이질적인 사람들이 하나의 공동체를 이룬다는 것이 단일민족의식이 대단히 높게 고취되어 있는 우리 현실에 맞을지, 그럴 경우 피부색이 다른 동료 시민들에 대해서 우리가 정말 동등하게 대우할 준비가 되어 있는지, 다문화사회 전통이 우리보다 훨씬 오래된 국가들에서 겪는 언어적·종교적 차이에서 비롯되는 경제적·교육적 격차, 그리고 여기에서 파생되는 여러 사회 문제들을 과연 우리만 피해 갈 수 있을지 등등에 대해 확신하기 어렵겠다는 생각이 점점 더 많이 들었어요.

저출생으로 인한 심각한 인구 위기에 대한 해법이 크게 두 가지 방향일 것이란 생각이 늘 있었습니다. 하나는 결혼제도를 약화시키는, 즉 동거인에 대한 배우자 지위 부여와 혼외자 인정 같은 방식으로 유교적 전통이 강한 기존의 사회 문화와 가족 제도를 약화시키는 방향이고, 다른 하나는 단일민족의식에서 벗어나는, 즉 본격적인 이민 개방을 통해 다민족 국가로 과감하게 전환하는 방향일 것이라고 봤습니다. 지금 우리 사회를 보면 전통적 유교사상에 입각한 가부장적 위계 질서가 실질적으로는 모계 사회로 전환된 지가 적어도 한 세대는 되는 것 같습니다. 다만 유교적 전통은 약해졌는데, 가족제도는 약해지지 않았죠. 지금도 혼외 출산의 비중이 극히 낮은 것을 보면 알 수 있듯이. 여기에 더해 단일민족의식은 여전히 강하게 남아 있고요.

공 문재인 정부와 더불어민주당이 '토착왜구 프레임'을 이용해 불리한 정국의 국면전환을 시도하면서 민족주의 성향은 되레 더 농후해졌습니다.

기계에도 참정권이 주어질까?

김   제가 고민하다 최근 1-2년 사이에 내린 결론은 기계 노동을 더욱 급속히 보급해서 인간 노동의 부족을 메우자는 것입니다. 개인의 소득이 줄어드는 문제는 기본소득 도입으로 보완하고, 기계 노동의 확대로 경제 전체의 생산력 유지를 도모하고요. 인구 10만 명당 산업용 로봇 보급 대수는 로봇 선진국들을 제치고 우리가 1위를 한 지 이미 꽤 되었습니다. 최저임금의 급격한 상승 때문에 이제 제조 현장뿐만 아니라 서비스 현장에도 로봇들이 급속히 보급되고 있어요. 환경이 바뀌는 데 대해 비판이나 불평을 하기보다는 위기를 기회로 인식하고 위험을 어느 정도 감수하고라도 그 흐름에 먼저 몸을 싣고 선도해보자는 자세가 필요하다고 봅니다.

이렇게 노동 현장에서 줄어드는 인간 노동의 몫을 기계 노동이 보충하는 방식으로 어우러져 지내다가, 레이 커즈와일이 『특이점이 온다』에서 2045년으로 예측한 것처럼 기계 한 대의 두뇌 용량이 인류 전체의 두뇌 용량의 합을 능가하게 되는 시점이 되면 또 많은 것이 달라질 겁니다. 앞서 말씀드린 것처럼 인간과 기계 간 두뇌의 결합, 그리고 신체의 결합이 더욱 확산되고 보편화될 가능성이 높아요. 대부분의 인간이 기계와 결합하는 방향으로 진화 또는 변형되고 기존의 모습 그대로 남아 있는 현생 인류 호모 사피엔스 사피엔스의 비중이 계속 줄어들다 보면 아마도 지구상에서 사라지는 날이 올 수도 있겠죠. 아까 공 작가님이 주셨던, 왜 인류 미래에 대해서는 비관적인데 대한민국 미래에 대해서는 낙관적이냐는 질문에 대한 답을 이제 드리자면, 현생 인류의 모습만 보자면 우리 종은 멸종될 수도 있습니다. 그런 점에서는 인류 미래에 대한 비관론이라고 표현할 수도 있겠죠. 하지만 어떤 종이건 생존을 위해서 환경 변화에 적응한다는 진화론적 관점에서 보면, 현생 인류가 기계와 융합되는 걸 꼭 부정적으로 볼 필요는 없다고 생각합니다. 왜냐하면 모습은 좀 바뀌더라도 그 종은 진화를 해서 결국에는 살아남게 되지 않습니까? 살아남는 종이 강한 거죠. 대한민국의 미래가 밝을 것이라고 보는 이유는, 앞으로 100년간 빠른 속도로 전개될 이러한 거대한 문명 대전환, 더 크게 보면 생물학적 종의 변이 과정에서 우리가 가진 뛰어난 두뇌와 기술력, 그리고 사회적 수용성을 기반으로 이 변화에서 가장 앞서가는 국가가 될 수 있다는 거죠. 왜 이런 정신승리 같은 이야기를 하냐고요? 이대로 인구 절벽에 부딪혀서 부채 폭탄 돌리기 하다 좌초하고 소멸 단계로 가는 비관적 시나리오보다는 위기를 기회로 바꿔서 적극적으로 살 궁리를 해보자는 겁니다.

인간과 기계의 관계를 바라볼 때 제조나 서비스 현장에서의 협업 관계, 그리고 두뇌와 신체의 융합 측면에서 말씀드렸는데, 법적 지위에 대해서도 덧붙이고 싶습니다. 앞으로 기계도 법인격을 부여받을 수 있게 될까요? 법률 체계에서 인격은 애초에 인간, 즉 자연인에게만 부여되었죠. 그 후에 주식회사 등과 같은 법인들에도 법인격이 부여되었는데, 이는 거래의 편의상 일정 자격을 충족한 단체에 재산권 행사나 계약 당사자의 자격을 부여함으로써 경제 행위에서 권리와 의무의 주체가 될 수 있도록 한 것이지, 자연인처럼 인격권까지 주어진 것은 아닙니다. 그런데 만약에 지능뿐만 아니라 어느 시점에 가서 의식과 자아와 감성까지 모두 갖춘 기계가 등장한다면 논의의 차원이 달라질 겁니다. 기존의 디지털, 즉 2진법 기반의 컴퓨터와는 운영의 원리가 전혀 다른, 그래서 처리 용량이나 속도가 비교할 수 없을 정도로 빨라지는 양자 컴퓨팅이 실험실 밖으로 나와서 본격 상용화되면 그 특성상 인간의 뇌와 같은 구조와 방식으로 컴퓨터가 구동될 수 있겠죠. 호르몬의 영향으로 감정의 기복이 심한 인간보다 안정적이고 합리적인 의사결정을 내릴 수 있는 기계가 있다면 사람들이 어느 쪽을 더 신뢰하게 될까 하는 상상도 해볼 수 있겠고요. 에스토니아에서는 이미 사법부에서 일부 소액심판 예비심리를 인공지능 판사가 담당하기 시작했습니다. 모든 성역은 결국 깨어지는 방향으로 인간의 역사가 발전해왔기 때문에 저는 아주 먼 미래이겠지만 기계에도 참정권이 부여될 날이 올 것 같습니다.

공 투표 당하는 사람, 즉 후보자를 기계가 대신할 수 있다면 투표하는 사람, 즉 유권자도 기계가 대신할 수 있지 않을까요? 하지만 우리나라 헌법은 주권재민의 원칙을 단호하게 천명하고 있습니다. 기계에 정치적 인격을 부여한다면 이건 그야말로 헌정질서를 원천적으로 부정하고 나서는 쿠데타적 발상이거든요. 왜냐면 주권재민에서의 '민'은 오직 사람만을 한정해 지칭하기 때문입니다.

김 지금은 황당무계한 소리로 들릴 테지만 그러한 상황을 각오하고 마음의 준비를 하고 있는 게 낫다고 생각합니다. 저는 기계의 지위가 먼저 노동의 주체가 되었다가 이어서 과세의 대상, 즉 납세의 주체가 되고, 특이점 통과 후에는 투표권, 즉 선거권을 획득하고, 뒤이어 피선거권, 즉 공무담임권까지 가지는 경로를 밟을 거라고 예상합니다.

공 그러면 더 이상 주권재'민'이 아닌 거죠.

김 그럴까요? 기계도 경제적·정치적 권리를 가질 수 있는 법인격을 획득하면 우리와 같은 시민이 될 수도 있는 거죠. 물론 이건 22세기로 넘어갈 때쯤 닥칠 문제 아닐까 싶은데 지금 논의하기에는 시기적으로 너무 이른 감이 있습니다.

공 그러면 그때부터 한국은 한국인의 나라가 더는 아니게 됩니다. 한국에서 만들어진 기계의 나라가 됩니다.

김 참정권 확대의 역사를 한번 살펴볼게요. 민주주의가 최초로 시행된 고대 그리스의 아테네는 직접민주주의 체제였으나, 실은 성인 중에서도 시민인 남성만 참정권이 있었고, 여성과 노예는 참정권이 없었습니다. 과거 노예무역 시절에는 같은 인류공동체의 일원이지만 아프리카 주민들은 인간이면서도 인간 아닌 물건으로 팔려 다녔어요. 신생국 미국이 건국 85년 만에 노예해방 여부를 놓고 의견이 갈려 내전을 벌였고, 남북전쟁 이후에는 흑인에게도 명목 상으로는 참정권이 부여되어 백인과 동등한 시민이 되었지만, 실제로는 식당 이나 버스에서 바로 옆 좌석에 앉을 수 없는 차별받는 2등 국민이었죠. 1960 년대 치열한 민권운동의 결과로 비로소 1964년에 민권법이 제정되며 흑백 차별이 불법이 되었습니다. 그로부터도 반세기 가까이 지나서 흑인 유권자 등록 운동가였던 오바마가 최초로 흑인 대통령으로 당선됐습니다. 여성 참정권의 역사도 파란만장합니다. 우리는 해방 후 정부 수립을 했던 1948년부터 바로 여성들이 참정권을 가져서 체감할 계기가 없었지만, 미국은 1920년, 영국은 1918년과 1928년에 걸쳐서, 스위스는 놀랍게도 1971년에서야 여성이 참정권을 가지게 되었어요. 영국에서는 '여성에게도 참정권을 달라'며 경마장에 뛰어들어 말에 밟혀 죽은 에밀리 데이비슨[17] 같은 서프라지(suffrage) 운동가가 목숨을 걸고 쟁취한 것이었어요. 미국은 노예 해방, 즉 흑인의 참정권을 위해 무려 내전(內戰)을 치른 거고요. 어떻게 보면 인류의 진보는 좁게 보면 참정권의 확대를 통해 이루어졌다고도 할 수 있겠죠. 즉, 과거에는 온전한 인간으로 간주되지 않았던 여성과 노예 출신의 흑인들에게까지 참정권이 부여된 것이 불과 지난 100년 사이의 일입니다. 소수자 중에 그래도 제일 파워가 큰 그룹들이 차별을 극복하는 것도 이렇게 어려운 일이었죠.

17　영국의 여성참정권 운동가. 독실한 기독교인이자 페미니스트로 여성사회정치동맹에 가입해 여성참정권 투쟁을 전개하다 수차례 투옥되었다. 1913년 경마대회에서 국왕 소유의 말에 뛰어들어 사망했다. 그의 죽음은 생전 행적에 빗대어 여성참정권에 대한 사회적 인식을 높이기 위한 것으로 해석되었다.

여기에서 범위를 좀 더 넓혀서 보면, 인류 진보의 역사는 인권 확대의 역사라고 정의할 수도 있죠. 신체적·사회적 약자들을 보자면, 장애인에 대한 사회적 차별이 제대로 시정되기 시작한 것도 그리 오래되지는 않고요. 다음으로 동성혼 문제를 비롯해서 동성애자의 권리와 차별 문제가 선진국에서는 이미 큰 이슈가 되어 있고, 우리나라에서도 그 초기 논의가 이미 시작되었죠.

이제는 한발 더 나아가, 권리의 주체, 평등의 대상의 논쟁이 인간을 넘어서서 더 다양하게 확장되고 있습니다. 반려동물은 민법상으로는 물건에 불과하지만 사회적으로는 이미 어엿한 가족구성원의 지위를 가지게 되었어요. 반려견을 키우면 호칭이 누구 아빠, 누구 엄마가 되죠. 자식 같은 존재니까요. 심지어 반려묘의 경우엔 인간 주인이 더 하위에 놓여서 누구 집사가 되고요. 이렇게 반려동물뿐만 아니라 가축이나 실험동물에까지 확산되고 있는 동물권의 개념도 기존 관념으로는 감당하기 어려운 분들이 아직 많은데, 더 급진적으로는 식물권까지 거론되고 있죠. 저는 이러한 존재에 대한 인식, 권리에 대한 인식의 확장이 인간·동물·식물 등 유기체인 생물을 거쳐 무기물인 기계에게까지도 충분히 이어질 수 있을 거라고 봅니다. 게다가 그 기계가 지능까지 갖추게 되고, 나중에는 감성까지 갖추게 된다면 더더욱 말이죠.

미국 독립혁명은 아메리카 식민지의 주민들이 영국 정부를 향해 "대표 없이 과세 없다"는 구호를 외치며 봉기한 보스턴 차 사건을 계기로 점화됐습니다. 저는 20세기 산업화 시대의 틀에 맞게 짜인 우리의 경제사회 체제는 필연적으로 무너질 수밖에 없다고 봐요. 그에 이어 등장할 4차 산업혁명 시대에는 기본소득을 중심축으로 한 새로운 체제로 이행해야 할 겁니다. 역사 속으로 퇴장한 구체제의 흔적과 유산은 여전히 곳곳에 남아 있겠지만, 노동의 주된 주체가 인간에서 기계로 넘어갔다는 것은 누구도 부정할 수 없게 될 겁니다. 그렇다면 성세적 부가가치 창출의 대부분을 담당하는 기계 노동에 대한 과세를 하지 않고서는 기본소득 재원 충당을 비롯해서 국가를 운영하고 사회를 유지하는 데 필요한 재원을 제대로 조달하기가 어려워질 거예요.

　　그런데 '특이점'을 지나고 나면 기계가 지능을 넘어 의식이나 감성까지 갖추게 되면서 '대표 없이 과세 없다'는 원리에 눈뜨는 시점이 오지 않을까요? 경제 행위의 주체로서 법인격을 이미 부여받은 입장에서 과세의 대상, 즉 납세의 주체로서 세금을 내고 있음에도 불구하고 공동체 의사결정 과정에서 배제되는 것은 독립혁명 직전의 미국 식민지 주민들의 입장과 무엇이 다른가요? 그래서 기계에 의식이 싹트고 자아를 인식하는 순간 기계에 대한 참정권 부여 논쟁은 시작되지 않을 수 없을 겁니다. 여전히 이런 전망에 대해서는 회의와 비판이 많은 걸 알고 있습니다. 그러나 하늘 아래 새로운 건 없고, 자원의 배분과 권력의 쟁취를 놓고 역사는 늘 반복되어 왔다는 걸 기억하면 자연스럽게 받아들일 수 있게 될 겁니다.

공　그럼에도 많은 사람들이 구체제의 수호자라는 오명을 뒤집어쓸지언정 기계에게 시민권이든 투표권이든 허용해선 안 된다고 버티지 않을까요?

김　초기 컴퓨터를 보고 인류에 이런 경고를 한 분이 있었죠. '겸허하면 이 기계의 도움을 받아 번영할 것이고, 오만하면 멸망할 것이다.' 인간 입장에서는 기득권을 내놓는 일이니 당연히 싫을 거고 반대하겠죠. 그렇지만 과거에 왕이 귀족에게, 귀족이 부르주아에게, 부르주아가 노동자에게 정치 권력을 나눠주고 싶어서 나눠줬겠습니까? 생존을 위해 어쩔 수 없이 타협하고 변화를 받아들인 거죠. 저는 어느 시점에 가면 인간과 기계도 비슷한 입장에 놓일 거라고 생각합니다.

공　사람은 가르친다고 해서 쉽사리 바뀌는 존재가 아니더라고요. 저는 차라리 인간에 대한 교육을 포기하고 똑똑한 기계를 밀어주는 게 어떨까도 싶습니다. '잘 키운 딸 하나 열 아들 부럽지 않다'가 '잘 만든 기계 한 대 열 인간 부럽지 않다'일 수도 있으니까요.

김　세상의 모든 지식을 저장하고 이해할 수 있는 인공지능과 부실한 교육에 머물고 만 인간의 제한된 지능이 경쟁하는 구도는 인류에게 파국적 결과를 빚어낼 위험성이 있어요. 저는 인간의 고유성과 장점을 살리는 쪽으로 인류와 기계가 상호보완적 관계를 정립해 나가기를 바라고 있습니다. 기계와의 공생과 협력을 추구할 수 있는 능력을 키워주는 교육이 그래서 시급하고 절실합니다.

제도는 힘이 세다

우　저는 경제학자로서 제도학파의 영향을 많이 받은 사람입니다. 저는 의원님이 생각하시는 것보다는 조금은 가볍고 경쾌하게 문제를 조망하고 있어요.

공　제도학파의 개념에 대해 간략히 설명해주시죠.

우　사회의 운영과 유지에서 제도가 크나큰 역할을 담당한다는 사조예요.

공　사람들이 지키고 따라야 할 규칙을 궁리하고 정하는 일인가요?

우　제도가 핵심이고 관건이라는 사상입니다. 제가 국무총리실에서 일하던 시절에 좌측통행과 우측통행의 우열과 장단점을 열심히 연구한 적이 있어요. 해당 국가의 시정에 기반해 자동차가 도로 왼쪽으로 갈 수도 있고, 오른쪽으로 주행할 수도 있습니다. 영국이나 일본 같은 섬나라에서 자동차가 좌측으로 운행한다고 해서 그 나라 국민들이 우리나라 국민들과 인간성까지 아예 다른 건 아니거든요.

　제가 생각하는 인간과 기계를 가르는 근본적 경계가 있습니다. 스스로의 독자적 결정에 근거해 인간을 살상할 수 있는 권한과 재량을 기계에게 줄 것이냐에 관한 일이에요. 지금도 기술적으로는 드론 혼자 날아가 사람을 해치는 게 가능은 합니다. 하지만 법률로서 그걸 금지하고 있죠. 그러므로 인간의 생명을 앗아가는 치명적인 공격의 통제권은 모니터를 주시하며 드론을 조종하고 있는 인간의 통제권 하에 여전히 놓여 있습니다. 참여정부 때, 휴전선 경계에 로봇개를 투입하려고 추진하다가 취소한 적이 있습니다. 로봇개가 인간을 향해 발포하는 게 국제규범을 위반하게 될 가능성이 높으니까요. 그러니 전쟁국가인 미국조차 적국의 요인을 드론을 이용해 제거할 때는 반드시 사람이 실행 단추를 누르게끔 매뉴얼로 규정해 놓았어요.

공　그래도 미국은 엄연한 국가니까요.

우　그렇죠. 하지만 무장 테러조직들에게 국제적인 조약이나 규범 따위는 안중에 없기 마련입니다. 따라서 저는 기술적 요소보다는 제도적 측면이 앞으로의 인류사의 발전과 향방에서 더 중대한 영향력을 미치지 않을까 생각해요. 로봇이 설령 사람을 죽일 수 있는 순간이 온다고 해도 그걸 제도로서 규율해야죠. 그러지 않으면 죽고 죽이는 무차별적인 살상극이 도처에서 벌어질 수 있습니다.

공　미국의 유명한 과학소설 작가인 아이작 아시모프가 생전에 제시했던 로봇의 3원칙 중 첫 번째 원칙이 로봇이 사람을 죽이면 안 된다는 규정이었던 게 문득 떠오르네요.

우   군사작전을 목저으로 출동해 작전현장에 도착하는 단계까지는 기계가 자율적으로 알아서 수행할 수도 있겠죠. 하지만 저는 마지막 엔터키를 누르는 일만은 철두철미하게 인간의 몫으로 남겨둬야 한다고 확신합니다.

우리나라가 로봇공학 분야의 선진국이에요. 마음만 먹으면 당장이라도 휴전선 전체를 로봇들이 물샐틈없이 감시할 수 있습니다. 그럼에도 적의 침투를 발견했을 시에 최종적인 발포 여부의 판단은 반드시 사람에게 맡겨야 해요.

김   제도학파적 접근에 대해서 저도 공감하는 바가 매우 큽니다. 웰즈의 소설 『모로 박사의 섬(The Island of Doctor Moreau)』을 보면 광기 어린 과학자가 동물을 인간으로 변종시키는 유전자 조작 실험을 하다가 파멸을 맞이하는 이야기가 나옵니다. 내용이 충격적이라 그만큼 논란이 많았던 작품인데요. 다행히도 현실에서는 1975년 2월에 미국 캘리포니아 주의 작은 도시 애실로마(Asilomar)에 생물학자, 생명공학자, 철학자, 윤리학자 등 다양한 분야의 전문가들이 모여 당시로서는 새로운 생물학적 도구였던 유전자 재조합 방법을 활용해 자연계에 존재하지 않았던 새로운 조합의 DNA를 마구 생산하는 문제가 인류에 끼칠 부정적 영향을 전망하고 이를 예방하기 위한 안전지침 성격의 연구가이드라인을 제정합니다. 정부 개입 없이 자발적으로 이루어진 연구자 커뮤니티의 자정 능력 사례라는 점에서 높은 평가를 받고 있죠. 그리고 이후 50년 가까이 이런 결의가 잘 지켜지고 있는 점을 보면 아주 다행스럽고 분명히 제도학파적 접근에 일리가 있다고 생각합니다.

그로부터 42년이 경과한 2017년에 역시 같은 장소인 애실로마에서 이번에는 인공지능의 연구개발을 주제로 회의가 진행됐는데 여기에는 빌 게이츠, 일론 머스크, 레이 커즈와일 등등의 쟁쟁한 인물들이 다수 참석했습니다. 이때 합의된 내용이 바로 1975년도의 생명공학 합의와 비슷합니다. 인류에게 유해하고 치명적일 수 있는 인공지능 연구를 해서는 안 된다는 윤리적 지침이에요. 인류의 미래를 위해 이 지침이 정말 잘 준수되기를 바랍니다.

　그런데 문제는, 위험요인이 늘 있지 않습니까? 이런 문제에서 흔히 등장하는 그 '미친 과학자(mad scientist)'가 어디에 있는지 알 수 없다는 거죠. 유전자 재조합과 인공지능에 앞서 핵무기가 등장했습니다. 히로시마와 나가사키에 투하된 이후로는 실제로 쓰인 적은 없어요. 공포로 사용이 억제된 거죠. 핵확산방지체제(NPT)가 구축되었지만, 비공인 핵보유국 숫자가 공인 핵보유국 숫자와 비슷해졌어요. 그래도 국가는 통제할 능력이 있겠지만, 통제 바깥에 있는 테러조직에 유입될 우려는 늘 있습니다. 다른 형태의 대량 살상 무기인 화학무기는 핵무기보다는 파괴력이 떨어지지만 이라크의 사담 후세인이 1988년에 자국 내 쿠르드족 대량 학살에 이미 사용한 전례가 있고요.

　기계 스스로 판단하는 자율무기의 도입은 2017년 애실로마 회의에서 선언했듯이 절대 허용할 수 없다는 데 확고한 합의를 한 것도 있고, 교전 시에 인간을 살상할 수 있는 최종 결정은 어떤 경우에도 기계에 맡기지 않고 반드시 인간이 해야 한다는 규범을 민주적 통제를 받는 문명국가에서는 특별한 사정 변경이 없는 한 계속 지킬 것 같습니다. 아까 우 박사님이 말씀하신 미국의 드론 폭격 버튼은 반드시 인간이 누른다는 원칙처럼 말이죠. 그런데 교전당사자가 국가가 아니라면 어떻게 할지, 즉 테러조직도 그 규범을 지킨다는 보장이 있을지 하는 우려가 있습니다. 2001년 9·11 테러 사건에서 민간 여객기를 공중납치해 건물에 충돌시키는, 이전에는 상상 못했던 수법을 썼습니다. 불문율의 파괴가 일어나지 않기를 정말 바랍니다.

　교전 상황에서의 의사결정 말고, 아마 일상생활 속 의사결정을 할 때의 딜레마가 먼저 나오지 않을까 싶어요. 가령 자율주행차의 기술적 완성도는 이미 테슬라의 운전대에 작은 추를 매달아서 마치 사람이 손으로 잡은 것처럼 기계를 착각하게 만드는 방식으로 자율주행 규제를 피해가고 있는 국내 사용자들의 체험담에서 확인된 지도 꽤 됩니다. 결국 운전은 사람만 할 수 있느냐, 즉 기계가 운전하게 할 거냐 말 거냐를 놓고 아마 마차 시대에 마부들을 위한 '적기 조례'[18] 비슷한 논쟁이 조만간 나올 수도 있겠죠. 시간 문제지만 결국은 기계가 운전을 하게 될 겁니다. 그렇게 되면 인명을 놓고 윤리적 결정을 해야 하는 '트롤리 딜레마'[19]에 바로 부딪히게 될 겁니다. 전쟁 상황에서의 살상용 무기와 일상생활 속 교통수단을 결코 같은 기준으로 비교할 수는 없지만, 인명을 놓고 발생하는 윤리적 딜레마는 분명히 관통하는 지점이 있으니까요.

우   스위스의 국시 역할을 하는 제도적 장치가 제네바 협정입니다.

공   그건 국제협정인데, 스위스 국내에서도 적용되나요?

우   제네바 협정이 자국 주도로 체결된 국제협정이라 스위스는 협정의 정신을 솔선수범 차원에서 충실히 좇아왔습니다. 한국의 보수와 스위스의 보수는 달라요. 스위스 보수들은 제네바 협정의 전통에 철두철미하지요. 스위스는 중립조항을 문자 그대로 준수하느라 UN에도, EU에도 가입하지 않고 있습니다. 왜냐면 자국이 교전국들 사이에서 중립도 유지하고, 포로도 보호해줘야만 하는 의무가 있는 나라라고 생각하기 때문이에요.
　　　스위스는 과거에 엄청난 빈국이었습니다. 먹고살기 위해 수많은 스위스 청년들이 외국 군대들에서 용병으로 복무했어요. 그래서 정작 프랑스의 귀족들은 다 도망갔음에도 불구하고 루이 16세를 끝까지 충성스럽게 경호하던 스

18   당시 증기자동차가 도로교통과 안전을 위협한다고 판단해, 무게, 속도, 너비, 주행방식을 규제한 법률이다.
19   사람들에게 브레이크가 고장 난 트롤리 기차 상황을 제시하고 다수를 구하기 위해 소수를 희생할 수 있는지를 판단하게 하는 문제 상황을 가리키는 말이다.

위스 용병들이 프랑스 혁명 초기에 파리 베르사유 궁전에서 떼죽음을 당했습니다. 그러한 전통이 지금껏 이어져 현재 바티칸 교황청의 경비대는 스위스 출신 용병들로 편성되어 있어요. 그러니 스위스가 전장에서 사로잡힌 전쟁포로들의 생명과 안전에 가장 민감할 수밖에 없죠. 전쟁에서 생포한 적군을 인간은 본능적으로 미워하게 마련입니다. 포로들을 학대하고픈 충동을 마구 느끼게 돼요. 그러한 증오와 학대를 제도로서 억제해온 게 제네바 협정입니다.

저는 인간과 AI의 관계 또한 제도적 설계가 가능하다고 봐요. 이는 인간과 기계의 관계를 기술적이고 물리적인 관점뿐만이 아니라 법과 관행의 시각에서도 바라봐야 한다는 뜻입니다. 간헐적인 이탈과 사고는 물론 있겠지만 로봇이 인간을 살해해서는 안 된다는 사회적 합의가 향후 100년 정도 꾸준히 지켜진다면 거의 영구적으로 그와 같은 풍토와 문화가 정착되고 확립될 거라고 생각해요.

공   민간부문의 기술이야 그럴 수도 있겠지만 전쟁기술은 로봇의 제1원칙이 견지되기가 어려워 보입니다. 예컨대 미사일이나 지뢰에 무슨 인격이 있겠습니까?

우   현재 전 세계적으로 대인지뢰를 금지하는 추세예요. 제도는 우리가 생각하는 것보다 훨씬 힘이 셉니다.

교육환경이 학생들에게 미치는 영향

우   저는 유학을 떠나면서 그리 기분이 좋지 않았습니다. 제가 좌파 이데올로기라 한국에서는 공부가 마땅치 않아 유학 간다고 둘러대기는 했는데, 프랑스에서 박사 학위를 취득하고 귀국한 후에도 마음이 가볍지 않았어요. 우리나라가 가난하기 때문에 부자나라로 건너가 공부할 수밖에 없었다는 자괴감이 들었던 탓입니다. 그래서 저는 다음 세대에게는 이러한 굴욕과 수모를 절대 물려주지 않겠다고 철석같이 맹세했어요. 그게 제가 박사 학위를 따고서 제일 먼저 했던 개인적 다짐이에요. 그런데 시간이 흐르고 보니 이제는 초등학생도 외국으로 유학을 가는 세상이 되었습니다.

우리나라에 한때 경영학 석사(MBA) 붐이 크게 일었던 적이 있어요. 당시 많은 후배들이 미국에 가서 경영학 석사 과정을 밟는 일에 대해 저에게 상담을 해왔습니다. 저는 지금이야 그게 굉장히 화려하고 부럽게 생각되지만 한국은 급변하는 사회이기 때문에 MBA 학위증서가 조만간 무의미한 휴지조각이 될지도 모른다고 신중하게 조언해줬습니다.

제가 그와 같은 이유로 조기유학에 대해서도 굉장히 부정적이에요. 아이가 조기유학을 마치고 한국 사회에 다시 돌아와 적응하려고 노력할 무렵에는 조기유학을 다녀온 경력이 정말 아무짝에도 소용이 없게 될 수 있거든요. 유럽에도 귀족학교는 있습니다. 그러나 귀족학교에 일반인들이 귀족들보다 더 많이 들어온 여파로 더 이상은 귀족학교가 아니게 됐어요. 우리나라의 특목고도 그러한 길을 갈 거라고 봐요.

공   특수목적이 아닌 대입이라는 일반목적을 띠고 있는 게 우리나라 특목고 같아요. 특목고 나와서 나라 구하는 독립운동을 하는 것도 아니니.

우   육군사관학교가 한국의 파워 엘리트를 양산하던 시대가 있었습니다. 다음에는 서울대 법대가 종전에 육사가 담당하던 역할을 한동안 이어받았어요. 당분간은 외고가 서울 법대가 차지했던 자리를 물려받을 것으로 예측합니다. 하지만 외고 전성시대도 그리 길지는 않을 전망이에요.

두 의원님도 한국 사회의 초엘리트에 포함되는 분들입니다. 저는 두 분이 아이들 교육을 어떻게 시키고 있는지 무척 궁금합니다. 제 경험을 먼저 털어놓자면 저는 아내와 합의한 내용이 있어요. 아이들이 보통 수준의 평범한 교육을 받도록 하자는 약속입니다. 저는 아이들이 자라서 어떤 직업을 가질지 솔직히 별 관심이 없습니다. 제가 제 어머니로부터 몹쓸 아비라고 매일 욕먹는 이유예요. 어머니께서는 당신 자식들을 엄청 특별하게 키우셨다고 말씀하시거든요.

우리가 흔히 선진국으로 부르는 나라들에서는 보통의 평균적 교육을 받은 인물들에서 사회의 리더가 많이 나옵니다. 반면에 특수교육을 받고 특별한 혜택을 누리며 성장한 사람들의 사회적 영향력과 발언권은 점점 더 약해집니다. 그런데 우리나라는 여전히 특별한 교육을, 혜택받은 교육을, 특권적인 교육을 수월성을 담보하는 훌륭한 교육으로 착각하고 있어요. 그러다 보니 부유층 일각에서는 해외의 귀족학교를 수월성 교육의 최고로 여기고 자기 아이들을 일찌감치 유학 보내고 있습니다.

박 김 의원님은 슬하에 자녀가 몇 명이세요?

김 첫째가 딸아이, 그 밑에 쌍둥이 아들 두 명이 있습니다. 두 살 차이인데, 큰 아이가 학교를 일찍 들어가서 이제 고2, 중2가 됐습니다.

박 아이들 나이가 제 아이들과 비슷하네요. 저는 각각 고등학교 1학년과 중학교 2학년인 아들 둘을 키우고 있어요. 저희 집도 여느 가정들처럼 엄마가 자식 교육과 관련해 주도권을 행사하고 있습니다.

우 강남교육 스타일의 중요한 3요소를 이루는 무관심한 아빠시네요.

공   힐아버지의 경제력과 엄마의 정보력만 더해지면 완전체가 될 수 있습니다. (웃음)

박   저는 강남 스타일이 되고 싶어도 될 수가 없어요. 저희 집이 아이 의견이 중요하게 반영되고 존중되는 분위기거든요. 제가 아이에 대해 가졌던 욕심은 딱 하나였습니다. 아이가 제가 나온 신일중학교와 신일고등학교를 차례로 다니는 거였어요. 마침 제 본가가 신일고등학교 담벼락과 바로 붙어 있는 위치에 있습니다. 담만 넘으면 되는 이 학교를 저희 형제가 모두 다녔어요.

　　신일고등학교는 무려 14만 평에 달하는 드넓은 교정이 있는 학교예요. 덕분에 사계절의 변화를 학생들이 온몸으로 고스란히 체감할 수 있습니다. 더욱이 교실의 창문 밖을 바라보면 웅장하고 우람한 자태를 자랑하는 북한산의 대자연이 학교를 병풍처럼 둘러싸고 있어요. 저희 학교가 면적도 면적이지만, 예나 지금이나 시설 기준으로도 우리나라에서 최상위권에 들어가는 고등학교입니다.

공   재단이 빵빵한 모양이네요.

박   한국유리가 신일고등학교의 재단입니다. 지금도 그 집안이 학교의 재단을 맡아 운영하고 있어요. 이 회사 창업주가 교육에 대한 열의와 관심이 워낙 강해서 원래는 대학교 개교를 추진하다가 여러 가지 제반여건 때문에 중고등학교 설립으로 방향을 틀었던 것으로 알고 있어요. 그러니 부지도 넓고 시설도 쾌적할 수밖에요. 저는 중고등학교 시절의 6년이 제 인생에서 가장 행복했던 시절이라고 어디서든 늘 자신 있게 말합니다. 그 6년 동안 저에게 콩나물시루 교실은 남의 나라 얘기였어요. 자유롭고 개방적인 모교의 학풍도 저와 코드가 잘 맞았고요.

저희 학교가 어떤 학교냐? 1976년도에 고등학생 신분으로 학생들이 종로 한복판에서 유신헌법 반대 시위를 격렬하게 전개하다가 8명이 퇴학을 당하고 147명이 무기정학을 당했던 학교입니다. 전두환 정권 시절이던 1986년에는 교육민주화 선언으로 말미암아 학교가 발칵 뒤집히기도 했어요. 그것 때문에 학생들이 운동장에 모여서 연좌시위를 벌이는 등 한바탕 난리가 났었습니다. 전국교직원노동조합이 결성됐을 때에는 제가 전교조 선생님들을 지지하는 학내시위를 주도했습니다.

공   산을 끼고 있는 학교들이 대개 기가 세더라고요. (웃음)

박   저희 학교 교훈이 '믿음으로 일하는 자유인'이거든요. 그런데 제 아내는 아이가 신일중학교를 가는 걸 탐탁하게 생각하지 않는 눈치였습니다. 학풍이 자유로워 아이들 공부를 덜 시킬지도 모른다는 걱정이 컸거든요.

우   전인교육만 하고 공부는 안 시켜. (웃음)

박   저는 아이들이 자신과 다른 환경에서 자란 친구들과 섞이고 부대끼며 성장해야만 한다고 생각합니다. 아이들에게 스스로를 돌아볼 수 있는 공간적이고 시간적인 여유도 당연히 주어져야 하고요. 제가 고등학교 다니면서 제일 아름다웠던 추억이 야외수업이었어요. 벚꽃이 흐드러지게 흩날리는 널찍한 잔디밭에 앉아서 선생님 말씀 듣다가, 중간중간 친구들과 딴짓도 하고. 사실, 수업이 교실에서처럼 원활하게 진행될 리는 없었지만 선생님들께서는 그런 상황을 충분히 용인해주셨습니다.

우   그렇다면 우리나라 모든 고등학교들이 신일고가 해온 방식의 교육을 학생들에게 해주면 되겠네요.

공 그게 원천적으로 불가능한 게, 일단은 학교가 커야 되니까요. 제가 아는 어떤 고등학교는 옛날에 체력장을 치르면서 100미터 달리기를 곡선으로 뛰었습니다. 운동장이 너무 작아서 직선주로로는 100미터가 나오지 않았거든요.

박 저는 부모의 욕심 때문이 아니라 아이의 적성 때문이라면 과학고등학교 같은 곳으로 진학 준비를 하는 건 큰 문제가 없다고 봐요. 관건은 교육의 보편성과 아이의 자발성을 조화롭게 고루 지켜줄 수 있느냐입니다. 제 아들이 아빠의 모교에 다녔으면 하는 게 제 솔직한 바람인데, 하필이면 신일고가 지금은 자사고 형태로 운영되는 상태예요. 자기 자녀를 위해 남들과는 다른 특별한 뭔가를 해주고 싶은 부모로서의 마음과 교육의 공정성을 앞장서 실천해야만 한다는 공적인 의무감 사이에서 갈피를 못 잡고 휘청거렸던 많은 고위공직자들이 느꼈을 당혹스러움이 어쩌면 제가 최근에 가졌던 조금은 혼란스러운 감정과 비슷할지도 모르겠습니다.

공 그런 고민스러운 갈등상황에서는 자신이 자랐던 과거 시절을 회상하면 비록 희미하게나마 출구전략이 보이더라고요.

박 제가 저희 부모님께 진심으로 크게 감사하는 부분이 있어요. 저희 부모님은 서울로 이사를 오면서 학교 근처에 집을 장만하겠다는 생각을 확고하게 하셨습니다. 어머니께서 어렸을 적 산골에서 자라셨는데, 왕복 6시간을 걸어서 학교를 다니셨대요. 그런 힘들고 고단했던 개인적 경험이 학교는 무조건 가까워야 한다는 신념으로 승화된 거죠. 그래서 저는 초등학교는 걸어서 5분, 중고등학교는 2분 되는 거리에서 학교를 다녔어요. 특히나 신일중학교 시절이 더 유쾌하게 생각되는 이유는 중학교 학급이 한 학년에 6개 반뿐이었기 때문입니다. 한 반에 62명 기준으로 21개 반이 설치돼 있던 초등학교를 나와서 신일중학교에 들어가니까 그렇게 여유로울 수가 없었어요. 법령으로 규정된 정원 때문에 신일중학교도 한 반에 60명을 다 채우기는 했는데, 통틀어 360명이 3년 동안 같은 학교를 다니니까 금세 다 친구가 됐습니다. 그 친구들 대부분이 고스란히 신일고등학교로 진학한 데서 비롯된 친밀감과 안정감이 실로 대단했어요. 설령 친구들끼리 대판 싸워도 금방 화해했어요.

공   그런 좋은 교육 환경을 경험하신 건 알겠는데요. 그런 교육 환경을 자연스럽게 겪게 해줬으면 좋겠다는 의원님의 생각과, 자연스러운 것보다는 어느 시점까지는 내가 아이를 키워나가야겠다는 부인의 생각이 충돌했던 것 같습니다만.

박   그렇게 심하게 꺼린 건 아니에요. 제 아내는 근본적으로 아이들의 의견을 매우 존중하는 엄마입니다. 결국에는 제 아이가 가고 싶어 하는 동네 중학교에 가도록 아내가 아이의 결정을 흔쾌히 받아들였어요. 부모가 원하는 중학교가 달랐는데, 배정된 학교가 아닌 다른 곳으로 아이가 선택한 거죠. 동네에서는 원래 배정된 학교를 서로 가려고 하는 분위기인데 아이는 자기가 원하는 학교로 갔습니다.

공   서로 합의점을 찾았군요.

박   지금 애들은 우리와는 달라도 너무 달라요. 어떨 때는 마치 인종이 다른 것처럼 느껴질 지경입니다.

지도자일수록 자식 교육은 평범하게

김   저는 특정한 고등학교를 염두에 두거나 또는 어느 대학교를 구체적 목표로 정하고서 아이들 교육에 임하고 있지는 않아요. 제 큰아이는 수녀님들께서 운영하시는 유치원에 다녔습니다. 제가 정치에 입문한 이후에는 주중엔 어려워도 주말엔 아이들과 함께할 수 있는 다른 아빠들하고는 달리 주말도 지역구에 있느라 거의 함께 있지 못했죠. 그래서 늘 아이들에게 미안한 마음을 품고 지내왔습니다. 두 아들도 처음엔 누나가 다니는 유치원에 보냈다가, 제 아내가 아이들이 어릴 때라도 자연 속에서 좀 더 자유롭게 지내도록 하는 게 좋겠다고 생각했고, 저도 아내의 생각에 동의한 터라 아이들을 숲유치원으로 옮기게 됐습니다.

공   숲유치원이 뭔가요?

김   숲속에서 아이들이 흙을 밟으며 마음껏 자연과 함께 생활할 수 있는 환경을 갖춘 유치원입니다.

공   일종의 친환경 유치원이네요.

김   정식 명칭으로는 '숲유치원'이라고 하지 않고 '숲학교'라고 하는데 보통 그렇게들 말하죠. 더 넓게는 '숲교육'이라고도 표현하더라고요.

우   독일을 위시한 유럽권에서는 '숲속 유치원'으로 보통 소개됩니다.

김   유치원은 그렇게 보냈는데, 이후에 아이들이 점점 크니까 입시 문제와 진로 선택이 남의 일이 아니라는 생각이 점점 더 들더라고요. 세월이 흐르면서 확신이 든 게, 부모가 아이들의 장래를 일방적으로 결정하는 건 옳지 않겠다는 겁니다. 제 아이들이 아직은 스스로의 진로를 진지하게 고민하기에는 좀 이른 나이라 좀 더 지켜보고 있고, 도움을 요청할 때 어떤 조언을 해줄까 고민하는 중입니다.

우　　제가 대학교 3학년 때 저희 학교 총장님 자녀가 이중국적이라는 사실을 폭로하는 대자보가 교내에 붙었습니다. 그런데 뜻밖에도 그걸 문제시하는 학우들이 별로 많지 않더라고요. 그러다 나중에 이명박 정부 들어서 진수희 보건복지부 장관 후보자의 딸이 미국 국적 소지자임에도 불구하고 우리나라 건강보험을 이용해 병원에서 여러 차례 진료를 받은 게 큰 문제가 됐습니다. 의무는 이행하지 않으면서 권리만 누린 셈이니까요. 보건복지부 장관으로 일하겠다는 인물의 직계가족이 한국의 복지체계에 무임승차를 했으니 민심이 부글부글 들끓을 수밖에 없었어요. 사람들 생각이 많이 바뀌었다는 생각이 문득 들었습니다.

김　　그럼에도 결국은 장관 임명을 강행했습니다.

우　　특권층의 무임승차 행태에 대한 대중의 반감이 시간이 지나면 지날수록 더욱더 높아져 온 게 지금 우리 사회의 전반적 분위기예요. 저는 조국 전 법무부 장관 사태도 그래서 일이 커졌다고 봐요. 그 징조는 유명 연예인 아버지와 그 딸들이 예능 프로그램에 출연해 그걸 발판 삼아 연예인으로 데뷔하려고 시도하자 대중이 여기에 강력히 반발한 일에서 이미 충분히 감지됐죠.
　　유명 연예인 딸들이 아빠 찬스를 이용해 드라마나 영화에 캐스팅되는 것처럼 생각되자 많은 사람들이 이건 너무 불공정하지 않느냐며 이의를 제기

　　　　　　　　　　　　3장 AI 시대의 교육과 신기술

했습니다. 영락없이 부모를 등에 업고 연예계로 손쉽게 진출하는 모양새였거든요. 예전에는 국민들이 그런 일에 별로 신경을 쓰지 않았는데, 공정이라는 주제가 이제는 대중문화의 영역에서까지 중시될 만큼 우리 사회의 중대한 화두로 부상하면서 자녀를 어떻게 교육했는지도 공인의 도덕성을 검증하고 판단하는 잣대로 확실히 자리 잡게 됐어요. 저는 이 영향으로 우리나라에서 사회 지도층으로 불리는 사람들이 자식들의 교육을 보다 보편적이고 일반적 기준에 맞춰서 하리라는 예감이 듭니다. 불과 얼마 전만 해도 자식이 해외에서 화려한 스펙을 주렁주렁 따오는 걸 자랑하는 세태였거든요. 세상의 생각이 무섭고 빠르게 바뀌고 있습니다.

공　제 페이스북 친구 중 서울에 소재한 어느 여대의 법과대학 교수님이 있어요. 1970년생이신데 결혼을 저처럼 늦게 했는지 이제야 아들이 초등학교 들어갔더라고요. 아이를 강북에 있는 평범한 공립초등학교에 보냈다는 글을 올리셨거든요. 저는 내로라하는 대학교수의 소탈하고 서민적 풍모에 완전 감격해서 "교수님 진심으로 존경합니다"라는 댓글을 즉시 달았습니다. 제가 더불어민주당이나 국민의힘 당수였다면 그 법학과 교수님은 무조건 영입 1순위입니다.

우　저도 우리 집 애들을 집 근처에 위치한 공립초등학교에 입학시켰습니다. 제 친구나 지인들 중에는 사립초등학교에 보낸 사람들이 많지만요.

공　저는 오늘부터 우 박사님을 진심으로 존경하기로 마음을 굳게 먹었습니다. (웃음)

우　저는 사실 귀찮아서 그렇게 한 것도 있어요. 그런 엄마들 보니까, 학교

끝나면 무슨 학원 찾고, 그다음 또 뭐 찾고, 엄청 열심히들 살더라고요. 저는 그렇게 열심히 살 자신이 없어서. (웃음)

정치인의 가족으로 산다는 건

김 저는 고등학교까지 부산에서 학창시절을 보냈습니다. 5선 의원을 하셨던 아버지의 의정활동 때문에 제 부모님께서 서울에 머무르시는 시간이 많아서 초등학교까지는 조부모님의 보살핌을 받으며 생활했어요. 부모님 얼굴은 주말에나 뵐 수가 있었죠. 저희 집안이 저까지 16대째 500년 정도 부산 동래에서 살아왔습니다. 그래서 아이들을 고향에서 키워야 하는 게 아닌가 고민을 했었는데, 정치를 시작하면서 아이들은 제가 의정활동 때문에 더 많은 시간을 보내야 하는 서울에서 계속 키우기로 했습니다. 제가 정치인 자식 입장에서 겪어보니까 아빠의 일 때문에 아이들이 아빠와 떨어져 지내는 건 안 되겠더라고요. 그런데 서울에 같이 있어도 주중에는 애들 잘 때 집에서 나오고, 집에 들어가면 애들 다시 잘 시간이라 얼굴을 잘 못 봤어요. 주말에는 지역구에 있어야 하니 또 잘 못 보고요. 결국 정치인생활 하는 것과 애들하고 같이 시간 보내는 걸 동시에 다 할 수는 없었습니다. 그래서 요즘에는 비록 좀 컸지만 애들과 많은 대화를 하려고 노력 중인데, 이제는 아이들이 아빠하고 대화를 잘 안 하려고 하는 나이가 되어버렸어요. (웃음)

박 우리 애들은 아빠가 국회의원인 걸 엄청 싫어합니다. 제가 정치를 하다 보니 무슨 일이 생길 때마다 제 페이스북 계정이나 유튜브 채널에 악성 댓글이 달리기 일쑤거든요. 심지어 저를 토착왜구라고 부르는 누리꾼도 있었습니다. 제가 20년 동안이나 진보운동을 했던 사람인데… 옛날에 뭐 하던 사람들

이 지금 나한테 저렇게 욕을 하나 싶기도 합니다. (웃음)

공 　저는 새천년민주당 분당과 열린우리당 창당에 비판적이었다고 해서 '호남토호'라고 욕을 먹었었어요. 제 고향이 충청도인데. 그리고 무슨 놈의 토호가 남의 집 월세를 삽니까? (웃음)

박 　아이들 입장에서는 아빠가 사람들로부터 허구한 날 막말 듣는 직업을 가진 게 당연히 너무 싫을 수밖에 없겠죠. 성정이 활달한 첫째 아이는 자기 아빠를 겨냥한 악플들을 일일이 확인해 저에게 알려주기까지 합니다. 제 둘째 아이는 수줍은 성격이어서 혼자 끙끙 앓아요. 그런 아이들을 보면서 엄마는 속이 시커멓게 타들어가요. 제가 여기서 얘기한 것도 아내가 나중에 알면 엄청 뭐라고 할 거예요.

공 　두 의원님은 현재 맞벌이 부부이신가요?

박 　그랬는데 지금은 아닙니다.

김 　제 아내도 일을 하고 있지는 않습니다.

박 　제 아내는 2011년까지 공무원 생활을 하면서 집안 생계를 책임졌습니다. 남편 직업이 정치인이라는 점 때문에, 아이들이 국회의원 아들들이라는 사실 때문에 늘 마음이 조마조마하다고 해요. 저야 당사자이니 저한테 남들이 뭐라고 막말을 하건 개의치 않지만, 가족이 가장과 관계된 일로 말미암아 혹시 상처를 받을 수도 있다는 점을 생각하면 솔직히 여간 신경이 쓰이는 게 아닙니다. 일례로 우리 애가 어떤 일인가를 잘해서 정당한 찬사를 들으면 주변에서 국회의원 아들이라 칭찬받은 것 아니냐는 질시 어린 시선을 보내는 모양이에요.

공   아빠 찬스일 거라는 선입견의 발로네요.

박   그런 오해나 억측 때문에 아이 마음에 생채기가 날 수 있다고 생각하면 제가 자식들한테 정말 많이 미안해요. 특히나 둘째 아이는 아빠가 선거운동을 한다며 동네를 돌아다니는 것마저 영 거북해하는 눈치고요.

우   지역구 의원이시니 아빠 입장에서는 선택의 여지가 없죠.

박   아빠가 자기가 사는 동네의 지역구 국회의원이라는 사실이 아이들의 성장 과정에 최종적으로 어떤 영향을 미칠지는 저도 잘 모르겠어요.

김   제 경험으로는 아주 큰 영향을 미칩니다.

우   그러고 보니 완전 샘플이십니다. (웃음)

김   제가 초등학교 3학년 때인 1981년에 선친께서 처음으로 국회의원에 당선되셨어요. 나중에 어머니께 전해 들었는데 이런 일이 있었다고 합니다. 당시는 아직 통행금지가 있을 때였는데, 하루는 저의 아버지께서 밤 12시가 되어도 집에 오시질 않더랍니다. 그런 경우가 전에 없었던 터라 어머니께서 걱정을 많이 하셨다고요. 그런데 12시가 한참 지나서 전화가 와서 급히 받으시니 아버지께서 "내 오늘 집에 못 들어간다. 걱정하지 말고 먼저 자라" 하시고는 딱 끊으셨다네요. 어디론가 불려가셨던 거죠. 그때 민주정의당이 막 만들어진 직후에 11대 총선이 치러지는데, 부산 동래구에는 공화당 3선 의원 원내대표 출신의 거물 정치인이 딱 버티고 있던 때였습니다. 박정희의 공화당과는 단절된 새로운 정당인 민정당에서 공화당 인사를 꺾어야겠으니 참신한 기업인 출신의 정치 신인을 찾아보라고 하던 중에 요즘으로 치면 인재 영입의 대상으로 지목되셔서 그런 일을 겪으셨나 봅니다. 아무튼 아버지께서는 이렇게 '타의 반 자의 반'으로 39세에 정치에 첫발을 들이게 되셨습니다.

공   선거제도도 지금과는 많이 달랐죠?

김   그때 우리나라 선거법은 중선거구 제도를 채택하고 있었어요. 한 선거구에 두 사람을 뽑았죠. 그 후 1985년 12대 총선에서는 낙선을 하셨고, 88년 1월에 동래구에서 분리 신설된 금정구에 출마하셔서 같은 해 4월의 13대 총선에서 재선을 하셨습니다. 그때 YS의 통일민주당 바람이 세게 불어서 부산에서는 민정당 후보가 전부 다 떨어지고 저의 선친만 당선이 되셨습니다. 아무튼 그렇게 저는 열 살 때 갑자기 국회의원 아들이 됐습니다.

　　　　저의 할아버지께서 오랫동안 지역에서 사업을 하셨고 이젠 아버지가 국회의원이 되었으니 제가 지나가면 손가락으로 가리키면서 쟤가 누구 아들이라며 사람들이 뒤에서 수군대는 소리가 제 귀에도 들리는데, 마치 동물원의 원숭이가 된 것 같은 기분이 들어 너무 싫었습니다.

공   그렇지만 의원님도 자녀분들에게 그 가혹한 운명을 또 물려주셨잖아요?

김   저는 원래 정치에 들어올 생각이 전혀 없었습니다. 제일 중요한 이유 중 하나가 정치인 자식 노릇하는 게 여간해서는 행복하지 않은데 자식들한테 같은 경험을 겪게 해선 안 되겠다는 거였죠. 선친께서 2004년 17대 총선을 앞두고 당시에 탄핵 역풍으로 한나라당이 존폐 위기에 처하자 다른 중진의원들과 함께 불출마 선언을 하셨고, 다음 해인 2005년에 타계하셨습니다. 지역구 5선을 하시는 동안 좋은 평가를 받으셨던데다, 공교롭게 그 이후에 금정구에서 다른 사람들이 불미스러운 문제를 자꾸 일으키자 총선이 다가오면서 자연스럽게 제 이름이 오르내렸어요. 최소한 금정구에서만큼은 부조리가 횡행하는 건 막아야겠다는 의협심이 발동되면서 '욱' 하고 결정한 면도 사실 있습니다. 당선이 되면 '적어도 정치가 지금보다 더 망가지는 것은 막아보자'는 각오를 했습니다. 또 아버지께서 생존해 계셨으면 제가 정치에 들어오지 않았을 텐데, 출마의 지극히 개인적인 동기 중 하나가 아버지의 성함이 보다 오랜 시간, 보다 많은 분들께 기억될 수 있게 해보자는 것이었습니다. 그렇게 하면 생전에 못다 한 효도를 늦게나마 조금이라도 할 수 있지 않을까 하는 생각이 들었거든요. 흔히 '금수저다', '부친 후광 덕분에 편하게 들어왔다' 등의 표현으로 저를 비판하는 분들이 있는데, 제가 너무나 동감하는 대목들이라 일절 반박을 안 합니다. 오히려 격하게 동의하죠.

　문제는, 그때가 대선에서 압승한 이명박 정부 출범 직후였는데, 그 실세들이 좌우하는 공천판에 도전장을 내미는 건 정권과 맞서겠다는 결정이었습니다. 무소속으로 선거 뛰는 내내 뒷목이 서늘했어요. 아무튼, 그렇게 들어간 정치판이지만, 아이들에게 너무 가혹한 일이라 생각되어 원래 정치에 그리 오래 머무를 생각은 없었기 때문에 이번에 불출마 결심을 하는 데에도 아쉬운 생각이 들지 않더라고요. 아이들한테 미안한 마음에, 적어도 고등학교 졸업할 때까지는 가급적 옆에서 이야기 많이 나누려고 합니다. 이제 아이들이 그걸 좋아할지 모르겠지만요.

공　가족의 행복을 위해서 정치를 접는 일은 미국이나 유럽에서는 흔한 현상입니다. 반대로 한국과 중국, 그리고 일본 같은 아시아 문화권에서는 굉장히 생뚱맞은 결정일 수 있어요. 따라서 저를 비롯한 많은 사람들이 요즘 유행하는 표현을 빌리자면 장기적이고 주도면밀한 빅 픽처의 일환으로 김 의원님이 21대 총선에서 불출마를 선언하신 것일지도 모른다는 생각들을 내심 하고 있습니다.

김   빅 픽처 같은 거 안 키우고요. (웃음) 앞에서 말씀드렸던 IDU의 집행위원회가 1년에 두 번씩 열리는데 10년 가까이 제가 당을 대표해서 참석했고, 중간에 6년간은 영광스럽게도 부의장 직을 맡기도 했습니다. 제가 잘나서 된 건 아니고 아시아에서 우리나라만큼 규모와 대표성을 가진 민주주의국가도 드물고, 우리 인구가 많은 편이기 때문에 저희 당만큼 득표를 많이 하는 보수정당이 많지 않았기 때문이에요. 득표수에 비례해서 회비를 내기 때문에 우리가 영국, 독일과 같은 수준으로 재정 부담을 하고 있었어요. 그런데 한 번 가보니 상당히 배울 점도 많고 세상 돌아가는 걸 파악하기 좋은 기회인데 당에 관심 있는 사람이 거의 없더라고요. 그래서 경비 지원을 가끔 받았지만, 대부분 사비를 들여서 1년에 두 번씩 출장을 다녀왔습니다. 처음 참여할 때에는 존 하워드 전 호주 총리가 의장을 맡았고, 그다음 의장은 존 키 전 뉴질랜드 총리였어요. 존 키 총리는 뉴질랜드에서 상당히 존경받던 인물이라던데, 옆에서 봐도 참 훌륭하더군요. 그런데 2008년부터 8년간 국정을 이끌다 갑자기 총리직과 집권당인 국민당 당수직을 내놓고 정계를 떠났습니다. 가족과 시간을 더 많이 보내고 싶다는 이유에서였어요. 그러면서 "한 번도 스스로를 직업정치인이라고 생각해본 적이 없다. 지금이 물러나기에 적절한 때라고 생각한다"는 사퇴의 변을 남겼죠. 과오 없이 높은 지지를 받고 있던 때였는데도 말입니다.

　　또 한 명, 제가 눈여겨봤었고, 또 제 결정에 영향을 준 인물이 폴 라이언 전 미국 하원의장이에요. 라이언은 2012년 대선에 밋 롬니 대통령 후보와 러

닝메이트를 이뤄 부통령 후보로 나왔었어요. 2015년에 하원의장으로 갑자기 차출되지만 않았으면 트럼프 대신 2016년 대선에서 공화당의 후보로 유력했을 인물이죠. 라이언은 1999년 첫 하원의원 임기부터 20년간 워싱턴에 있을 때는 의원회관 사무실 야전침대에서 자면서 일벌레처럼 일한 것으로 유명합니다. 밤 11시 반까지 사무실에서 일하고 잠자고 아침 6시 전에 일어나 의회 체련실에서 운동한 후에 일과를 소화하는 생활을 계속했다고 해요. 이 사람이 예산통으로 유명한데 토론하는 모습을 보면 정말 대단합니다. 대선에 나갈 생각을 하다가 공석이 된 하원의장 맡을 사람이 없어서 만 45세에 하원의장으로 추대되어 취임하면서 이런 말을 했다고 합니다. "내가 주중에는 워싱턴에서 열심히 일하겠지만, 주말에는 위스콘신의 집에서 아이들과 함께 있어야 하니 워싱턴에서 나를 찾지 말라"고 말이죠.

공   월화수목금금금이 아니었나요?

김   보통의 정치인들의 일정표는 그렇죠. 마치 서울에서 국회나 당에 전업직업 하나, 지역구에 전업직업 하나, 이렇게 두 개의 풀타임 직무를 하는 것 같은 생각이 들 때가 많았습니다. 주중에는 서울에서 충실한 의정활동을 해야 하니 지역구에는 주말에 내려가서 저를 뽑아주신 유권자들을 만나 이야기 들으면서 일해야 한다는 의무감에 그만 아이들하고의 시간을 놓친 거죠. 그런데 이제 국회 임기 끝나고 나서 아이들하고 같이 지내려니까 한번 지나간 어린 시절을 다시 되돌릴 수는 없고, 많이 큰 상태에서 서로 적응하려니 서로 어색한 면도 많고 참 힘들기도 하네요. 시간이 한참 지난 다음에 공직에 다시 봉사할 기회가 있을지 없을지 모르겠지만 지금 현재는 제가 한 인간으로서 가장으로서 그간 역할을 다하지 못했던 부분에 최선을 다하려고 합니다.
　　12년간 정치에서 일할 때도, 그리고 그 전이나 후나 저는 늘 '기업가(entrepreneur)'를 저의 정체성으로 삼아왔습니다. 앙트러프러너십 (entrepreneurship), 즉 기업가 정신 또는 창업가 정신을 가지고 기존의 문제를 풀어보자는 거죠. 그 결과물에는 상업적인 제품도 있을 수 있고, 새로운 정치나 사회 플랫폼이 있을 수도 있고요. 일을 할 때 어떤 기준을 세워두면 동력이 더 생기니까 그 벤치마크의 대상을 일론 머스크로 삼아보고 싶습니다. 물론 그의 업적의 임팩트와는 전혀 비교할 수 없겠지만, 세상을 앞으로 전진시키고자 할 때 누구에게나 영감(靈感)의 원천은 필요하니까요.

우　의원님 말씀, 감동적입니다. 현재의 10대 청소년들과 20대 청년들이 굉장히 민감하고 예민하게 받아들이는 역린 같은 부분이 한국 사회의 기득권층이 상습적으로 자행해온 자녀 교육상의 특혜와 특권이거든요. 일각에서는 젊은 세대가 너무 과민한 게 아니냐며 신경질적인 알레르기 반응을 보이기도 하는데, 유럽 기준으로는 절대로 용납할 수 없는 반칙과 특권들입니다. 공직에 나아가려는 인사들은 반드시 지켜야만 할 상식과 원칙이란 게 있습니다. 우리나라의 기득권층은 그러한 기본적 원칙과 상식을 그동안 터무니없이 무시하고 짓밟아왔어요.

김　저는 지난 12년간 공식적으로, 외면적으로는 정치인으로 살았습니다만, 앞서 말씀드린 것처럼 제 내면적으로는 정치인으로서의 정체성을 받아들이지 않았습니다. 정치에 처음 발을 들일 때 스스로에 다짐한 바가, '정치인이 되지 말자'였거든요. 그럼 정치인 아닌 정치인으로 일하겠다, 이건 좀 모순으로 들릴 수 있으니, 어떤 미션을 가지고 일할 것이냐, 이걸 정의해야겠더라고요. 그래서 나름 정리한 사명이, '정치인과 관료와 재벌이 결탁하여 많은 국민의 삶을 힘들게 하지 못하도록 시민들을 대신해서 정치권을 내부에서 감시하러 파견 나온 것'이었습니다. 지금 되돌아보면 처음 결심한 것에서 벗어나지 않고 나름 충실히 의정활동을 해왔다고 자부할 수 있을 것 같습니다.

박　저는 정치가 저에게는 천직으로 여겨집니다.

공　솔직하십니다.

박　저는 어렸을 때부터 정치가 재미 있었어요. 초중고 시절에 반장선거에 나가고 싶은 사람은 손을 들라는 선생님 말씀이 떨어지기가 무섭게 제일 먼저 손을 들었습니다. (웃음)

공　제 아내가 학과는 다르지만 박 의원님과 같은 대학, 같은 학번이에요. 그래서 제가 대담을 준비하며 사전탐문 차원에서 대학생 시절의 박용진은 어떤 캐릭터였냐고 아내에게 물었더니 무슨 일만 생겼다 하면 항상 앞에 나서던 학우였다고 또렷이 기억하더라고요.

박　저는 늘 나섰습니다. 저 스스로도 나대는 스타일이라고 표현합니다. 중고등학교 동창들이 서로 동정을 나누다 제 이야기가 나오면, "용진이 요즘도 학생운동 한대" "걔가 학생운동 안 하면 뭐해?" "용진이 감옥 갔다는데?" "그럴 줄 알았어" "용진이 이번에 진보정당 만든다던데?" "걔가 그러지 그럼" "감옥 또 갔대" "그렇지 뭐" 이랬대요. (웃음)
　　그러니 제가 2000년 제16대 총선에서 겨우 만 스물여덟 살의 나이로 민주노동당 공천을 받아 우리 동네 지역구 국회의원 선거에 출마한 일을 제 친구와 지인들은 아무도 놀라운 일로 받아들이지 않았습니다. 제가 민주노동당이 창당된 지 겨우 두 달 지나 선거에 출사표를 던졌어요. 배우 임원희 씨가 제 고등학교 동기동창생인데, 최근에 제 유튜브 방송에서 대담을 진행했었어요. 임원희 씨의 회상에 의하면 제가 국회의원이 되리라는 걸 친구들 중 누구도 의심하는 사람이 없었다고 합니다. 제 친구들은 이미 고등학교 때부터 제가 나중에 정치인이 될 거라고 다들 예상했다는 거예요. 그런데 정작 당사자인 저는 그 시절에 기자가 되고 싶어 했었어요.

우   기자와 국회의원은 한 끗 차이입니다.

박   정치인이 되면 좋은 점이 많아요. 대표적 장점이 뭐냐면 남들과 대화를 나누는 일을 일상적으로 할 수 있다는 점이에요. 제 생각을 정리해 다른 사람들에게 전달한 다음 그 반응을 살피며 유권자들과 서로 코드를 맞추는 일이 저는 너무 좋더라고요. 더욱이 국회의원에게는 법을 만들 수 있는 권한이, 곧 입법을 할 수 있는 힘이 헌법으로 부여되고 있습니다. 입법권만큼 중요한 권한이 하나 더 있어요. 국가의 재정을 편성할 수 있는 권한입니다. 국회의원이 되면 정부의 예산을 증액도, 감액도 할 수가 있어요. 법안과 예산, 즉 국민의 삶과 나라의 살림에 직결되는 두 가지 권한을 행사하며 세상의 올바른 변화에 기여할 수 있다는 사실에 대해 저는 직업 정치인으로서 커다란 긍지와 자부심을 느끼고 있습니다. 엔도르핀이 팍팍 솟아요! (웃음)

공   박 의원님 멘탈은 자기 발로 직접 기획사 찾아가 오디션 보고 연예인으로 데뷔하는 자수성가형 아이돌 스타들의 심리와 똑같네요!

우   오디션 떨어지면 자기가 기획사 차리고. (웃음)

김   초등학교 3학년 때 처음으로 반장을 선출하는데 갑자기 제가 추천을 받아서 입후보가 됐어요. 투표를 했고 뜻하지 않게 반장이 됐습니다. 저는 2학년 때까지 교실에서 말을 거의 하지 않을 정도로 내성적인 성격이었는데, 그 역할을 맡게 됐으니 반장 노릇을 하기는 했는데, 어색하고 힘들었죠. 이후에도 고등학교 1학년까지는 한동안 그런 역할을 맡았었는데, 직책을 맡고 있을 때는 늘 의무감에 어깨가 무겁고 긴장이 되더라고요.

그런 성격 탓인지 박 의원님과 달리 저는 12년 동안 선출직 공직자라는 사실이 대단히 영광스러우면서도 심적으로는 늘 부담이 컸습니다. 국회 의원 회관에서 엘리베이터를 타면 선배 의원님들이 저에게 "요즘 재미있느냐"는 질문을 자주 던지셨어요. 뭐 그냥 의례적인 인사말 정도의 의미이지만, 왜 그 상황에서 던지는 전형적인 질문이 '재미있느냐'일까 하는 점이 갑자기 흥미로워지네요. 아무튼, 저는 정치인으로 활동하면서 '재미있다'고 생각하면서 일한 적은 별로 없었던 것 같습니다. 그래서 그런 질문을 받을 때마다 답을 할 때 "딱히 재미가 있는 건 아니지만 가끔씩 보람 있는 순간들은 있다"는 답변이 표준화되어갔습니다. 그게 잘못된 것을 바로잡는 것이든, 묻혀 있던 약자의 목소리를 제대로 들리게 하여 그들의 어려움을 해소한 것이든, 실제로 입법이든 예산이든 어떤 과제를 해냈을 때엔 짜릿한 성취감이 잠깐씩 올 때가 있거든요. 그때는 정말 보람되죠. 아무튼 국회의원의 직무는 입법기관으로서, 헌법기관으로서, 수많은 국민들의 삶과 나라의 운명을 책임지는 일을 해야 하는 것이라, 늘 그 중압감이 느껴졌습니다.

국회의원은 국록을 받습니다. 즉, 매달 받는 세비가 국민들께서 고생하며 내주신 혈세로 조성된 예산에서 나오는 거죠. 그러다 보니 명절 연휴 같은 때 며칠 쉴 수 있는 시간이 있어도 그 생각을 하면 쉬어도 쉬는 것 같지 않게 느껴질 때가 대부분이었습니다. 그래서 그런지 국회 임기 마치고 난 지금은 몸도 마음도 너무나 가볍고 자유롭게 느껴집니다. 많은 분들이 저에 대해서 과분한 기대를 하시며 앞으로 '큰 그림을 그려 보라'고 덕담을 해주시는 것에 대해선 너무나 감사드리지만, 제가 생각하는 정치와 관련된 앞으로의 저의 역할은 이렇습니다. 잠시 공직에서 봉사했던 시민의 한 사람으로서, 또 그동안 살아오면서 사회에서 많은 혜택을 받았던 입장에서, 적어도 제 시간의 일정 부분은 그래도 우리가 과거보다는, 지금보다는 더 좋은 공동체가 될 수 있는 데 제가 할 수 있는 능력 범위 안에서 누군가를, 또 의미 있는 활동을 돕는 역할을 충실히 하겠습니다.

환경을 잃으면
미래도 없다

#개념소비
#수소경제
#도시농업
#지방분권
#남북통일

개념기업과 개념소비의 확산

우 이번에는 환경, 생태에 관한 이야기를 나누고자 합니다. 우리가 미래세대 이야기부터 이 대담을 시작했는데 요즘 10대들은 어린이집에서부터 환경교육을 많이 받고 자라서인지 40-50대와는 환경에 대한 인식이 확연히 달라요. 환경 하면 따라 나오는 것이 농업이니까 농업의 미래에 대해 먼저 이야기하고, 지역의 갈등이기도 하고 기회이기도 한 지방자치까지 다루어 보겠습니다.

미국에서는 환경 이슈가 시에라클럽[20]에서 보듯이 지역의 숲 가꾸기 운동 같은 걸 하면서 보수 진영에서 시작이 됐고, 네오콘이 나오기 전까지는 보수와 진보 모두 공감하는 몇 안 되는 이슈였거든요. 유럽에서도 딱히 진보 쪽만의 의제는 아니어서 좌우가 대화하기 좋은 의제였는데 미국에서 네오콘 등장과 함께 기후변화는 거짓말(fake)이라는 식의 주장이 나오면서 다시 진영이 갈렸죠.

우리나라 환경운동은 박정희 때 공해 추방하자고 하면서 진보 쪽에서 시작했습니다. 이후 시간도 많이 지났고 소득도 높아졌으니 환경의식도 향상될 것으로 기대했는데 아직도 그렇지 못해서 너무 안타까워요.

김 환경의식은 우 박사님 말씀처럼 교육과 상관관계가 아주 높은 것 같습니다. 1992년도에 신해철 씨 등 그 당시 우리나라 톱 가수들이 다 모여서《내일은 늦으리》라는 앨범을 발표했습니다. 1985년도에 유에스에이포아프리카(USA for Africa)의 앨범《We Are the World》와 비슷한 포맷이었죠. 그 이벤

---

20 Sierra Club, 미국에서 발생한 세계적 민간 환경운동단체. 가장 오래된 환경운동 단체의 하나로, 미국에서 금광개발로 서부의 산림지대가 훼손되자 이를 지키기 위해 1892년 미국 국내조직으로 설립한 비영리 단체이다.

트가 당시 기성세대에까지 영향을 미친 것 같지는 않지만 제 또래 세대에게는 환경 문제에 대해 각성이 일어나는 계기가 되었습니다. 마침 같은 해 제6차 초중등 교육과정에서 환경교육이 독자적인 분야로 독립됐고요. 요즘 초등학생들은 처음부터 분리수거에 대한 교육을 받고 자라기 때문에 이제 우리도 앞으로 머지않아 미래에 환경 이슈가 정치 어젠다의 중요 영역으로 진입할 것으로 예상합니다. 우리나라에서도 녹색당이 지금과는 다른 위상을 차지할 것으로요.

보수정당을 의미하는 영어 형용사 'conservative'의 동사는 'conserve'이고 그 뜻은 '아끼다, 보존하다'입니다. 즉 철학적으로나 태도 면에서나 보수주의는 생태주의와 그 근본에서는 결합이 잘될 수 있는 관계라고 할 수 있습니다. 우리나라에서는 60년대와 70년대를 거치면서 보수 이념에 국가주의적 경제 개발주의가 접목되면서 환경과는 대척점에 있는 것처럼 인식되었지만 기후위기 시대를 맞아 지금부터라도 보수가 본격적으로 진화를 시작하면 생태주의와 결합될 여지는 충분하다고 생각합니다.

우   미국 같은 경우 숲 가꾸기나 숲 생태학 같은 운동은 보수 쪽에서 다 했더라고요. 다른 나라들의 기원을 살펴보니 우리나라가 좀 특이한 편이에요.

박   저는 환경 문제 관련해서 인식의 변화가 아주 중요한 것 같아요. 물건의 제작, 생산 단위인 기업에서부터 오염물질의 배출, 쓰레기의 최소화 이런 것을 고민하고 실천해야 하는데 비용 문제를 핑계로 기피해 왔잖습니까? 그런데 '개념소비'라는 것이 등장하면서 인식에 변화가 생기기 시작한 것 같습니다. 일례로, 파타고니아라는 의류회사에서는 폐플라스틱병 천몇백 개로 옷을 만들어요. 값이 비싼데도 20대들한테 완판된다고 합니다. 소중한 환경을 지키자는 개념을 사주는 거죠.

4장 환경을 잃으면 미래도 없다

우   심지어 옷도 예뻐요. 제가 본 페플라스틱으로 만든 옷은 원색에 가까운 녹색인데 진짜 예쁘더라고요.

박   소비자들과 생산자들이 이런 개념소비에 맞춰서 변화를 만들어내면 생산과정에서의 단가 인상으로 인한 압박과 고민이 어느 정도 해결될 수 있다는 시사점을 주게 됩니다. 정부도 생산자들을 규제하고 압박만 할 게 아니라 개념기업에게는 제도적으로 세제 혜택을 주거나 소비자들에게는 구매 시 이익을 주는 방향으로 해서 개념기업과 개념소비가 증가하도록 자꾸 견인하는 거죠. 이런 방식으로 문제가 다 풀릴 거라고 생각하지는 않지만 사회의 트렌드 변화를 주시해서 정책 또한 거기에 맞춰 유연하게 진화시키는 것이 필요합니다.

우   90년대 경영학과 케이스 스터디 중에 맥도날드와 버거킹의 친환경 경영 사례가 있었어요. 두 기업 다 친환경적이지는 않은 것 같은데. (웃음) 당시 패스트푸드지만 나름 친환경 이슈를 선점하려고 노력했던 거죠.
　　최근에 협동조합 관련 조사를 하다 보니까 버거킹, 던킨도너츠 이런 곳들이 협동조합을 통해서 친환경 재료를 조달하겠다는 선언을 했더라고요. 패스트푸드 기업들이 욕도 많이 먹는데 자본주의의 첨병인 그쪽 업계가 바뀌는 것을 보고 그래도 자본주의가 맞춰 나가려는 노력을 하면서 조금은 바뀌고 있구나 하는 생각을 했습니다. 이런 근본적인 변화가 일어나고 있는데 한국은 흉내만 내다가 마는 것 같은 안타까움이 있어요.

김   아까 말씀하신 소비자의 인식 변화가 세계적인 기업들도 변화시키고 있죠. 가령 나이키가 동남아에 있는 하청 제조업체에 아동 노동이 있는지 감사하고 적발이 되면 공급을 중단시킬 정도의 제재를 가한 지 이미 오래되었어요. 이전의 주주 자본주의 시대에서 이해관계자 자본주의 시대로 전환된 것은 물론이고, 요즘엔 인류공동체의 지속가능성에 어떤 기여를 하고 있는지가 기업 평가에서 중요 기준으로 이미 자리 잡았지 않습니까? 한때 'ISO 9001' 같은 품질기준인증이 가장 중요한 공급 자격 요건이었다면 이후 환경 분야의 'ISO 14001'이 편입되었고[21] 이제는 CSR[22]도 지나서 ESG[23]가 대세입니다. 이렇게 지구의 지속가능성을 높이는 방향으로 성장하는 체제를 갖추었는지가 주요 글로벌 기업들에 대한 공급 자격을 따내는 데 핵심적인 요건으로 매우 짧은 시간 안에 근본적인 인식 변화가 일어났습니다. 우리나라 기업들도 글로벌 서플라이 체인(Global Supply Chain) 안에서 운영되고 있기 때문에 비록 늦게 시작했더라도 그 요건에 맞추어 나가는 과정에서 자본주의의 품격과 수준도 단기간에 많이 향상되리라 봅니다.

우   BP나 셸(Shell) 같은 석유 기업들 바뀌는 거 보면 세상 많이 변했다는 생각이 들긴 해요.

김   엑손(Exxon) 같은 회사는 버틸 때 BP 같은 경우 앞장서서 친환경으로 확 틀었죠. 로고도 초록색 기본으로 바꾸고.

박   사고 친 게 BP 아니에요? 오바마 때, 텍사스만 원유 유출?

---

21 '9001'은 제품 및 서비스에 이르는 전 생산 과정에 걸친 품질보증 체계를, '14001'은 이에 더해 환경경영에 대한 요건까지 충족해야 한다.
22 Corporate Social Responsibility, 기업이 지역사회 및 이해관계자들과 공생할 수 있도록 의사결정을 해야 한다는 윤리적 책임의식.
23 기업의 비재무적인 요소인 환경(Environment), 사회(Social), 지배구조(Governance)를 뜻하는 말로, 투자 의사결정 시 '사회책임투자(SRI)' 혹은 '지속가능투자'의 관점에서 기업의 재무적 요소들과 함께 고려한다.

우   사고도 많이 치고, 석유(petrol) 회사에서 할 수 있는 나쁜 짓은 모두 하는 대표적인 제국주의 회사라고 비난 많이 받았죠. 그런데 얼마 전에 앞으로는 석유 사업을 안 하겠다고 발표했어요. 환경 이슈로 보면 소비재 기업은 고객을 직접 만나니까 변하지만 내구재나 자본재 기업이나 B2B 기업은 쉽게 안 변할 거라고 예상했었거든요. 우리나라로 치면 현대중공업 같은 곳은 개별 소비자를 만날 일이 없으니까. 그런데도 외국은 생각이 많이 변하는 것 같더라고요.

개념소비에도 선도투가 필요하다

공   김 의원님께 질문드리겠습니다. 개념소비라는 것도 따져보면 고가의 소비인데 저같이 경제적으로 불안정한 사람은 개념소비가 부담스러워요. 그래서 저는 개념소비가 또 다른 엔클로저가 아닌가 합니다. 서민들과 차별화하고 싶고 분리하고 싶은 우리나라 중산층 이상의 허영이 아닌가 싶은 거죠.

김   개념소비의 동기를 '허영'이라고만 표현하기엔 그 소비자들에 대한 예우가 아닌 것 같고, 또 '엘리트 의식'이라고 하는 것도 딱히 적절한 표현이 아니겠죠. 선택의 유일한 기준이 가격일 때는 선택받기 어려운 제품이지만 그 외 무언가 다른 더 높은 가치가 깃들어 있기 때문에 안 내도 될 비용이나 노력을 추가로 지불한다는 점에서 어쨌든 그것이 각성된 시민으로서의 의무감에서 비롯된다고 생각해요. 물론 다른 의미의 이런 사례도 있긴 했어요. 세계 최초로 상업적으로 성공한 하이브리드 자동차가 토요타의 프리우스인데, 보급 초기에 미국 실리콘 밸리에서는 이 차를 타야만 어느 정도 개념 있는 사람으로 인식되었다고 하네요.

맥락은 좀 다르지만 다른 예로는 설탕세 같은 죄악세 논쟁에서도 관점이 종종 엇갈립니다. 설탕, 탄산음료, 화학조미료 등의 과다 섭취가 건강을 해친다는 사실은 다 알고 있기 때문에 이를 친환경, 유기농 방식으로 개선하면 좋다는 명제에는 다들 동의합니다. 하지만 그렇게 가면 결국 고비용화되어서 구매력이 낮은 소비자들에게는 또 다른 차별을 낳는 문제가 발생하는 거죠. 그럼에도 불구하고 정책 방향은 이들 식품의 섭취를 가능한 한 억제하는 방향으로 가는 것이 공동체 전체의 건강 증진에 도움이 되니까, 여력이 안 되는 분들도 더 나은 삶의 질을 위해서 구매력 격차로 차별받지 않도록 세제나 보조금을 포함한 정책적 유도가 필요하다고 생각합니다.

공   죄악세 말씀하셨는데, 죄악세는 역누진세 아닌가요?

김   상당히 역진적인 면이 있죠.

공   요즘 동물복지권이 대두되면서 착하게 키운 가축만 먹자고 하는 움직임이 있는데 그런 고기 저는 비싸서 못 사먹습니다. 한국 사회에서 서민이 고기 먹기 시작한 지 얼마 안 되는데 그렇게 되면 저는 다시 풀만 먹어야 돼요.

김   앞서 말씀드린 것을 다시 정리하면, 더 까다로운 기준으로 혹은 더 높은 비용을 지불하더라도 개념소비를 하는 것은 시민으로서의 의무감의 발로라고 봤으면 하는데, 현실적으로 개념소비의 정신적·물질적 여력이 벅찬 경우의 입장도 고려해야 하기 때문에 개념소비를 하지 않는 소비자들에 대해서 비난을 하는 것에는 신중해야 한다고 봅니다. 따라서 건강하게 자란 가축의 육류를 더 많은 사람이 먹을 수 있게 공급자를 지원하는 정책이 마련되어야 할 것 같습니다. 예를 들어 닭은 좁은 닭장에 갇혀 평생 움직이지 못하는 환경에서 사육되는 경우가 많아 비난이 쏟아지기도 하는데, 닭을 방사해서 건강하게 키우는 양계업자에게 지원금을 줘서 시장에서의 가격경쟁력을 높이고 이렇게 해서 더 많은 수요를 창출하는 정책이 필요한 거죠.

우   착한 소비, 개념소비는 현대 사회에서 현대 시민들이 수행하는 일종의 노블레스 오블리주라고 생각합니다. 노블레스 오블리주가 사실 허영과 엘리트 의식에 기반한 면이 있기도 하죠. 제도권 안으로 들어온 스노비즘[24]이라고 할까요?

박   우리 집안의 그분이 밖에 나가서 자기 이야기하지 말라고 했는데 어쩔 수 없이 해야겠네요. (웃음) 그분이 서울아이쿱생협 이사가 되고 나서 활동을 되게 열심히 하는데, 보니까 구성원들이 대부분 과거에 운동도 좀 한 적 있는 깨어 있는 여성들이에요. 일정한 소득이 있는 분들이고요. 그래서 제가 비슷한 질문을 던졌죠. 회비 따로 내고 여기 가입한 회원들만 무항생제 닭고기, 무농약 채소를 먹으면 일종의 편 가르기 아니냐고요. 그런데 생산자와 계약을 통해 안정적 공급을 보장하기 때문에 비싸지 않고, 회원기는 시장가격보다 싼 경우가 많다고 하더라고요.

우   비싸면 안 집으니까.

박   그러니 그런 개념소비가 꼭 차별로 나타나지는 않는다는 거죠. 지난번에 우리가 교육에 대해 이야기했잖아요. 대안학교가 원래는 공교육에 적응하지 못한 아이들에 대한 보호에서 출발했는데 이것이 귀족학교라는 개념으로

---

24   snobbism, 고상한 체하는 속물근성, 또는 출신이나 학식을 공개적으로 자랑하는 일.

변질되었다고 말이 많지 않습니까? 여기에서 그야말로 대안을 찾는다면 소위 귀족학교라는 대안학교에 다니는 아이들의 행복을 공교육 공간에서도 실현시키려는 노력을 기울이는 것, 이것이 진정한 대안인 거죠.

소비자 운동, 개념소비 등도 생산과 유통 구조의 변화를 이끌어내서 전체 사회가 잘살 수 있도록 제도적인 길을 여는 것이 중요하다고 봅니다. 구매력 있는 소수만이 아니라 우리 사회 모두가 무농약, 무항생제 식재료를 먹을 수 있도록 하기 위한 사회적 선의가 필요해요.

김　그런 문제를 해결하는 데 있어서 국민들이 정부의 능력을 너무 과신하지 말아야 한다고 생각해요. 시장만 맹신하는 것도 문제가 있지만 되도록 시장 메커니즘에 맡기고 정부는 문제가 생길 때만 개입을 하는 게 바람직하고요. 친환경 식재료나 친환경 자동차나 초기 수요가 어느 정도 확보가 되어야 점차 수요와 공급이 늘어나면서 규모의 경제 효과로 더 많은 소비자가 향유할 수 있는 것이기 때문에 아까 말씀하신 일종의 노블레스 오블리주의 실천으로 초기 시장을 열어주는 것도 중요한 기여라고 생각합니다.

박　저는 착한 소비, 개념소비를 탑재한 사람들의 선도적 행동을 주목하고 있습니다. 이 선도적 행동이 결국 정치권, 정부가 나서는 제도적 변화를 통해 전체 사회를 변화시키는 것이거든요. 우리 학생운동하고 데모할 때 쓰는 '선도투(先導鬪)'라는 말 있잖습니까? 다들 망설일 때 앞장서 나서는 투쟁을 이야기하는 건데, 여기에 '착할 선(善)' 자를 써서 선도투, 착한 사람들이 앞장서는 선도투로 바꿔서 주목해봐야 합니다. 이게 허영이든 노블레스 오블리주든 그 행동의 결과로 이미 다양한 생협들이 생겨서 생산자들도 많이 변화하고 있거든요. 해당 집행부들은 최저임금에도 못 미치는 임금을 받으면서도 본인이 원하는 사회활동이니까 정말 열심히 하는데 이런 것이야말로 선순환을 촉진

"소비자 운동, 개념소비 등도
생산과 유통 구조의 변화를 이끌어내서
전체 사회가 잘살 수 있도록
제도적인 길을 여는 것이 중요하다고 봅니다.
구매력 있는 소수만이 아니라
우리 사회 모두가 무농약, 무항생제 식재료를
먹을 수 있도록 하기 위한 사회적 선의가 필요해요.**"**

하는 선도투라는 생각이 듭니다.

그리고 이게 어떻게 가능할까 싶었던 것이 있는데, 환경운동가 그레타 툰베리로부터 시작된 세계사적인 울림이 있잖아요. '왜 당신들이 우리의 지구를 빼앗아가는가?' 결국 이런 울림이 EU의 탄소세 도입을 극적으로 앞당겼다고 봅니다. EU 집행부에서 2021년에 탄소국경세 법안을 만들고 2023년부터 EU 국경을 넘어오는 모든 물품에 탄소세를 부과한다는데 이렇게까지 빨리할 줄은 몰랐어요. 이제 우리 사회도 국제적 기준에 맞추지 않으면 안 됩니다.

노동 문제도 마찬가지인데, 한국이 ILO[25] 협약 인준 안 한다고 EU집행위원회가 계속 압박을 하고 있어요. 유럽은 엄청나게 높은 노동인권과 노사협약 가이드를 지키기 위해 노력하는데 한국은 아직도 해고 및 퇴직자의 가입노조를 이유로 노조 설립 허가가 취소되고 있다는 걸 알아요.[26] 한번은 독일대사관에서 저를 찾아와서 "그나마 당신이 말귀를 알아들을 것 같아 말하는 것이니 국회에 잘 전달하라"면서, ILO 협약 인준하지 않으면 한국 징계 들어간다고 구체적으로 이야기하더라고요.

이렇게 환경·노동과 관련한 무역장벽들이 세계무역질서를 변화시키고 있으니, 우리가 선도해나가면서 우리 사회의 구조를 업그레이드시키는 기회로 삼아야 합니다.

우   먼저 가기에는 너무 뒤처져 있어요.

박   우리는 뭐든 빨리하니까 기술개발도 빨리해서 가면 새로운 선도국가가 될 수 있다고 생각합니다.

---

25 International Labour Organization, 국제노동기구.
26 이 대담 후, 2020년 12월 9일 국회에서 노동조합 및 노동관계조정법 개정 법률안이 의결되어 이 부분은 해소되었다.

'죽음의 계곡'에 예외는 없다

우   우리나라 정당의 환경의식을 보면, 예전 민주노동당 심상정 체제 때만
해도 생태운동가들하고 갈등도 많고 술 마시다가 싸우기도 하고 그랬는데 이
후에 젊은 정치인들이 투입되면서 환경이나 생태에 관한 의식은 상당히 깨어
있다고 생각합니다. 그런데 민주당은 아직 그런 정도는 아닌 것 같아요. 환경
을 담당하는 의원이나 정치인이 있다는 것이 따지고 보면 후진적이라는 사실
의 반증이거든요. 모두 다 자기 영역에서 알아서 해야죠. 국민의힘은 몇 사람
은 의식이 높아서 저도 도움을 받곤 하는데 전체적으로는 반생태적 이미지가
너무 강한 것 같습니다. 하긴 민주당도 로컬(local)로 들어가면 마찬가지이기
는 해요. 총선 몇 번 관여하면서 보니까 중앙당에서 내는 공약은 대선 때처럼
각 당이 선명해요. 그런데 후보별 공약을 지역별로 보면 95%가 같아요. 섬이
있으면 무조건 다리를 놓자고 해. 다리 이름이랑 위치만 다르지. 테마파크랑
공항도 다 건설하자고 하고. (웃음)

중앙에서는 진보, 보수가 나뉘는데 로컬로 가서 생태 이야기하기는 아직
어려운 것 같아요. 중앙이 로컬을 선도하는 시대는 끝내야 된다고 생각하는
데 국회의원들이 나빠서라기보다는 지역 민심이라는 게 있으니까 선거를 의
식해서 어쩔 수 없는 거죠. 선거 때 강화도 보면 다리도 서너 개 더 생기고, 김
포까지 온 지하철인데 강화까지 연장 못할 게 뭐 있냐 그러고. 이러다가 맨해
튼 될 것 같아. (폭소)

공   제가 선거캠프에 관여할 때 보면 어떤 정당이든 다리를 놓느냐 안 놓느
냐로 싸우지는 않아요. 다리 이름을 박정희교로 하느냐 김대중교로 하느냐로
싸우죠. (웃음)

박   2008년 노회찬 대표가 낙선하고 우울해할 때 같이 노르웨이와 프랑스를 간 적이 있었습니다. 뭘 좀 사러 마트에 갔는데 마트 한편에 큰 기계가 있었어요. 그림만 봐도 공병, 플라스틱 수거기더라고요. 카드 찍고 공병 넣으면 동전이 떨어지는데 신기해서 한참을 서서 봤어요. 우리나라도 재활용품 회수 시스템이 갖추어지고 있는데 우리도 당사자에게 직접 대가가 돌아가는 방식의 제도를 만들어 운용했으면 합니다.

제 친구 중에 컵라면 용기, 빨대 등을 제조하는 친구가 있어요. 개당 단가가 1원도 안 돼서 백만 개 납품해야 겨우 몇십만 원 벌어요. 그런데 바다거북 코에 빨대 꽂힌 사진이 나오면서 한창 해양쓰레기가 이슈가 됐어요. 너 곧 망하겠다고 제가 걱정했더니 이 친구 말이, 그대로 쓸 거니 걱정 안 한다고, 자기도 이미 종이빨대, 썩는 플라스틱 다 준비해 놨는데 단가 비싸진다고 기업에서 안 쓴다는 거예요. 결국 개념소비든 착한 소비든 생산자 중 가장 고점에 있는 생산자를 변화시켜야 하고, 정치가 제도적으로 그걸 뒷받침해야 한다는 겁니다. 그 방법 중 하나로, 개념소비를 하는 당사자에게 직접 혜택이 돌아가는 제도적 설계가 필요한 거죠.

김   제프리 무어(Geoffrey Moore)가 주창한 스타트업 기업의 생애 주기 모델에서 '캐즘(chasm)', 일명 '죽음의 계곡'이라는 개념이 있습니다. 어떤 상품이 출시되면 얼리 어답터(early adopter)의 구매를 넘어 얼리 머저러티(majority)까지 가야 주류 시장 진입에 성공하는 건데, 이 두 고객집단 사이에 움푹 파인 지점을 뜻하는 말이 죽음의 계곡이에요. 초기 매출에 성공한 모든 스타트업이 끝까지 다 성공하지는 못하는 이유가 얼리 어답터의 구매결정에 도취되어 그 계곡 건너 더 큰 시장의 특성을 제대로 이해하고 적절한 대비를 하지 않고 건너다가 협곡 시이로 추락한다는 거죠. 친환경 자동차, 유기농 닭고기와 같이 착한 소비의 대상인 '착한 제품'들도 시장에서의 일반적인 현상인 '죽음의 계곡'에 빠지지 않는다는 보장은 없습니다. 사람들의 인식을 바꾸는 것도 시간이 많이 걸릴 거고요. 가령 스타벅스에서 종이빨대를 쓰면 쿨해 보이는데 동네 커피집에서 쓰면 없어 보일 수도 있어요. 이럴 때 선한 영향력이 잘 발휘되면 좋겠습니다. 영향력 있는 개인이나 기업이 선도하고 거기에 대중이 반응하면 새로운 트렌드가 만들어지고 착한 제품들도 죽음의 계곡을 더 쉽게 넘을 수 있을 겁니다. 브래드 피트나 정우성 같은 배우가 어떤 친환경 제품을 쓰면 엄청 확산을 앞당기는 효과가 나오지 않겠습니까? 풀뿌리운동만 가지고는 한계가 있으니 이런 운동이 들불처럼 일어나게 격발시키는 요소를 찾는 것도 중요하다고 봅니다. 요즘 환경 쪽에서 많은 움직임이 계속되고 있어요. 저만 해도 1~2년 전부터는 플라스틱 빨대는 거의 안 씁니다. 솔직히 환경 문제에 대해 이전에는 관심이 별로 높았던 편이 아니었던 제가 이렇게 바뀌는 것을 보면 사회적 분위기도 꽤 많이 바뀌고 있는 게 아닐까 싶습니다.

박　선도적 역할이라는 것을 생각하다 보니 수소차에 생각이 미칩니다. 수소충전소 한 곳 설치하는 비용이 30억 정도 하는데, 이걸 전국 곳곳에 설치하자는 것에 여러 논란이 많습니다. 여기에 수소충전소 운영비도 정부가 보조해주니까 '국민 세금으로 그 비싼 충전소 세우면 누구 좋은 일 하자는 거냐? 수소차 생산하는 업체는 달랑 하나인데, 특혜 아니냐?' 하고 말이죠. 그런데 저는 이게 박정희 대통령이 경부고속도로 깔 때와 김대중 대통령이 초고속인터넷망 깔 때 반대하던 것과 비슷하다고 봅니다. 수소차가 수소시대를 열고 친환경 미래를 만들어가는 데 꼭 필요하다면 좌고우면하지 말고 수소 인프라를 깔아야 한다고 생각합니다. 환경을 생각해서 수소차를 적극 고려하고 있는 분들이 선도투를 할 수 있게 기반시설을 까는 것은 자동차 몇 대 없을 때 경부고속도로를 깐 것과 같다고 봐요. 특정 회사에 대한 특혜 문제는 세금 제도라든지 사회적 공헌 방식을 잘 설계해서 해결해야 되겠지만요.

공 긴 의원님이 말씀하신 죽음의 계곡을 넘기 위한 선도투가 매우 중요할 것 같습니다. 똑같이 구멍 난 양말을 신고 다녀도 김세연이 신으면 사람이 소탈한 거지만 공희준이 그러고 다니면 지지리 궁상이거든요. (폭소) 제가 강북에서 잠실로 이사 가니까 아내가 "이 동네는 전기차 충전시설도 있잖아" 그러더라고요. 친환경이 좋은 건 다 알죠. 그런데 그 인프라가 다 돈인데 좋은 건 늘 부유한 동네로 맨 먼저 혜택이 가거든요. 우리나라 건강보험도 제일 필요한 극빈층이 아닌 공무원에게 먼저 도입되었잖아요. 이 격차의 문제, 권력의 문제는 어떻게 생각하시는지요?

김 일리 있는 지적이라고 생각합니다. 다만 현실적으로는 새로운 것이 확산될 때 동시적으로 모든 곳에서 할 수는 없어서 시차가 발생할 수밖에 없어요. 이 시차를 최소화시키는 것을 정책 집행의 주요 목표로 삼아야겠죠. 시장 발전의 역사를 보면 처음 나올 때는 사치재였던 것이 시간이 갈수록 보급재가 되는 패턴이 반복되는 것을 알 수 있어요. TV 보급 초기에는 동네에 한두 대 있던 것이 나중에는 한 집에 여러 대 갖추게 되었고, 자동차 등등 사례야 워낙 많죠. 아무튼, 이 과정에서 위화감의 발생을 최소화하거나 삶의 질을 조속히 높이기 위해서는 그 시간 차를 좁히는 것이 관건이고, 그러려면 초기 소비자가 빨리 증가되도록 정책적인 유도를 하는 것도 도움이 될 수 있겠습니다.

공 김 의원님과 함께 대담한다니까 제가 아는 분이 "야, 김세연은 좌파고 너는 우파 아니냐?" 그러더라고요. (웃음) 김 의원님께서는 보수정당의 정치인이지만 경제정책이 보수 이념과 달라서 소위 낙수효과에 대해 부정적일 것 같습니다. 신자유주의에서 말하는 낙수효과라는 게 아랫목이 따뜻해야 윗목이 따뜻하다는 긴데, 세 분이 말씀하시는 선도효과가 저는 낙수효과로 들립니다.

김 1980년대에는 낙수효과가 중요한 처방이었지만, 경제 여건이 시대마다 달라지기 때문에 이미 20년 정도 지나고 나서부터는 현실에서 작동이 안 되는 것으로 판명 난 것 같습니다. 낙수효과는 공급경제학의 핵심논리 아니겠습니까? 그런데 그 처방을 충실히 집행할수록 자산 및 소득 격차가 더 크게 벌어진 것을 증명하는 실증 데이터들이 확인되며 논쟁은 이미 끝이 난 것 같습니다.

공 제가 낙수효과와 선도효과가 잘 구분이 안 되는데, 내로남불처럼 너네가 하면 낙수효과고 우리가 하면 선도효과, 뭐 이런 건가요?

김 낙수효과는 대규모 기업과 고소득층 개인에 대한 대규모 감세 조치로 이들의 투자 및 소비의 여력을 키워주면 그것이 마중물 역할을 하며 추가적인 고용 창출과 수요 확대를 일으켜 경제가 선순환 사이클을 계속 탈 수 있다는 거잖아요. 우리 속담 '곳간에서 인심 난다'의 경제학적 표현이라고 할 수 있겠네요. 선도효과는 경제학에서 정립된 개념으로는 들어보지 못했고, 개념소비라는 소비자 행동을 그렇게 표현하신 것 같습니다.

수소경제에 반대한다

우 이왕 박 의원님이 수소차에 대해 말씀하셨으니 수소경제에 대해서 이야기해보기로 하죠. 제가 MB 정권 시절에 4대강 반대한다고 반정부인사로 찍혀 고생을 좀 했는데, 수소 반대한다고 현 정부에서도 좀 괴롭힙니다. DJ 정부 때 총리실에서 근무하면서 연료전지를 다루었기 때문에 수소 문제는 아주 오랫동안 봐왔어요. 그래서 현 정부에서 수소경제로 간다고 할 때 제일 먼저 반대 칼럼을 썼어요. 최근 들어서는 지자체에서 수소충전소 놓으려고 하는데 입장을 어떻게 정리해야 하냐고 각 지역 단체에서 문의가 많이 들어왔습니다. 그래서 제가 다시 검토를 하고 제 입장을 신문 칼럼으로 썼습니다. 요지는 '자동차 수소시대는 안 온다'입니다. 첫째, 지금은 회색수소[27] 단계인데, 수소 1톤 만들면 대략 이산화탄소 11톤이 발생해요. 20년 후면 그린수소로 기술개발이 될 거라고 하는데 20년 동안 누적된 이산화탄소는 어떻게 할 겁니까? 둘째, 수소차와 전기차가 보완재라고 하는데, 한국에서는 이미 문재인 인수위 시절부터 친환경 자동차 보조금을 두고 라이벌 관계가 되어 버렸어요. 원래의 친환경 차 기술 로드맵은 하이브리드에서 플러그인(plug-in) 하이브리드[28]를 거쳐 완전 전기차로 가는 것이거든요. 여기서 하이브리드는 이미 많이 보급되었으니 보조금 대상에서 빼고 경차와 플러그인에 보조금을 주는 것으로 예상했는데, 갑자기 플러그인이 빠지고 수소차가 들어왔어요. 토요타가 하이브리드에서 플러그인으로 올라가면서 플러그인을 동북지역 센다이 공장에서 만들게 됐거든요. 동북대지진이 났던 곳에다가 그 지역의 경제 회생을 위해서 공장을 짓고 거기서 토요타의 자부심인 플러그인을 생산할 정도로 플러그인을 중요하게 생각하는 겁니다. 그런데 우리나라는 플러그인에 보조금이 없으니까 그 시장이 죽어 버렸어요. 2021년부터는 그나마 찔끔 주던 플러그인 보조금도 완전 폐지하지요. 여기서 왜곡이 한번 생겼고, 또 하나의 왜곡은 그동안 전기차에 주던 전기료 인하 보조도 한전 적자를 빌미로 줄인 거예요. 사실 한전의 전기차 보조는 대기정책이나 기후정책으로 보고 환경이나 대기 예산을 전환시키는 조정을 했어야 하는데, 고위공직자들이 수소로 갈 거니까 필

---

27   신재생 에너지의 일환으로 개발된 수소는 기존 수소와 구분하기 위해 이산화탄소 배출량에 따라 그레이, 그린, 블루 수소로 구분한다. 그린·블루가 저탄소 배출, 그레이가 비교적 고탄소 배출 수소이다.

28   가정용 전기나 외부 전기 콘센트에 플러그를 꽂아 충전한 전기로 주행하다가 충전한 전기가 모두 소모되면 가솔린 엔진으로 움직이는, 내연기관 엔진과 배터리의 전기동력을 동시에 이용하는 자동차.

요 없다고 생략해버린 거죠. 또 하나 수소 찬성파들이 주장하는 가장 큰 장점이 충전시간이 짧다는 거예요. 현재는 수소차가 5분, 전기차는 30-40분 걸리거든요. 그런데 배터리 밀도가 높아지면서 충전시간이 계속 짧아지고 있어요. 게다가 전기차 전용 플랫폼이 나오면서 기존 차량보다 배터리를 더 탑재할 수 있게 설계를 바꾸는 중입니다. 당장 2023년까지는 10분 충전해서 500km 갈 수 있는 전고체 배터리 차가 상용화되어서 나온다는 거잖아요. 액체를 쓰는 배터리를 고체로 바꾸는 것에 많은 회사들이 사활을 걸고 있습니다. 결국 몇 년 내로 전기차 충전시간이 더 이상 장애가 되지 않는 시기가 온다는 거죠. 더 중장기적으로는, 아예 충전이 필요 없는 기술도 연구 중입니다. 유럽에서 도로를 주행하면서 무선으로 충전하는 것을 시험 중이에요. 효율을 놓고 보면, 수소차가 전기차를 따라갈 수가 없어요. 전기를 써서 수소를 생산하니까 효율이 이미 30% 정도 떨어진 상태에서, 발전 기준으로 발열 손실 60%에 송전 손실 5%가 발생하니 30~35% 정도만 쓸 수 있거든요. 게다가 수소가 LPG 보다는 더 위험해요.

공   대중들이 수소 하면 가장 먼저 떠올리는 것이 수소폭탄입니다.

우   사고 발생 확률이 높지는 않다고 생각하지만, 어쨌든 상대적으로 수소보다는 안전하다고 하는 LPG도 서울의 경우 여의도 인근 안쪽으로는 못 들어가요. 오세훈 시장이 CNG[29] 충전소를 종로구에 놓으려고 하다가 완전히 망했죠. 이격 거리 따지면 시내에서 제일 가까운 설치 가능 장소가 상암동 정도거든요. 수소의 경우 수소충전소와 수소발전소, 두 가지 다 위치 선정이 만

---

29   Compressed Natural Gas, 압축천연가스.

민치 않아요. 여당도 정부에서 추진한다고 하니 박수를 쳤는데 막상 자기 지역구에서 민원이 나오면 어떻게 할 겁니까? 저도 무조건 주민 편은 아니에요.

당인리 발전소도 지하의 대규모 LNG 발전소 폭발 위험으로 주민 반대가 심했는데 우리나라 에너지 설계상 꼭 필요한 시설이라서 못 본 척하고 있었던 적이 있어요. 비슷한 경우가 쓰레기 처리 문제에도 있습니다. 유럽은 소각하되 안전하게 처리하는 쪽으로 방향을 잡았는데 우리는 매립(landfill) 방식을 채택했잖습니까? DJ 시절에 주민들과 충돌을 피하려고 안 보이는 곳에 치우는 방식으로 결정한 겁니다.

아무튼 정부에서는 수소 제조는 하는 척하지만 대부분 수입으로 해결하고, 수소 발전은 주민들 반대가 심할 거니 섬으로 가겠다는 겁니다. "그럼 거기서 송전은 어떻게 할 건데?"라고 물으면 "그건 그때 가서 해결하고" 이런 식입니다.

김　정말 답답하네요.

수소에너지, 배보다 배꼽이 더 크다

공　저 같은 과학 문외한은 '대기 중에 수소가 있을 텐데 공장을 왜 짓지?' 이렇게 생각하거든요. 설명 좀 부탁드립니다.

우　대기 중에는 수소가 거의 없어요. 수소를 만들려면 물을 전기분해해서 수소를 분리해야 하는데 물의 산소-수소 결합력이 엄청나게 강력해요.

박　그걸 전기분해하려면 수소로 만드는 전기의 10배쯤이 들어가요.

우　　그래서 우리가 LNG라고 부르는 메탄가스(CH_4)의 탄소-수소 결합이 좀 느슨한 걸 이용해서 촉매작용으로 수소를 떼어내는 것이 일반적이에요. 이걸 회색수소라고 불러요. 이렇게 생산된 수소를 또 고압으로 압축하는 것까지 수소공장에서 하는 거죠.

　　기술이 발전하면 지금의 도시가스관으로 수소를 보내자는 아이디어도 있어서, "도시가스보다 훨씬 고압인데 폭발 위험이 없냐"고 했더니 "폭발 위험이 없도록 해야죠"가 현재 답입니다. (웃음) 유럽에서 일부 실험적으로 메탄에서 뽑아낸 수소를 다시 메탄 형태로 바꾸어 도시가스관으로 보내고, 다시 수소로 분리하는 연구는 해요. 좀 희한하기는 한데, 낮 시간에 전기가 워낙 남아도니까 별의별 시도를 다 해보는 중입니다. 여튼 이 수소 공장을 지으면 정부에서 돈도 지원해주고 특혜도 준다고 하니 각 지자체장이 난리가 난 상태예요. 수소시범도시 운운하면서 울산도 뛰어들고. 제가 우리나라 골프장 건설부터 지역사업은 대부분 관여를 했는데 이제 점점 주민들이 관을 이기는 추세예요. 그러니 이 위험시설을 어디다 짓겠어요?

박　　그러니까 국회에 갖다 놨잖아요. 혹시라도 터지면 국회의원들부터! (웃음)

김　　각 구청, 군청 지하에도. (웃음)

박　　섭섭하게도 국회에 수소충전소 설치하는 데 대해 아무도 반대를 안 해요. 국회에 위험시설 설치하는 일에는 어느 국민도 반대를 안 해. (웃음)

김　　우리나라가 수소차에 대해 왜 이렇게 세계 드라이브를 걸었냐 하면 현대차가 하이브리드 카나 전기차에서 일본, 유럽, 미국에 밀려서 특허가 다 막히니까 우회로로 선택한 것으로 압니다. 친환경 자동차 중에 아직 기술장벽이 낮은 수소차라도 우위를 점하겠다고 나선 거라서 우리가 주도적으로 찾아낸 것이 아니라 막다른 골목으로 내몰린 거라 볼 수 있죠.

우 한 단계 먼저 가서 기다린다고 했는데 테슬라 때문에 망한 거죠. 테슬라 가 정말 괜찮은 전기차를 출시하니까 시장의 패러다임이 바뀌어 버린 거예요. '수소고 뭐고 전기차로 간다'로. 여기에 자율주행 전기차로 구글도 들어온다 고 했죠.

김 표준전쟁에서 우리가 이길 수 없는 싸움판에 들어가는 것 같아 안타깝 습니다.

공 사람들 인식이 매우 중요한데, 수소차 홍보 초기에 물로 가는 차라고 했 는데 그럼 그건 거짓말이었나요?

우 물로 가는 차 맞지요. 그런데 그 물에서 수소를 떼어낼 때 전기가 엄청 많이 들어간다는 게 문제예요. 전기값이 엄청나게 싸면 그걸로 전기분해해서 수소로 가면 되죠. 그런데 그렇게 전기가 싸면 그 전기로 가면 되지, 뭐하러 물 분해를 합니까? 태양에너지로 물 분해해서 생산하는 수소를 녹색(green)수 소라고 하는데 그냥 그 태양에너지를 바로 쓰면 되는 것이죠.
　이 일들이 모두 2003년 미국 부시 대통령이 연두교시에서 미국은 앞으 로 수소차로 가겠다고 해서 시작이 됐어요. 당시 미국은 원전을 주요 전력원 으로 쓰려고 했기 때문에 밤에 남아도는 전기를 가지고 수소를 생산하면 된 다고 생각한 겁니다. 그런데 이후 미국도 탈원전으로 가니까 전기를 아껴야 할 판이 되었고 수소차는 당연히 날아간 거죠.

박   개질수소, 부생수소, 전해수소. 생산방법에 따라 수소를 이렇게 세 가지로 분류하는데 지금 우리가 일반적으로 쓰는 수소는 제철, 제련 과정에서 나오는 부생수소입니다. 그러나 이것은 워낙 양이 적어서 수소차를 본격 보급하기에는 턱없이 모자라니 천연가스에서 분리하는 개질수소를 쓸 수밖에 없어요. 너무 많은 비용이 들어가는 것 아니냐고 산업통상자원부에 질의를 했더니 차관이 한다는 소리가 "기술 발전이 되면 좀 싸질 겁니다" 이런 소리나 해요.

우   수소는 충전을 위한 수소스테이션이 필요하잖아요. 그런데 전기는 지금의 발전속도로 보면 머지않아 대량의 무선 충전 기술이 나올 것 같아요. 그러면 도로 위를 달리면서 그냥 충전이 되는 거죠.

공   제가 메시지를 정리하겠습니다. '수소차는 자동차산업의 시티폰이 될 것이다. 삐삐에서 핸드폰으로 넘어가는 사이에 잠깐 있다 사라진 발신전용 시티폰'.

우   시티폰은 국민경제에 타격을 주지는 않았어요.

박   앞서 한 수소 발언 취소해야 하나요? 경부고속도로 깔 듯 이거 깔면 안 되나? (웃음)

우   수소가 충전시간이 짧고 한번 주행하면 장거리 운행이 가능하니까 트럭에는 수소를 쓰자는 주장이 있는 건데, 수소보다는 전기의 기술발전 속도가 빨라서 수소는 어려울 것 같아요. 수소차가 좋으면 테슬라가 그걸 했겠죠.

박   수소 생산단가가 낮아지는 기술속도와 전기차 네트워크 및 충전속도 단

축기술의 경쟁인데 현대자동차도 충전소 설치 문제에서 아주 힘들어 한다고
해요. 가령 유럽에 수소차 100대 팔면, 수소충전소 문제까지 해결해줘야 하는
거잖아요.

공   갈라파고스네요.

우   갈라파고스는 그래도 그 안에서 살아는 있잖아요. 관광객들도 오고. (웃음)

김   그럼 석상만 남고 사람은 다 사라져버린 이스터 섬이죠. (웃음)

우   수소차를 경제적 대상이 아니라 특수보호종으로 지정해야 할지도 몰라
요. (웃음)

무리한 원전 폐쇄는 산업생태계의 단절만 초래한다

공   현 정부에서 채택한 에너지 정책의 큰 두 방향이 수소와 탈원전이니까
이제 원전 이야기도 나눠 보죠.

박   이거 왠지 수적으로 불리한 느낌인데요. (웃음)

김   월성1호기 조기 폐쇄 절차의 적법성 문제는 여기서 다룰 주제는 아닌 것
같고요. 먼저 안보전략적 관점에서는 우리나라의 다른 모든 원전이 경수로
(輕水爐)인 것과는 달리 중수로(重水爐)인 월성 1-2-3-4호기는 폐쇄하지 말아
야 한다고 봅니다. 미래에 안보 상황이 어떻게 바뀔지 모르기 때문에 그에 대

비해서 지속 가동이 필요합니다.

다음으로 산업적 관점에서는, 무리하게 원전 폐쇄 결정을 내린 것은 큰 실책이라고 생각합니다. 원전 시장에서 철수하더라도 장기적 계획하에 우리의 강점을 국익을 위해 최대한 활용했어야 하는데, 관련 기업들의 세계 최고 기술 경쟁력을 사장시키면서 학계의 연구 역량과 산업계의 인재 풀도 일시에 다 단절시켜버렸어요.

핵분열을 활용한 기존의 원자력 발전이 방사능 폐기물 문제 때문에 한계에 왔다고 본다면, 에너지 문제의 근본적 해결을 위한 다른 방식들도 있을 겁니다. 첫째, 핵융합발전 국제연구프로젝트인 이터(ITER)[30] 사업에 참여하고 있는 것이나 케이스타(KSTAR)[31] 사업이 그것이죠. 둘째, 스마트(SMART, System-integrated Modular Advanced ReacTor) 원전, 즉 20-25만 명 규모의 소도시에 소요 전력을 공급할 수 있는 안전한 소형 원자로 기술을 이미 확보했으므로, 이를 통해 소형 모듈 원자로 시장을 선도하는 겁니다. 군사적으로는 핵잠수함의 동력원으로도 활용할 수 있겠죠. 마지막으로는 '토륨 원자로'[32]를 들 수 있는데 아직 논쟁 중인 기술이니 실효성을 좀 지켜봐야 할 것 같고, 위 세 가지에 대해 기술적 검증과 사회적 합의를 추진해 나가야겠습니다.

이밖에 다른 친환경 재생 에너지원 중에서 풍력은 풍차 날개(blade)의 소음 및 전자파 환경 영향 문제 등이 해결되어야 할 것 같고요. 요즘 논란이 많이 되고 있는 문제의 태양광 발전은 도중에 발생한 비위는 척결하되 보급은

---

30 International Thermonuclear Experimental Reactor, 화석 연료 고갈 위험과 환경 문제를 대비하여 핵융합에너지의 상용화 가능성을 최종 증명하기 위해 국제핵융합실험로를 공동 건설하는 초대형 국제협력 연구개발 프로젝트.

31 Korea Superconducting Tokamak Advanced Research, 2007년 대한민국이 독자개발에 성공한 한국형 핵융합 연구로로, 대전광역시 유성구에 위치한 한국핵융합에너지연구원에 위치하고 있다.

32 우라늄보다 훨씬 풍부한 토륨을 원료로 발전이 가능하며, 핵반응의 결과물이 플루토늄처럼 위험한 방사성 물질이 아니라는 점에서 이점이 있다.

확대할 수밖에 없다고 봅니다. 태양광 패널의 발전 효율을 올리고 공급이 늘어나 단가가 싸지는 선순환 구조를 빨리 정착시키되 특정 사업자가 중간에서 이권을 취하는 행태는 재발 안 되도록 잘 감시해야겠죠. 이외에도 지열(地熱), 조력(潮力), 파력(波力) 등 다양한 신재생 에너지원에 대해서 당장 성과가 나지 않더라도 지속적으로 에너지 믹스의 구성을 다변화하는 노력을 하는 것이 옳은 방향이라고 생각합니다.

박 탈원전은 독일이 1998년 사회민주당의 리하르트 슈뢰더와 녹색당의 요슈카 피셔의 적록연정에서 합의가 돼서 세계에서 가장 먼저 시작했는데, 성패에 대한 평가는 독일 내부에서도 이견이 있다고 합니다. 잘 알려진 대로 원전은 세 가지 측면에서 문제가 있죠. 첫째, 전력 생산 비용은 낮지만 건설 비용과 핵폐기물 처리 비용이 어마어마하다는 것. 둘째, 원전의 특성상 해안에 설치해야 하는데 대도시까지 끌고 가는 송전망 구축 자체가 어렵다는 것. 이건 밀양 사태 때 다 겪었잖아요. 앞으로는 건설 자체도 불가능하다고 봅니다. 셋째, 원전은 한번 가동하면 전력 생산을 쉽게 끄고 줄이고 할 수 없기 때문에 향후 친환경 재생에너지의 전력 생산 비중이 늘어나면 충돌할 수밖에 없다는 것. 독일은 친환경 재생에너지로 전력 수요의 100%를 달성한 날도 있었다고 하더라고요.

우 낮에는 태양광이 있으니 평균적으로 과잉이에요. 원전은 전기가 너무 나와서 버리고.

박 전력 생산이 많이 된다고 무조건 좋은 게 아니고 하나의 전력 그리드(grid), 전력계통 안에서 수요 공급이 맞아야 되는 거죠. 그러니 친환경 재생에너지로의 전력구조 개편 방향을 가지고 있다면 필연적으로 탈원전 혹은 원전 축소를 병행할 수밖에 없어요. 이런 관점에서 저는 향후 60년에 걸쳐 탈원전을 하겠다는 것은 과격하지 않다고 봅니다.

김   저도 장기간에 걸쳐 서서히 탈원전 하는 것에는 동의합니다. 다만 방법
론에서, 훨씬 안전도가 높아진 APR 1400[33]급의 신형 원전 건설을 막대한 매
몰비용을 감수하면서 백지화할 게 아니라 신형 원전은 계획대로 짓고, 현재
가동 중인 원전 중에서 초기에 지어서 상대적으로 안전성이 떨어지는 것을
먼저 폐쇄하는 방식으로 하자는 거죠. 이렇게 원전해체산업의 기술력을 쌓으
면 해외의 원전 해체시장에도 진출하면서 향후 50-60년 동안 원전을 서서히
줄여나가는, 예측 가능하고 질서 있는 철수가 가능할 것이라고 생각합니다.

우   이번 정부에서 아쉬운 점이 탈원전을 비롯해 다른 경제 문제도 마찬가
지인데, 민주정부라고 말은 하면서 정책을 보면 전두환 때와 크게 다르지
않아요.

박   네? 예를 잘 들어야 됩니다. 제가 얼마 전에 이승만, 박정희 예로 들었다
가 엄청 혼났거든요. (웃음)

우   우리나라 에너지 정책은 전두환 정권에서 만들었어요. 박정희 때 동력자
원부가 있긴 했지만 석유 파동 때문에 생긴 거였고, 에너지관리공단이라는 지
금의 틀은 전두환 정부에서 만들었어요. 다만 당시 그걸 만드는 과정이 밀실
행정이었던 건데, 촛불집회로 탄생한 이 정권도 경제는 여전히 밀실행정이에
요. 아파트 정책도, 새어나가면 이득 보는 사람이 생긴다는 핑계로 공청회도

---

33   기존의 한국표준형 원전인 'OPR 1000'보다 발전 용량이 40% 더 커진 원전으로 안전성과
경제성이 더 높다.

없이 아무도 모르게 진행하다 가격만 폭등하게 만들고.

탈원전의 출발은 문재인 대통령이 부산 출신이어서 그런 게 아닌가 싶어요. 부산 가까이에 원전이 있으니 타 지역보다는 더 불안감을 많이 느끼지 않을까 하는.

김 부산 사람들이 서울 사람들보다는 분명히 더 많은 위험을 감수하고 있습니다만, 일상생활을 하기 어려울 정도로 늘 불안과 공포에 시달리고 있다고 하기에는 무리가 있을 것 같습니다.

우 19대 국회의원 중에 탈원전을 진지하게 고민하는 사람은 문재인 의원이 유일했어요. 옆에서 보니까 진심인 것 같았습니다. 문제는 동조하는 사람이 별로 없으니 대통령이 일부 공무원만 데리고 설계를 시작한 거예요. 누가 돕는 것도 아니고 흐름을 타는 일도 아니니 저절로 밀실행정이 되어 버리고만 거죠. 탈원전에 관해서는 이번 정부 출범 때 저도 준비작업에 꽤 많이 참여했는데, 이 점이 아쉬워요. 그리고 그 과정도 좀 그렇죠. 탈원전이라는 게 보통 일이 아니잖아요. 박정희 때 에너지 독립을 위해 원자력으로 가자고 해서 지금까지 온 거고, 이걸 바꾸려면 엄청나게 많은 논쟁과 토론이 있어야 했는데 그냥 숙의기구에 맡긴 건 극도의 무책임이라고 생각합니다. 저도 정부 탈원전 정책의 많은 부분에 동의해요. 그러나 이건 사회적 합의가 없으면 안 되는 것입니다.

영국의 경우 정부가 할지 말지 결정하지 않고 다 시장에 맡겨요. 원전을 건설하되, 입찰할 때 우리나라는 공공비용으로 처리하는 폐기물 처리비용까지 다 업체 부담으로 하거든요. 에너지가 민영화된 영국에서는 당연히 그렇겠죠. 정부가 책임져주지 않습니다. 그러니까 수익성이 없어서 저절로 원전 건설이 안 되고 있어요. 하고 싶은 사람들 들어오라고 하는데, 계속 유찰입니다.

제가 만약 정책을 끌어가는 위치에 있었다면 탈원전 반대론자들을 설득해서 정당성(legitimacy)을 획득하면서 풀어갔을 겁니다. 반대론자들 중에는 기술적 반대도 있거든요. 셧다운(shutdown)의 순서라든지 지역의 선택이라든지. 중간의 수많은 선택지들을 묵살하고 진행했으니 지금처럼 탈원전에 반대해도 할 말이 없는 거죠.

경자유전의 원칙은 금과옥조가 아니다

우   이제 농업 이야기, 식량 이야기를 해볼까요?

김   농업에서는 앞으로 푸드 마일리지(food mileage)를 줄이는 부분이 주요한 포인트 중 하나가 될 텐데요.

우   네. 로컬 푸드(local food).

김   조금씩 개념은 다르지만 도시농업, 실내농업, 수직농업 등이 그 해법으로 대두될 것 같습니다. 식량 확보라는 관점에서 농업을 보면 국가 전략상 식량 안보의 위기가 발생하지 않도록 자급률 100%인 벼농사만이 아니고 작물의 품종을 균형 있게 종합적으로 관리 유도하는 정책이 필요할 것 같아요.

요즘 젊은 세대에서 고민하는 방식 중 하나는 주택 문제 해결의 돌파구로 타이니 하우스(tiny house), 그러니까 협소주택 건축을 많이 시도하고 있습니다. 그 입지를 대도시에서 조금 벗어난 근교로 정한다면, 거기에 실내농업이나 꼭 실내가 아니더라도 소규모 농업을 결합시키면, 향후 기본소득이 도입된다 해도 그것만으로는 생계비가 다 충당이 안 될 때 이런 부대 농업에서 어느 정도 현금흐름(cash flow)이 창출되지 않을까도 싶고요. 모든 사람이 다 이렇게 하긴 어렵겠지만, 앞선 세대와는 여러 면에서 다른 밀레니얼 세대로 가면 이런 생활 양식을 받아들이는 경우도 상대적으로 늘어날 거라고 전망됩니다.

우 농업에서도 청년들의 진출이 관건인데, 여러 가지 장애요소가 있지만 그중 가장 큰 문제가 토지 임대(rent) 부분이에요. 우리나라 헌법에 금지되어 있는 소작이 사실상 전부이고, 부재지주들이 너무 많아요. 게다가 예전에는 농업으로 나오는 보조금을 그냥 소작인에게 줬는데 실제 농사 여부에 대한 감시가 점점 까다로워지니까, 지주가 직접 농약도 사온 걸로 하는 식으로 서류를 위조하고 직불금도 지주가 가져가요. 제도가 부재지주를 악질로 만든 셈이죠. 영국도 EU 차원에서 직불금을 계속 높이고 있는 와중에 최대 수령자가 영국 왕실이 된 거예요.

공 왕실은 농사도 안 짓잖습니까?

우 WTO 규정이 생산이 아니라 토지에 대해서만 보조를 할 수 있게 되어 있는데, 가진 땅이 넓으니 그렇게 된 거죠. 망신스럽다고 영국 왕실이 난리가 났었어요. 그래서 상한제를 도입했는데 영국 왕실에서 또 난리가 났어요. 수입이 줄어서 왕실 운영이 안 된다고. (웃음)

공 '경자유전의 원칙'34이 헌법에 박혀 있는 자본주의 국가는 우리가 유일한가요?

34 농지는 농사를 짓는 사람만 소유할 수 있다는 원칙.

우   대만에 비슷한 사례가 있다고 들었고, 실제 그런 효과를 내는 정책을 펴
는 나라는 많은데 헌법에 명시된 건 우리나라밖에 없을 겁니다.

박   역사적으로 토지에 대한 원한이 쌓여서 그렇게 된 거죠. 조선시대 때 원
한이 쌓이고 일제 강점기 때 증폭되고. 대부분 독립운동단체의 강령이 첫째
아니면 둘째에 소작제 폐지를 천명했다는 거 아니요? 이게 빠지면 혁명도
아닌 거죠. 조선의 독립은 일본놈 물리치자는 것만이 아니고 지주로부터의
해방, 소작제 폐지가 목표였습니다. 북에서도 집권하자마자 바로 토지 개혁
했잖아요.

김   그건 토지가 경제의 핵심이었던 농업국가 시대 때에는 합당하고 유효했
겠지만, 산업시대를 지나 4차 산업혁명 시대가 된 마당이라 다음 개헌 때에는
수정할 필요가 있겠네요.

우   실제로 헌법에 들어온 것은 1987년도 9차 헌법 개정 때, 김종인 현 국민
의힘 비대위원장이 헌법 개정하던 시절이죠.

공   경제민주화 주장할 때요? 그분 농사 안 짓잖아요? (웃음)

김   요즘에는 드론으로 농약 뿌리고 외국인 노동자 없으면 농사 자체를 짓
기 어려워진 시대인데 아직도 그것을 고집하는 것은 아니라고 봅니다.

우   사석에서 부재지주 문제에 대해 이야기하면 법적으로 정리해야 된다고
다들 동의해요. 이명박 정부의 첫 행정 조치도 부재지주 정리였어요. 그랬더
니 지방의 수많은 공무원, 한전 직원 등이 직접 농사짓고 있다고 막 우겼죠.

문재인 대통령도 퇴임 이후 귀향하는 곳이 농가주택인데, 농사 지을 거냐고 물으면 지을 거라고. (웃음) 사실 우리가 아는 관점으로는 문 대통령도 부재지주거든요. 예전에 민주노동당 어떤 의원도 부재지주라고 지적받으니까 자기는 자연을 사랑해서 앞으로 귀농할 거라고. (웃음)

공 MB 때 결국 사퇴한 장관 내정자 한 명도 "땅을 사랑한다"고 했죠.

우 다 부재지주예요. 그래서 20~30대가 농촌에 가고 싶어도 금지된 소작을 해야 하니 방법이 없어요. 농사가 힘들어도 직불금과 보조금을 받으면 그럭저럭 해나갈 수는 있는 건데 불법 소작이니 직불금과 보조금마저 막혀 있는 겁니다. 참여정부 때 강기갑 의원이 주도해서 만든 '농지은행'이라는 제도가 있긴 있어요. 나이 든 분들의 땅을 사서 누군가가 들어올 때 빌려주는 제도인데 활성화가 안 되고 있죠. 그래서 양도세 일시 완화 주장처럼 부재지주들도 농지은행에 땅을 내놓게 해서 젊은 귀농인들에게 임대하는 정책 등을 적극적으로 도입해야 합니다. 한 번쯤은 부재지주 문제를 종합대책으로 해결해야 돼요.

김 역모기지 주택연금처럼 농지연금제도도 농지은행에서 시행하고는 있죠.

공 요즘 농업을 강조하면서 소규모 텃밭을 많이 가꾸자고 하잖아요. 그런데 국가 차원에서 뒤뜰 텃밭으로 식량안보가 해결되나요? 예전 중국의 대약진 운동[35]도 아니고.

---

35 마오쩌둥의 주도하에 1958년부터 1960년 초 사이에 일어난 노동력 집중화 산업의 추진을 통한 경제성장운동.

박 그건 식량 문제 차원이 아니고 도시민들의 삶의 질을 향상시키자는 거죠. 아이들에게 흙을 만질 기회도 주고요.

우 구청에서도 텃밭 가꾸기를 많이 하는데, 주민 만족도가 매우 높은 정책 중 하나래요. 그래서 아예 도시농업이라는 이름으로 추진하려는 움직임도 있고요. 시민단체 입장에서는 자투리땅을 텃밭으로 가꾸면 난개발이 줄어들고 그나마 도시가 녹색화되는 장점이 있죠.

새로운 농업에 대한 시도도 있어요. 네덜란드에서는 수경재배하는 농업 빌딩을 운영해요. 이런 것이 필요에 의해 자발적으로 생겨야 하는데 우리나라에서는 공무원들이 시범단지 만들어서 외삽식으로 추진하니까 주민들과 마찰이 많죠. 스마트팜(smart farm)도 1억 원 이상씩 부담시켜서 추진했는데 수익을 못 내고 망했죠.

김 도심 내에 대형 할인마트를 운영해온 이마트가 유통의 흐름이 이커머스로 전환되면서 폐점해야 하는 매장이 늘어나니까 그 공간 일부에서 도시농업을 시도한다는 기사를 봤습니다. 거기에서 수경재배 등을 통해 고객 가까운 곳에서 농작물을 재배하고 바로 판매까지 하려는 모델로 가는 것 같습니다.

우 제 친구가 2개 농장에서 7천 두의 돼지를 키워요. 네덜란드에서 운영프로그램을 도입해서 하는데 그 데이터 관리를 용산에서 합니다. 농장의 온도, 습도, 풍향 등 데이터가 너무 많아서 IT 힘을 빌려야 하는데 IT 엔지니어들이 농장소재지 홍성으로는 안 간다는 거예요. 그래서 용산 사무실에서 클라우드로 데이터를 모아서 돼지농장을 관리합니다.

우리나라에서 농업과 에너지를 접목한 최첨단회사로 꼽히는 곳인데, 돼지 사육하면서 무수히 많은 병을 막고 동물보호권까지 실현하려니 인간의 힘만으로는 도저히 안 된답니다. 그래서 프로그램의 도움을 받자고 한 건데, 이런 경우를 보면 스마트화를 무조건 반대할 일은 아닌 거죠.

한국 사회의 가장 큰 문제는 권력 집중

우   이번에는 지역 이야기를 좀 해보겠습니다. 제가 코로나 사태를 겪으면서 코로나 특징을 설명한 말이 있습니다. '방역의 주체인 국가가 강화되었는데 국가를 움직이는 방식이 결국 정치니까 정치가 더 민감한 문제가 되었다. 또 방역과 경제를 움직이는 현장이 지역이다 보니 지역이 더 강조되는 게 코로나의 특징이다'. 저만해도 뉴욕의 주지사와 시장을 헷갈렸어요. 쿠오모가 누군지도 몰랐다가 이번에 알았어요. 동경도 지사가 여성이고 강성인 것만 얼핏 알았는데, 이번에 누구인지 제대로 알았습니다. 멀리까지 갈 것도 없어요. 대구 시장이 누군지도 전혀 모르고 살다가 코로나 터지자마자 그 양반 일거수일투족이 전 국민에게 알려지고, 뭐 하는 거냐고 난리 나고 그래서 알게 됐어요. 로컬이 중요해진 겁니다. 그런데 막상 둘러보면 한국의 로컬이라는 것은 젊은 이들이 빠져나가서 서울과 수도권 일부를 제외하고는 소멸 위험에 봉착해 있는 것이 현실입니다. 이러한 현상이 비단 우리나라에만 일어나고 있는 게 아니에요. 이탈리아 농촌 지자체의 경우, 이주해 오는 청년들에게 연봉 2천만 원 정도를 3년간 주겠다는 극단적 정책을 내건 곳도 있습니다. 최근 EU는 농업에 한정해서 줬던 농촌 보조금을 더 유연하게 국토관리 보조금으로 바꾸려 하고 있어요. 공공에서 그 지역을 관리해야 하는데 주민들이 지방에 살면서 국토를 관리하고 있다는 명목으로 보조금을 주는 거죠. 우리나라에서 지역 혹은 지방이라는 곳은 사실상 수도권에 들어가지 못한 나머지 전체라고 볼 수 있어요. 낮아지는 출생률까지 더해져서 우리나라의 미래를 이야기할 때 가장 위기 상황이 지방 문제로 보입니다. 이 문제에 대해 의견을 나누어 보죠.

박   지역, 지방문제요.

우   민주당에서는 오랫동안 행정수도 이전을 이 문제의 대응책으로 삼는 것 같은데, 그것이 세종시를 포함한 그 일대에 어느 정도의 경제 활성화를 기대할 수 있을지는 모르지만 지방소멸 위험에 대한 전체적인 대책은 아닌 것 같습니다.

김   앞 장에서도 잠깐 언급되었던 것 같은데요. 부산, 대구, 광주, 대전 정도의 지역별 거점을 강화하여 서울 일극체제를 해소하자는 전략도 각 권역 안에서의 지방소멸이 가속화된다는 난점이 생깁니다. 지역 거점을 마련한다 해도 각 거점의 중심부가 아닌 주변부 입장에서는 일극화 가속이든 다극체제로의 전환이든 관계없이 소멸의 위기에 노출될 수밖에 없다고 생각합니다. 코로나를 겪으면서 언택트 사회화, 비대면 방식으로 모임, 소통의 방식이 변화하면서 급격한 도시화에 약간의 제동이 걸릴 수는 있다고 봅니다. 도시 집적효과에 내재된 장점이 워낙 크기 때문에 쉽게 예단하기는 힘들지만 코로나 이후에 교외로 흩어지는 반작용이 작동하면서 어느 정도 균형점이 오지 않을까 생각됩니다. 그런데 이것은 분포의 관점에서 보는 것일 테고, 우 박사님의 화두는 의사결정의 거버넌스 관점에서 어떤 의미를 갖는 것인가 하는 점으로 보이네요. 일단 모든 국민들의 이동에 관한 데이터를 중앙정부가 다 수집하고 있는 것은 방역 위기 상황에서는 불가피한 측면이 있겠지만, 궁극적으로는 개인의 자유를 침해할 개연성이 높기 때문에 이것이 계속 일상화되어서는 안 된다는 인식이 철저해야 한다고 생각합니다. 코로나 사태로 방역 국가화된 상황에서 국가의 정보통제권을 어떻게 민주적 통제하에 둘 것인가? 정보 집적으로 생긴 국가의 새로운 능력을 어떻게 견제하고 감시할 것인가가 중요한 이슈로 대두된 것이죠. 또한, 코로나 사태로 지방 행정권의 중요성이 부각되면서 지방선거에 대한 중요성을 실감·자각하는 기회가 되었고, 국가 권력의 분산, 지방정부의 존재를 인식하고, 의사결정 권한의 병립 등에 대한 중요성을 깨닫는 계기가 된 것 같습니다.

우   제가 이런 점에 착안하게 된 것은 미국 5대호 주변 지역들, 중산층이 많은 지역을 분석한 적이 있었거든요. 이 지역들이 대통령 선거에서는 공화당 민주당으로 일정한 경향이 나오는데 시장 선거로 가면 전혀 패턴이 없어요. 그래서 조사를 해봤더니 눈이 많이 오는 지역이라 겨울에 눈 잘 못 치우면 다음 선거 때 바로 잘린다는 겁니다. (웃음) 홋카이도도 가보니까 몇 미터 높이의 눈을 다 치워놨더라고요. 이데올로기는 뉴욕이나 도쿄처럼 대도시, 잘사는 동네 이야기이고 여기는 눈 치우는 실력으로 뽑는 거더라고요. (웃음) 그런데 저는 그게 좋았고 감명 깊었어요. 우리나라 코로나 초기에 지원금이 지역마다 차이가 있었잖아요. 혹자는 형평성 문제를 제기하던데 지방자치의 원래 정신이 바로 이거라고 저는 생각하거든요. 지역별로 더 훌륭한 사람을 뽑으면 그 지역이 더 잘살게 되는 것이 지방자치제의 정신이라는 거죠. 중앙정부에서 일방적으로 지원금 내려주는 것보다 낫다고 생각해요.

코로나로 생긴 또 하나의 딜레마가 재난자본주의입니다. 코로나에 대응한다고 지리산에 산악열차 놓겠다고 하고 강원도는 또 케이블카 이야기하고. 코로나에 대응하는 데 국립공원 개발이 왜 필요하냐고 물으면 지역경제 살리는 지역 숙원사업이라고 답해요. 물론 경제는 살려야 하는데 그런다고 지역경제가 살아나겠어요? 코로나 핑계로 원래 하고 싶었던 일 벌이는 거죠. 딱 재난자본주의입니다. 지역을 강화시켜야 하는 것은 맞는데 어떻게 해야 정말로 도움이 될지 계속 질문을 던져보고 있습니다.

박 한국 사회, 한국 정치의 제일 큰 문제를 저는 권력 집중이라고 봅니다. 결정권한이 대통령, 행정부, 그리고 중앙으로 너무 비대하게 집중되어 있어요. 그런 결정권한의 집중은 해당 단체의 장이 쌈짓돈으로 활용하는 특활비 규모를 보면 짐작이 가능합니다. 입법부인 국회는 특활비 전체가 80억 원인데 행정부는 눈에 보이는 것만 국정원을 빼고도 조 단위예요. 국정원도 조 단위이고. 국회는 그나마 문희상 의장 때 국회 특권을 내려놓는다며 특활비 규모를 50% 가까이 줄여놨습니다. 대통령중심제 국가가 미국을 비롯해 몇 개 나라가 있는데 실제 미국은 '의회 중심의 대통령제'라고 하는 것이 맞습니다.

우 감사원이 국회에 있죠.

박 예산도 우리 국회는 심의권만 있는데 미국은 편성권까지 다 가지고 있잖습니까? 우리 대통령제가 드골헌법을 참고했다고 하는데, 사실 프랑스보다 더 강력한 대통령중심제 국가인 거예요.

우 프랑스는 총리가 다 해요. 대통령은 비행기 타고 외국에나 나가고.

박 그래서 이제는 대통령의 권한을 분산해야 한다고 봅니다. 국회로 이전하고 지방에도 행정권한과 재정권한을 과감하게 나누어 주어야 해요. 중앙정부가 예산 배분을 가지고 지방을 통제하지 말고, 지역의 재정자립도를 높일 수 있도록 국세를 지방세로 세목변경하고 행안부 장관의 교부세에 관한 권한도 과감하게 내려놔야 합니다. 그래야 본인들의 선출 권력 단위에 따라 도지사는 도지사대로, 기초단체장은 기초대로 지역 스스로의 살길을 찾아나가게 됩니다. 지금처럼 중앙만 바라보면서 국회의원에게 돈 좀 따달라고 쪽지나 돌리면 미래가 없는 거죠. 앞 장에서 말씀드렸던 매칭펀드제도로 인해 재정이 빈약한 지역은 더 나락으로 빠지는 빈익빈 부익부 시스템도 개선되어야 합니다. 교통수단이 발달한 탓에 중앙집중화가 더 가속화되고 있잖습니까? KTX가 놓이니까 다 서울 강남에 와서 쇼핑하고, 성형수술도 서울에서 하고, 아픈 데 있으면 서울대병원으로 몰리고. 이런 판국인데 국토균형발전이라는 구호 아래 지방으로 공공기관 몇 개 보내고 세종시로 국회 기능 이전하는 걸로는 문제가 해결되지 않습니다. 균형발전은 각 지역별로 독특한 발전을 구상하는 데서 시작하는 것인 만큼 그만한 권한을 지역에 분산해주는 것이 필수적입니다.

우　　새만금사업에 제가 오랫동안 여러 경로로 관여를 했습니다. 당시 어차피 전라북도에 갈 예산이니 아깝게 낭비하지 말고 다른 데 쓰자는 주장도 있었습니다만 추진파의 논리는 전혀 달랐습니다. 새만금 한다고 해야 돈을 주지, 아니면 안 준다고, 나중에 버릴지라도 이걸 붙잡고 있으면 그동안 도내에 돈이 돈다는 겁니다. 그 예산 다 합해서 전북에 주고 쓰라고 하면 새만금 하겠냐니까 추진파에서도 미쳤냐고, 그걸 왜 하냐고 그래요. (웃음)

고속도로든 뭐든 국책사업이라는 게 이렇게 하지 않으면 돈을 안 주니까 벌이는 건데, 막상 지자체에 돈 있으면 뭐할 거냐고 물어보면 다 필요한 일에 먼저 쓰려고 해요. 지금은 용도를 특별히 지정해서 예산을 내려주는 형태인데 재정에 대한 자율성을 지방에 더 많이 확보해주어야 한다고 생각합니다.

제주도를 특별도로 만들 때도 논쟁이 많았습니다. 환경부 장관이 가지고 있는 환경평가 최종권한이 특별도가 되면 도지사에게 넘어가거든요. 환경부에서는 그 권한을 지역에 주면 곶자왈도 개발해버리고 난개발이 될 게 뻔하니 안 된다는 주장이었습니다. 저도 고민을 많이 했어요. 그런데 그 유명한 김명자 장관을 비롯해 역대 환경부 장관들이 또 그렇게 훌륭한 사람들도 아니라서 거기도 잘할 것 같지 않더라고요. (웃음) 그래서 저는 도지사에게 권한을 주는 쪽을 지지했어요. 조금 돌아가더라도 지역에서 자치를 통해 보존하고 발전시키는 방법을 찾아야지 중앙정부가 틀어쥐고 있다고 지켜지는 게 아니라고 이야기했습니다. 이후 제주도가 아쉬운 점도 많지만 전기차 등 특색 있는 사업도 많이 했고 난개발하지도 않았다고 봅니다. 우리도 GDP 3만 달러에, 국민성숙도도 일정 수준이 넘었으니, 지역을 더 분할해서 지역끼리 경쟁하는 것이 맞지 지금처럼 중앙에서 표준화시키는 방식은 지양해야 해요.

이번 미국 대선 때 미국의 각 주가 주별로 개표하다 중단하기도 하고, 재검표를 하겠다고도 하니까 우리나라에서는 미국 민주주의의 사망이라고까지 조롱했었잖아요. 그런데 저는 그것이 미국의 힘이라고 생각합니다. 우리 눈에는 어떻게 저런 행정이 있냐, 저게 민주주의냐, 그럴지 몰라도 이게 민주주의고 이게 미국이 선두를 지키는 힘이에요. 만약 우리나라에서 온 국민이 다 보고 있는데 가령 성북구청장이 '우리는 개표 천천히 하겠습니다' 했다가는 박살이 날 거예요. 스웨덴, 스위스 등 연방제와 유사하게 지역별로 경쟁하는 국가가 다 잘살 듯, 지역의 다양성 확보로 행정을 전환하는 게 선진국의 미래라고 생각합니다. 두 분께서 나중에 큰 정치 하실 때 유념해주셨으면 하네요.

지방분권과 지방균형발전은 별개의 개념

김 제가 초선 때는 지방분권·지방자치운동을 열심히 했습니다. 그런데 비슷해 보이는 지방균형발전과 지방분권이 실은 대척점에 있는 개념입니다. 지방균형발전은 강력한 중앙정부의 소득재분배 기능을 전제로 하죠. 즉, 잘사는 지방에서 거둬들인 자원을 형편이 어려운 지역으로 이전시켜주는 과정을

4장 환경을 잃으면 미래도 없다

통해서 지역 간 격차를 완화하는 방식을 의미합니다. 반면 지방분권은, 중앙 정부는 국방·외교·통화·국세 등의 큰 틀에서의 국정 관리만 담당하고 산업·교육·주택 등 주민들의 삶의 질에 긴밀하게 연결된 많은 정부 기능을 지방에 맡기므로 상대적으로 지방정부로 역량과 권한과 자원이 충분히 나누어져 있어야 잘 작동할 수 있는 모델이에요. 지방분권의 경우는 의사결정의 권한도 책임도 모두 지방정부가 보유하고 있으므로, 그만큼 실패 위험도 지방정부에서 져야 하는 거죠. 그래서 잘못된 결정이 이루어지면 파산하는 지방정부도 나올 수 있습니다. 저는 중앙정부가 모든 것을 다 알아서 결정해주는 방식보다는 지방에서 스스로 자기 책임하에 자기 운명을 개척해나가는 방식이 바람직하다고 보기 때문에 지방분권의 입장에 주로 서 있었습니다.

그렇더라도 오랜 기간 고도로 중앙집권화되어 운영되어 온 국가가 하루아침에 지방분권국가로 변모되기는 어려우므로, 준비가 더 많이 되었거나, 여건이 더 나은 지방부터 점진적으로 지방분권의 정도와 속도를 달리 진전시켜나가는 비대칭분권, 즉 모든 지방이 똑같은 정도의 자율성을 가지는 것이 아니라 여건에 따라 분권의 정도를 달리하는 비대칭분권 방식도 우리 현실에서는 일리가 있다고 판단하였습니다. 영국도 잉글랜드와 연합왕국을 이루는 스코틀랜드, 웨일즈, 북아일랜드의 분권의 정도를 달리 적용하는 것처럼 말이죠. 우리로 치면 부산·울산·경남과 강원에 같은 기준으로 권한을 나눠주고는 알아서 먹고살라고 하는 것보다는 어떤 곳은 자율성을 더 주고 간섭을 덜 하되, 또 어떤 곳은 중앙정부에서 예산을 더 도와주는 게 보다 합리적인 방식이라는 거죠.

서울 및 수도권은 논외로 하고 광역단위 권역별로 보자면 각 광역시가 해당 권역 발전의 중핵이 되어야 하는데 생물의 세포로 치면 우리는 핵(광역시)과 세포질(도)을 분리해놓은 셈입니다. 연방국가에서 연방을 이루는 기본단위인, 우리로 치면 '도(道)'에 해당하는 '주(州)'는 보통 그 주에서 가장 큰 도시인 경우가 많은 '주도(州都)'를 발전의 중핵으로 삼는 데 반해, 우리는 세포질, 즉 도에서 핵, 즉 광역시를 분리해놓으니 광역시는 공간적으로 확장 발전의 여지가 닫히고 도는 발전의 중심축이 없어지게 된 것이 현재의 모습입니다. 그래서 1단계로 광역시와 인접한 도를 통합하고, 2단계로 도와 도를 통합하자는 방안에 저도 동의하고 있습니다. 광역권별로 여건의 차이가 많이 나기 때문에 부산-울산-경남, 즉, 부울경을 먼저 통합해서 성공사례를 만들고 그것을 벤치마킹해서 점차 다른 지역으로 단계적으로 확대하는 방안이 괜찮다고 봅니다. 반면, 현재 경기도가 다른 도에 비해서 면적이나 인구 면에서 지나치게 불균형이 발생한 상태라면, 이런 과정에서 오래된 논의이지만, 남도와 북도로 분할하는 문제도 함께 논의해볼 수 있겠죠. 이렇게 단계적이고 균형 잡힌 방식으로 지방분권체제로 이행한다면 시행착오를 줄이면서 안정적이고 한 단계 업그레이드된 지방행정체제가 구현될 수 있을 것으로 생각합니다.

미국의 사례를 보면 여러 정책에서 가장 진보적인 것으로 평가되는 캘리포니아 주와 가장 보수적인 것으로 평가되는 텍사스 주가 각각 다른 방식으로 성공적인 모델들을 선보이며 지역의 운명을 개척해나가고 있는 것처럼 우리도 대여섯 개의 광역권들이 각각 주택·교육·교통·산업 정책 등에서 다양한 정책의 실험들을 보다 작은 단위에서 펼쳐보고 검증한 다음 성공사례는 공유하고 실패사례는 반면교사로 삼아 간다면 다양성이나 합리성의 면에서 행정의 수준이 굉장히 올라갈 수 있지 않겠습니까?

현재처럼 파편화된 17개 시도 체제에서 중앙정부가 지방을 통제하는 수단으로 먹잇감을 주면서 줄 세우기를 하고 충성 경쟁을 시킬 것이 아니라, 전국을 5~6개의 굵직한 광역권으로 나누어 그에 걸맞은 주력산업이나 미래 과학기술 연구과제, 예컨대 입자가속기든 생명공학, 나노과학이든 각 광역권이 다양한 과제를 분담하되, 경쟁이 아닌 보완관계에 서도록 하는 것이 훨씬 더 국익에 부합하는 방안인 거죠. 예를 들어서 부산국제영화제가 천신만고 끝

4장 환경을 잃으면 미래도 없다

에 세계적인 영화제로 자리 잡으니까 전국에서 이를 벤치마킹하면서 국제영화제가 너무 많이 생긴 겁니다. 또 어느 지역에서 생명공학산업단지를 만들면 전국 각지에 비슷한 생명공학산업단지가 기획되곤 하는, 소모적이고 심지어 출혈을 불사하는 경쟁을 해소시키는 방안이 될 수 있습니다.

우   가끔 제안되는 연방제가 비슷한 거죠.

김   저는 결과적으로 연방제에 준하는 정도로 중앙정부의 권한을 지금보다 강화된 지방정부에 부여하는 게 더 좋을 거라고 생각합니다.

공   질문 있습니다. 한반도는 역사적으로 하나의 체제 안에서 중앙에서 지방으로 관리를 파견하는 형태로 살아왔던 곳입니다. 유럽의 영주나 일본의 다이묘 같은 지방분권의 DNA가 없는 거죠. 아까 하신 말씀 중에 지방분권과 지방균형발전은 대척점에 있다고 하셨는데 그렇다면 중앙정부 주도의 지방균형발전론이 더 우리 현실과 역사적 맥락에 맞는 게 아닐까요?

김   그 점은 오랫동안 토론되어 왔던 점입니다. 그런데 우리 역사적으로도 조선시대 500년 정도가 강력한 중앙집권체제였고 또 우리의 집단기억이 주로 여기에서 비롯되기 때문에 그런 점이 있을 거예요. 얼마 전까지 고질적인 망국병으로 평가받다가 최근 다소 완화되고 있는 영·호남 지역 감정은 어떻게 보면 삼국시대까지 거슬러 올라갈 수 있다는 견해도 있어요. 그래서 역사적 기억, 즉 관념이나 습관의 관점에서 중앙집권국가의 의식이 매우 강하게 깃들어 있는 것 같으나 이제는 우리도 조선왕조나 일제강점기, 또 권위주의 정권 시절의 강력한 중앙집권체제의 의식에 머물러 있기보다는 다원화되고 분권화된 지방행정체제를 시도해야 할 때가 되었다고 생각합니다.

다른 나라들 사정을 쭉 한번 살펴보면, 미국은 태동부터 연방제이고 영미계 캐나다·호주도 연방제국가입니다. 유럽대륙의 경우 인구 규모로 보자면 독일 8천만, 영국 7천만, 프랑스 6천만 정도이고 우리는 5천만, 통일되면 7천5백만 정도 됩니다. 우리가 더 이상 작은 나라가 아니에요. 통일한국은 그 인구 규모가 영국과 프랑스를 제치고 독일에 근접한 수준이 될 겁니다. 프랑스는 워낙 중앙집권적 전통이 강한 나라이고, 영국은 국호 자체가 연합왕국(the United Kingdom)이죠. 독일은 통일한 지 150년밖에 안 되는 연방국가고요. 유럽의 강소국이라고 지칭되는 국가의 인구 규모가 작게는 오백만 명, 크게는 천오백만 명, 어림잡아 천만 명 전후 정도 될 텐데 이 정도 규모가 경험적으로 국가 단위의 의사결정을 가장 민주적이고 투명하게 할 수 있을 거라고 하더군요. 인구가 천오백만 명 수준을 넘어가면 내 돈이 어디 쓰이는지 잘 들여다보이지 않기 때문에 조세 저항이 높아지고, 그렇게 되면 세율 올리기가 어려워서 미국이나 일본처럼 인구가 많은 국가일수록 세율이 대체로 낮다는 분석도 있습니다. 반면에 스칸디나비아를 비롯한 유럽 국가들의 세율이 높은 것은, 세금을 걷어다가 내 돈이 어디 쓰이는지 비교적 잘 보이니까 정부에 대한 신뢰, 거버넌스에 대한 신뢰가 가능하다는 것이고 덕분에 증세에 대한 합의가 비교적 잘 이루어질 수 있었다는 거예요. 그래서 지구상의 국가공동체 수준의 의사결정 규모의 여러 사례들을 참고할 때 대체로 유럽의 중간 규모 국가들을 기준으로 분권의 단위를 설정하자는 의견이 타당하다고 생각됩니다.

공   추가 질문이 있습니다. 정치 중의 최악의 정치는 외척정치이고 부패 중의 최악은 풀뿌리 부패라는 말이 있거든요. 일본은 지방의 시에서 부도가 나서 공무원 월급도 못 주고 있다는 보도도 있던데, 우리나라는 지방이 소멸되는 와중에도 지방 공무원은 늘어나면서 월급 못 받았다는 말은 들어본 적이 없습니다. 잘못하면 이익의 지방화, 손실의 중앙화를 야기할 지방의 도덕적 해이에 대한 대책은 무엇이 있겠습니까?

김　국세와 지방세 비율을 8:2에서 7:3으로 국세 비중을 줄여나가고 있는 중이고 지방교부세를 통해 내국세 20% 정도를 지방으로 넘겨주기 때문에 실제 지출에서는 6:4 정도가 됩니다. 그런데 매칭펀드를 아주 광범위하게 국책사업에 적용하기 때문에 일단 사업을 따오면 중앙에서 돈이 오는데 그만큼 지방비 대응투자를 하지 않으면 그 예산을 받지 못하게 되니까 사실상 지방비의 지출을 중앙에서 결정하는 구조라고 볼 수도 있죠. 지방에서는 중앙에 예산사업의 종잣돈을 계속 의존할 수밖에 없으니, 자체적인 재정 건전성 관리를 할 수 없게 되어 있고, 그것이 지방의 재정관리에 대한 도덕적 해이를 조장하고 있다고 생각합니다. 따라서 기본적으로 매칭 제도를 극히 예외적 경우에만 엄격한 심의를 통해 허용하고 원칙적으로 금지시키는 정도로 분리하는 걸 검토할 필요가 있다고 봅니다. 심각한 관리 부실의 경우 파산시키기도 하는 등 중앙정부에서 돈 타오는 의타심을 철저히 배제하는 제도 정비를 고려할 필요가 있습니다.

　　그리고 지방의 규모가 어느 정도가 되면 의미 있는 감시와 견제도 가능하게 됩니다. 구청 같은 기초단체 단위는 정말 쉽지 않고, 광역시장이나 도지사 정도도 다소 애매할 수 있는 규모이고, 앞에 이야기한 광역권으로 묶으면 부울경 800만 명 정도에 다른 광역권은 500만, 600만 명 정도가 되니까 유의미한 감시와 견제가 가능하게 될 겁니다.

우　스위스의 연방주보다 큽니다.

김　유럽의 슬로바키아 같은 데기 500만이니까 우리 광역권도 충분한 준국가 규모가 되죠. 앞선 언급처럼 지금의 광역시(廣域市)와 도(道)로 양분된 체제는 도시만 있거나, 도시가 없거나 이런 건데, 광역단체 통합을 하게 되면 충분한 주(州)의 규모가 되니까 이것이 지방 스스로 진정한 자기결정권을 가질 수 있는, 우리의 바람직한 미래 모습이 될 수 있습니다.

박   공 작가님 우려에도 일리는 있습니다만, 그렇다고 구더기 무서워 장 못 담글 수는 없잖아요. 국가 정책적으로 새로운 것을 시행하면 다 뭔가가 낍니다. (웃음) DJ 정부 시절에 벤처 창업 활성화시킬 때도 다들 그랬어요. "벤처 투자 사기꾼이 왜 이렇게 많아!" 그렇다고 벤처 활성화 정책을 시행하지 말았어야 옳았던 것은 아니죠. 아까 제주지사 말씀하셨는데, 우리 당 국회의원들은 제주지사가 황제이고 아무도 견제하지 않는다고 불만을 토로해요. 그럼에도 불구하고 제주도지사가 자의대로 뭘 못하는 겁니다. 개발계획 기자회견 열면 바로 지역 시민단체들의 성토장이 돼버려요.

김   그렇죠. 제주특별자치도지사가 지사 뜻대로 할 수 있는 게 실제론 거의 없다고 하더라고요.

박   맞습니다. 그래서 도지사는 도지사대로 이게 무슨 특별자치도냐 그러는 거고. 민주사회에서는 작은 시민단체나 작은 언론사 하나라도 지속적 문제 제기를 하면 마음대로 못하는 겁니다. 제주도가 비자숲길 확장하려다 아주 박살이 났지 않습니까? 도로가 너무 막힌다고 다들 짜증 내다가 막상 길 넓히니까 나무 아깝다고 아우성이라며 행정담당 측은 투덜대고요. 저는 대한민국 정도로 시민사회의 역량이 크고 민주적 경험이 쌓여 있는 단계이면 걱정하시는 수준의 지역적 부패 현상, 도덕적 해이는 곧 자발적 균형을 찾아갈 거라고 봅니다. 예전에 외국의 누군가가 한국에서 민주주의를 하는 것은 쓰레기통에서 장미꽃이 피기를 기대하는 것과 같다고 했다지만, 지금 장미꽃이 만발하

4장 환경을 잃으면 미래도 없다

고 있잖아요. (웃음) 지방분권이 되면 초기에는 지역 토건업자, 토호들, 지역 언론의 인사 등이 엮여서 부패할 개연성도 있다고 봅니다. 그렇지만 권한을 주고 지금 일정 정도 구축되어 있는 견제 시스템을 좀 더 강화하면 제자리를 곧 찾을 겁니다. 김세연 의원님께서 부산국제영화제 말씀하셨는데, 영화제만 해도 좀 낫습니다. 전국의 지역자치축제가 수천 개라는 것 아닙니까? 무슨 떡 축제, 무슨 꽃 축제, 가보면 별것도 아닌 조그만 문화재 하나 있으면 모두 축제가 있어요. 그런데 이게 다 이유가 있습니다. 부산 정도 되니까 영화제를 그렇게 키워낸 거지, 작은 단위에서 뭘 할 수 있는 게 고작 그 정도인 겁니다. 재정과 행정권한이 나란히 주어져야 진정한 지역 특성을 살린 축제가 발전해나갈 수 있고, 규모가 작아서 어려우면 인근 지자체와 협업으로 추진하는 방안도 생길 거라고 봅니다.

김 　지방분권 관련해서 프랑스 이야기를 마저 더 해보자면 프랑스가 중앙집권 형태가 아주 강한 나라이지만 헌법 1조 1항에 지방분권을 명기했다고 들었습니다. 프랑스를 잘 아시는 우 박사님께서 설명을 좀 해주시죠.

우 　원래 있던 조항은 '프랑스는 골 족의 국가이다'라는 것이었는데요.

공 　족보도 아니고 헌법에 그런 걸 넣나요?

우 　코르시카 족을 같이 넣자는 수정안이 계속 올라오니까 여러 번 기각 끝에 코르시카를 넣기로 합의했는데 이번에는 북쪽에서 자기들도 넣어 달라고 한 겁니다. 그래서 골도 코르시카도 다 빼고 민족 갈등을 막기 위해 어쩔 수 없는 봉합책으로 들어간 문장이에요. 그 대가를 코르시카에 약속했는데 그거 안 지켰다고 마크롱 대통령이 멱살 잡히고 왔었죠. (웃음) 지금은 분권이라고

만 쓰고 특정 지역명은 안 쓰고 있습니다.

박   강력한 중앙집권체제보다 더 강력한 것이 합의에 기반한 연방체제라고 생각합니다. 벨기에를 한번 살펴봅시다. 언어권이 네덜란드어, 프랑스어, 독일어 벌써 세 개이고, 정당도 네덜란드어권 따로, 프랑스어권 따로 구성되어 있죠. 정당의 이름은 같아도 각 언어권마다 좌파정당들과 우파정당들이 독립적으로 활동하는 겁니다. 그러니 연정 한번 구성하려면 1년이 넘게 걸려요. 이러한데 어떻게 연방을 유지하고 사느냐고 물었더니, 국왕도 계시고 축구도 있고 맥주도 있다, 이거 세 가지면 충분하지 않냐, 그래요. (웃음)

우   초콜릿도 있고. (웃음)

공   와플도 있고. (웃음)

박   우리 생각에는 걸핏하면 분리하자고 주장할 텐데 같이 사는 게 유리하니까 공존하는 겁니다. 같이 살아야 월드컵도 나가고 그러죠. 각자의 자치권을 규모를 통해 더 강화하기 위해 연방을 유지하는 거예요. 이걸 가능하게 하는 건 오직 하나, 합의뿐입니다. 연방의 합의. 우리는 단일한 민족, 단일한 역사, 단일한 언어, 단일한 문화적 시스템으로 이루어졌다고 하는데 단일하게 시작했을지 모르지만 계속 대립이 벌어지고 있어요. 이제 이걸 해소하기 위해서 지역별로 더 강력한 자치권과 자기이득을 주되, 대한민국이라는 공동체의 규모를 유지하는 것이 서로 더 유리하니 이에 대해 지역분권에 기반한 합의를 하는 것이 미래지향적 모습이라고 생각합니다.

4장 환경을 잃으면 미래도 없다

지금은 진보도 586, 보수도 586

우   제가 경제학자로서 연방제까지 구상하거나 적어도 분산형을 주장하는 이유가 있습니다. 지금 한국 같은 강력한 중앙체제로 GDP를 이 정도 수준으로 올려놓은 나라가 없어요. 한국이 거의 예외적으로 온 것인데, 그래서 저는 이제 그 체제가 한계에 도달했다고 생각합니다. 일본만 해도 전기 헤르츠(Hz)가 관서와 관동 지방이 다릅니다. 개화기에 각자 전기 도입을 추진하다 보니 오사카는 50Hz, 도쿄는 60Hz를 도입했고 그것을 지금 서로 맞추라고 하면 어디도 안 맞추죠. 일본 내에서 서로 전기가 안 통해요.

공   우 박사님께 질문하겠습니다. 산업화 세력과 민주화 세력이 딱 한 끗 차이가 있더라고요. 박정희와 전두환의 산업화 세력은 총화단결, 김대중과 노무현의 민주화 세력은 대동단결. (폭소) 노조도 흩어지면 죽는다고 아우성치는 게 이승만과 똑같아요. 이렇게 하나로 뭉쳐야 한다는 마인드가 강한 사회인데 그런 멘털리티(mentality)를 어떻게 깨야 한다고 보십니까?

우   그런 것은 선진국이 되면서 자연스럽게 깨지는 것 같아요. 프랑스도 드골 때 파리가 많은 권한을 가진 정치의 도시가 됐지만 경제 중심 도시는 리옹 등이 따로 있어서 파리도 타 지역에서는 무시당하거든요. 그러다 보니 유럽에서는 뭉친다는 개념 자체가 국가주의가 아주 득세했을 때 잠깐 그랬지 그런 개념 자체가 드물어요. 우리나라도 개발도상국의 독재라는 근현대사의 비극이 만든 개념이 아닌가 해요.

공   우리나라는 집권당이 당내 이견조차도 불허하는 나라인데 지방분권이 되겠습니까?

우　이견이 어디 있어요? 전당원에게 물어봤더니 다 좋다고 했다잖아요.**36** (폭소) 물론 당원 투표율이 너무 낮아서 당황한 것은 맞지만요.

박　투표에 참여하지 않은 70% 정도가 제 편인 거 아시죠? (웃음)

공　한마디로 샤이(shy) 박용진! (웃음)

우　전당원 투표의 요건에 미달해서 여론조사로 갈음한 것으로 처리한다는 게 밖에는 당원 투표라고 하고서 내부적으로는 당원 여론조사였던 거죠. (웃음) 이제 민주당도 다양성에 대해 논의를 해야죠. 이승만 때부터인지 박정희 때부터인지 진보나 보수나 집권당(ruling party)으로서 다양성을 가져본 정당이 사실 없었잖아요. 그나마 총재중심주의가 없어진 게 나아진 거죠. 요즘은 당대표가 뭐라 해도 최고위원들이 잘 듣지도 않고.

공　그러면 계보정치 할 때가 그나마 다양성이 있었네요? 계보의 다양성이 있었잖아요. (웃음) 정당이라는 것이 하나의 유사 국가 체제인데 우리나라 정당은 도당이나 시당이 중앙당 밑에서 돈도 없고 권한도 없고 아무런 존재 의미가 없잖습니까? 이 정당 조직을 보면 국가 조직이 보이는 거죠.

우　지역의 정당을 보면 정당이 말로만 상향식이고 다 퍼스트맨이 시키는 대로 하고 있는 거죠. 그런데 코로나를 겪고 나면 살아남는 것이 몇 개 없고 살아남은 것들 중심의 회귀성이 강화될 겁니다. 서태지 세대들이 IMF 때 취업도

36　2021년 4월의 서울, 부산 시장 보궐 선거 후보자를 내기 위한 당헌 개정 전당원 투표를 말한다.

못하게 되면서 사회 각 부분의 연령적 다양성에 위기가 왔던 것 같은 그런 위기가 올 거라고 봅니다. 이 위기를 극복하기 위해서 지역별·성별·연령별·직업별 다양성을 의도적으로라도 보장하고 촉진하지 않으면 매우 획일적인 사회가 될 가능성이 어느 때보다 높아졌습니다.

공 우리는 분권을 이야기했는데, 지난번 지역균형 뉴딜 한다고 광역시장 도지사들이 대통령 앞에서 프레젠테이션 한 건 뭐죠?[37] 수주받으러 온 사람들도 아니고? (웃음)

우 대통령께서 박수를 쳐주셨다, 그러고. 그거 가지고 비판하는 글을 쓰려다 창피해서 비판도 못하겠더라고요. (웃음)

김 앞에도 이야기했지만, 아직도 왕조시대의 신민의식에서 못 벗어난 데에 그 이유가 있는 것 같습니다. 2017년 탄핵의 경험이 근대 시민혁명의 경험으로 체화되어 행동이 바뀌어 나가야 하는데 여전히 과거 관념에서 못 벗어난 세대가 사회 주류를 이루고 있어서 생기는 현상입니다.

우 586의 특징이 국왕 지지파와 세자 지지파의 싸움일지도 몰라요. 진보 쪽 실세가 586이고 보수도 실세는 586이고요. 박근혜 청와대의 문고리 권력도 다 따지고 보면 586 운동권들이었으니까요. 모두 다 전두환의 아들들이죠. 전두환과 싸워서 영웅이 됐으니까요.

---

37 2020년 10월 13일 청와대에서 열린 '제2차 한국판 뉴딜 전략회의'를 말한다.

단일민족은 허구적 개념

공 박 의원님께서 벨기에 사람들 말씀하신 부분이 아주 절묘하던데요. 국왕, 축구, 맥주. 인간사 중요한 문제를 세 가지로 잘 압축했어요.

박 네. 말도 다르고 정당도 열 몇 개씩 있어도 그 세 가지만 있으면 단결되는 거지, 뭐가 걱정이냐는 거죠. 우리는 혈통적 민족성을 생각하는데 민족, 민족적 정체성 그런 것은 없다는 겁니다. 미국 민족주의라는 말이 나왔더라고요. 미국 내셔널리즘이라고, 사회학적 용어가 아니라 하나의 국가, 정치 시스템, 국기 아래 우리는 미국 민족으로서 하나다, 이런 개념인 거죠.

김 우리 문헌상에 '민족'이라는 어휘가 처음 등장한 게 1905년경이라고 합니다. 대한제국이 문을 닫은 건 1910년이지만 그 5년 전에 을사조약 체결로 외교권이 박탈당하는 등 '나라', '국가'는 사실상 없어지고 있었기 때문에 실존하는 공동체를 하나로 묶어줄 대체 개념이 필요해졌고, 그에 따라 '민족'이라는 개념이 그 빈 자리를 메운 것으로 보입니다. 후에 1차 대전 종전 후 세계적인 민족자결주의의 확산과 우리의 대일 항쟁기와 맞물려 강화된 단일민족 인식이 당시로는 타당했으나, 현대에 와서는 배타성이나 폐쇄성이라는 부작용을 일으키는 면도 있는 것 같습니다.

우 불어에서는 민족이나 민중이나 'people', 영어 '피플'과 똑같아요. 아까 프랑스 헌법 내용에서 '피플'이 '골루와(골 족)'인 거죠.

공 거기서 핵심은 '족' 아닙니까? 저는 우리의 민족 개념을 만든 분이 단재 신채호 선생인 것 같아요. 『이태리건국삼걸전』을 그즈음에 지으셨는데 거기서 가리발디, 마치니, 카부르가 이탈리아 민족국가를 탄생시켰다고 하셨거든요.

김 저는 우리가 진정한 선진국으로 가려면 단일민족 개념이 허구에 가깝다는 것을 명확히 인식해야 된다고 생각합니다. 우리 헌법에 '민족'이라는 단어가 전문(前文), 9조에서 국가의 문화 관련 의무, 69조에서 대통령 선서와 관련된 조항으로 총 세 번 등장합니다. 우리나라의 다문화가정 인구 비중이 총인구의 2%를 넘은 지 몇 년 지났는데, 다문화가정의 자녀가 우리 헌법을 읽을 때 스스로 온전한 대한민국의 구성원으로 인식할 수 있을지 우려됩니다. 헌법에는 '민족'이라고 표현되어 있지만 민족 앞의 접두어나 단어 일부가 생략된 괄호 안을 들여다보면 '한민족', '단일민족'을 지칭하는 것을 알 텐데, 그럼 그 사람은 엄연한 대한민국 국민인데도 국가공동체의 최고 규범인 헌법을 보면 본인의 정체성에 혼란이 올 수밖에 없을 겁니다. 1987년 9차 개헌 때 이런 상황까지는 미리 예측하지 못한 거죠. 이제라도 '민족' 관련 헌법 조항들을 손봐야 합니다.

대학 시절 인류학개론 수업 때 교수님 말씀이, 자신은 두상(頭像)이나 팔다리의 길이 같은 신체적 특징을 관찰하면 같은 우리나라 사람이라도 그 선조가 만주족인지 몽골족인지 남방계인지 구분할 수 있다고 하시더라고요. 그러니까 수천 년 역사 속에서 지속적으로 여러 민족이 어울리고 섞이며 살아온 입장에서, 특히 신라나 고려 때는 소수이지만 서역인, 즉 아랍인들까지 함께 살았던 걸 생각하면 이런 다양한 문화적·민족적 배경을 오히려 잘 발굴해서 다양성의 원천으로 삼을 생각을 해야지, 폐쇄적이고 배타적인 단일민족 허구에 빠져 있어서는 곤란하다고 봅니다.

공 지방분권 이야기하다 범위가 좀 넓어진 감이 있습니다만, 우리나라에서 단일민족 개념을 버리기는 쉽지 않을 겁니다. 보수의 아이콘인 박근혜 전 대통령이 늘 입에 달고 다녔던 단어가 애국애족 아니었습니까? 동시에 진보의 대표 신문사가 한겨레거든요.

김　단일민족이라는 것이, 나라를 잃었을 때 우리를 하나로 엮어주는 끈을 붙잡고 스스로 자긍심을 고취하기 위한 대상이나 개념으로서는 유효했을지 모르지만, 앞서 말씀드렸듯 민족공동체 개념으로 우리 주위의 경계선을 너무 강하게 쳐버리면 국가공동체와 충돌이 발생하게 되고, 이것은 대한민국이 건강한 민주공화국으로 발전하는 데 발목을 잡을 수밖에 없을 겁니다. '민족' 개념이 보통 많은 나라에서 경제 상황이 어려워질 때 극우 정치세력이 극단적인 배타성과 혐오감을 부추기며 이민자들을 공격할 때 활용되는 사례가 많지 않습니까? 자기 자신도 아니고, 부모의 출생 국적이나 피부색 등에 따라서 똑같은 대한민국 국민이 1등 국민, 2등 국민으로 나뉘는 차별까지 이어질 수 있는 개념을 헌법에 방치하는 나라가 어떻게 제대로 된 선진국이 될 수 있겠습니까? 지금 지방의 군 단위로 가면 초등학생의 2/3가 다문화가정 자녀라고 합니다. 앞으로 이 아이들이 자라고 다시 또 자녀를 낳고 하면 이 상태로 사회통합을 어떻게 이룰 겁니까?

우　전 세계 인구의 1/3인지 1/4인지가 칭기즈칸의 후손이라는데.

공　제 딸이 태어났을 때 엉덩이에 몽고반점이 큼직하게 있는데, 기쁘더라고요. 오리지널 한민족이라는 증표니까요.

우　제가 딱 한 번 한민족 단군의 후손이라고 느꼈던 게 이번 코로나 겪으면서예요. 건국신화가 격리라서 2주쯤 격리야, 하고 다들 너무 잘하는 거죠. (웃음) 다른 나라는 격리하라면 이상하게 받아들이는데 우리는 100일 격리로 생겨난 민족이라서 너무 잘해. (웃음)

공   이른바 로컬리제이션(localization)과 글로벌리제이션(globalization)의 중
간에 있는 내셔널리제이션(nationalization)을 극복하지 못하면 사회통합이 어
려운 건데 우리가 내셔널리제이션이 너무 강한 거죠.

박   베트남에서 박항서 감독에게 고마워하는 것이 바로 그런 이유 때문이에
요. 베트남도 분단과 전쟁의 후유증 탓에 생긴 남북의 갈등과 분열을 축구가
치유하고 메워줬다고 고마워하는 겁니다. 지역별 불균등 발전에 따른 불만과
대립은 대부분의 나라에 다 있죠. 결국 연방이든 뭐든 국가 단위로 묶었을 때
어디가 무슨 이득을 보느냐가 핵심이에요. 독일의 경우 제일 잘사는 바이에른
주는 불만이 많아요. 독립하려는 움직임도 상당히 있고요.

우   스위스는 독일보다 더합니다. 독일어권-프랑스어권 순으로 잘살고 이탈
리아어권이 제일 밑이거든요. 농업보조금 지급을 국민투표에서 통과시켰는데
말이 농업보조금이지 그냥 지역보조금 주는 거예요. 이탈리아어권인 티치노
지역을 돕지 않아서 이탈리아로 가버리면 우리 연방 깨진다고 하면서. (웃음)

우리의 소원은 아직도 통일이어야 하는가

박   논의를 좀 더 확대해보죠. 우리가 남북통일이 되었을 때 당연히 불균형
상태이지 않겠습니까? 그러면 과연 그 상태에서 강력한 중앙집권체제의 전개
가 가능할 것인가 하는 거죠. 물론 하나의 공동체를 유지하기 위한 분배기능
은 존재해야겠지만, 바람직한 방안은 지역이 일정한 권한을 가지고 공동체 안
에서 융합해나가는 것이라고 생각합니다.

공   우리나라는 통일을 대통령의 의무로 규정해놓고 있는데 통일은 헌법 사
항입니다. 사실 통일의 가장 큰 이유가 우리가 단일민족이라는 것에서 출발하
는 거라면 다민족사회로 가자는 것은 반헌법적 주장이 되어 버립니다.

박   저는 통일 문제에 관해서는 정리를 했습니다. 통일이 여전히 우리의 소
원이어야 하는 것인가? 대통령께서도 6·25 한국전쟁 70주년 기념식에서 이미
통일을 잠정적인 것으로 전제하고 '사이좋은 이웃'[38]이라는 표현을 썼습니
다. 저는 잠정적 유토피아로서 통일을 상정하는 것은 상관없다고 생각하지
만 같은 민족이니까 무조건 통일해야만 한다며 국가 최우선 과제로 밀고 가
는 것에 대해서 이제는 대부분의 국민들이 거기에 크게 동의하지 않을 것이
라고 봅니다.

공   특히 젊은 세대들은 더 그렇겠죠.

우   지난번 평창 동계올림픽에서 남북 단일팀 구성하면서 남북화해라는 대
를 위해 몇 선수 탈락이라는 소를 감수해야 한다고 했다가 젊은이들이 굉장
히 반발했었잖아요. 우린 통일엔 관심 없고 몇 년간 죽어라 준비한 선수들의
억지 탈락이 내 아픔처럼 느껴진다는 게 젊은이들의 주장이었잖습니까? 이제
가치관이 문화적으로 많이 달라진 거죠.

김   저도 현실적으로는 통일이 점점 어려워지고 있다고 봅니다. 이제 역사도
거의 공유가 안 되고 있고 문화나 정서도 멀어져서 혈통적으로는 같은 민족

---

38   정확한 원문은 "통일을 말하기 이전에 먼저 사이좋은 이웃이 되길 바란다"이다.

이었다고 하더라도 현재의 실체는 그렇게 볼 수 없는 상태라고 생각합니다. 그럼에도 불구하고 통일의 필요성이 있다면 지정학적 측면에 있습니다. 통일한국이라야 중국과 일본을 견제할 수 있는, 적어도 휘둘리지는 않을 수 있기 때문입니다. 미국도 링컨의 지정학적 최대 치적을 남북전쟁 때 미국의 분단을 막아서 태평양과 대서양 양쪽의 제해권을 동시에 장악한 나라로 유지시킨 것으로 평가하는 경우가 있는데, 이로 인해 미국이 20세기를 지배할 수 있었다고 보기 때문입니다. 우리가 중국과 일본에 끊임없이 시달렸던 것이 바로 지정학적 위치 때문인데, 지도에서는 다른 곳으로 이사 갈 수가 없으니까, 국민들의 안정된 삶을 위해서라도 적어도 중국과 일본이 함부로 대하지 못할 정도의 규모를 갖춰야 하고, 그러기 위해서는 현재 한반도에서 분열되어 대립하고 있는 현상에서 벗어날 필요가 있다고 생각합니다. 이렇게 보면 통일이 반드시 되어야 합니다만, 시간이 갈수록 점점 더 어려워지고 있는 것으로 보여 안타깝습니다.

박   저는 그것이 굳이 통일을 해야만 가능하다고 생각하지 않습니다.

우   박 의원님이 PD[39] 출신이시라.

박   조금 각도가 다른 이야기인데, 중국의 동북공정의 숨겨진 목적이 뭘까 하는 생각을 좀 해봤습니다. 중국 입장에서는 고구려를 비롯한 만주 지역의 고대 국가들이 중국의 변방이었다고 주장하면, 실제 북한에 급변사태가 났을 때 군사개입을 해도 역사적으로 우길 수 있는 명분을 만들게 된다는 것이죠.

---

39   People's Democracy, 민중민주파.

김　중국의 동북공정은 북한 지역을 중국의 동북 4성화하려는 의도라는 데 대부분 동의하고 있습니다. 일본은 일본대로 중국은 중국대로 한민족의 활동 강역을 축소시키려는 데 이해가 맞아떨어집니다. 이러한 역사 왜곡에 대해, 19대 국회 동북아역사왜곡대책특위 활동 당시에 많은 노력을 했고, 인하대 고조선연구소 등에서 활발한 연구 활동을 이어가고 있습니다.

박　그런데 북한을 자꾸 압박하고 고립시키니까 중국에 점점 더 의지하게 되고 결국 경제적으로 군사적으로 중국에 편입되는 모양새를 보이고 있습니다. 이를 막기 위해서라도 북을 일방적으로 통일이나 편입의 대상으로 보지 말고 경제적 교류, 인적 왕래 등을 더 강화하여 정상적 국가 관계로 만들자는 거예요. 우리의 목표를 북한과 사이가 대단히 좋지는 않아도 정상적 이웃이라는 것으로 설정해야지, 너무 비현실적인 통일을 상정해서는 곤란하다는 겁니다. 박근혜 때는 통일 대박, 강강수월래 이러고, 정말 황당했습니다. 블라디보스토크의 러시아 관계자들 이야기가, 정권만 바뀌면 국회의원들이 몰려오고 계획도 없는 대륙철도 이야기하고 가스파이프라인 이야기하는 데 지쳐서 짜증이 난답니다. (웃음) 우리는 아직도 이렇게 비현실적인 환상을 갖고 있는 거죠. 관념적 민족주의 사고에서 통일에 대한 환상을 갖거나 냉전주의적 사고 방식으로 북을 고립시키려 하는 것이 아니라 북한과의 '사이좋은 이웃', '정상 국가 관계'를 통해 서로 미워도 만나고, 싫어도 의지하는 관계를 만드는 것이 중요하다는 게 제 생각입니다. 우리 국민들이 일본을 엄청 싫어하지만 서로 사업도 하고 문화 교류도 하고 무비자 6개월 체류도 가능한, 결혼도 얼마든지 가능한 관계이듯이 말입니다. 그래야 나중에 통일도 가능하지 자칫 북한이 중국의 영향권으로 편입되어버리면 큰일 아닙니까?

우　제가 문재인 당대표 시절에, 러시아는 철도에는 관심 없고, 도로는 아시안하이웨이⁴⁰ 연장에 조금 관심을 보인다고 말씀드렸는데, 최문순 강원지사가 갑자기 남북 철도 연결을 언급했죠. 일에는 순서가 있는데, 쉬운 것부터 하는 게 맞는데, 어려운 것부터 먼저 하려고 말이죠.

김   현재 북한과의 관계는 국내 문제도 아니고 외교 관계도 아닌 특수관계라서, 행안부도 외교부도 아닌 통일부가 주관부처이지 않습니까? 지정학적 이유로 통일이 국익이라고 보지만, 그 전까지는 헌법에서 명령하는 통일 노력 의무 조항과 영토 조항이 개정된다면, 남북 간 관계를 특수관계에서 일반 외교 관계로 전환하는 것이 자연스러운 상황이 될 겁니다. 즉, 그렇게 되면 통일부를 없애고 외교부가 북한 문제를 다루게 되겠죠. 만약 통일이 되지 않은 상태로 한 세대가 더 지나면 불가피하게 그런 상황으로 바뀔 거라고 보입니다만 영토 조항을 개정한다는 게 쉬워 보이지는 않습니다.

---

40   Asian Highway, 아시아 대륙 32개국을 연결하는 국제 자동차도로망.

자본과 노동의
새로운 관계

#긱이코노미
#노동조합
#기업범죄
#실효세율
#동일노동동일임금

긱 이코노미 시대의 바람직한 노사관계

우 이번 세션은 '자본과 노동의 새로운 관계'라고 제목을 한번 붙여 보겠습니다. 자본주의의 본질은 오랫동안 어떻게 두 힘 사이의 균형을 찾고 모순을 극복하는가 하는 것인데, 잘사는 나라들 보니까 사회 내부에서 근본적으로는 늘 갈등하지만 제도적으로는 나름대로 협력하는 방법을 찾아낸 것 같아요. 스위스의 식음료 회사 네슬레(Nestle)를 보면 남의 나라 칠레에 정치 개입도 하고, CIA 자금도 받고, 농업 자본과 관련해서 제3세계에는 악당 같은 존재인데 스위스 자국에서는 법규 잘 지키고 아주 친노조적인 천사표 기업입니다. 네슬레가 한국에 오자마자 "왜 여긴 노조가 없냐? 노조가 없으면 누구와 회사 운영을 상의하느냐"고 물었었는데, 몇 년 지나니까 노조 탄압을 제일 심하게 해요. (웃음)

가장 최근 사례로는 스웨덴 기업 이케아(IKEA)가 있습니다. 여기도 산림 생태 훼손과 아동 노동 문제로 현지에서는 논란이 많은데 스웨덴 본국에서만큼은 한동안 모범적인 기업으로 알려져 있었죠. 본사가 스웨덴에 있지 않아서 세금 문제로는 종종 욕을 먹기도 합니다. 이케아가 한국에 온 초반에는 나름 모범적 기업 이미지였는데 본격적으로 노조가 생기기 시작하니까 노사 갈등이 표면화되었어요. 이렇게 자국에서는 모범적이었던 외국 기업들이 한국에 오면 금방 사회화되어서 부당노동행위, 비정규직 차별 등 한국 토종 기업과 똑같아집니다. 이런 후진적 노사관계는 빨리 청산되어야 할 텐데, 진보 진영에서 이 문제를 논의하면 비교적 쉽게 방법론이 찾아져요. 그런데 한국의 보수들은 노조에 대해서는 타도의 대상으로 보고 극단적으로 혐오하는 정서입니다. 노조를 타도하는 것을 한국을 발전시키는 길과 거의 동일시하는데, 유럽의 보수들은 그렇지 않습니다. 회사도 노조도 다 협력의 대상이고 노조에 조금 더 권한을 주어야 할 텐데 우리나라 보수의 노조에 대한 생각이 이상한 거죠. 경제를 이야기할 때 다른 외형적 지표들도 있지만 본질은 회사와 노동자의 관계, 확장하면 자본과 노동자의 관계인데 이제 우리나라도 이 관계에서 다른 방식을 찾아야 할 때라는 생각이 듭니다.

박   보수가 노조를 어떻게 보냐고 물으셨으니 김 의원님께서 답변하셔야 할 것 같은데요? (웃음)

우   노조 조직률이 너무 약해서 문제가 안 풀린다는 말씀을 하시긴 하셨어요.

김   노조원이든 아니든 지금 현장에서 근로를 하고 있는 모든 사람이 국민이라는 인식하에 이 문제를 바라봐야죠. 노동자와 사용자 사이에서의 교섭력, 협상력 등이 일방적 수직관계가 아니라 상호협력적이고 생산적인 관계를 어떻게 형성할 것인가가 핵심입니다. 이런 관점에서 보면 극소수를 제외하고 대부분의 사업장에서는 양쪽이 균형을 잘 이루고 협력적 노사관계가 유지되고 있다고 봅니다. 노동의 요구가 활화산처럼 분출되던 80년대 후반에 홍역을 치르고 난 이후에는 대체로 안정된 시기로 넘어왔다고 볼 수 있죠. 물론 논란이 되는 사업장들은 계속 있었어요. 그런데 진보는 진보대로 가장 악성 행태를 일삼는 사용자만 보이고, 기업 쪽에서는 노조 중에서 가장 악성 행태를 일삼는 노조만 거론하다 보니, 양극단이 마치 전체를 대변하는 듯한 착시현상 속에 빠지게 됩니다. 이런 이유로 노사 간의 상호인식, 보수와 진보의 상호인식이 벌어져 있는 것이지 실상은 좀 다르다고 봅니다. 신문 사회면에 항상 사건, 사고 기사가 실린다고 해서 우리 사회 모든 사람들이 그런 사건, 사고에 휘말려 있는 건 아니듯이요. 제가 기업에서 일하면서 노사교섭에 직접 참여하다가 정치에 들어온 입장이라 직접 겪은 경험 외에도 인근의 다른 사업장들이나 같은 업종의 다른 기업들에서 있었던 노사협상 관련된 이야기를 계속 들어

왔기 때문에 확신을 가지고 이렇게 말씀드렸습니다.

　다른 문제들을 좀 더 보자면, 먼저 우리나라 노총(한국노동조합총연맹)의 대표성과 역할에 의문을 제기할 수밖에 없습니다. 현재 양대 노총 가입률이 다시 좀 올라와서 12% 정도에 머물고 있다는 것은 여전히 약 90% 가까운 노동자의 권리를 대변하는 목소리가 나오지 않고 있다는 겁니다. 특히 민주노총(전국민주노동조합총연맹)의 경우, 물론 현장에서 약자의 목소리를 대변하는 본연의 역할도 많이 했던 것은 인정하지만, 정치투쟁이 본업인 것처럼 비쳤던 적도 많지 않았습니까? 게다가 최근엔 좀 바뀌려는 노력을 하는 것 같습니다만, 아직까지 노조의 모습은 조직화되지 않은 노동자들의 목소리까지 함께 대변하는 것보다는 오히려 자신의 기득권을 지키기 위해 그들을 배척하는 모습을 보였던 것도 사실이고요. 따라서 이런 구조하에서는 대다수 근로자의 권익 보장이 제대로 될 수 없으므로 새로운 해결 방안을 찾아야 합니다. 기존 노총이 그 역할을 해주면 좋겠지만 글쎄요, 과연 할 수 있을까 싶네요. 정부 차원에서 고용노동부가 중심이 돼서 보호받지 못하는 다수 노동자의 대변자 역할을 직접 맡든지, 아니면 사회적 기구를 통하든지 해서 꼭 해결해야 합니다. 여기까지는 현실 문제에 대한 진단과 해법을 말씀드렸고, 다가오는 미래에 대해서는 다른 각도로 볼 필요도 있다고 생각합니다. 장기적으로 보면 경제활동에서 기업이 차지하는 비중이 지금보다 점점 더 줄어들 것 같고, 또 기업에 정규직 노동자로 고용되어서 일하는 비중도 점점 줄어들 것 같습니다. 따라서 산업시대에 시작된 노동과 자본의 갈등은 이제 막바지를 향해 가고 있다는 게 제 생각입니다. 다음 시대를 긱 이코노미 시대라고 명명한다면 이런 '후기 산업시대'에는 전통적인 고용관계보다는 새로운 계약관계에 따라 빚어지는 새로운 형태의 갈등이 나타날 것으로 예상되는데, 기존의 '노동 대 자본' 구조에 새로운 갈등의 해결을 맡기기는 어려울 것이므로 지금부터 새로운 사회경제적 계약에 대한 논의를 대대적으로 시작해야 한다고 봅니다.

박 노동과 관련해서 우리 사회에서 제기되고 있는 많은 문제, 예컨대 일자리의 문제, 새로운 노동 형태의 출현, 연금 문제 등을 해결하는 일에서 그 모든 것의 당사자인 임금노동자들의 의견이 제대로 반영되고 있지 않은 것이 우리의 현실입니다. 양보를 해도 그들이 해야 하고 타협을 해도 그들이 해야 하는데 그들이 조직되어 있는 단위인 양대 노총이 과연 그 역할을 제대로 수행하고 있는지 의문입니다. 그간 노조가 보여준 사회적 대화의 역사가 좋지 않아서, 노동조합은 머리띠 두르고 단위사업장에서 투쟁하는 모습만 익숙해요. 국민들의 인식 속에서 노조는 문제 생기면 투쟁하고 피켓시위 하고 이런 것으로만 치부되고 있는 이 현실은 양대 노총이 잘못하고 있는 거죠. 일례로 동일노동인데 나이가 많다고 임금을 더 받는 연공서열구조에 대해 많은 사람들이 비합리적이라고 생각하고 있는 현실에서 논의를 통해 이를 바꾸지 못하면 일자리 문제는 더 경직되고 말아요. 연금 문제와 관련한 정년퇴직제도의 변경까지는 아예 나아가지도 못하고요. 그런데도 노동조합은 여전히 방어적 태도만 고집하고 있습니다.

    우리가 스웨덴의 예를 자주 드는데, 스웨덴이 복지국가로 가기 위한 사회적 합의를 선도한 게 바로 스웨덴 노총입니다. 동일임금 동일노동, 사회연대 기능도 스웨덴 노총이 제일 먼저 구상한 거예요. 스웨덴도 우리나라 못지않게 재벌 대기업 중심의 수출산업 기반 경제구조인 나라인데, 노총이 먼저 노동자 연대임금 제도를 제안한 겁니다. '많이 받는 사람은 조금 낮게 받고 대신 적게 받는 사람은 올려주자'고 하니까 대기업이 놀랐습니다. 많이 주던 것을 조금 줘도 되니까. 그런데 조금 주던 데에서 끌어올려줘야 하니까 하위 기업들은 견디지 못하고 도산해서 산업구조가 개편되고 재벌 집중도가 더 높아지는 의외의 결과가 나오기도 했어요. 스웨덴 노조는 멀리 산업구조 재편과 국제 경쟁력 문제까지를 염두에 두고 노동자들의 단결력을 바탕으로 과감한 선도적 제안을 했는데, 우리 노조는 늘 방어적일 뿐 선도적 제안은 없습니다. 일례로 인구 감소에 따른 연금 개혁의 당위성 속에서 노조가 조합원들의 불이익을 최소화하면서 새로운 구조를 만드는 고민을 하고 그 결과물을 선도적으로 제시하지 않으면 결국 관료들이 제시하는 제도와의 싸움밖에 또 할 게 없거든요.

또 하나는 긱 노동자, 플랫폼 노동자들이 벌써 몇백만 명인 상황입니다. 기존의 종속성을 중심으로 한 노사관계로는 해결이 안 되는 많은 쟁점 속에서 이들을 어떻게 포괄할 것이냐는 문제가 있어요. 제가 배달의 민족 사례를 이미 말씀드렸지만 라이더들이 정규직 제안을 받아들이지 않고 프리랜서를 더 선호해요. 이런 상황에서 어떤 방식으로 이들을 보호할 것인지에 대해 노조나 정부 모두 고민을 안 해요. 정부는 말은 쉽게 전국민고용보험제도를 하겠다고 합니다. 하지만 고용보험은 지금도 적자예요. 여기에다 플랫폼 노동자, 특수고용직까지 다 포함시키면 늘어나는 적자 폭을 어떻게 감당할 작정입니까? 결국 세금으로 메워야 하는데 어떻게 국민적 동의를 얻어낼 수 있겠어요? 노조가 참혹한 노동현장을 고발하고 책임 요구만 하는 경직된 대정부투쟁만 하는 게 아닌가 싶어요. 대안을 제시해야죠. 고용보험에서 지금 빠져있는 공무원 노조, 교사 노조를 넣으면 돼요. 이들은 안정된 직장을 다니니까 나가는 보험금은 별로 없고 보험료는 많이 거둘 수 있거든요. 보험료로 조 단위를 거둘 수 있어요.

우　전문용어로 '삥뜯는다'. (웃음) 사회적 갹출이죠.

박　그게 바로 전태일의 후예를 자처하는 양대 노총에서 사회연대를 주장하면서 앞장서 제안할 일이죠. 전태일도 자기가 집에 가는 데 꼭 필요한 버스비로 풀빵 사주고 자기는 걸어간 것 아닙니까? 사회연대라는 게, 가령 건강보험의 경우만 해도, 자기가 병원에 별로 안 가더라도 보험료를 내잖아요. 마찬가지로 우리가 세금 내서 저소득가정 아이들도 무상교육 받게 하는 것, 이것이 사회연대 아니겠습니까? 그런데 전태일의 후예를 자처하는 노동조합이, 풀빵값 내준 전태일을 잃고 눈물 흘리며 그날을 기억하자고 수십만 명이 모여 시위하는 노동조합이, 자기들은 고용불안 없다고 고용보험 가입 안 하고 긱 노동자들과 연대를 안 한다고요? 자기들이 먼저 다가가서 이야기를 해야죠.

　　이런 이야기를 정치인이 먼저 하면 "저런 배신자, 저게 빛의 속도로 김문수 옆으로 가네." (웃음) 제가 이런 얘기 듣고 살아요. (웃음)

우　김문수는 너무 많이 간 건데. (폭소)

김　어떤 문제를 접했을 때 반대와 투쟁밖에 할 줄 모르는 사람들은 빨리 집에 가야 한다고 생각합니다. (웃음)

우　조곤조곤 이야기하시더니 갑자기 센 말씀을!

김　정치권을 봐도 집에 가야 할 사람 정말 많습니다. 지금의 야당도 대안 없이 반대·비판만 한다면 그건 자격이 없다고 생각해요. 대안을 내자고 하면 대안 필요 없다고 하고. 지금의 여당도 야당일 때는 맨날 발목잡기했는데 막상 집권하고 나니 국정 운영 능력을 제대로 갖췄다고 보여지진 않고요. 정당에서 노조로 넘어가서 보면 지금의 노총들도, 특히 민주노총은 거의 반대와 투쟁만을 위한 것처럼 보입니다. 아무튼 성숙한 자세로 대화와 타협할 생각은 안 하고, 오로지 반대와 투쟁밖에 할 줄 모르는 사람들이 모두 다 집에 가야 우리나라가 제대로 된 선진국이 될 수 있다고 생각합니다.

스웨덴에서 사회연대임금 도입할 때 대기업의 고액연봉자는 연봉을 낮추고 중견기업의 노동자 연봉은 약간 높이고 중소기업 노동자의 임금은 대폭 높여 이 간격을 좁히는 합의를 이루었다는 것에 정말 놀랐습니다. 상향 조정하는 것이야 쉽게 동의하겠지만 자기 가족의 생활비인 연봉을 사회연대를 위해 깎는다는 것에 동의하는 건 정말 쉽지 않은 일 아닙니까? 그런데 스웨덴의 기득권자들은 공동체의 합의를 위해 양보를 했고 그 양보가 오늘날의 스웨덴을 만든 것이라 생각합니다. 우리나라의 기득권자들은 양보할 생각이 전혀 없이 온갖 핑계와 명분을 대기에 급급하기 때문에 저는 우리가 아직 진정한 의미의 선진국은 아니라고 봅니다. 증세 논의도 마찬가지인 것이, 여력이 있는 국민들은 이미 많은 부담을 하고 있을지라도 조금 더 낼 생각을 하고, 여력이 그만큼 안 되는 국민들은 보편 증세가 적용된다면 최소한도라도 동참할 의지를 표시하는 것이 온전한 공동체일 텐데 아직은 진정한 연대를 이룰 수 있는 공동체라 말하긴 부끄러운 상황인 것 같습니다.

박　노동자들의 정치투쟁에 대해 보수언론이 비난하는 것도 잘못이라고 생각합니다. 노동자들이 담장 안에 갇혀 있는 것으로는 아무것도 해결되지 않기 때문에 새로운 규칙(rule)을 만드는 것은 본질적으로 정치투쟁입니다. 실제로 담장 안에서 겪고 있는 임금 문제를 비롯한 온갖 문제들이 사회의 법과 제도와 연결되어 있기 때문에 이러한 룰, 국가 단위의 룰, 사회 전체의 합의를 변경시키는 투쟁은 굉장히 중요한 일입니다.

그런데 우리 노총, 특히 민주노총은 아직도 전투적 조합주의 전통이 너무 강해서 일단 덮어놓고 싸우는 것이 최고인 거예요. 그래서 민주노총위원장은 노총 안에서 가장 과격한 발언을 하는 사람이 선출되는데 막상 공공 논의기구에 가서 보면 사회적 합의에 의해 다 결정되어 있으니까 동의할 수밖에 없고, 그러면 투쟁 못했다고 위원장 자리에서 쫓겨나는 거예요. 직선제 선거제도의 가장 큰 폐해가 민주노총위원장 선출에서 나타납니다. 조합원들은 후보에 대해 정보가 전혀 없기 때문에 계파의 입김이 더 세지고, 강력한 투쟁으로 감옥에 갔다 온 사람들이 인지도가 높아서 더 많은 표를 받고, 그나마 계파 간에 미리 절충을 해서 사람을 올리거든요. 민주노총과 한국노총의 역할은 그야말로 정치적 합의를 만들어내는 상층의 정치투쟁이라 서로 주고받아야 합의가 이루어집니다. 그런데 주고받으려고 하면 배신자로 지칭하고 전투적 조합주의의 계파들이 연합해서 탄핵하기를 반복해왔어요. 이번에 민주노총이 가장 요구했던 공무원 노조의 조합원 자격 확대, 전교조 합법화 이런 것들을 받아주면 "너희도 전태일의 후예이니 고용보험에 동참해라"라고 참여시키는 것이 필요한데 말입니다.

우   개악을 하고 왔다고 난리가 났죠.

박   네. 그렇게 하면 난리가 나는 거예요. 지난번에 이야기했지만 이번 경사노위에서 눈에 띄는 합의가 하나 있었어요. 우리 노사관계법의 근로자대표제도를 실제화한 겁니다. 민주적으로 선출해야 한다고 명시했으니 사측이 개입을 금지하는 것으로 합의한 거죠. 이것이 노조 없는 노동자들의 직장 단위에서의 보호, 회사 경영과 관련된 근로 조건에 대한 변경 같은 것을 가능하게 하기 위한 제도적 방침이고 이를 현실화하는 것이거든요. 그런데 기존 노조가 있는 곳은 싫어할 수가 있어서 노조가 있는 곳은 노조가 하고 없는 곳은 근로자 대표를 뽑자, 이렇게 합의한 것입니다. 어쨌든 노조는 하나 얻은 것 아니니까? 그럼 하나를 내줘야 하는 건데 받을 것만 리스트 내고 내줄 것은 리스트 안 내고. 이것은 책임 있는 노동운동의 태도가 아니죠. 이런 문제에서 더 책임감 있고, 더 대안적인 노동운동이 있어야 한국 사회에서 필요한 갈등 사안들에 대한 합의점을 찾아낼 수 있을 거라고 봅니다.

김　노총의 그런 투쟁 일변도의 태도는 우리 사회의 갈등 증폭기 역할만 하지, 사회적 타협과 합의에 전혀 도움을 주지 못하고 있죠.

박　민주노총은 지난번에 엄청난 실수를 한 겁니다. 김명환 위원장이 사인하러 가려다가 반 감금상태가 되어 못 간 것은.

집으로 가야 할 사람들

공　두 분 말씀에 이곳이 노조 성토장이 되어버렸네요. 저는 노조의 수준이 자본의 수준이고, 자본의 수준이 노동의 수준이라고 생각합니다. 민주노총의 대척점에 있는 것이 전경련이라고 볼 때, 전경련은 최순실에게 기업 헌금을 모아준 집단입니다. 노조를 욕하기에 앞서 노조를 바람직한 방향으로 견인하려면 자본이 권위와 신망을 얻어야 할 텐데 전경련으로 대표되는 기업 또는 자본의 행태가 너무 졸렬합니다.

김　기업의 비뚤어진 행태는 변명의 여지가 없고, 호된 비판과 책임 있는 개선 조치들이 따라야겠습니다. ESG의 대두에서 보듯이 기업과 사회 간 역할 개념의 재정의, 기업시민으로서의 본분과 역할에 대한 재정의가 일어나고 있는 것이 바로 그런 흐름의 하나라고 봅니다. 이렇게 변화하고 있기 때문에 자본주의 초기에나 있을 법했던 정글자본주의, 강도자본주의의 행태는 더 이상 존재할 수 없게 되었다고 생각합니다. 전경련도 최순실 사태 이후 회원사들이 속속 빠져나가서 지금 존속은 하지만 역할이 거의 없는 것으로 알고 있고요. 대한상의(대한상공회의소)가 경제단체 대표 역할을 새롭게 맡았고 원래도 그랬지만 임금 관련 논의에는 경총이 대표로 나서는 정도인 것 같고요.

우 김경수 현 경남지사가 지사 선거 전에 전경련 개혁안을 추진하다가 잘 안 되었고, 전경련은 도로 원상복구되었죠.

김 19대 국회 새누리당에서 '경실모(경제민주화실천모임)' 활동할 때 순환출자 해소, 금산분리 등 경제민주화 법안 만들고 하면서 전경련은 해체해야 한다고 입장을 정리했었습니다. 재벌그룹들의 집단 로비 창구로서의 전경련은 해체하되 AEI[41], 헤리티지재단 [42] 등을 벤치마킹해서 제대로 된 보수 쪽 싱크탱크로 전환시키자는 제안을 함께 했습니다. 일부 연구소나 단체가 열심히 해왔지만 더 체계적으로 정책 생산을 할 수 있는 싱크탱크가 뒷받침을 하면 정치의 질이 올라가는 데 도움을 줄 수 있겠다는 생각이었습니다.

우 여의도연구소 있잖아요?

박 한때 여당 쪽 싱크탱크를 맡지 않으셨어요?

우 민망한 질문들을 해서 김 의원님을 당황시켰네요. 촌철살인을 하려면 멋

---

41 American Enterprise Institute, 미국기업연구소.
42 The Heritage Foundation, 정치·경제·외교·안보 등과 관련한 정책을 연구하는 미국의 보수주의 성향 연구재단.

"노조건 기업이건 구시대적 인식으로는
살아남지 못하게 되었고,
세상 바뀐 줄 모르고 예전 방식으로만 하는 사람들이
동료 시민들한테 정말 엄청난 민폐를 끼치고 있는 거죠.
빨리 집에 가야 한다고 생각합니다."

있게 해야 하는데. (웃음)

김　그게 정당법상 정당의 부설 정책연구소로 보수정당에는 여의도연구소가 있었죠. 지금은 여의도연구원으로 개명됐습니다. 아무튼 이곳이 정당 울타리 안에 있다 보니 장점도 있지만 현재로서는 한계도 많이 있습니다. 그 한계 때문에 제대로 된, 규모 있는 전문 싱크탱크가 별도로 하나 있으면 좋겠다는 거고요.

　　노조건 기업이건 구시대적 인식으로는 살아남지 못하게 되었고, 세상 바뀐 줄 모르고 예전 방식으로만 하는 사람들이 동료 시민들한테 정말 엄청난 민폐를 끼치고 있는 거죠. 빨리 집에 가야 한다고 생각합니다.

우　제가 책 제목을 '집에 갈 사람들'로 제안할게요. (웃음)

공　'귀가 종용'. (웃음)

양 노총의 전략적 투쟁이 필요하다

박　노조 이야기를 하다 보니 개인적 생각이 잠깐 스치네요. 제가 민주노총 때문에 감옥을 세 번 갔다 왔으니 까방권이 세 장 있는 것 아닌가 싶은데, 기존 노동조합과 고용 안정적인 노동자들이 양보해야 할 것을 이야기하면 좀 세게 붙을 것 같아요. 그때 까방권이 효력을 발휘했으면 좋겠어요.

공　합치면 복역 기간이 얼마죠?

박   2년 5개월 정도예요.

공   마일리지가 2만 5천 포인트나 있네요. (폭소)

박   2004년 기아자동차 노동조합 채용 비리 사건 기사를 보고 거의 울다시피 했어요. 그때 감옥에서 나온 지 1년도 안 된 때였을 거예요. 나는 결혼한 지 6개월밖에 안 된 아내와 혼인신고도 못한 채 생이별하고 징역살이도 했는데, 나름 노동자를 돕기 위해서 감옥살이한다고 생각했는데, 정작 불쌍한 건 나더라고요. (웃음) 학생운동부터 시작해서 그때까지 한 15년 넘게 집에 돈 한 푼 못 가져가면서 살았는데, 이게 뭔가 싶은 거죠.

    당시 기아자동차에서 노조가 인사위원회에 들어오니까 신입사원 선발 인원의 10% 정도를 노조 권한으로 할당해줬나 봐요. 처음엔 공정하게 진행했는데 슬슬 음서제 비슷하게 가다가 급기야는 돈을 받고 입사시키는 짓을 한 거죠. 입사자들로부터 받은 1억 몇천만 원이나 되는 돈을 노조 지부장 등이 먹은 겁니다. 그걸 보니 내가 누굴 돕다가 감옥까지 다녀온 거야, 하는 일종의 배신감이 들기까지 하더라고요.

    그런데 그런 노조도 있었지만 비정규직 노동자들을 열심히 조직화하는 데가 민주노총임은 인정해야 합니다. 비정규직 노동자들의 이야기를 제도권으로 끌어들이기 위해 투쟁을 통해 적극적으로 사회적 목소리를 내는 곳도 역시 기존의 노동조합입니다. 기존 민주노총, 한국노총의 비정규직 노동조합이나 조직단위는 정말 헌신적이에요. 인정합니다. 그런데 이 문제들이 사업장 단위에서 사업장을 압박한다고 해결될 문제들이 아니에요. 새로운 근로기준법, 노동조합법, 노사관계법이 마련되어야 해결되는 것이거든요. 그리고 그것은 정치투쟁으로만 가능한 거고요. 그런데 양 노총에 1200만 명 전체 노동자의 12%밖에 참여하지 않고 있으니 정치투쟁의 힘이 약합니다. 그러면 살을 내주고 뼈를 취하는 식의, 거기에 맞는 전략적 투쟁을 해야 하는데 기존 대기업 노동자들에게 조금이라도 손해가 가는 살을 내주자는 이야기는 입 다물어 버리고 노조 바깥에 있는 노동자들에 대한 보호는 이야기하지 않습니다.

전태일 시절에도 노동조합은 있었습니다. 그런데 그 노조가 노조로서의 역할을 못한 거죠. 근로기준법도 있었어요. 그런데 그 법이 역할을 못한 것이죠. 그러니까 지금 이 시대에 50년 전의 전태일을 기념하는 것은 그의 희생만을 기념하는 것이 아니라, 노동조합이 있는데 노동조합의 보호를 받지 못하는 사람들, 근로기준법이 있는데 그 적용을 받지 못하는 사람들을 위한 정치적 역할을 하자는 각성을 위한 것입니다. 그 당시 전태일의 요구가 바로 이런 것이었거든요.

김   전통적 노동관계 속에서 작동하는 노동조합을 통한 노동자의 보호나 인권 신장은 이제 그 한계가 명확히 드러날 것입니다. 노동의 성격도 변화하고 있고 고용의 형태도 다양화하는 시대에 전통적 산업시대의 노사관계의 틀로는 문제를 해결하기 어려워졌기 때문입니다. 따라서 노동관계법을 이 시대에 맞게 전면적으로 개정해야 할 텐데, 현재는 새로운 노동과 고용의 형태가 속속 출현하는 중이기 때문에 시급한 문제가 나오면 그때그때 해결하더라도, 근본적인 제도 개편은 격변기를 좀 지나고 나서 적어도 몇 년 정도는 지켜보고 나서 작업을 하는 것이 시행착오를 줄이는 길이 아닐까 합니다. 노동이 대량생산 체제에 맞게 조직되어 집적화되어 움직였던 20세기에는 노조가 같은 사업장이나 산업에 속한 약자 입장인 노동자를 대변해서 거대 기업을 상대로 협상하거나 투쟁하는 방식이었다면, 경제 전체에서 전통적 의미의 기업이 차지하는 비중이 줄어들고 한 사람이 한 생애뿐만 아니라 동 시점에 여러 개의 직업을 가지는 가능성이나 비율이 높아질 21세기에는 노동의 권리를 적절히 보호할 수 있는 공공적 플랫폼을 만들거나 그런 민간 플랫폼들이 만들어져서 개인은 별다른 주의나 노력을 기울이지 않아도 플랫폼에 의한 보호를 받을 수 있게 그러한 플랫폼의 설계를 위한 법제를 준비해야 한다는 생각입니다. 예를 들어 프로 스포츠 선수들이 해당 종목에는 전문가지만 계약 협상은 전문가가 아니니 협상권을 위임받는 에이전트를 고용하듯 여러 특수고용직이나 플랫폼 노동자들의 협상과 계약을 대행해주는 서비스의 출현도 예상할 수 있는 일입니다. 큰 틀에서 보면 20세기의 강한 고용관계가 21세기에는 느슨한 계약관계로 바뀌면서 이를 위한 플랫폼이 조만간 출현할 것이라 예상합니다.

미드 경쟁력을 강화한 미국 작가들의 파업

공　우 박사님께 질문 있습니다. 신자유주의를 자본주의와 민주주의의 분리로 규정하는 분들이 있는데, 우리나라에서는 청년과 노동계가 분리되고 있어요. 두 가지 현상이 단적인 상징입니다. 첫 번째는 우리나라 민주노조의 대명사가 전교조이고 전교조의 목표가 참교육인데, 요즘 젊은이들이 쓰는 참교육이란 말은 의미가 변했어요. 참교육의 의미가 아주 희화화되어버렸습니다. 또 하나, 노조집회를 보면 대부분 머리가 하얘요. 안 하얀 사람은 삭발한 사람이고.

우　그래도 전공투 중심의 일본보다는 덜 할아버지일 걸요?

공　이렇게 청년층과 노동계가 분리되는 현상이 앞으로 가속화될지, 가속화된다면 멈추기 위해 무엇이 필요한지 말씀해주세요.

우   이런 현상을 두고 '프레카리아트(precariat)'라는 표현을 주로 씁니다. '불안정한'이라는 뜻의 '프레카리어스(precarious)'와 '프롤레타리아(proletariat)'를 합친 말인데 이탈리아에서 먼저 쓰기 시작했어요. 위험한 고용에 처한 무산자, 프레카리아트 현상은 우리나라만이 아니라 세계 각국에서 다 벌어지는 일이에요.

21세기 들어서 가장 중요한 사건이라고 제가 보는 것은 미국 작가 파업입니다. 미국은 우리가 쓰는 '프리랜서'라는 말 대신 각 분야 종사자들이 분야별로 유니언(Union)을 만듭니다. 거기서 힌트를 얻어 우리나라에서는 '청년 유니언(Youth Community Union)'이라는 것이 발족되었죠. 사실 노조랑 똑같은 것인데 21세기 감성을 반영한 이름입니다. 미국 작가 유니언이 서부와 동부를 비롯해 몇 개가 있었는데 모두 연합해 2007년 처우 개선 총파업을 전개합니다. 당시 구호가 '펜슬 다운, 채널 다운(Pencil down, Channel down)'이었어요. '작가들이 펜을 내리면 드라마가 선다'. 실제로는 영화 제작도 다 멈췄었죠. 이 파업을 계기로 불평등한 이익 배분이 시정되고 제작진들의 처우가 개선되면서 미드가 엄청난 경쟁력이 생겼고, 전 세계가 미드를 보게 되었습니다. 그러고 나서 미국 프로야구선수들이 총파업을 합니다. 그때 연봉 구조도 바꾸고 출산휴가 같은 후생제도도 정비했어요. 이후 국내 야구선수들은 아내가 아이를 출산하면 아이의 탄생을 자축하면서 홈런 치겠다고 말하는데, 미국 용병들은 아이 출산할 때 되면 아예 자기 나라로 가죠.

공   국내 팬들은 태업이라고 비난하던데요?

우   미국에서는 계약서상에 다 보장되는 권리예요. 그러다 보니 우리나라 팬들이 미국 아빠만 아빠냐, 해서 국내 선수들도 하루이틀 정도는 출산휴가를 인정해주는 추세입니다. 우리나라도 몇 년 사이에 조금씩은 바뀌었는데, 미국은 강하게 밀어붙여서 확 바뀐 거죠. 이렇게 우리나라에서는 프리랜서에 해당하는 업종 종사자들이 미국에서는 각각 유니언을 만들고 총파업을 한 번씩 하더라고요. 저는 이걸 보면서 노조 현상이 단순히 노동 이슈가 아니라 국가경쟁력 차원의 문제라고 생각했습니다. 앞으로의 국가경쟁력은 자원과 에너지 소비를 줄이고 과학을 중심으로 한 지식경제와 문화경제 두 축에서 나올 거거든요. 미국은 과학 분야가 워낙 강하니까 지식경제가 가능했고 문화도 총파업하면서 작가와 제작진의 대우를 개선하고 그 대신 잘 만들어서 많이 팔자며 문화경제의 한 축도 완성된 것입니다. 그런데 우리나라는 문화와 과학 양쪽 다 노조가 너무 약해요. 자동차나 철강 이런 분야는 70-80년대 금속노조를 바탕으로 한 틀이 구축되어 있지만 비교적 새롭고 미래형 분야인 과학이나 문화 이런 방면으로는 너무 허술하게 당하는데 막아줄 사람도 없어요. 이번에 의사들이 파업할 때도 의료노조가 중간에 나서서 역할을 해야 할 텐데 이익단체인 의사단체들만 목소리를 내더라고요. 요즘 그린 기술[43]이라고 하는 것도 인증(endorsement)을 과학노조에서 하면 좋을 것 같은데 사용자단체와 정부에서 하니까 현장에서는 엉터리라고 볼멘소리를 하면서도 막상 그 볼멘소리마저 관련된 정책당국으로 전달되지 않습니다. 요즘 젊은이들의 선망 직종인 웹툰도 기획사가 원하는 것과 작가들이 원하는 것은 완전히 달라요. 그래서 제가 보수세력에 말하고 싶은 게, 기존 노조는 욕한다고 쳐도 새로운 매체가 생겨서 문화나 과학이 튼튼하게 성장하고 그것을 뒷받침해줄 목소리가 커지는 것이 경제가 다음 단계로 발전하는 것임을 이해하라는 겁니다. 아까 민주노조 이야기했지만 국민의힘에 가보면 다 머리가 하얘요. 민주당은 그래도 희끗희끗한 정도. (웃음)

---

43 Green Technology, 에너지와 자원을 절약하고 효율적으로 사용하여 온실가스 및 오염 물질의 배출을 최소화하는 기술.

공　여기는 아직 희끗희끗하고 저기는 새하얗고.

우　새하얀 걸 넘어서 아예 없어요. (웃음) 30-40대 최고 전성기의 작가나 화가 이런 사람들도 만나서 이야기 듣고 유니언 같은 것에 대해 긍정적으로 보고 지원도 좀 해야 보수도 길이 보일 텐데 말입니다. 새로운 분야의 등장에 대해 프리랜서라고 한꺼번에 퉁 치지 말고 각 분야별로 하나씩 특성을 찾아가면서 접근하는 데 미래가 있다는 생각입니다.

김　여의도연구원장 시절에 '공감문화정책센터'라는 애드혹(ad-hoc) 조직을 만들어서 운영했었습니다. 여기의 리드멤버를 자원해서 맡은 연구원이 클래식 음악 전공자였는데요. 이분이 '청년예술반상회'라는 간담회를 기획해서 연속으로 개최한 적이 있습니다. 1차로 음악 하신 분들을 대상으로 10여 명씩 모셨습니다. 그중에는 유학 다녀오신 분들도 많았어요. 지금의 위치에 올 때까지 많은 노력과 투자를 했는데 대표적으로 대학 시간강사로 일하시던 분들은 강사법 시행으로 일자리를 잃는 등 큰 어려움을 겪고 있었고, 쟁쟁한 실력을 가진 분들이 막상 제대로 기량을 펼칠 환경이 안 되어 있어서 너무나 안타까웠습니다.

우　그사이 음반산업이 무너졌죠.

김　고등학교 교사도 있었고, 어떤 분은 교회에서 지휘를 하는 등 여섯 가지 일을 동시에 하고 있었고, 또 어떤 분은 지휘자인데 라디오 진행하는 분도 계셨고요. 그중 어떤 분이 지자체가 설립한 오케스트라에서 연주를 하면서 겪었던 채용의 부조리 등의 문제가 너무 심각해서 이의 제기를 하다가 해결이 안 되어 결국 파업에까지 이른 사정을 이야기해주셨는데, 아직도 이런 일들이 벌어지고 있는 게 믿기지 않았습니다. 그래서 전국의 수많은 예술단체에서 비슷한 애로들이 발생하고 있을 가능성이 있으니 그 해결책으로 미국의 클래식 연주자들의 노조 격인 ACMA(Association of Classical Musicians and Artists) 같은 단체를 조직해보는 게 어떠냐는 논의가 번외로 있었습니다만, 얼마 안 있어 제가 여의도연구원장직에서 물러나게 되어 그 모임이 더 이상 지속되지 못했던 것이 아쉬웠습니다.

우　선진 자본주의 국가로 평가되는 나라들에서는 문화예술인과 창작가들의 이해와 요구를 대변하는 노동조합이나 또는 그에 준하는 단체들이 거의 모든 분야별로 조직되어 있습니다.

김　저에게 생소한 분야라서 명확한 성격 규정까지 하지는 못했습니다만 논의 당시에 어느 정도 생각이 정리되기로는, 파편화되어 있는 문화예술인들이 분야별로 일단 모여서 연대를 이루어보면 그 이후에 문제들을 하나씩 해결해갈 수 있지 않을까 하는 취지였습니다.

우　극단 노조를 만드는 일은 KBS 한국방송처럼 규모가 큰 곳이면 가능할지 몰라도 소규모 조직에서는 아주 힘들 수가 있어요.

김　네. 소규모 단위에서는 어떻게 대처할지 그림이 잘 안 그려지더라고요. 우 박사님이 말씀하신 '유니언'이 그런 기능과 역할이 아닐까 싶은데, 협회와 노조의 중간 정도에 위치한 연대체를 결성하면 되겠구나 싶었습니다.

네이버는 왜 의류업체가 되었나

우   우리나라도 드라마 작가들의 경우에는 작가협회가 있어서 그곳에 회비를 납부하고 있습니다. 텔레비전 방송에서 드라마를 재방송하면 방송 수익의 일부를 극작가에게 저작권료로 지급해야만 해요. 그때마다 작가 개인이 일일이 고료를 챙길 수 없으니 작가협회가 청구업무를 대행하고 있지요. 그래서 협회가 재정적으로 힘은 세졌는데, 미국의 작가 노조와 달리 투쟁성이 없습니다. 미국은 우리와는 다르게 작가 단체가 매우 전투적이거든요.

　한국에서는 여객기 조종사들이 파업을 벌이니까 억대 연봉자들이 파업한다며 욕을 험하게 먹었어요. 하지만 미국에서는 한국 돈으로 수십~수백억원의 고액의 몸값을 챙기는 메이저리그 야구선수들도 필요하면 파업을 불사합니다. 파업도 결국에는 시장의 질서를 바로잡고 이해관계자들 사이의 균형을 맞추는 데 이바지합니다. 자본주의의 심장부인 미국에서 왜 자주 파업이 일어나겠어요? 그 또한 미래의 경제를 위한 준비의 일환이기 때문이에요. 우리나라 청년들이 이런 과제를 떠맡기에는 아직은 힘이 약하니, 더불어민주당 같은 거대 정당이 나서야 하는데 이러한 일에는 좀처럼 관심을 기울이지 않습니다.

공   고기도 먹어본 사람이 맛을 안다고, 현재의 젊은 친구들은 단체로 모여서 공동의 목표를 쟁취해본 경험이 없어요. 더 결정적으로는 지금은 소규모 상시 채용이 지배적 구인 방법으로 고착됐습니다. 자신이 회사에 들어온 시기와 비슷한 때에 입사한 동료나 동기들이 있어야 의기투합도 되는 건데, 회사에 가봤자 입사 동기라고는 달랑 자기 혼자니 사람을 모으고 자시고 할 여지가 아예 없습니다.

우   건설 분야가 그와 같은 고충에 오래전부터 직면해왔습니다. 철강산업은
단일한 작업장에서 일정한 범위의 사람들이 함께 어울려 노동을 해요. 반면에
건설업은 오늘 현장에서 본 사람을 내일 다시 만난다는 보장이 없습니다. 노
동운동을 지속적으로 함께하는 건 고사하고 정기적으로 회식조차 같이하기
가 불가능할 만큼 고립분산되어 있는 상황이 건설업에 종사하는 노동자들이
처한 현실이에요.

      강력한 노동조합은 노동자들에게는 일종의 공유 플랫폼입니다. 그런 플
랫폼 바깥에 자리한 노동자들이 생존과 안전을 위해 만들려고 하는 조직을
지원과 격려의 대상으로 바라봐야지, 기존에 민주노총을 대했던 방식으로 견
제와 배척의 대상으로만 여겨서는 안 됩니다. 새롭게 노조를 만든 사례로 제
가 자주 예를 드는 게 네이버 노조예요. 네이버 노조가 태동할 무렵에는 회사
측에서 노조에 포용적 자세를 취했다고 합니다. 그러다가 갑자기 입장을 확
바꾸고서 노조를 강력히 압박하기 시작했다고 해요. 현재 네이버 노조는 화
섬연맹(전국민주화학섬유노동조합연맹) 산하 노조로 가입해 있어요.

공   네이버가 옷 만드는 회사도 아닌데 왜 화학섬유연맹 산하 노조로 있
나요?

우   네이버 직원들이 노조 설립을 추진하고 준비하면서 여러 곳을 다니며 자
문을 하고 조언을 구했는데, 화섬노조 관계자들이 제일 친절하고 상세하게
도움을 줬다고 합니다. (웃음) 그 인연으로 화섬연맹에 들어갔어요. 네이버 정
도 되는 회사도 노조 만들 때 누구한테 상의해야 될지, 어떻게 해야 될지 몰라
서 젊은 친구들이 하다하다 화섬노조가 된 거거든요. 그러니 네이버와 비교해
훨씬 더 소규모일 다른 IT 업체들의 현황은 어떻겠어요? 그런 곳에서 노조는
언감생심이기 쉽습니다.

"**"너 말고도 일할 사람은 많아"라고 말하지만,
그들이 말하는 '너'가 최고의 적임자이기 때문에
바로 그 자리에 있는 거예요.
미국이 작가들의 파업을 제압할 기술이 없어서
파업을 분쇄하지 않은 게 아니에요.
내 눈앞에 있는 제일 잘하는 사람에게 돈을 더 쓰더라도
보다 양질의 작품을 만들어 더 많은 수익을 거두겠다는
냉철한 비즈니스 논리에 따랐을 뿐입니다."**

공   노조 결성처럼 회사 입장에서 불온하게 생각되는 동향이 포착될 때 기업 측에서 노동자의 움직임을 무력화시키는 대단히 무서운 이데올로기가 있어요. 등골을 서늘하게 하는 메시지, "너 말고도 일할 사람은 많아"라는 말이죠. 평범한 노동자들에게 단결과 연대는 그저 남의 나라 얘기일 뿐이에요. 당장 먹고살려면 나와 비슷한 처지인 다른 노동자들을 어떻게든 악착같이 밀어내야만 합니다. 유명한 드라마 작가마저 시청률이 안 나올 경우 단칼에 날아가던데 작가들이 연대한다고 눈 하나 깜박할까요?

우   저는 사람을 마음만 먹으면 언제든 교체하고 바꿔 낄 수 있는 부품이나 소모품쯤으로 간주하는 그릇된 의식이 한국 문화산업이 더욱더 높게 도약하는 걸 방해하고 있다고 생각합니다. 미국은 종전에도 물론 문화강국이었어요. 작가들의 파업 사태를 보면서 크게 각성한 덕분에 창작인들의 처우를 대폭 개선해준 이후 강국에서 초강대국으로 한 단계 더 올라섰습니다. 한때 콘텐츠 왕국으로 군림했던 영국과 일본에게 이제 미국은 그야말로 넘사벽의 존재가 됐어요.
   "너 말고도 일할 사람은 많아"라고 말하지만 실제로는 그렇지 않습니다. 그들이 말하는 '너'가 최고의 적임자이기 때문에 바로 그 자리에 있는 거예요. 단지 고분고분 말 잘 듣는다는 이유만으로 다른 사람을 쓰는 게 어리석은 하책인 까닭입니다. 미국이 작가들의 파업을 제압할 기술이 없어서 파업을 분쇄하지 않은 게 아니에요. 내 눈앞에 있는 제일 잘하는 사람에게 돈을 더 쓰더라도 보다 양질의 작품을 만들어 더 많은 수익을 거두겠다는 냉철한 비즈니스 논리에 따랐을 뿐입니다.

새로운 노동 시장의 출현

박　우리나라 노사관계는 '87체제'로 불리는 지금의 시스템이 1987년 6월 항쟁의 결과물로 출현한 이후 거의 바뀌지를 않았어요. 정치적으로도, 재정적으로도, 사회적으로도 사용자 측이 압도적인 주도권과 지배력을 변함없이 행사하고 있지요. 그런데 근원을 더 따지고 들어가면 우리나라의 근로기준법은 한국전쟁 이후, 보다 엄밀하고 정확하게 말하자면 일제가 패망한 해방 후에 만들어진 틀에서 본질적으로 별다른 변동이 없었습니다.

문제는 70년 전에 구축된 노사관계의 프레임은 산업화 시대에나 적합한 틀이었다는 데 있어요. 더 거슬러 올라가면 현재의 노동법제는 칼 마르크스가 19세기 중후반에 걸쳐서 분석하고 조망했던 노사관계의 산물입니다. 당시에는 동일한 조립라인의 공정에서 동시에 일하는 블루칼라, 곧 생산직 노동자들의 응집된 단체교섭력이 노동자들의 복리를 증진시켜주는 투쟁의 원동력이었어요.

과거에는 미처 생각 못했던 형태의 신종 노동이 요즘 속속 출현하고 있습니다. 택배 노동도, 플랫폼 노동도 이전에는 존재하지 않았던 업태들이에요. 그리고 드라마 작가와 웹툰 작가를 어떻게 컨베이어 벨트 앞에 나란히 세워서 작업을 시킬 수가 있겠습니까? 그러니 몇 시까지 꼭 출근해야 한다는 경직된 규율과 규칙이 더 이상 무슨 의미가 있겠어요? 현대 정주영 회장이 공장 출입문 앞에서 직원들을 상대로 직접 두발단속을 했다는 이야기는 정말 선사시대 이야기이지요.

우　계동 현대그룹 본사에서 슬리퍼 신고 다니다 걸리면 그 즉시 퇴사당하던 때죠.

박 　지금은 사람들이 회사에 대한 종속성이 강하지 않고 자율성과 선택성을 중시합니다. 그러면서도 필요한 것이 사회적 안전망입니다. 우리나라 특수고용직 노동자들의 대부분은 이러한 사회안전망의 사각지대에 놓여 있습니다. 고용보험도, 산재보험도 안 되는 경우가 수두룩해요. 건강보험과 국민연금은 본인이 전액 부담하는 사례가 비일비재하고요. 제가 과거의 낡은 틀을 답습하고 있는 현행 근로기준법에 큰 구멍이 뚫려 있다고 생각하는 이유예요. 번연히 자기네 회사가 만든 물건을 취급하고 있음에도 불구하고 사측에서는 회사에 정식으로 입사한 게 아니라 단지 물건만 내어주는 관계라고 둘러대며 책임을 회피하는 데만 급급하기 일쑤거든요.

　저는 그래서 특수고용직 노동자도 노동조합의 범주나 혹은 일반적인 노동자의 범위로 반드시 포괄돼야 한다고 봐요. 아니면 근로자의 개념규정을 좀 더 포괄적으로 수정해 새로운 형태의 노동에 종사하는 노동자들도 4대 보험의 혜택을 받을 수 있도록 보장하는 전향적 노력이 필요합니다. 그러려면 당사자인 노동자들은 물론이고 정부와 사용자 측이 각자의 기여와 책임에 대한 사회적이고 정치적인 합의를 이뤄내야만 합니다. 현재는 단위사업장의 한계에 갇혀 있는 개별 노동조합들도 이전과는 다른 전략적 구상과 변화된 인식을 가지고 격변하는 자본주의 발전 단계에 접근해야만 하고요. 사용자 역시 추가적 비용 지출을 두려워하지 말고 변화에 더 적극적으로 적응하려고 시도해야만 합니다. 저는 전체적인 사회적 안전망을 구축하는 작업과, 개별 사업장에서의 노동자의 권익 신장이 병진적으로 이루어져야 한다고 믿습니다.

정답보다 과정이 중요하다

우 　제가 국민의힘 김종인 비상대책위원장이 최근에 보여준 몇 가지 행보를 주의 깊게 지켜보고 있습니다. 기업이나 기업인이 연루된 범죄에 대한 처벌을 강화해야 한다는 게 김 위원장의 소신이거든요. 우리나라가 직면한 문제들에는 진보가 잘 풀 수 있는 문제들도 있고, 보수가 빨리 해결할 수 있는 문제들도 있습니다. 저는 기업 경영과 관계된 문제들은 보수가 결심만 하면 더 쉽고 빨리 해결될 거라고 생각해요. 이와 마찬가지로 진보가 나서서 더 유능하고 효과적으로 풀어갈 수 있는 문제들도 있습니다.

그렇지만 현재의 노동과 자본의 관계로는 새로운 성격과 형태의 경제체제와 산업구조에 대응하기가 어렵습니다. 그래서 저는 어떻게 하면 우리 사회의 사회경제적 안정성을 높여갈 수 있을지를 협의하는 공론의 장이 필요하다고 봐요. 이러한 주제의 대화는 그들만의 폐쇄적인 밀실에서가 아니라 투명하고 공개적으로 진행되어야만 바람직합니다. 그래야 그곳에서 합의된 내용이 충실하고 확실하게 이행될 수 있거든요. 어떤 정책이든지 그것 때문에 손해를 보는 사람들이 존재하기 마련입니다. 따라서 특정한 정책의 실시로 인해 불이익을 당하게 된 계층과 집단을 설득하려는 노력이 있어야만 합니다. 그런데 우리나라 정책당국자들은 그런 노력은 기울이지 않으면서 그저 정책만 내놓는 것으로 자기들은 할 일 다 했다는 태도예요.

제가 우리보다 민주주의를 앞서 경험한 여러 나라 사람들로부터 자주 듣는 이야기가 있습니다. 정답이 중요한 게 아니고, 과정이 중요하다는 말이에요. 머리 좋은 사람들 몇몇이 모여서 만들어낸 정책이 진정으로 좋은 정책이 아닙니다. 노동과 관계된 쟁점들처럼 수많은 이해당사자들이 존재하는 사안일수록 더욱더 서로 양보하고 타협하려는 자세가 절실해요. 아무리 좋은 정책도 상대가 납득하지 못하면 실패하고 맙니다. 지금의 10대들은 충분한 소통과 대화가 존재하는 사회를 바라고 있습니다. 중학교 2학년과 3학년 정도 되면 벌써 신문도 읽고 뉴스에도 관심이 많아요. 사회에서 벌어지는 사건과 사태들에 대해 알아야 할 건 기본적으로 다 알고 있어요.

5장 자본과 노동의 새로운 관계

공 해방공간 이후로 노사관계의 본질이 바뀐 게 없다는 박 의원님 말씀이 정곡을 찌른 게 「야인시대」를 보면 김두한이 처음으로 사실상 정치에 나선 게 구사대로 활동한 일이었거든요. 김두한이 '4딸라'를 외쳤을 때나 국민소득이 3만 불을 넘은 지금이나 한국의 노자관계, 즉 노동과 자본의 관계는 그리 변한 구석이 없는 느낌입니다.

박 우리나라는 노동 문제에 관련해서는 전근대성과 근대성, 그리고 탈근대성이 어지럽게 혼재해 있어요. 제가 며칠 전에 한겨레신문 지면에 큼지막하게 실린 보도사진을 보고서 크게 분노했습니다. 한 비정규직 노동자가 마스크를 쓰고서 석탄을 옮기는 일을 하고 있는데, 비록 마스크를 착용했어도 콧등이 석탄가루로 완전히 뒤덮인 모습이었습니다.[44] 작업 여건이 어찌나 열악한지 마스크가 있으나 마나 한 상황이었어요. 힘들고 위험한 일은 전부 비정규직 노동자에게 떠맡기는 우리 사회의 야만성과 폭력성과 후진성이 고스란히 드러난 사진이었습니다. 구사대를 동원해서 파업하는 노동자들을 마구 폭행하던 일이 지금으로부터 아주 먼 과거의 사건이 아닙니다. 그러한 구시대의 잔재가 여전히 곳곳에 산재한 상황에서 프리랜서와 플랫폼 노동자로 대표되는 새로운 유형의 노동이 급격히 대두하고 있어요.

제가 프리랜서 방송작가로 일하는 분들을 몇 명 알고 있는데 그분들은 정식 근로계약서 같은 문서를 쓰고서 일을 해본 경험이 거의 없다고 합니다. 그분들은 기존의 정규직과는 달리 회사에 종속되고 싶어 하지를 않아요. 그러한 새로운 유형의 노동자들을 낡은 근로기준법의 틀에 어떻게 억지로 욱여넣을 수가 있겠어요? 그래서 저는 자율성과 안정성을 동시에 담보하는 새로운

---

44   2020년 11월 13일자 한겨레신문 기사.

노동관계 법률이 충분한 사회적 논의와 합의를 통해 시급히 제정되어야 한다고 봐요. 양대 노총인 민주노총과 한국노총이 새로운 경제 패러다임 아래에서 노동자들의 권익을 충실히 지켜줄 수 있는 정교한 방안들을 보다 섬세한 시각으로 만들어나가는 일에 더 늦기 전에 착수했으면 합니다. 왜냐면 이런 일들을 해내는 데에 한국노총과 민주노총의 사활이 걸려 있기 때문이에요. 더욱이 이런 일은 저 같은 정치인들의 힘만으로는 부치거든요.

공   박용진 의원님께서 너무 겸손하게 말씀하신 것 같아요. 자기 당에서 공천한 지방자치단체장이 불미스러운 일로 낙마했을 경우에 보궐선거에 무공천하기로 한 당규를 개정하려는 더불어민주당 온라인 당원투표에 무려 70%가 넘는 당원들이 기권을 했습니다. 저는 이 70% 당원들이 샤이 박용진이라고 봅니다. 의원님께서 나는 힘이 없다며 엄살을 피우시면 안 되죠. (웃음)

박   제가 정치권에서 경험해보니 정치인들끼리 먼저 결론을 도출했다고 해서 그게 끝이 아니더라고요. 현장에서 실제로 활동하는 분들이 동의해주지 않으면 정치인들끼리의 합의는 휴지 조각에 불과하게 됩니다.

김   거대 노조들과 사회적 합의를 이루는 과제가 그리 호락호락한 일이 아니겠지만, 일단은 경사노위 같은 사회적 대타협 기구에서 논의의 출발점이 될 수 있는 시안을 만들어내면 이 시안에 기초해 여야가 먼저 국회에서 논의의 물꼬를 텄으면 합니다.

박   또 저한테 짐을 지우시는 건가요? (웃음)

공   숨어 있는 샤이 박용진들을 믿고서 총대를 한번 메시죠.

우　저는 문재인 정부를 다른 사람들보다는 비교적 가까운 거리에서 지켜볼 수 있는 입장이었어요. 제가 현 정부의 국정 운영에서 특히 아쉬웠던 부분은 분야별로 설계를 맡겠다는 사람들은 많은데, 설계안이 구체적 성과물로 발전할 수 있게끔 과정을 세심하게 관리해주는 사람은 별로 없었다는 점입니다. 민주주의의 요체는 권력을 누가 가질 것인지 정하는 일에 있지만은 않습니다. 사람들이 살아가는 일상의 삶의 공간이 민주적으로 꾸려지는 데 있어요.

　　하지만 많은 사람들이 여전히 민주주의를 책으로만 배운 탓인지 대통령 선출하는 일이 민주주의의 전부라고 여기는 경향이 있더라고요. 가정이나 직장 같은 삶의 현장에서 민주주의를 어떻게 실천하고 뿌리 내릴지에 관해서는 거의 고민하지 않고 있어요. 그러니 민주적인 토론과 논의의 절차를 거쳐서 정책을 만들어내야 할 필요성에도 좀처럼 눈뜨지 못합니다. 문재인 정부에서조차 밀실에서 중요한 국가적 의제가 정해지고 있는 게 아니냐고 많은 사람들이 의구심을 품어온 이유예요. 말 잘 듣는 모범생이 나중에 리더가 되어 세상을 일방적으로 이끄는 시대는 이미 오래전에 막이 내렸습니다. 지금은 설령 당장은 미숙하고 불완전하게 보여도 논의와 민주적인 합의의 과정을 반드시 거쳐야만 해요. 그래야 정책이 폭넓은 공감대 위에서 정당성을 갖고 효과적으로 집행될 수가 있습니다.

　　저는 노동과 자본의 관계라는 문제도 이러한 인식의 연장선상에서 해법이 구해져야만 한다고 생각합니다. 세상 사람들 거의 대부분이 금수저가 아닙니다. 스스로 일하지 않으면 당연히 살 수가 없어요. 경제생활은 모든 인간 생활의 기본 중의 기본입니다. 사람들이 미래에 더 편안하고 안정되게 먹고살 수 있도록 경제 시스템을 재구성하는 작업은 좌파의 전유물도 아니고 우파의 독무대도 아니에요. 모든 나라의 모든 정부가 부닥치는 일이죠. 우리나라도 여기에서 예외가 아닙니다.

'기업 하기 좋은 나라'는 '노조 하기 나쁜 나라'

공   자본은 어떻게 제어를 해야 할까요?

우   박 의원님이 삼성을 잡으면 해결될 것 같은데요? (웃음)

공   착한 자본은 어떻게 만들 것인가? 자본은 어떻게 제어할 것인가? 이런 이야기를 좀 해봤으면 합니다.

우   저는 노무현 전 대통령이 2002년 12월 제16대 대통령 선거에서 승리했을 때 굉장히 기뻤습니다. 상고 출신 대통령도 탄생하고, 공고 졸업한 대통령도 등장하면 학교와 학번 따지며 위계와 서열을 정하는 우리 사회의 낡은 권위주의적 습속이 사라질 거라고 기대했기 때문이에요. 그런데 2003년 연초에 대통령 당선인 자격으로 발표한 신년사에 '기업 하기 좋은 나라'라는 슬로건이 떡하니 들어갔더라고요. 저는 도대체 어떤 인간이 신년사에 그와 같은 허접하고 몹쓸 문구를 집어넣었는지 궁금해서 그 저작권자를 탐문해봤는데, 아직까지도 범인은 오리무중으로 남아 있습니다.

그 후 '기업 하기 좋은 나라'가 새로 출범하는 정부들마다 경제정책의 첫 번째 기조처럼 자리 잡아 왔어요. 심지어 경제에 대해 잘 모를 것 같고 권한대행에 불과한 황교안 권한대행마저 여기저기서 경제 강의를 하면서 본인이 지향하는 경제기조 1번이 '기업 하기 좋은 나라'라고 하고 다녔습니다.

기업 하기 좋은 나라를 뒤집어 생각하면 노조 하기 아주 나쁜 나라가 됩니다. 문제는 기업인이 편하다고 해서 기업에 반드시 이로운 것만은 아니라는 점이에요. 그럼에도 기업 하기 좋은 나라를 기어이 만들겠다며 수많은 규제를 풀어주고 기업들에게 편의를 제공했습니다. 현재는 수도권 공장 증설 제한 정도가 실질적으로 남아 있는 규제가 아닐까 싶어요.

우리나라에서 자살한 사람들의 절반 정도는 직장에 다니는 동안 스스로 목숨을 끊는 것 같습니다. 고되고 괴로운 회사생활이 극단적 선택의 직접적 동기가 되었다고 증명하는 구체적 통계는 아직까지는 나와 있지 않아요. 하지만 저로서는 자살과 회사생활 사이에 어떠한 인과관계가 존재할지도 모른다는 생각을 늘 하지 않을 수가 없었어요. 그래서 저는 노무현 당선인이 발표한 신년사에 '기업 하기 좋은 나라' 대신 '회사 다니기 좋은 나라'가 들어갔으면 어땠을까, 하는 아쉬움을 여태껏 가지고 있어요. 그랬다면 회사에서의 스트레스로 자살하는 사람의 숫자는 많이 줄었을 것 같고, 회사도 오히려 지금보다 더 성장했을 거예요. 그런데 일부 기업주들만 편하게 만들어주다 보니 기업은 왜곡되고 불필요한 사회적 갈등을 만들면서 더 성장할 기회만 놓친 것 같습니다.

멀쩡하던 외국 기업들이 한국에 들어오면 악귀처럼 변합니다. 기업 하기 좋은 나라라는 모토가 그들이 그처럼 변질되는 데 과연 전혀 영향을 끼치지 않았을까요? 그래서 저는 이제는 사회와 기업의 관계를 전면적으로 재구성하고 재설정할 시기가 왔다고 봅니다. 국제표준화기구는 ISO 26000을 제정하면서까지 기업의 사회적 책임(Corporate Social Responsibility)의 중요성을 강조해놨습니다. 다른 나라의 많은 기업들은 ISO 26000을 인증받기 위해 다양하고 부단한 노력을 경주하고 있어요. 저는 우리나라 기업들도 사회의 시선을 의식하는, 국민들의 눈높이를 생각하는 기업으로 빨리 거듭나기를 바랍니다.

최순실 국정농단이 아닌 이재용 뇌물 로비

박 민주공화국이 직면할 수 있는 최대의 위기는 헌정이 중단되는 사태입니다. 과거에는 군부의 불법적 군사 쿠데타가 헌정 중단의 주된 원인으로 작용했어요. 박근혜 전 대통령의 헌정 유린과 최순실 일당의 국정농단은 민주공화국의 합법적 헌정 질서를 짓밟았다는 점에서 군부 쿠데타와 다름없는 무도한 짓거리였습니다.

그런데 저는 박 전 대통령과 최순실 씨 두 사람의 개인적 일탈보다도 민주공화국의 존립을 더 치명적으로 위협한 행위가, 권력 수뇌부에 대한 은밀한 로비활동을 매개로 형성된 정권과 재벌 사이의 부패하고 음습한 정경유착이었다고 생각합니다. 그 중심에는 국민들께서도 잘 아시는 것처럼 이재용 부회장 체제의 삼성그룹이 똬리를 틀고 있었습니다. 사건의 본질은 최순실이 청와대에 남몰래 들락날락하며 대통령의 연설문을 대필한 일이 아니에요. 삼성을 위시한 재벌들이 현직 대통령에게 절대적 영향력을 행사하는 특정한 민간인을 포섭하고 이용해 자신들의 이해관계를 관철시킨 사실이 이 사건의 핵심입니다. 그래서 저는 최순실 국정농단 사건은 '삼성의 정경유착 사건' 또는 '이재용 뇌물 로비 사건'으로 명확하게 재정립되어야 한다고 봅니다.

공   주연이 최순실이 아닌 이재용이었다는 말씀이시네요.

박   그렇습니다. 대한민국 정부가 수립된 이후에 거의 전 기간에 걸쳐서 재벌 총수들이 정권의 진로와 방향을 실질적으로 좌지우지해왔어요. 선출되지 않은 재벌 권력이 민주적으로 선출된 정당한 국가 권력의 머리 위에 오만하게 올라앉은 형국이었습니다. 사주 일가의 단기적인 이익만을 우선시하니 국민경제의 장기적 발전이 심각하게 방해받고, 기업들의 본질적 가치가 막대하게 훼손됐어요. 우리나라 헌법은 입법·행정·사법의 삼권 분립의 원칙을 명백하게 밝혀놓았습니다. 언론은 입법부와 사법부와 행정부를 두루 감시하고 견제하는 제4부의 역할을 수행해야만 하고요. 그런데 삼성을 필두로 하는 재벌 권력은 입법부가 자기들에게 불리한 법안을 만들지 못하게, 사법부는 불리한 판결을 내리지 못하게, 행정부는 불리한 정책을 세우지 못하게, 언론은 불리한 보도를 하지 못하게 불법적이고 위법한 로비를 끊임없이 전개해왔습니다. 그들은 민주공화국의 기본적인 작동원리를 철저하게 마비시키고 무력화하는 데 혈안이 되어왔어요.

이뿐만이 아닙니다. 이재용 부회장 사건에서 여지없이 드러난 것처럼 한 줌도 채 안 되는 사주 일가의 이익을 위해 수많은 직원들의 삶의 터전이자 무수한 투자자들의 희망의 사다리인 회사의 이익마저 서슴없이 희생시켰어요. 제가 더 경악하고 분노한 부분은 삼성그룹의 사주 일가가 자기네의 경영권을 다지려는 목적으로 대부분의 한국인들에게는 유일한 노후자금 역할을 해주는 국민연금에까지 함부로 손실을 입혔다는 사실입니다. 재벌 일가의 탈법적이고 탐욕스러운 사적 이익 추구 행위를 국가기관들이 능동적으로 거들었다는 데 대해 국민들이 커다란 분노와 배신감을 느끼는 이유예요.

그런데도 지금 두 가지 해괴한 일이 태연히 벌어지고 있어요. 첫째는 이재용 부회장의 기소를 막기 위해 별의별 로비가 전방위로 펼쳐지고 있는 일입니다. 둘째는 유죄 확정을 못하게 만들려고 준법감시위원회라는 해괴한 기구를 급조하더니 비난이 거세지니까 전문가검증위원회를 따로 둔다는 등 이재용 부회장 솜방망이 처벌에 대한 명분 쌓기를 노골적으로 시도하고 있는 일입니다. 국민들은 진즉에 눈치를 다 챘는데 전문가라는 사람들만 부끄러운 줄도 모르고 이와 같은 치졸한 눈 가리고 아웅을 하고 있어요.

저는 이재용 부회장이 박근혜 정권에 대한 삼성의 불법적 뇌물 제공 혐의와 관련해 만에 하나 집행유예 수준의 낮은 처벌을 선고받는다면 공정과 정의를 생명으로 하는 민주공화국이 중대한 위기 상황에 놓이는 것이라고 생각합니다.[45] 박근혜 전 대통령에 대한 탄핵안이 국회에서 가결되고 적폐청산

45　이 대담 후 2021년 1월 18일, 이재용 부회장은 2년 6개월의 실형을 선고받았다.

을 염원하는 뜨거운 열기가 국민들 사이에 드높이 고조되지 않았다면 이재용 부회장은 아예 기소조차 되지 않았을 거예요. 공정하고 정의로운 세상을 향한 국민들의 간절한 기대와 여망을 무시하고서 이재용 부회장에게 무리하게 면죄부를 발급해준다면 이는 희대의 사기극으로 역사에 기록될 게 뻔합니다. 총수의 이익이 절대선으로 군림하는 사회는 불평등한 계급사회일 뿐이거든요. 이건 공정의 위기 차원을 지나 공화국 자체의 위기가 됩니다.

미국은 우리와는 다릅니다. 구글도 위법사실이 발각되자 에누리 없이 기소를 당했어요. 다른 대통령도 아닌 트럼프 행정부의 법무부가 기업범죄에 아주 단호했어요. 그렇다고 트럼프가 사회주의자인가요? 우리나라에서는 기업을 법과 원칙대로 처리하려고만 하면 사회주의라는 얼토당토않은 소리가 도처에서 즉각적으로 튀어나옵니다.

공　미국이 기업범죄에 대해선 무지 엄하더라고요.

박　그렇죠. 미국은 법무부뿐만이 아니라 하원에서도 미국을 대표하는 4대 정보통신 기업인 애플, 아마존, 구글, 페이스북의 최고경영자(CEO) 전원을 청문회 증인으로 인정사정없이 출석시켰습니다. 이들 기업들이 현행 독점금지법의 허점을 교묘하게 파고들어 시장에 대한 지배력을 불법적으로 강화해왔다는 이유였어요. 주정부들 역시 연방정부의 노력에 화답해 알래스카와 하와이를 제외한 나머지 모든 주정부의 검찰총장들이 합동 기자회견을 개최해 연방정부의 기소와 별개로 각 주 단위에서도 수사를 따로 진행한다고 했을 정도입니다.

미국에서는 거대 기업의 독점과 횡포가 미국 경제의 주적이라는 사회적 공감대가 벌써 1백 년 넘게 폭넓고 단단하게 유지되어오고 있습니다. 반면에 우리 사회에서는 기업들의 일탈과 불법이 마치 아무 일도 아닌 것처럼 대수롭

　　　　　　　　　　　　5장 자본과 노동의 새로운 관계

지 않게 치부되고 있어요. 저는 잘한 건 잘했다고 칭찬하되 잘못한 일은 성역과 금기 없이 법과 원칙에 따라 단죄해야만 한국 경제가 튼튼한 반석 위에 올라서고, 대한민국이라는 국가공동체에 공정성과 정의로움이 한층 더 충만해질 거라고 봅니다.

저는 세간의 억측과 오해와는 달리 반기업주의자가 결코 아닙니다. 정당하고 정상적인 기업 경영 활동은 제도와 법으로 확실하게 보호해줘야 한다는 입장이에요. 이를테면 기업들이 창의적으로 만들어낸 지적 재산에 대한 보호 조치가 더욱더 확고하게 강화되어야 한다고 봐요. 하지만 기업들이 반드시 지켜야만 할 기본적 규칙과 법령을 위반했을 경우에는 단호하고 엄중한 처벌이 반드시 이뤄져야만 한다는 점과 관련해서는 절대로 타협하거나 양보할 의사가 없습니다.

보수는 재벌 개혁, 진보는 노조 개혁

김   삼성그룹의 입지는 상대적으로 다른 그룹들이 정체되거나 약해지면서 우리나라 경제생태계 안에서는 나날이 더 탄탄해지고 있습니다. 독보적 존재죠. 그렇기 때문에 삼성의 문제점이 우리나라 경제생태계 전체에 일반화된 문제라고 보기는 어려운 측면도 있어요.

저는 우리나라가 진짜로 '기업 하기 좋은 나라'인지에 대해서는 상당히 회의적입니다. 역대 정부들마다 기업 하기 좋은 나라를 만들겠다고 표방한 건 분명히 기업 하기 안 좋은 측면이 있다는 현실이 반영된 부분도 있기 때문이라고 볼 수 있죠. 실은 훨씬 일반적이고 보편적인 명제로 전체 기업들에 적용되어야 할 문구인 '기업 하기 좋은 나라'를 특정 재벌이 자기네 이익을 극대화하는 데 써먹을 생각으로 권력자에게 주입시켰다면 그건 분명히 문제가 있다고 봅니다. 그러나 막상 현장에서 실제로 기업을 운영하는 입장에서는, 그게 전통제조업이든 첨단 스타트업이든 공통적으로 지적하는 문제들이 바로 과도한 규제, 복잡한 세제, 경직된 노사관계 또는 인력 부족 등인데 업종이나 기업 특성별로 약간의 차이는 있겠지만 그 장애물과 애로사항이 거의 똑같이 반복되고 있는 걸로 보입니다. 지난 10년 정도 돌이켜보면 기업 하고 싶은 의욕이 고취되어 있는 기업인을 만나본 기억이 거의 없어요. 재벌의 편을 들어줄 필요는 당연히 없지만, 재벌 아닌 기업들도 이구동성으로 이야기하는 무언가가 있다면 그게 실제로 문제일 수 있다고 생각해볼 필요는 있다고 보고요. 구호와 현실이 왜 이렇게 크게 겉돌고 있는지에 대한 진지한 성찰과 고민이 필요하다고 봅니다.

그럼 무엇을 어떻게 해야 할 것이냐 하는 문제가 남죠. 어떤 문제를 진영 논리에 갇혀서 보수와 진보의 이분법적으로 바라보는 것에 대해 전혀 동의하지 않지만 어쩔 수 없이 그 지지 기반에 따라 진보 진영에게는 기업인들의 일탈이 더 잘 보일 거고, 보수 진영에게는 노조의 과격함이 더 잘 보일 겁니다. 그래서 잘되는 나라가 되려면, 앞서 말씀처럼 보수는 재벌 개혁을 해야 하고, 진보는 노조 개혁을 해야 한다고 생각합니다.

2012년에 경실모 활동할 때와 지금을 비교해보면, 재벌들이 아직 강한 영향력을 발휘하고는 있지만 그간의 누적된 노력 덕분에 과거에 비해서는 현저하게 약화되고 있는 것만큼은 틀림없는 것 같습니다. 새누리당의 2012년 총선, 대선 대표 공약이 경제민주화였을 정도로 그때의 화두였고요. 기술 변화로 인해 산업구조나 경제환경이 급변하면서 현재의 대기업들은 생존 위기에 내몰려 있다고 보여집니다. 사회적·제도적 감시가 훨씬 높은 수준으로 이뤄지고 있고 시민의식도 높아져서 앞으로는 재벌들이 이전처럼 감히 함부로 오만하게 행동하지 못하는 경로로 이미 깊숙이 접어들었다고 생각됩니다.

오히려 저는 경제생태계의 다양성과 활력이 급격히 떨어지고 있는 것이 더 큰 문제가 될 거라고 봅니다. 어느 국가나 경제성장과 산업의 수명 주기에 따라 경제생태계를 이루는 산업이나 기업의 구성이 바뀔 수밖에 없고 우리나라의 제조업 기반도 글로벌 환경 변화에 따라 같이 변화를 겪을 수밖에 없다고 봅니다만, 지금은 무너지는 속도가 빨라도 너무 빨라서 이대로는 곤란할 것 같습니다. 다수 제조업체에서 비슷한 애로들을 이야기하는데, 최근에는 괜찮은 설비업체가 국내에 많이 남아 있지 않아서 설비 발주를 중국으로 내야 하는 경우가 많다는 거죠. 설비라는 건 공정 노하우의 결정체인데, 이렇게 하나하나 기반이 무너져내리면 앞으로 우리 제조업체들은 고유기술 없이 단순 가공업체, 하청업체로 전락하면서 경쟁력이 점점 약화되어 갈 겁니다. 제조업의 기반이 축소되는 운명은 피할 수 없더라도 그것이 일시에 지나치게 위축돼버리면 산업생태계도 같이 무너질 수가 있고, 고용에도 큰 충격을 주겠죠. 이들에 인공지능을 붙이든 빅데이터를 돌리든 어떻게 해서라도 변화에 적응해서 살아남는 방법을 찾기를 바랍니다.

세탁기 하나 사는 데 한 달 걸리는 나라

우   저희 집에서 오랫동안 사용하던 독일제 지멘스 세탁기가 작년 여름에 갑자기 고장이 나서 애프터서비스를 받으려고 회사에 연락했더니 오래된 모델이라 단종되었고 부품도 없다고 해서 한국 제품을 샀습니다. 그런데 국산 브랜드 제품인데도 중국에 공장이 있고 창고도 중국에 있어서 주문을 하면 그때 중국에서 배송을 시작하는 시스템이더라고요. 코로나 때문에 물류도 여의치 않아서 거의 한 달 걸려서 세탁기를 받았습니다. 아이들 빨래는 쌓이는데 빨래방에 갈 수도 없고 집에서 빨래를 책임지고 있는 제가 고생 좀 했어요. 아내는 여름에 세탁기가 고장 나는 게 겨울에 망가지는 것보다는 그나마 낫지

않냐고 그러고. (웃음)

세탁기 하나만 봐도 짐작할 수 있듯이 우리나라에서 제조업은 사양산업의 단계에 진즉에 이르렀습니다. 이제 마스크 제조업까지 중국으로 막 넘어갈 참이었는데, 이게 완전히 중국으로 이전해 가기 전에 코로나가 터진 게 어쩌면 불행 중 다행이었을지도 모르겠어요. 코로나 사태 초기에 정세균 국무총리가 마스크 수급이 제때 이뤄지지 않는다고 여론의 십자포화를 맞았어요. 그래도 마스크 제조업체의 주력이 아직은 국내에 남아 있는 덕분에 마스크 대란은 비교적 단기간에 수습이 됐죠. 마스크 공장이 중국으로 모두 옮겨간 상황이었다면 총리가 아무리 열심히 동분서주하고, 대통령이 아무리 부지런히 생산을 독려했어도 뾰족한 해법이 없었을 겁니다.

제가 첫 직장인 현대에서 짧지 않은 기간 동안 근무했어요. 저는 사람들을 부드럽게 대해주면 일이 제대로 될 줄 알았는데, 실제로 직장생활을 경험해보니까 그게 아니더라고요. 유럽 대륙에서는 기업들이 사회의 눈치를 많이 봅니다. 기업의 사회적 책무를 한시도 소홀히 할 수가 없어요. 저는 중국으로 진출한 우리나라 회사들을 다시 한국으로 돌아오게 할 수 있는 대책과 방법이 얼마든지 있다고 생각합니다. 더군다나 제조업의 생산단가를 낮출 수 있는 신기술도 지속적으로 개발되어왔고요. 사회와 기업이 상생할 수 있는 길을 적극적으로 찾아볼 필요가 있습니다. 한국의 산업인프라는 다른 나라들의 그것과 견주어 결코 손색이 없는 수준이에요. 우리나라 제조업체들이 한국에서 중국으로, 중국에서 베트남으로, 베트남에서 다시 인도네시아로 해외를 전전하지 않아도 될 근거들은 차고 넘칩니다.

중국에 진출했던 유럽 국적의 유수의 기업들이 최근에 중국 시장에서 속속 빠져나오고 있어요. 구태여 중국에 공장을 두지 않아도 되는 물리적 환경과 제도적 시스템이 자기들 나라에서도 마련되고 있기 때문이에요. 저는 기업은 사회에 대한, 사회는 기업에 대한 서로의 본분과 약속을 충실히 지키는 풍

"세금 많이 내는 기업이 최고 기업이고
세금 많이 내는 기업인과 부자가
애국자라고 저는 생각해요.
기업들은 법 잘 지키고, 세금만 잘 내면 됩니다.
그러면 사회가 알아서 기업을 지원하고
격려해주게 돼 있어요."

토가 확립된다면 삼성처럼 정치권과 정부를 상대로 로비하고 뇌물 먹이는 일이 기업들 스스로에게 자기 발등만 찍는 일이 머잖아 될 거라고 봅니다. 잘 지키기만 하면 로비나 뇌물은 다 쓸데없는 돈 쓰는 거잖아요.

박 저는 법을 지키지 않는 기업은 사회에 백해무익하다고 판단하고 있어요. 일각에서는 이재용 부회장에게 부과된 상속세가 너무나 혹독하고 과도하다며 국가가 기업을 상대로 왜 세금을 갈취하느냐고도 합니다.

하도 답답해서 국회 예결위에서 총리께 질의를 했어요. "상속세 내야 하는 구광모 LG 회장에게 돈 갈취하고 계십니까?" 하고요. 총리께서야 당연히 절대 아니라고 하시죠. (웃음) 납세는 기업이 나라와 국민을 위해 할 수 있는 최고의 사회적 기여입니다. 세금 많이 내는 기업이 최고 기업이고 세금 많이 내는 기업인과 부자가 애국자라고 저는 생각해요. 우리 국민들이 세금 안 내는 기업을 비판한 경우는 많아도, 세금 잘 내는 회사들을 욕한 적은 없어요. 기업들은 법 잘 지키고, 세금만 잘 내면 됩니다. 그러면 사회가 알아서 기업을 지원하고 격려해주게 돼 있어요.

저도 기업인들의 애환을 모르는 건 아니에요. 제가 아는 분 가운데 선친으로부터 물려받은 기업을 3형제가 공동으로 경영하는 곳이 있어요. 그분들은 가업상속제 범위도 넘어선 기업인데 상속세 같은 세금 문제에는 별다른 불만을 갖고 있지 않더라고요. 기업을 당장 때려치우고 부동산 시장에나 기웃거리고 싶은 충동이 일도록 만든 일은 정작 따로 있었습니다.

공 사이비 언론이 계속 집요하게 괴롭히나요?

박 그건 아니고, 자기 회사에 노조가 있는데 노조원이 단 한 명인 노동조합이라고 합니다.

공   1인! 기업도 아니고 1인 노조라…

박   원래는 조합원이 셋이었는데, 두 명이 노조에서 탈퇴해 한 명만 남았다고 합니다. 그런데 아마 노조위원장도 겸하고 있을 1인 노조의 노조원이 걸핏하면 노동청에 진정을 넣는다고 하더라고요. 그것 때문에 형제들이 시도 때도 없이 차례로 노동청에 불려가 조사를 받고 있나 봐요. 그래서 3형제가 만날 때마다 공장이 기업으로서의 가치가 있을 때 후딱 팔아버린 다음 그 돈으로 강남에 큰 빌딩 하나, 호주에 하나, 다른 외국에 하나, 이렇게 세 채를 사고 3대까지 마음 편하게 사는 게 차라리 낫겠다는 신세 한탄을 한다고 합니다. 그분 이야기 들으면서 기업 하나 잘 운영하는 데 신경 쓸 일이 참 많겠구나, 노동자와의 관계도 운영자금 마련도, 물건을 사가는 대기업 눈치 보는 일도 힘들겠구나 생각했습니다.

김   제가 들어온 기업인들의 고충이 바로 그와 비슷한 하소연들이었어요. 우리나라의 대다수 기업인들은 과거보다는 훨씬 투명하게 기업경영을 하고 있다고 믿고요. 대부분의 노동조합들은 합법적이고 상식적인 활동을 합니다. 노동자에게 상처를 주는 기업과 사회에 물의를 일으키는 노조는 극히 일부분에 지나지 않아요. 하지만 극단적이고 예외적인 일부가 마치 전체를 대변하는 것처럼 포장되어 알려져서 안타깝다는 말씀을 다시 한번 드립니다.

기업상속공제제도를 재정비해야 할 때

우   제가 경제학자로서 마음이 불편한 순간들 가운데 하나가 '실효세율'이라는 용어를 사용할 때입니다. 실효세율은 공식세율이 버젓이 엄존함에도 불구하고 사람들이 실제로 얼마를 세금으로 내는지 표현하는 말입니다. 즉 법대로 내는 사람만 바보라는 뜻이죠. 편법이 기본이라는 의미입니다. 삼성그룹 같은 회사는 법망을 피할 방법을 이미 다 강구해놓고 있어요. 그 결과 법을 잘 지키는 사람들은 자기의 실효세율은 100%라고 자조하며 쓴웃음을 짓곤 합니다. 세금만 그런가요? 건축 분야에서는 멀쩡한 콘크리트가 자기 발로 움직이는 것 같은 기괴한 탈법이 횡행합니다. 모두가 범법자예요. 측량기사 데리고 와서 규정 들이대면 다 걸립니다.

박　제가 이승만 정권 시대의 상속세율이 90%에 달했다는 이야기를 신문에서 했더니 그 기사를 읽은 사람들이 다들 놀라더라고요. 박정희 정권 시절에는 상속세율이 낮아졌는데 그럼에도 75%나 됐습니다.

김　미국의 소득세율이 1950~51년 사이에 최고 91%였던 구간이 있다고 하는데, 그 당시에도 실효세율은 그 절반 정도였다고 하네요.

박　저는 세율이 얼마냐는 문제를 따지기에 앞서서 우리 사회의 전반적 분위기를 다시 한번 짚어볼 필요가 있다고 생각해요. 법을 어기는 일을 밥 먹듯이 하는 기업인들이 수두룩한 현실에 아랑곳하지 않고 기업 하기 좋은 나라 만들어 달라는 얘기만 앵무새처럼 반복해 떠들어대니 국민들로부터 어떻게 공감과 지지를 얻을 수가 있겠습니까? 물론 법도 잘 지키면서 정말로 열심히 땀 흘리며 성실하게 사업하시고 기업 하시는 분들도 굉장히 많습니다. 이런 분들을 위해 '가업상속공제제도'라는 것이 있는데 매출액 기준 최대 3천억 원까지 가업상속 대상에 포함돼 상속을 공제받을 수가 있다고 해요.
　　그런데 사실 가업상속으로 분류되면 불편한 점이 몇 가지 있습니다. 10년 동안 고용을 유지해야만 하고, 업종도 변경할 수 없는 게 대표적 애로사항이에요. 요즘처럼 빛의 속도로 경제환경이 신속하게 변화하는 시대에 그런 기준을 맞추기는 쉽지 않은 일일 수도 있습니다.

제가 소개한 1인 노조가 있는 회사의 경영진 심정이 백분 이해가 되는 이유가 또 있어요. 그 회사의 상시 고용인원이 300~400명인데, 직원들 중 상당수는 선대 사장 시절부터 회사에 근무해온 노동자들이라고 합니다. 그분들 연봉이 대략 7천만 원 정도인데 그 회사를 다니며 자식들 대학도 보내고 결혼도 시켰다면서 사측에 진심으로 고마워하고 있다고 해요. 회사에 대한 애정과 충성이 남다른 분들이지요. 그래서 경영진들이 마음 같아선 확 공장 팔아버리고 땅이나 사서 편하게 먹고살고 싶지만, 회사와 고락을 같이해온 대다수 직원들과의 의리 때문에 그러지 못하고 있다고 합니다.

저는 진정한 기업가 정신과 사회적 의무감에 입각해 회사를 운영해온 기업들을 위해 새로운 가업상속 기준을 마련하는 일에 정치권이 논의를 시작할 수 있다고 봐요. 다른 사람도 아닌 재벌저격수라고 불리는 저 박용진이 이런 이야기를 한다는 것에 대해 욕을 먹을 수도 있지만 사회를 위해 필요한 일이면 욕을 먹더라도 쓱 해야만 한다는 게 저의 소신이거든요. 저는 이와 마찬가지로 박정희와 이승만 두 전직 대통령에 대해서도 긍정적 재평가가 필요한 부분은 과감하게 긍정적 재평가를 해줘야만 한다고 생각합니다.

우   제가 말했잖아요. 전두환이 잘한 것도 있다고. (웃음)

공   제가 부업으로 종종 정치 컨설턴트 노릇도 하는데, 컨설턴트 입장에서 바라봤을 때는 이른바 데미지 컨트롤이 쉽지 않은 기획일 수도 있기에 의원님의 거침없는 종횡무진을 솔직히 만류할 수 있다면 만류하고 싶네요.

박   저는 우리 사회가 전체적으로 지나치게 경직돼 있다고 봐요.

공   경직돼 있기도 하거니와 무지하게 교조적이기도 합니다. 실제 생활에서
는 원칙 없이 갈대처럼 이익만 좇는 사람들일수록 '입으로만 탈레반'들이 더
더욱 즐비해요.

박   그렇기 때문에 너무 빡빡하게 조여져 있는 부분들을 조금은 느슨하게
풀어줘야 한다고 봅니다. 기업가들이 신나게 일할 수 있도록 해주는 일도 답
답하게 꽉 막힌 걸 시원하게 뻥 뚫어주는 작업의 범주에 들어간다고 생각해
요. 한 달에 100만 원 벌던 사람이 500만 원을 벌게 되면 인생이 행복해집니
다. 작년에 1천억 원의 매출을 올린 회사가 올해 2천억 원의 매출을 기록하면
기업인으로선 희열을 느끼는 법이고요. 이러한 성취는 개인의 역량만으로는
이룩되기가 힘듭니다. 사회에 창의성의 기운을 불어넣고 혁신의 기풍을 진작
시키는 제도적 뒷받침이 전제되어야만 해요. 저는 이와 같은 뒷받침을 해주는
것이 다름 아닌 정치인들의 의무이자 역할이라고 봅니다.

공   노동시장의 유연성 문제에 대해서도 간단하게나마 언급해주시죠.

우   노동 유연성은 우리가 그동안 이야기해온 내용에 많이 반영되어 있습니
다. 두 분께서 간략히 말씀해주세요.

박   지금은 평생직장의 개념이 옅어진, 아닌 사라진 시대입니다. 일생에 몇
번이 아니라 1년에 몇 차례 직장을 옮기는 사례가 허다해요. 투쟁과 저항만
잘한다고 회사를 오래 다닐 수 있는 게 아니게 되었어요. 구조조정이 개별 기
업 단위의 현안이 아니라 산업 전체 차원의 과제가 되었거든요. 저는 그럴수
록 사회안전망이 가일층 확실하고 튼튼해져야만 한다고 생각합니다. 그러자
면 기업들도 고통 분담에 적극적으로 동참해야만 합니다. 기업들이 노동자

들의 안정과 복지를 위해 돈을 아끼지 말아야 노조에게도 양보와 고통 분담을 요구할 수가 있거든요. 정치권은 특정한 계층과 집단이 고통 전담의 십자가를 지는 사태가 발생하지 않도록 유능하고 공정한 조정자 겸 중재자로서의 사명과 소임을 완수해야만 하고요.

김   저는 기본소득이 도입되기 이전이라도 동일노동 동일임금의 원칙이 반드시 관철되어야만 한다고 생각합니다. 그래야 정규직과 비정규직 사이의 차별과 불평등이 해소될 수 있기 때문이에요. 동일노동임에도 불구하고 만약에 어느 한쪽에 할증(premium) 임금을 줘야만 한다면 저는 고용이 불안정한 비정규직에게 지급해야 옳다고 봅니다. 여기에 더해 일자리를 잃은 사람들을 위한 지원망을 촘촘하게 깔아놓으면 언뜻 어긋날 것처럼 보이는 고용의 질과 고용의 유연성이 그 결과물로 함께 자연스럽게 따라올 테니까요.

정치인은 의뢰받지 않은 일도 하는 사람

우   젠더(gender) 문제는 대담자가 다 남성이라서 일부러 뺐는데, 마무리 겸해서 간단히 언급해보겠습니다.

변호사 하는 제 친구들이 잘난 척하면 제가 종종 하는 말이, 너는 돈을 받은 다음에야 움직이지만 돈 안 받고 움직이는 사람들이 너네보다 상급이다, 라고 말해요. 변호사는 상담자가 찾아오기를 수동적으로 기다리는 직업적 특성을 띠고 있어요. 의뢰받은 일만 하는 셈이죠. 정치인은 변호사와는 직분이 다릅니다. 의뢰받지 않은 일도 그것이 자신의 책무라고 여겨지는 일이라면 지체 없이 띠안아야 합니다. 표가 되는 일만 한다면, 티가 나는 곳만을 찾는다면 이는 정치인으로서의 올바른 자세가 아니에요. 돈 안 되는 일도 당당하고 자랑스럽게 능동적으로 하는 부분이야말로 정치인이란 직업에 내포된 가장 큰 매력이라고 생각합니다.

코로나 바이러스 사태 동안 20~30대 여성들의 자살률이 충격적으로 상승했어요. 얼마 전에는 한 유명 개그우먼도 스스로 목숨을 끊었습니다. 전 연령대를 통틀어 합산하면 남성들의 자살률이 여성들의 자살률보다 거의 두세 배가 높아요. 그러나 20~30대만 보자면 여성들의 비율이 급격히 높습니다.

최근에 아주 가슴 아프게 접한 자살 사건이 있었습니다. 항공사 승무원으로 근무하며 월세 오피스텔에서 혼자 살고 있던 20대 후반 여성이 생을 마감한 일이에요. 코로나 여파로 휴직 기간이 길어지니 수입이 끊어졌고, 수입이 끊어지니 대출금 상환은 물론 자신의 생활비 조달마저 힘겨워졌다고 합니다. 더욱이 집에다 돈도 부쳐줘야만 하는 형편이었고요. 그런데 회사에 복직할 전망이 도무지 보이지 않으니 아직 앞날이 창창한 나이에 안타깝게도 극단적 선택을 하고 말았어요.

이 사건은 젠더 문제이고, 청년 문제이고, 코로나 사태를 계기로 한층 더 악화될 것으로 예상되는 각 업종의 노동 문제이기도 합니다. 또 이런 상황에 몰렸을 때 부동산 대출금 상환에 대한 임시 타개책을 만들어주지 못한 부동산 문제이기도 하고요. 이 가운데 어느 문제 한 가지도 명쾌한 해결의 기미가 포착되지 않고 있어요. 이처럼 다양한 층위의 문제들이 복합적으로 중첩되면서 젊은 여성들의 자살률 급증이라는 비극적 결말로 귀결되고 있습니다.

고립된 여성들을 보살피고 구원해줄 방안이 시급함에도 제 느낌상 젠더 문제는 노동 문제의 후순위로 밀릴 것 같은 좋지 않은 예감이 자꾸만 듭니다. 정치인은 의뢰받지 않은 일도 하는 사람입니다. 저는 정치가, 정치인들이 우리 사회의 그늘진 곳에 위치한 불행한 삶의 현장들을 발굴하고 치유하는 데 좀 더 열의를 가졌으면 합니다. 제가 정치를 가혹할 만큼 비판해왔음에도 불구하고 정치에 대한 희망과 기대의 끈을 결코 놓지 못하는 까닭이에요.

5장 자본과 노동의 새로운 관계

의뢰받지 않아도 움직이는 사람이 정치인이라서 변호사보다 상급입니다. 그러니까 변호사로 성공한 다음에 정치인 되는 것 아니겠습니까? 돈 받지 않고서 움직인다는 점에서 정치인은 우리 사회의 정의의 마지막 보루이자 공익의 최종적 수호자이기도 합니다. 저의 이 얘기를 유망한 차세대 정치인이신 박용진 의원님과 김세연 의원님 두 분께서 꼭 깊이 새겨주셨으면 좋겠습니다.

박　의뢰받지 않아도 움직이고, 나대겠습니다. (웃음)

우　그래서 사심 없는 사람만이 뛰어들 수 있는 직업의 세계가 정치의 영역이에요. 기업인은 이익이 없는 곳으로는 절대 향하지 않거든요.

김　우 박사님께서 당부해주신 것처럼 정치인들이 우리 사회의 걸어다니는 감각기관이 되어야 마땅한데, 우리 당만 그러는 건지, 민주당 속사정은 제가 잘 모르겠고, (웃음) 기성 정당들의 실태를 살펴보면 다들 촉수가 마비된 모양새입니다.

공　촉수가 마비된 사람들임에도 불구하고 본인의 이해관계와 관련된 일에서만은 희한하게도 촉이 엄청나게들 좋더라고요.

우　박용진 의원님께서 아직은 재선에 불과하기 때문에 감각이 여전히 살아 있지만, 4선의 중진의원쯤 되셔도 과연 그 감각의 예민함을 유지해나갈 수 있을지… (웃음)

박　그 말씀 들으니 저도 슬슬 마비가 오려고 하네요. (웃음)

김   제가 보기에 박용진 의원님께서는 완벽히 깨어 계십니다.

공   우리나라 정치인들의 감각기관은 여태껏 마비된 적이 없습니다. 시세의 유·불리에 따라 선택적으로 마비 증상이 오니 그게 문제이지요.

대담을 마치며

우   이제 대담을 마무리할 단계에 다다랐네요. 대단원의 막을 내리는 차원에서 결론 삼아 독자들에게 전하고 싶은 메시지가 있으면 기탄없이 말씀해 주세요.

김   클로징 멘트까지는 제가 미처 생각을 못하고 왔는데. (웃음)

우   초선 때라면 아마 금방 하셨을 텐데. (웃음)

박   그럼 저부터 하라는 말씀인가요? 선수(選數)가 먼저인데… (웃음) 저는 대담이 진행되는 내내 대한민국이 미래로 나아가기 위해 반드시 풀어야만 할 과제가 무엇인지를 다시금 진지하게 천착하게 됐습니다. 저에게는 이 자리가 제 주장을 개진하는 자리이기보다는 다른 분들의 혜안을 배우고 지혜를 경청하는 자리였어요. 이번 대담이 저에게 아주 유익하고 의미 있는 학습대담이 되었습니다. 때마침 제가 책을 하나 준비하면서 여러모로 생각을 정리하던 참이었거든요.
　　저는 어떤 분야에 관해서건 자신의 의견을 밝히려면 적잖은 용기가 필요하다고 생각합니다. 노동 문제에서든, 교육 문제에서든 변화와 혁신을 만들어내려면 기존 질서에 뿌리를 박고서 기득권을 향유하고 있는 무리와의 마찰과 충돌이 불가피하기 때문입니다. 그걸 견디고 이겨내는 일은 절대 쉽지 않은 일이에요.

제가 국민의 보편적 상식과 일반적 눈높이에 맞춰서 의정활동을 펴다 보니 더불어민주당을 나가라는 둥, 국민의힘으로 입당하라는 둥의 온갖 험한 말들을 시시때때로 듣고 있어요. 저는 정치인으로서 제 생각의 100%를 고집하지 않고 51%를 현실에서 구현해내는 게 중요하다고 생각합니다. 당내에서 약간의 갈등을 겪더라도 존경하고 사랑하는 당원동지들을 인내심 있게 설득해 제가 생각하는 방향과 좌표로 그분들을 모셔오는 것을 목표로 설정하고 있습니다. 그 일 또한 역시나 쉽지 않은 일입니다. 길고 고통스러운 일일 것이란 점을 저도 직감하고 있어요. 하지만 바로 그 일이 제가 해야만 하고, 해낼 수 있는 일이기에 소명감을 가지고 목표지점을 향해 차분하게 매진하고 있습니다.

조금 전의 대화에서 오간 대로 정치인은 우리 사회에서 남의 의뢰를 받지 않아도, 곧 다른 사람으로부터 착수금을 받지 않아도 자발적으로 나서서 주체적으로 움직이고 행동하는 사람입니다. 그러자면 일시적으로 내 바람과 일치하지 않는 역할도 기꺼이 맡을 수 있는 참다운 용기가 있어야 합니다.

저는 한국의 노동조합들이 남들로부터 뭔가를 받으려면 자신들도 남들에게 뭔가를 내줄 준비를 해야만 한다고 강조했어요. 그건 저 자신에게 해당되는 교훈이기도 합니다. 제가 남들을 바꾸려면 먼저 나부터 바뀌어야죠. 이번 대담에서 우리가 나눴던 아이디어와 과거 반성이 더 많은 독자들에게 전달되어 대한민국이 더 많은 국민들에게 살기 좋은 나라로 발전하는 데 작지만 뜻깊은 디딤돌이 되었으면 하는 바람입니다.

김   저는 이번 대담에 참여하기 전까지는 이렇게 얼굴 마주 보고 앉아서 밀도가 높으면서도 장시간의 대담을 나눠본 경험이 없었어요. 그래서 약간의 두려움과 그보다 더 많은 호기심을 갖고서 이 자리에 왔습니다.

제가 바른정당을 함께 창당했을 때에도, 자유한국당의 시민정치원장으로 일할 때에도, 여의도연구원장을 맡았을 때에도, 그리고 제 지역구의 당협위원장으로 활동할 때에도 가장 자주 했던 이야기가 '깨어 있는 시민이 되자'는 것이었습니다.

공　그건 상대방 슬로건 아닌가요? 깨시민! (웃음)

김　프롤로그에 넣어야 할 말을 제가 무심코 지금 해버렸네요. (웃음) 나라의 주인이 주인 노릇을 제대로 하지 않으면 종이 주인 행세를 하게 돼 있죠. 그러면 진짜 주인은 남의 집도 아닌 자기 집에서 종노릇을 하게 되기 마련입니다. 저는 국민들께서 나라의 주인으로서의 지위를 굳건히 지키려면 늘 깨어 있어야 하고, 정치에 대한 무조건적 혐오나 반감을 거둬주셔야 한다고 생각해요. 관심과 애정을 갖고서 정치에 꾸준하고 활발하게 참여하는 국민만이 나라의 주인으로서의 권리를 당당하게 누릴 수 있기 때문입니다. 국민이 정치를 외면하고 기피하면 몇몇 거대 정당의 소수 기득권자들이 제멋대로 권력을 행사하게 됩니다. 그런 조건에서는 국가공동체가 불안하게 표류할 수밖에 없어요.

국민이 변하면 정치인들도 어쩔 수 없이 변할 수밖에 없다고 확신합니다. 이런 측면에서 저는 깨어 있는 지성인이자 행동하는 실천가들인 우석훈 박사님과 박용진 의원님 두 분을 모시고 함께 오랫동안 이야기할 수 있는 기회를 가지게 되어 정말 크나큰 영광으로 생각하고 있어요.

'대한민국은 민주공화국이다.' '대한민국의 주권은 국민에게 있고, 모든 권력은 국민으로부터 나온다.'

대한민국 헌법 제1조의 ①항과 ②항의 내용입니다. 저는 이와 같은 헌법 정신만 우리가 흔들리지 않고 확고하게 견지해나간다면 대한민국이 직면한 모든 난제들을 결국에는 성공적으로 풀어낼 수 있을 것으로 믿고 있습니다.

저는 민주주의와 공화주의가 잘 어우러진, 그리하여 다수결의 폭력도 없고 엘리트들의 오만도 없는, 자유로운 시민들의 폭넓고 투명한 숙의 과정을 충분하고 건실하게 거친 합의가 우리나라의 미래를 결정하는 일에서 제일 바람직하고 이상적인 방법이라고 생각합니다. 그러므로 우리 사회에 여전히 부족한 다양성과 합리성을 공급하고, 아직도 많은 부분을 지배하고 있는 획일성과 전근대성을 극복하는 게 지금의 현실에서 해내야 할 가장 우선적 과제일 거라고 봅니다. 놀라운 기세로 진행 중인 오늘날의 기술혁명에서 비롯되는 경제·사회·정치 각 부문의 총체적 변화에 우리나라가 만약 적응하지 못한다면 결코 참담한 도태의 운명을 피하지 못할 것입니다. 저는 우리나라가 19세기 후반과 20세기 초엽에 겪었던 비참한 낙오의 역사를 되풀이하지 않도록 시민들은 깨어 있는 시민이, 정당들은 깨어 있는 정당이, 기업들은 깨어 있는 기업이 제각기 되어주었으면 하는 바람을 이번 대담의 결론으로 말씀드리고 싶습니다.

우 우리나라가 OECD에 회원국으로 가입할 당시에 멕시코와 같이 가입을 했습니다. 그러자 국제사회에서는 멕시코에 한국이 1+1으로 묻어간 거라는 수군거림이 일었습니다. OECD가 신규 회원국을 아주 가끔씩만 받아들이는데, 멕시코를 위해 문이 잠시 살짝 열린 틈을 이용해 한국이 잽싸게 비집고 들어갔다는 곱지 않은 시선이었어요. 그런데 지금에 와서는 멕시코가 OECD 회원국이냐고 외국 친구들이 가끔 물어봐요. 우리나라랑 같이 가입했다 그러면 한국은 원래 OECD 아니었냐고 그래요.

저도 한국인입니다. 국가에 대한 긍지와 자부심이 없으려야 없을 수가 없어요. 우리나라는 싸우면서도 성장해온 저력이 있는 나라입니다. 다른 나라들은 못했던 일이에요. 저도 한때 멕시코가 우리나라보다 선진국인 줄 알았는데, 실제로는 그게 아니더라고요. 대한민국과 비슷한 속도로 발전하다가 중간에 퍼져버린 나라가 전 세계에 여럿 있습니다. 그래서 제가 대담의 말미에 드리고 싶은 말씀은 이거예요. 애들 쓸데없이 조기유학 보내지 말고 한국에서 공부시킵시다!

돌덩이가 일어서는 날

우석훈

> 난 말야 이야 이야
> 똑똑히 봐 우워
> 깎일수록 깨질수록
> 더욱 세지고 강해지는 돌덩이

JTBC 드라마 「이태원 클라쓰」의 단밤포차 주방장 마현이가 마지막 요리 대결을 위하여 녹화장 문을 열고 들어설 때 국카스텐 하현우의 노래 <돌덩이>가 울려 퍼졌다. 그때 울었다. 국카스텐 노래를 들으면서 울었던 건 그때가 처음이었던 것 같다. 박용진, 김세연 이 두 70년대생 정치인들과 긴 대담집 작업을 마친 다음 날 아침, 혼자 생각을 정리해보는데 이 노래가 생각이 났다.

진보와 보수로 갈려 각각 살아온 71년생, 72년생, 이제는 어느덧 50줄에 들어선 두 정치인과 꽤 긴 시간을 같이 떠들고, 웃고, 때론 긴장하고, 가끔은 당황했던 기억이 주마등처럼 스쳐 갔다. 한국의 다른 분야라면 이제는 원숙해지고 슬슬 마무리를 생각해야 할 나이이지만, 유독 여의도에서만은 아직도 원석 취급을 받는 이들이다.

TV나 SNS에서 보는 진보와 보수는 늘상 싸우고 긴장 관계인 것 같지만, 이권 앞에서는 너무 다정해진다. 연말 예산 심의에서 쪽지 예산을 반영시킬 때, 여야, 그딴 거 없다. 근사하게 새로 깔린 도로의 테이프 커팅할 때 진보-보수, 그딴 거 없다. 박정희 세대인 60대 보수, 87년 세대인 50대 진보, 이 두

세력은 정치와 이념에서 갈리지만, 청년 입장에서 보면 그냥 꼰대들의 밥그릇 싸움이다. 여야로 갈려 자리싸움할 때, 좌우 아무 차이 없다. 정책과 대안에 대해 얘기하면, 그걸 누가 보겠냐고 다시 "저놈 죽여라" 하며 패싸움으로 달려갈 때에 비로소 진보와 보수가 생겨난다.

두 사람과 긴 시간, 청년 문제에서 에너지 문제 그리고 대기업 문제까지 토론을 하면서 나도 내가 살아온 삶이 잠시 주마등처럼 스쳐갔다. 『88만원 세대』 쓰던 때가 30대였고, '소장파 경제학자'라는 타이틀이 늘 붙어 다녔다. 이제 50대 중반을 향해 가지만, 아직도 대부분의 학자가 내 위에 있고, 나보다 어린 사람은 정말 가뭄에 콩 나듯이 보게 된다. 우리는 노후화된 세계로 가고 있고, '늙은 경제'로 향하고, 한국 경제의 특징이었던 역동성은 점점 더 사라져간다. '50대 전성시대'가 눈앞에 펼쳐지면서 '나는 결혼 안 할 거야'라는 청년들의 결심이 굳어진다. 자녀들이 결혼하고 아이를 낳기를 바라는 부모들의 희망은 어느덧 언감생심이 되었고, 연애라도 하라고 말하고 싶지만, 그것도 사치라는 대학생 자녀들의 말에 할 말을 잃는다. 그들은 이 시대의 '돌덩이'다.

할많하않. '부서지고 재가 되고 썩어 버리는 섭리마저 거부하리', 노래의 원작인 시 〈나는 돌덩이〉는 '살아남은 나, 나는 다이아', 이런 대반전으로 끝이 난다. 수많은 다이아 원석들이 미처 세상 빛을 보지도 못하고 돌덩이로 묻히는 늙어가는 한국 경제에서 정치인들은 무엇을 할 수 있을까? 앞서 잠깐 얘기한, 얼마 전에 변호사 하는 친구들에게 해준 얘기로 내가 품은 희망을 갈음하고 싶다.

"너희들이 돈 많고, 힘 있는 건 알겠어. 대통령부터 온갖 장차관, 방송까지 온통 변호사들 천지잖아. 그렇지만 봐봐. 변호사 너희들은 의뢰를 받아야 움직이기 시작하잖아. 돈을 받아야 움직이지. 여의도에 있는 저 국회의원들이 우스운 사람들인 것 같아 보이지만, 저 사람들은 의뢰 안 받아도 움직이는 사람들이야. 돈 안 받아도 움직이는 게 정치인이야. 아, 물론 그런 사람은 별로 없지만 말이야."

대담하는 내내, 이 사람들하고는 미래를 얘기할 수 있겠다는 생각이 들었다. 이 땅의 수많은 돌덩이들이 원석에서 다이아로 꽃을 피우는 우리의 미래, 부서지고 엉망이 된 단밤포차 주방장 수많은 마현이들이 스스로 일어서는 미래. 박용진, 김세연과 함께 잠시라도 그런 미래에 대한 꿈을 꿀 수 있어서 대담 내내 행복했다. 우리 모두가 행복해지는 그 미래로 가고 싶다.

그 잠시의 달콤한 꿈을 펼칠 수 있게 도와준 오픈하우스 여러분과 논의를 정리해준 공희준에게 감사드린다.

리셋 대한민국

초판 1쇄 인쇄 2021년 2월 15일
초판 1쇄 발행 2021년 2월 22일

지은이   우석훈 박용진 김세연
정리   공희준
펴낸이   정상우
편집   이민정
디자인   옥영현
사진   김한주
관리   남영애 김명희

펴낸곳   오픈하우스
출판등록   2007년 11월 29일 (제13-237호)
주소   서울시 마포구 동교로13길 34(04003)
전화   02-333-3705
팩스   02-333-3745
페이스북   facebook.com/openhouse.kr
인스타그램   instagram.com/openhousebooks

ISBN 979-11-88285-87-7 03300